传统文化研究

苏州市传统文化研究会
昆山市顾炎武研究会　编

苏州大学出版社

图书在版编目(CIP)数据

传统文化研究/苏州市传统文化研究会,昆山市顾炎武研究会编. —苏州:苏州大学出版社,2020.8
ISBN 978-7-5672-3237-2

Ⅰ.①传… Ⅱ.①苏…②昆… Ⅲ.①中华文化-研究 Ⅳ.①K203

中国版本图书馆 CIP 数据核字(2020)第 115976 号

传统文化研究

苏州市传统文化研究会　昆山市顾炎武研究会　编
责任编辑　周建兰
助理编辑　杨宇笛

苏州大学出版社出版发行
(地址:苏州市十梓街 1 号　邮编:215006)
南通印刷总厂有限公司印装
(地址:南通市通州经济开发区朝霞路 180 号　邮编:226300)

开本 850 mm×1 168 mm　1/32　印张 14　字数 377 千
2020 年 8 月第 1 版　2020 年 8 月第 1 次印刷
ISBN 978-7-5672-3237-2　定价:55.00 元

苏州大学版图书若有印装错误,本社负责调换
苏州大学出版社营销部　电话:0512-67481020
苏州大学出版社网址　http://www.sudapress.com
苏州大学出版社邮箱　sdcbs@suda.edu.cn

阿四的心愿

作者：吕凤子，全国著名艺术大师。

阿四对他的爱人说："我想一个五年计划超额完成后，你身上花布服一定会变成花绸服，我脚上稻草鞋也会变成兽皮靴的。"

我与新苗同成长

作者：王锡琪，吴门著名画家。

青松盘石伴春风

作者：葛振华，吕凤子先生弟子。

奋斗新时代

作者：葛振华

君子如是（一）
作者：肖芃，画家，擅画山水、墨竹。

君子如是（二）
作者：肖芃

学习继承顾炎武的思想和精神(代序)

靳辉明

顾炎武是我国历史上少有的走万里路,读万卷书,理论联系实际,经世致用的伟大思想家。他的思想和精神激励一代又一代的进步青年。在我读中学时,我们的历史老师就用顾炎武的"天下兴亡,匹夫有责"的思想教育我们。我的故乡是山西省曲沃县。我从1950年到1956年在曲沃中学读初中和高中,我们的中学是一所很古老的学校,最早是贡院,是研究学问、开科取士的地方。我读中学时就知道顾炎武在这里研究过学问,但居址已被占用了。我去年回母校看了一下,主要区域还是古色古香,几十年仍保存完好,小礼堂匾额上的"英才云起"依然光彩夺目。顾炎武在这里居住和研究学问的院子、房间恢复和保护得很好。特别是曲沃县政府修建了一座规模宏大、工艺精美的顾园,表明曲沃人民对顾炎武的崇敬、爱戴之情。顾炎武在曲沃与世长辞,但他留下的精神财富是永世长存的。

今天,在顾炎武的故乡举办"历史视野下的'天下观'——2019年顾炎武思想学术研讨会"是很有意义的。我是学马克思主义哲学的,热爱历史,但对历史没有深入研究,完全是本着学习的态度来参加这次会议的。今天,我还是想用历史发展观来看天下、民族、国家,谈一点粗浅的看法。顾炎武对天下和国家有自己独到的见解,天下是指人们的经济生活和文化道德的领域,而国家是指政治、政权领域。改朝换代,政权更替,是国家的兴衰。实际上这两个方面是分不开的,是政体与国体的关系。天下与国家实际是同义语。顾炎武强调天下,是抓住最根本的东西,更加关注民生,关注劳苦大众的疾苦,具有更强烈的人民性。

对于天下、民族、国家问题必须用发展的眼光来看。曾经有人质疑:岳飞是不是民族英雄?这就是缺乏历史眼光的表现。从历史来看,民族、国家是一个不断发展、融合的过程。在不同时期,它们的内涵和外延是不相同的。在古代,民族、部族甚至就是一个国家,在经济、政治和思想文化上自成一体。在我国春秋战国时期,有春秋五霸,战国七雄,此外,还有许多小的国家。以后的五代十国,几乎每个朝代周围都有一些小的国家。在外国也是如此,比如德国,历史上有几百个小的国家,到19世纪30年代仍然有35个小邦国。普法战争后,才以普鲁士民族为主体建立了德意志帝国。我们中华民族和中国,也是逐渐演变、融合而形成的。

今天,民族已经不是原来意义上的民族,国家也不是原来意义上的国家了。今天的民族已经不是经济、政治实体,而是有着共同利益的国家的一个组成部分。用今天的民族观来评价历史和历史人物,很多问题说不清楚。

顾炎武的"天下兴亡,匹夫有责",实际就是国家兴亡,匹夫有责。这个概念超越了具体的历史环境,是一种崇高精神的高度概括,它具有普遍的意义。它是我们中华民族凝聚力,爱国家、爱民族的思想的集中体现,应该发扬光大,世世代代传承下去。

(作者系中共中央宣传部理论局原局长,本文是作者在"历史视野下的'天下观'——2019年顾炎武思想学术研讨会"上的讲话)

目 录

上 编

天下观新论

历史视野下的"天下观" ……………………… 许玉连（1）
顾炎武时代之问的历史启示 …………………… 陈祖武（4）
顾炎武与我们当下的文化使命 ………………… 姜　建（9）
从保国到保天下
　　——顾炎武"天下观"的演变 …………… 陆月洪（15）
读万卷书　行万里路
　　——从北游探究顾炎武"天下观"的成因 …… 崔晋国（30）
论顾炎武"天下观"的现代伦理学道德立场的道德辩护
　　…………………………………………… 翟　丹（33）
"天下观"是顾氏"为民"经济思想的集中表现 …… 江思渤（41）

实学诗学时代性

顾炎武实学思想的新时代重大价值 …………… 方世南（48）
试论顾炎武《诗经》学研究价值 ………………… 卢玮玮（57）
长将一寸身，衔木到终古
　　——学人顾炎武诗的"烈士"情怀 ………… 张子璇（67）
亭林诗在清代阅读的流变 ……………………… 许　丹（91）

炎武精神挥发

加强文化交流,推进顾炎武思想研究
　　——在顾炎武思想学术研讨会上的发言 …… 高剑云（100）
清代至民国时期对顾炎武治学研究的概述 ……… 徐正兴（102）
《民国时期顾炎武研究资料汇编》整理说明 ……… 林辉锋（111）
台北故宫博物院所藏顾炎武传记稿本考论 ……… 项　旋（116）
浅论顾炎武、傅山的民族气节与学术气节
　　——兼论蒋寅《明清之际知识分子的命运与选择》
　　……………………………………………… 张程远（122）
昆山顾氏——爱国主义的典范 ……………… 王巧林（137）
顾炎武北游不归缘由再探 ……………………… 孙雪霄（145）
浅析顾炎武改名原因表述的差异性
　　——兼谈王炎午是文天祥学生观点的真伪 … 曹永良（165）
王茂荫等清末皖籍士人顾祠会祭考略 ……… 陈平民（172）
论两代人的家国认同与救亡图存
　　——以《吴宓评顾亭林诗集》为例 ……… 姚伟宸（190）

下　编

核心价值论

优秀传统文化与社会主义核心价值观辩证关系略论
　　……………………………… 高志罡　李远延（197）
曾子孝道思想三境界及其现实意义 …………… 李金坤（206）
简论《韩非子》与韩非 ………………………… 陆承曜（221）
龚自珍对庄子人性论的继承 …………………… 孟觉之（234）
刍议优秀传统文化传承中的辩证法思维 …… 李　直（243）

生态综议

陶渊明诗中农耕文明的生态美 ………………… 金学智(250)
苏州古典园林隐逸文化生态漫谈 ………………… 施伟萍(261)
苏州地区水泽地名现象初探 …………………… 顾国林(270)

吴中人文

项羽和刘英辨：项羽举义反秦的吴中是哪里 ……… 嵇 元(281)
范仲淹《上资政晏侍郎书》读后感 ………………… 沈建洪(292)
新修《苏州大阜潘氏族谱》序 ……………………… 徐茂明(300)
潘奕隽：苏州贵潘家族进士第一人 ………………… 沈慧瑛(304)
俞樾致李超琼手札背后的才女曾彦 ………………… 王海鲁(308)
未容夸伎俩,唯恨枉聪明
　　——记过云楼第四代传人顾公柔 ……………… 俞 菁(315)
零落成泥碾作尘,只有香如故
　　——追忆钱璎同志 ………………………………… 顾 斌(320)
邓云乡与苏州 ……………………………………… 祝兆平(331)

江南文化

论江南地缘结构的历史变迁 ……………………… 余同元(345)
到上海去：近代苏州文化世族的新变 ……………… 徐茂明(361)
丁祖荫与清末民初常熟地方社会的重塑 … 于 杨　汪颖奇(368)
20世纪20年代的盛泽报人与地方风俗改造
　　…………………………………………… 金思思　刘 鹏(380)

资料集萃

大运河上的苏州古桥 ……………………………… 念 叶(392)
大运河与阊门 ……………………………………… 张长霖(398)

大运河承载着深厚历史文化的四座古石桥 ……… 王家伦(406)
苏州治"运"官吏的优良品性及形成原因 ………… 戈春源(413)
帘帘清风
　　——试析苏州古宅的清廉主题 ……………… 何大明(420)
为什么说"上有天堂,下有苏杭" ……………… 张振雄(426)
后　记 ………………………………………………………(432)

上 编

天下观新论

历史视野下的"天下观"

许玉连

2019年7月15日是顾炎武406周年诞辰,也是"昆山市顾炎武日"。感谢各位嘉宾参加顾炎武纪念馆改造重新开馆活动,也感谢大家参加顾炎武思想学术研讨会。首先,我代表昆山市委、市人民政府,对大家的到来表示热烈的欢迎,对大家长期以来对昆山经济社会发展,特别是顾炎武研究工作的关心支持,表示衷心的感谢!

顾炎武作为一位旷世大儒,终生崇尚经世致用,是中国文化史上伟大的思想家、爱国学者,其思想和精神是中国优秀传统文化的重要代表之一。被中国台湾当代学者誉为"中国现代游记写作第一名家"的易君左,在他的游记《重九登昆山》中写道:"天下兴亡匹夫责,片言可为万世则。四百年来此一人,经济文章并气节。"顾炎武先生身上所体现出来的崇高的爱国主义情操、高度的社会责任意识、独立不苟的人格风范和社会批判精神,是中华民族宝贵的精神财富,一直受到后人的赞颂和推崇。作为顾炎武的故乡人,不断擦亮顾炎武这一文化金名片,让顾炎武精神思想发扬光大,我们责无旁贷。

2018年，我市将顾炎武的诞辰7月15日确定为"昆山市顾炎武日"，常年开展系列纪念活动，同时每两年举办一次具有一定规模、较高层次和较大影响力的研讨会，作为全国乃至海内外顾炎武研究的合作交流平台。

本次研讨会，是继2017年成功举办"历史视野下的'经世致用'"研讨会后，又一次盛会。我们将主题锁定在"历史视野下的'天下观'"，这既是对2017年研讨会主题的深化，又是对当下顾炎武研究新要求的一种响应。

顾炎武一生著述宏富。有人说，其思想来自孔孟老庄，又超越孔孟老庄。其重要原因就是顾炎武具有强烈的社会责任感。他不仅是"天下兴亡，匹夫有责""天下观"的首创者，更是一位终生为之奋斗的实践者，这也是奠定顾炎武思想历史价值和强大生命力的根本所在。本次论坛，我们根据专家们的建议，将目光与话题再次聚焦顾炎武的"天下观"，顺应了新时代的要求。昆山现代化建设与高质量发展步入了转型升级的关键窗口期，中华民族的复兴进入了重要的战略机遇期，构建人类命运共同体与"一带一路"建设也进入汇聚力量的重要推进期。我们用历史的眼光评价、用时代的眼光审视、用发展的眼光深化顾炎武的天下观，相信大家都能找到更多"中国智慧"的文化渊源。

本次研讨会各路精英齐聚。其中，中宣部理论局原局长靳辉明先生一生研究马克思，又十分敬仰顾炎武，80多岁高龄欣然与会；山西省曲沃县，由县委常委、宣传部高剑云部长亲自率队参加，并带来顾炎武研究的最新成果，推进两地交流；中国社会科学院中国历史所原所长陈祖武先生，是国内研究顾炎武的翘楚，这次也将给我们带来《顾炎武时代之问的历史启示》主题报告；江苏省社科院作为本次论坛的指导单位，派出文脉研究院姜建、王卫星两位院长莅临指导；上海市社科院原副院长熊月之先生专门为论坛撰写文章；北京师范大学的林辉锋教授和项旋老师目前正在紧张地编纂顾炎武研究的"清代卷""民国卷"等；山东大学的孙雪霄老师在做好研究工作的同时,还长期在一线任教,这次来昆山参会将走进市一中讲课。我们期待各位专家对顾炎武思想进一步阐幽发微,期待着各位专家的真知灼见。

让我们大家共同努力,以此次研讨会为契机,将顾炎武研究活动卓有成效地开展下去,使顾炎武思想进一步发扬光大,让顾炎武先生终生盼望的"为万世开太平"的中国梦早日实现!再次感谢各位老师对我们工作的大力支持。祝本次论坛圆满成功!祝各位领导、各位专家学者在昆期间身体健康,生活愉快!

(作者系昆山市委常委、宣传部部长,本文是作者在"历史视野下的'天下观'——2019年顾炎武思想学术研讨会"上的讲话)

顾炎武时代之问的历史启示

陈祖武

17世纪中叶是中国古代社会所经历的又一个大动荡时代。晚明的经济崩溃、政治黑暗、社会失序,导致明王朝被农民大起义埋葬,旋即清军入主中原,军事、政治、经济、文化的高压,以及西方宗教神学和天文历法传入的冲击,诸多历史因素的交会,酿成中华文化传承断裂的深刻危机。杰出的思想家顾炎武生于其间,"感四国之多虞,耻经生之寡术",秉持"拯斯人于涂炭,为万世开太平"的强烈社会责任感,发出"亡国与亡天下奚辨"的时代之问,大声疾呼"天下兴亡,匹夫有责",既为清初社会的由乱而治发培元固本之先声,也为迄今中华学人留下了久远而深刻的历史启示。

一、"天下"是一个历史范畴

在中华文明五千多年的历史发展进程中,"天下"这一词语由先秦一直沿用到今天。作为一个历史范畴,它既具有后先相承的一贯性,又根据不同历史时期的具体环境,显示出不尽相同的人文内涵。

先秦时期,"天下"一词以地域概念出现在历史舞台,它每每与"国家"并称。这就是孟子所说的:"人有恒言,皆曰,'天下国家'。天下之本在国,国之本在家,家之本在身。"(《孟子·离娄上》)从这一段话可见,在孟子生活的战国时代,"天下国家"是一种社会的流行话语。至于其具体所指,自东汉经师赵岐为《孟子》一书作注以来,早已形成历代学者的共识,那就是:"天下谓天子之所主,国谓诸侯之国,家谓卿大夫之家。"这就是说,所谓天下,讲的乃是周天子之治下。秦始皇统一六国以后,由汉唐一直到明清的两千多年间,周天子已经不复存在,而"天下"之所指,也就不再是周天子之治下,而成为封建帝王专制的一家一姓的"家天下"。

"朕即国家"的专制帝王话语,充分反映在漫长的历史时期内,"天下"与"国家"趋于合一的历史实际。

回顾从先秦到明清中华文明的发展历程,我们会看到一个不可忽视的文化现象,那就是"天下"这样一个行之久远的词语,从它以地域概念登上历史舞台的先秦时期开始,就已经蕴含了丰富的人文内涵。同样是先前说到的《孟子》一书,其中还记录了孟子对齐宣王讲过的一句话,叫作"乐以天下,忧以天下"(《孟子·梁惠王下》)。这句话的意思是说,执政当国者应当与民众同忧乐。显然,此处的"天下"一语,就已经不是单纯的地域概念,它还包含着关怀民生疾苦的人文意识和社会责任。换句话说,这里的"天下"一语,其后实际上省略了"民众"或者"民生"二字。尔后,伴随历史的演进,这样的人文关怀和社会责任意识不断充实、深化,到魏晋隋唐间,便成了"以天下为己任"的精神追求而被载入官修史书之中。北宋中叶,范仲淹发展了"天下"一语的社会责任意识,在《岳阳楼记》一文中,更写下了"先天下之忧而忧,后天下之乐而乐"的千古名言。

二、"亡国与亡天下奚辨"的时代之问

"保国""保四海""保天下",这是我国先秦哲人反复讨论的古老命题。秦汉以降,历代学者和思想家继承先人的思想遗产,返本开新,精进不已。南宋初,朱熹著《四书章句集注》,成为继汉唐诸儒之后的集大成者。明清之际,顾炎武崛起,面对中华文化遭遇的传承断裂危机,他冲破"家天下"的固有格局,为维护数千年礼乐文明的优良传统,发出了"亡国与亡天下奚辨"的时代之问。

在其所著《日知录》卷十三《正始》条中,顾炎武写道:"有亡国,有亡天下。亡国与亡天下奚辨,易姓改号,谓之亡国。仁义充塞,而至于率兽食人,人将相食,谓之亡天下。"顾炎武讲的这段话,开宗明义,揭示他所讨论的问题不仅是古老的"保国"和"保天下",而且是现实的"亡国"和"亡天下"。那么究竟应当怎样去把握"亡国"和"亡天下"的不同含义呢?对于"亡国",顾炎武的回答

是:"易姓改号,谓之亡国。"这样的答案明白晓畅,只要稍有历史常识都知道是怎么一回事情。而所谓"亡天下",顾炎武的回答,形式上几乎是在转述《孟子·滕文公下》的话语,实则立足新的时代环境,从文化传承的宽阔视野,赋予儒家经典以崭新的历史意蕴。孟子当年,在回答他人"好辩"的质疑时有云:"杨墨之道不息,孔子之道不著,是邪说诬民,充塞仁义也。仁义充塞,则率兽食人,人将相食。"同孟子当年的这一回答相比,在顾炎武的笔下,我们可以看到两个显著的不同之处。孟子指斥杨朱、墨翟"邪说诬民"一类的话语,已经被略去,此其一。其二,孟子当年虽然道出了对"杨、墨之道不息,孔子之道不著"的深深忧虑,但并没有对这样一种历史现象下明确的定义。顾炎武超越前贤之处在于,他从明清之际的历史实际出发,不仅以"仁义"二字来赅括数千年的中华礼乐文明,而且破天荒地指出:"仁义充塞,而至于率兽食人,人将相食,谓之亡天下。"

正是由上述讨论合乎逻辑的发展,顾炎武得出他时代之问的结论:"是故知保天下,然后知保其国。保国者,其君其臣肉食者谋之。保天下者,匹夫之贱与有责焉耳矣。"这就是说,同维护一家一姓的封建帝王专制政权相比,"保天下"关乎一个国家、一个民族的精神和思想,是文化根脉之所在,因此,它是根本的、深层次的、头等重要的问题。维护一家一姓的封建帝王专制政权,说到底无非是当权的帝王和大臣们的事情;而维护一个国家、一个民族的悠久历史文明和优良文化传统,则全体民众责无旁贷。

三、可贵的历史启示

顾炎武"亡国与亡天下奚辨"的时代之问,以文化传承的宽阔历史视野,弘扬中华数千年学人"以天下为己任"的优良传统,使"天下"一语的人文内涵在明清之际实现划时代的升华,最终形成"保天下者,匹夫之贱与有责焉"的时代最强音。在清初社会由乱而治的历史进程中,顾炎武的卓然睿识和振聋发聩的呐喊,不胫而走,浸润朝野,与一时众多有识之士的努力不谋而合,共同促成清廷文化政策的逐步调整,成功地提升了社会凝聚力。

顾炎武及其同时代众多思想家的努力,告诉我们,任何一个社会要寻求自身的发展,都必须具有凝聚全体社会成员的力量。不同的历史时期,不同的国家和民族,这一力量的选择会因时因地而各异。然而树立共同的社会理想,明确应当遵循的公共道德规范,则是一个具有共性的基本方面。具体就清朝初叶而言,无论是清世祖也好,还是清圣祖也好,最初都选择了尊崇孔子的方式,谋求用以孔子思想为代表的儒家思想去统一社会的认识,确立维系封建统治的基本准则。尔后,随着封建统治者儒学素养的提高,清廷选择了将尊孔具体化而趋向独尊朱子学的历史道路。确认朱熹学说为官方意识形态,使清初统治者为一代封建王朝找到了维系人心的有效工具。当然也应该看到,由于历史和认识的局限,清廷抹杀了理学的哲学思辨,仅仅把经朱熹阐发的博大思想视为约束人们言行的封建道德教条。正是这种文化上的短视,导致清初统治者否定了王阳明思想中的理性思维光辉。雍正、乾隆两朝的封建文化专制走向极端,终于铸成思想界万马齐喑的历史悲剧。其间的历史教训,又是值得我们去认真吸取的。

晚清70年,西方列强的侵略,使中华民族饱受欺凌。为救亡图存,从龚自珍、魏源到康有为、梁启超,一代又一代学者和思想家接过顾炎武留下的思想遗产,使之与同时代的使命相结合,将顾炎武"保天下者,匹夫之贱与有责焉"的呐喊提炼为八个字的历史箴言,就叫作"天下兴亡,匹夫有责"。这八个字的历史箴言,既准确地把握了住顾炎武思想的文化精髓,又从历史和现实的结合上,昭示了中华文化维护国家、民族根本利益,讲责任、重担当,以天下为己任的基本品格。从此,"天下兴亡,匹夫有责"的价值追求便融入中华民族的爱国主义传统,成为中华优秀传统文化的一个精神标志。

1931年9月18日,日本军国主义在东北制造九一八事变,强占我东三省。翌年1月28日,日本侵略军又进攻上海闸北,挑起了淞沪战火。面对侵略战火四起、国土沦丧的现实,章太炎不顾年高,满怀炽烈的爱国热忱愤然北上,取道青岛、济南、天津,直抵北京,一路唤起民众,抗敌御侮。所到之处,太炎先生秉持"天下兴亡,匹夫有责"的强烈社会责任意识,倡导读史,表彰顾炎武"博学于文,行己有耻"的为人为学之道。他号召广大青年:"应当明了是什么时代的人,现在的中国是处在什么时期,自己对国家应负有什么责任。"南归之后,太炎先生移居苏州,抱病向民众宣讲中国历史、中国学术和中国文化,勉励青年学子以一方先贤范仲淹、顾炎武为楷模,沐浴膏泽,振奋民志。他指出:"不读书,则无从爱其国家。"特别强调:"昔人读史,注意一代之兴亡。今日情势有异,目光亦须交换,当注意全国之兴亡,此读史之要义也。"(《章太炎先生全集·历史之重要》)

　　从顾炎武"亡国与亡天下奚辨"的时代之问,到章太炎以"注意全国之兴亡"为"读史之要义",时间虽然已经相去二百多年,但是其间却有一条任何力量都无法割断的根脉。这条无形的根脉就是国人对中华文化的关怀、珍爱和维护,是传承中华优秀传统文化的可贵历史自觉。因此,我们完全有理由这么说,明清之际的杰出思想家顾炎武,不仅是中华优秀传统文化的传承者、捍卫者,而且还是晚近中华学人文化自觉的卓越先驱,是一位值得永远纪念的开风气者。

顾炎武与我们当下的文化使命

姜 建

一、顾炎武的时代与我们当下的时代

关于江苏文化对于民族发展的意义,学界有三次高峰或三次大贡献的说法。第一次高峰是开启于秦汉之际的汉文化,第二次高峰是六朝文化,第三次高峰是明清文化。根据樊和平教授的解读,这三次文化高峰都发生于中国社会的大转折时期。在秦汉之际的大变革和大一统国家的建构中,江苏大地上曾经演绎了波澜壮阔的、对后来中国文明产生深远影响的历史史诗,形成了中国文化的"大一统":由江苏人刘邦开启的政治大一统和曾在江苏为官十年的董仲舒开启的思想文化大一统。六朝被公认为中国文化发展的第二个高峰,以南京为核心的六朝上承三国之后的社会大动乱,下接盛唐之世,以南北方文化的合流为保存和发展中国文化做出了杰出贡献。明清时期,江苏的经济文化在全国处于举足轻重的地位,扬州学派、泰州学派、常州学派、吴学……形成了明清时代中国文化的江苏气象,形成了江苏文化对中国文化的第三次重大贡献。顾炎武正出现在第三个高峰期的中段,面临着社稷鼎革、"异族"入主的重大历史转折。由此,他喊出"天下兴亡,匹夫有责"的口号,恰恰体现了思想家对天下大势的深刻理解和个人对天下的文化责任。

当今之世与顾炎武的时代虽有了巨大的不同,但在内在的文化层面还是有着很大的可比性。

20世纪是文化大发现的世纪,20世纪以来西方世界最重要的战略是文化战略。20年代,德国学者马克斯·韦伯的《新教伦理与资本主义精神》,揭示了西方资本主义文明的文化密码,"新教伦理+资本主义"的所谓"理想类型",为西方资本主义进行了文化论证,奠定了20世纪以后西方中心论的文化基础;70年代,美国学者丹尼尔·贝尔的《资本主义文化矛盾》,揭示了当代资本主义最深刻的矛盾不是经济矛盾或政治矛盾,而是文化矛盾,其集中表现是宗教释放的伦理冲动与市场释放的经济冲动的背离,由此他对现代西方文明发出文化预警;90年代,美国学者亨廷顿在他的《文明的冲突与世界秩序的重建》中,将当今世界的一切冲突归结为文明冲突、文化冲突,将文化上升为西方世界尤其是美国国家战略的高度。这些论著所体现的思想构成了西方世界(尤其是美国)的国家文化战略。这种战略的重要表征就是"全球化"。所以樊和平教授指出:全球化不仅是一种经济浪潮,更是一种文化思潮,是西方世界的国家文化战略。全球化在造就广泛的全球市场并使全球成为一个"地球村"的同时,形成了内在文化风险——同质性。由于同质性,一种文化风险将是整个世界的风险,一次文化失败将是整个人类的文化失败。甚至,这种文化同质化的过程,不是在平等的文化交流中自然形成的,而是伴随着大量的西方世界的文化扩张,和强势文化对弱势文化的欺凌甚至毁灭形成的。就此,2018年以来的中美贸易摩擦,其本质,便可以看作是一种文化竞争,是强势的西方文化逼迫中国放弃自身的文化发展道路,进入西方的文化话语体系并接受西方价值的规约。由此,这种文化风险正以前所未有的速度向我们逼近。

在这个意义上,当今之世与顾炎武的时代类似——都面临着文化的大变革、大动荡,都需要更加强大的文化自觉和文化自信。就此,在全球化背景下,中华民族优秀传统文化的整理与研究,便具有了国家文化战略的重大意义,不仅必要,而且急迫。

二、江苏需要做什么——江苏文脉整理与研究工程

从2016年开始,在江苏省委、省人民政府直接领导下,省委宣传部组织了一项全省性的文化发展战略工程——江苏文脉整理与研究工程。预计通过十年左右的努力,达到如下目标:一是梳理江苏文脉资源,保存江苏集体记忆,推进文化自觉与文化认同,以文本形态、数字化形态呈现"文化江苏",再现江苏历史上的"文化高地";二是彰显江苏对中华文化发展的历史贡献,研究诸地域文化以及诸文化形态交流互动的规律,在全球化时代自觉、完整、系统地保留江苏文化地方特色,为未来的文明发展、文化建设和学术研究提供文献资源;三是总结江苏文化发展的历史规律,为在当代江苏打造新的"文化高地"把准脉动、探明趋势、勾画蓝图。

工程拟编辑出版《江苏文库》,形成纸本3 000册左右的庞大规模。工程分为六编:书目编、文献编、精华编、方志编、史料编、研究编。由江苏省社会科学院文脉研究院承担研究编的组织实施工作。不同于偏文献整理的其他五编,研究编承担研究工作,在组织架构中占六分之一,而在逻辑架构中则占二分之一,是一个体量最小任务却最艰巨的部分。它的价值体现在如何解读典籍背后的生命现象,如何倾听历史深处由典籍的创作者、传播者和接受者共同形成的文化脉动,并且把它们还原到民族的文化生命中,形成文化发展的"精神的历史",从而在研究中保存"文化物种",认同文化血脉,推进文化的传承创新,建设自己的精神家园。从这样的使命出发,文脉研究工程确立了专注于文本研究、人物研究、学派流派研究和历史研究的逻辑结构。

从这样的逻辑结构出发,文脉研究院设计了"江苏文化通史"(11卷)、"江苏历代文化名人传"(100种)、"江苏文化专门史"(100种)、"江苏文化史专题"(50种)四个研究板块。"文化通史"的要义是"通",它是江苏文化和中华文明和人类文明的相通,是江苏文脉中诸文化结构之间的沟通,是各个重要历史时期文化发展之间的联通,更是江苏文化和江苏人的生命与生活的畅通,由此"江苏文脉"才能真正成为江苏人的文化血脉、文化命脉和文化山脉。"文化名人传"不是为一般性的名人立传,而是只为那些文化意义上的名人立传,为那些有着重要文化贡献,形成久远文化影响的名人立传。如何对历史人物进行文化倾听、文化诠释,如何在与历史人物的文化对话中揭示他们的文化气质、文化风采与文化建树,是文化名人研究的最大难点,也是最有意义的地方。"文化专门史"在框架上分为精神文化史、制度文化史、物质文化史、特色文化史等,总体思路是系统研究与特色研究相结合,以此实现对江苏文化的体系性理解。"文化史专题"则专注于那些重要的文化事件、文化现象、文化流派、文化板块,以此形成对江苏文脉独特的观察维度。

这四个板块在文脉研究工程中承担着不同的功能:"文化通史"的"通"与"文化专门史"的"专"恰恰揭示了各自的特点和定位,一个以综合的全面概括胜出,一个以特定的侧面梳理见长,二者互相支撑也互相丰富,从宏观和微观的不同层面共同编织出江苏文化历史发展的脉络。如果说"通史"注重基调的确定,是"面"的概括,"专门史"偏于经纬的编织,是"线"的条缕,那么"文化名人传"则着重于亮色的渲染,是"点"的聚焦。每一个文化名人都与文脉中的重要命题、重要事件、重要现象、重要典籍相联系,他们是文化山脉中的一座座山峰,标注着山脉的起伏蜿蜒和海拔高度,能够从某种意义上体现或折射出文化发展的律动。而江苏文化地图的"点、线、面"研究所无法涵盖而又值得讨论的部分,则由"文化史专题"来承担。专题研究无意钩稽史的线索,也无须顾忌体例的整饬或知识的系统,而只是关注问题,以对问题的抉隐烛幽式的阐发追寻为唯一旨归。它可以不在意文化的总体进展和典范意义而专注于文化的丰富性与复杂性,它甚至可以放弃对"高峰"的向往而执着于对谷底、支流、潜流的兴趣。由此,对于上述三个板块,它能够起到连接、补充、拓宽、加深和提升的作用。显然,江苏文脉整理与研究工程就是要通过这四个板块,搭建一种点线面结合、纵横交错的立体性结构空间,在多视点、多层面、多线索的观察中,最大限度地梳理、挖掘、提炼江苏文脉。

目前,江苏文脉整理与研究工程的第一批成果已经出版,第二批成果于2020年秋天问世。

三、苏州、昆山需要做什么——文化生态与文化密码

顾炎武作为明清之际最有代表性的思想家之一,对他开展广泛、深入、持续的研究是非常有价值的,而且这种价值将会随研究的进展而进一步凸显。只是,从我个人的学术兴趣而言,我更加看重的是为什么昆山会出现顾炎武?顾炎武之诞生于昆山可能是一种偶然,但偶然性中是否存在着必然性?从昆山出现了归有光、归庄、龚贤等文化名人,从昆山成为昆曲的发祥地,等等,可以看出,昆山出现顾炎武,有着某种必然性。从这些名人所涉文化领域之广泛、文化昌明朝代之持久,可以发现,昆山的文化积淀非常深厚,文化生态非常优秀。而且,如果把眼光放开到与昆山接壤的常熟等临近地域,放开到整个苏州市,问题可以看得更清楚。譬如,在"江苏历代文化名人"研究所涉及的103位名人中,昆山占3席,昆山与常熟共占10席,整个苏州市更占了令人惊讶的34席。这样一种比例,恰恰说明了这片地域文化生态之得天独厚。

文化生态研究,至少有两个向度,一个是纵向的文化传承,一个是横向的文化生成与传播交流。对于前者,我们关注得比较多,对于后者,我们也有所关注,但因涉及的领域过宽,涉及的层次过多,还需要更加重视。

理解苏州地区的文化生态,我的想法是,需要有立体的视野和广阔的思路,需要从地理环境到人文化成各个层面综合把握。从江河湖海一应俱全的开放环境,从四季分明、雨量充沛的气候,从长江与大运河所构成的大十字黄金水道,从"苏常熟,天下足"到"上有天堂,下有苏杭"的美誉,从鱼米之乡、丝绸之乡的称号,从沿长江、大运河、太湖所形成的密集城市群,从刻书业的繁荣,从科举的兴盛,从市民文化的发育,从近代工商业的率先崛起……我们可以对这片神奇的土地有更深刻的理解。

之所以强调文化生态研究,是希望通过对文化土壤、文化生态的还原或重构,探究其内生的文化特质,发掘最重要的文化要素,提炼最根本的文化动力机制,一句话,就是要破译文化昌明地区的

文化密码,从而为民族的文化建设凝聚共识,指引方向,提供助力。这是江苏文脉整理研究工程最根本、最有价值的工作。

　　在江苏文脉整理研究工程中,昆山是其中一个重要板块,扩而充之,整个苏州地区、苏南地区和江南地区,都是江苏文脉整理研究工程的重要组成部分。让我们携手并肩,为昆山的顾炎武研究,为苏州、苏南和江南地区的文化建设,贡献更多的力量。

从保国到保天下

——顾炎武"天下观"的演变

陆月洪

顾炎武的"天下观"有一个从侧重于"国家"向侧重于"天下"转变的过程。也就是说,在早期,顾炎武认为挽救故国尚有希望,因此奔波于大江南北,呕心沥血,致力于救国和保国大业。悠悠万事,唯恢复大明江山为重。当时的思考与著述,如《郡县论》,也就顺理成章地围绕着救国和保国这一主题而进行,但是在康熙平定三藩,而郑成功也退守台湾之后,顾炎武清醒地认识到清朝统治的稳固与恢复大明江山之无望,由此就将思考的重心转向如何保守道统,如何保天下。

明清易代之际,封建与郡县之辨是当时大儒思考明亡原因和进行制度反思的一种重要表现。顾炎武的《郡县论》九篇,与《日知录》及其他著述中的相关文章,集中探讨了封建与郡县问题。顾炎武《郡县论》中的相关论述,无疑是把封建制看作化人性之私为天下之公的终南捷径。顾炎武试图通过寓封建于郡县之中,通过政治制度的改革,通过将人人之自私化入天下之大公的政治安排路径,实现仁政王道,这无疑为封建和郡县之辨增添了鲜亮的光辉色彩。顾炎武提出"寓封建之意于郡县之中"的主张,目的在于使封建与郡县达到一定程度的融合,既下放中央权力加强地方权力以提高地方行政效率,同时又利用郡县制的优点限制地方官员权力,从而避免割据局面的出现。

在康熙平三藩和郑成功退守台湾之后,顾炎武逐渐将思考重心转向以经世为方向重建道统。他由此特别重视风俗教化。他的风俗研究将历代风俗变迁与历史兴衰治乱联系起来。他考察了清代之前的风俗,将教化与风俗结合起来,强调教化对保持淳美风俗的重要性。顾炎武旗帜鲜明地指出,"保天下"重于"保国",并且人人有责。要"保天下",就必须从人伦风俗和教化角度思考天下问题。他认为明亡的原因,主要是风俗的败坏。为推行风俗教化,他突出了耻德的重要性,认为知耻是教化的前提。只有士人有廉耻,天下方才有风俗。

一、封建与郡县之辨:如何化人性之私为天下之公?

在中国传统的思想语境中,封建指的是通过封地和贵族世袭而实行分权制。郡县则与此相反,是指通过任用非世袭官僚而建立中央集权制政府。封建与儒家心目中的理想政治时代,即三代紧密联系在一起,而郡县则与法家思想和第一个郡县制王朝,即秦朝联系在一起。秦朝统一中国后,废除封建制而建立郡县制,堪称中国古代政体演变的转折点。从此之后,政体就由贵族的分权转变为君主的集权专制。君主专制政体的主要因素包括:君主专权,官僚不得世袭和地方集权于中央。封建制与三代时的王道政治联系在一起,显然被儒家赋予了精神和"宗教价值",而郡县制则相应地被赋予了世俗性和实用性。

战国时期,天命观逐渐衰落而理性主义日益兴起,郡县制更多地与以法家为代表的世俗主义和理性观念联系在一起。政府逐渐淡化宗教色彩,而转变为世俗的民政机构。秦始皇统一天下称帝后,在全国推行郡县制,别出心裁地否定古代君主的神圣世系。封建制来源于对贵族武士的分封,因此与尚武精神存在密切联系,而郡县制因为与非世袭的文官联系在一起,因此具有世俗的人文精神。

明代初年创建的卫所制,大概是受到了封建制具有军事优势信念的影响。卫所制把屯田与世袭军队结合在一起。顾炎武同样赞赏封建制与屯田,要求把世袭制、地方政权与军备联系起来,在相关著述中,他还明确地把明代军事的日益衰弱与皇子分封制的解体联系起来。

明清易代之际,封建与郡县之辨成了当时大儒思考明亡原因和进行制度反思的一种重要表现。明末启蒙学者的封建与郡县之辨,实际上是从两个层面展开的,一是以"公天下"论为理论依据,要求君主以公心治理天下,反对君主专制。二是以人性自私论为依据,肯定天下人的私心私利,进而将君主公心解释为满足天下人的私心私利。两种理论都可以推导出对封建制某种程度的肯定。不同之处在于,人性自私论否认治权在君,不再寄希望于君主的个人道德,这就为明末的封建与郡县之辨注入了新的内涵。

当时封建与郡县之辨,是从两个层面分别展开的。其中之一是以先秦儒家的"公天下"论和民本思想作为思想依据。在亲身经历明朝覆亡的沉痛过程中,清初大儒反思明亡教训,最终将多把矛头指向君主的独揽大权。因此,他们批判服务于君主独揽大权的郡县制,主张君主超越一己之私,而以公心治理天下,但是,人性中有自私为己的一面,如果君主治理天下图自私之利而不以天下公利为依归,那又怎么办?传统儒家的策略是格君心,即内圣君主的道德操守。在顾炎武看来,就是要把实际的权力下放给"一郡之守""一县之令"。在黄宗羲的政治理论中,就是要把权力下放给"丞相""学校之士"。

历史上的君主往往阳儒阴法,致使仁政王道难以落到实处。顾炎武等清初大儒试图寓封建于郡县之中,希望通过政治制度的改革,通过将人人之自私化入天下之大公的政治路径,实现仁政王道,无疑为封建和郡县之辨增添了鲜亮的色彩。

二、寓封建于郡县之中——《郡县论》

在《郡县论》系列文章中,顾炎武详尽探讨了近世郡县制之失,表达了寓封建于郡县之中的必要性。《郡县论一》是总论,其他八篇是讲应该如何治世,中心点是郡县制度下地方官不得长期专任的状况应该改变。他为此开出了一批补救郡县制之弊的良方。

顾炎武对郡县制的批判,是立足于对历史和现实的双重考察提出来的。首先是对宋、明两代的军事危机进行分析,认为片面地削弱地方权力是造成军事危机的主要原因之一。其次是对地方权力分配不当所造成的弊端进行客观分析。

在《郡县论一》中,顾炎武开宗明义,提出:"知封建之弊所以变而为郡县,则知郡县之弊而将复变。"这里指的不是将郡县原封不动地重新变为封建,因为时势已经不允许这样开历史倒车。他的观点是把郡县和封建各自的优长之处结合在一起,而各自去其弊端。他自信地说:"有圣人起,寓封建之意于郡县之中,而天下治矣。"封建容易导致的弊端在于地方诸侯国的自立专制,最终会酿成东周春秋战国几百年的诸侯国混战局面。封建制度的弊端已如此昭然可见,因此即使圣人复出,也不会恢复。

近世的问题在于郡县制度的弊端达到了触目惊心的地步,正所谓"方今郡县之弊已极,而无圣人出焉,尚一一仍其故事,此民生之所以日贫,中国之所以日弱而益趋于乱也"。郡县弊端之大之极致,在于地方无权,在于权力尽归于中央,在于地方的僵化无活力。极端的中央集权和君主专制,是因为统治者对地方严重缺乏信任,而层层监督导致的彼此推诿所形成的无责任状态,是极度官僚教条主义的表现。

为了革除郡县制积重难返的弊端,顾炎武认为只有施行寓封建于郡县之中的办法,主旨就是放手让地方主管官员为地方做事和谋福利:"尊令长之秩,而予之以生财治人之权,罢监司之任,设世官之奖,行辟属之法,所谓寓封建之意于郡县之中。"也就是说,加强州县官员的权力,使他们拥有类似封建制中诸侯的部分权力。如此一来,就可以革除郡县制的弊端。

如何将封建之意寓于郡县之中呢?顾炎武的办法是把知县升为五品官,将其正名为县令。只有本县周边方圆千里以内熟习本县风土的人士,才能出任县令。为官有成效,则步步予以奖赏:"其初曰试令,三年,称职,为真;又三年,称职,封父母;又三年,称职,玺书劳问;又三年,称职,进阶益禄,任之终身。"(《郡县论二》)始终称职的县令年老或疾病隐退时,可以举荐儿子、兄弟或他人出任县令。被取代之后,居于其县为祭酒,可以终生享禄。

之所以要集权于县令,并重赏称职者,以使县令尽心任事以足国富民,是因为私心乃天下之常情,因此要达到天下之公,必得循人心之私而行。顾炎武直截了当地指出:"天下之人各怀其家,各私其子,其常情也。为天子为百姓之心,必不如其自为。"这种情形在圣贤辈出的三代就已然如此。所以"圣人者因而用之,用天下之私,以成一人之公而天下治"。使县令得以专权任事于其县,那么他就会像爱惜其家一样爱惜其县,像经营其家一样经营其县,所达到的效果将是"自令言之,私也,自天子言之,所求乎治天下者,如是焉止矣"。这样做,最终达到的奇妙效果就是:"为其私,所以为天子也。故天下之私,天子之公也。公则悦,信则人任焉。此三代之治可以庶几,而况乎汉、唐之盛,不难致也。"(《郡县论五》)一旦爆发不测之变,如异族入侵或流寇窜扰,就会"有效死勿去之守,于是有合纵缔交之拒,非为天子也,为其私也"(《郡县论五》)。

顾炎武认为,为了革除历代危害民生的吏胥之弊,唯有寓封建之意于郡县的办法能做到:"使官皆千里以内之人,习其民事,而又终其身任之,则上下辨而民志定矣,文法除而吏事简矣。官之力足以御吏而有余,吏无所以把持其官而自循其法。"顾炎武确信,推行这种办法后,以如狼似虎之势毒害百姓的吏胥之弊,"昔人所谓养百万虎狼于民间者,将一旦而尽去,治天下之愉快,孰过于此"(《郡县论八》)!

顾炎武认为,寓封建之意于郡县之中,就需要赋予郡守县令等以财政和选拔人才的权力,使他们对所治理的地方起到真正的监督和治理作用。同时,通过"设世官之奖""辟属之法""罢监司之任",确保他们拥有真正的权力,且能够有效地使用权力。在选拔人才上,推行辟举制度,使德才兼备的人进入政府机构,同时断绝科举制下多数士子唯求功名而不做实事的倾向,"化天下之士使之不竞于功名,王治之大者也"(《郡县论九》)。

倘若说柳宗元《封建论》是对西周至唐中期的分封制度的系统总结，那么顾炎武《郡县论》则堪称对秦汉以来郡县制度的系统批评和概括。顾炎武提出"寓封建之意于郡县之中"的主张，目的在于使封建制与郡县制达到一定程度的融合，既下放中央权力，加强地方权力以提高地方行政效率，同时又利用郡县制的优点限制地方官员权力，从而避免割据局面的出现。

三、风俗与礼制

顾炎武的天下观与风俗教化的研究密切联系在一起。他的风俗研究强调把风俗变迁与天下兴亡联系起来。在《日知录》卷十三中，他对清以前的风俗进行了贯通的考察，并将对历代风俗考察的落脚点放在明代。同时，顾炎武又把风俗与教化结合起来，认为为了淳美风俗就得强调教化。

儒学强调将人的本能熏陶和教化为人文，因此可称为教化之学。顾炎武继承了儒学的这一优良传统，主张忠孝为风俗之根本。换言之，要正风俗，要使风俗变得淳美，就得教化百姓，使之行忠孝、讲仁爱。顾炎武就此阐发："夫子所以教人者，无非以立天下之人伦，而孝弟，人伦之本也；慎终追远，孝弟之实也。甚哉，有子、曾子之言似夫子也。是故有人伦，然后有风俗，然后有政事，有政事，然后有国家。……故民德厚而礼俗成，上下安而暴慝不作。"（《亭林文集》卷五《华阳王氏宗祠记》）"子孙不忘其祖父，孝也；后人不亡其先民，忠也；忠且孝，所以善俗而率民也。"（《亭林文集》卷二《程正夫诗序》）

孟子说："善政不如善教之得民也。善政，民畏之；善教，民爱之。善政得民财，善教得民心。"（《孟子·尽心上》）程颐认为生民之道在于"以教为本"，反对三代以后恃法以治民的方式，声称唯有教化才能美风俗和成善治："窃以生民之道，以教为本。故古者自家党遂至于国，皆有教之之地。"（《二程集》卷九）顾炎武赞同这些先贤的观点，对风俗与教化的重要作用进行了明确肯定，他说："有天下者，诚思风俗为人才之本，而以教化为先"（《日知录》卷十七《生员额数》）。认为教化是朝廷之先务，风俗是天下之大事。

在顾炎武的风俗教化论中，承担教化大任的是士大夫阶层。自周秦以降，历朝历代的士大夫们就以移风易俗为己任。顾炎武同样主张，天下兴亡的关键在于风俗教化。

自西周初年周公改制之后，中国就重视以礼制治国，而移风易俗又被视为实施礼制的必要条件。因此之故，儒家圣贤都很关注世风，都极为强调移风易俗的作用。荀子认为"习俗移志，安久移质"（《荀子·儒效》），要求培养良好的社会风气。贾谊主张"移风易俗，使天下回心而向道"（《汉书·礼乐志》）。王符则进而指出了移风易俗的办法："敦教学以移情性，表德行以厉风俗。"（《后汉书·王符传》）顾炎武同样强调，人伦、风俗、政事与国家之间存在密切的联系。具体地说，人伦有序风俗才会淳美，风俗淳美政事才会清明有效，政事清明才有国家的太平。因此，顾炎武赞赏和推崇孔子的相关言论，认为孔子诲人不倦，主要目的就在于立人伦而正风俗。他指出："夫子所以教人者，无非以立天下之人伦。而孝弟，人伦之本也；慎终追远，孝弟之实也。"（《亭林文集》卷五《华阳王氏宗祠记》）

四、《诗经》与教化

后世儒者以为孔子删诗，淫奔之作不当录于《诗经》。顾炎武以为这是俗儒的看法，因为"孔子删诗，所以存列国之《风》也。有善有不善，兼而存之，犹古之太师陈诗以观民风。而季札听之，以知其国之兴衰，正以二者之并陈，故可以观，可以听"（《日知录》卷三《孔子删诗》）。君王、当政者观诗，为的是观国运兴衰和民心变化，以补于政事。因此，诗中有记雅音之作，亦可以有志淫风之作，以便如实反映世道人心的微妙变化。顾炎武认为，其中的原因在于，"世非二帝，时非上古，固不能使四方之风有贞而无淫，有治而无乱也"。在他看来，如果文王时的诗还保存下来由孔子进行删订的话，那么"必将存南音以系文王之风，存北音以系纣之风，而不容于没一也"。正是基于这样的理由，孔子保存《桑中》和《溱洧》，为的是反映当时鄘国和郑国的淫风。保存《叔于田》《扬之水》和《椒聊》,为的是反映当时郑国和晋国政治中的乱象。

当然,《诗经》的主要宗旨和作用在于正人心、正风俗和正政事,因此"一国皆淫,而中有不变者焉,则亟录之。《将仲子》,畏人言也。《女曰鸡鸣》,相警以勤生也。《出其东门》,不慕乎色也。《衡门》,不愿外也。选其辞,比其音,去其烦且滥者,此夫子之所谓删也"(《日知录》卷三《孔子删诗》)。基于这样的理由,顾炎武批评对《古诗十九首》的删订:"十九作中,无甚优劣,必以坊淫正俗之旨严为绳削,虽矫昭明之枉,恐失《国风》之义。六代浮华,固当芟落,使徐、庾不得为人,陈、隋不得为代,无乃太甚,岂非执理之过乎?"(《日知录》卷三《孔子删诗》)

《诗经》的目的在于移风易俗。古人所说有"风俗",有"风化",有"风教"。"俗"字解为"欲","欲"字又从"心"写作"慾",大抵指人类一种向恶的性情。《诗经》的目的,就是通过"教化"的过程来改变人的恶欲,故称之为"移易风俗"。卫宏《毛诗序》说:"《风》,风也,教也,风以动之,教以化之。"又说:"上以风化下,下以风刺上……是以一国之事,系一人之本,谓之风。""下风"对上位者是"刺",即讽刺。"下风"大量存在于民间,它经常影响和作用于上位者,对上位者的压迫、剥削行为不时发出警告和劝诫,这便是"刺"。上位者如果政治清明,就会经常通过各种渠道了解和体察"下风",不时修正自己的行动方针。"下风"一旦为统治阶级所采纳与改造,并加以推广,便起着移风易俗的巨大作用,这种作用就是所谓"化",即教化的作用。

五、历代风俗演变与亡国、亡天下之辨

在讲到春秋至战国的风俗演变时,顾炎武指出:"如春秋时犹尊礼重信,而七国则绝不言礼与信矣。春秋时犹宗周王,而七国则绝不言王矣。春秋时犹严祭祀,重聘享,而七国则无其事矣。春秋时犹论宗姓氏族,而七国则无一言及之矣。春秋时犹宴会赋诗,而七国则不闻矣。春秋时犹有赴告策书,而七国则无有矣。"他不由得感慨地总结道:"邦无定交,士无定主,此皆变于一百三十三年之间。""不待始皇之并天下,而文、武之道尽矣。"至西汉时,战国这种衰敝的风俗还余波荡漾,"故刘向谓其'承千岁之衰周,继暴秦之余敝''贪饕险诐,不闲义理'。观夫史之所录,无非功名势利之人,笔札喉舌之辈,而如董生之言'正谊明道'者,不一二见也"。顾炎武认为,这种衰敝风俗到了东汉才有所改变:"盖自春秋之后,至东京而其风俗稍复乎古,吾是以知光武、明、章果有变齐至鲁之功,而惜其未纯乎道也。"到了赵宋庆历、元祐年间,风俗又渐至淳美,正所谓"自斯以降,则宋庆历、元祐之间为优矣"。顾炎武认为,在考察议论世道政事时,考察其中的风俗演变是很重要的,"嗟乎,论世而不考其风俗,无以明人主之功。余之所以斥周末而进东京,亦《春秋》之意也"(《日知录》卷三《孔子删诗》)。

王莽居摄时,歌功颂德的谄媚之人,天下比比皆是。鉴于这种惨痛的教训,东汉光武帝极为重视"尊崇节义,敦厉名实,所举用者,莫非经明行修之人,而风俗为之一变"。顾炎武因此赞叹说:"以故东汉之世,虽人才之倜傥不及西京,而士风家法似有过于前代。"(《日知录》卷十二《人聚》)

顾炎武悲哀地指出,东汉末年以蔡邕为代表的名士们,促成了节义衰微而文章兴盛的糟糕情形。到了三国鼎立的曹魏正始年间,这样的情形愈演愈烈:"一二浮诞之徒,骋其智识,蔑周、孔之书,习老、庄之教,风俗又为之一变。"(《日知录》卷十三《两汉风俗》)正始年间,风流名士蜂拥而至于洛阳,主张"弃经典而尚老庄,蔑礼法而崇放达,视其主之颠危若路人然"。顾炎武严厉地批评说:"是以讲明文艺,郑、王为集汉之终,演说老庄,王、何为开晋之始。以至国亡于上,教沦于下,羌戎互僭,君臣屡易,非林下诸贤之咎而谁咎哉!"在这里,顾炎武身怀亡国之痛,抒发了易代之际最沉郁最痛切的议论:"有亡国,有亡天下,亡国与亡天下奚辨?曰:易姓改号,谓之亡国;仁义充塞,而至于率兽食人,人将相食,谓之亡天下。"

名士们的清谈导致了"越名教而任自然"的后果。人们唯知玄妙之清谈与放诞之养生,而导致忠孝节义之不明。如此造成的严峻后果就是"何怪其相率臣于刘聪、石勒,观其故主青衣行酒,而不以动其心者乎"?顾炎武因此严厉地批驳说:"是故知保天下,然后知保其国。保国者,其君其臣,肉食者谋之;保天下者,匹夫之贱,与有责焉耳矣。"(《日知录》卷十三《正始》)后世家喻户晓的"天下兴亡,匹夫有责",就出于此。

顾炎武天下观的深刻之处就在于,他没有将国家与天下混同起来,而是在两者之间做了清晰的分判。他指出:"易姓改号谓之亡国。仁义充塞而至于率兽食人,人将相食,谓之亡天下。"顾炎武明确主张,"保天下"重于"保国",强调"保国"主要是"肉食者"的责任,而"保天下"却是人人有责。两者之间的关系在于,理解了为何需要保天下,那么也就会理解为何要保国。也就是说,两者之间存在递进的关系。顾炎武之所以在此发出如此犀利和痛切的言辞,是因为他此时放下了恢复大明江山的热望,而转向保存华夏文化的道统,转向经史之学,从而开始着重从风俗教化角度来思考"保天下"的问题。

有关明代风俗演变与国家兴衰之间的关系,顾炎武也进行了详尽的探讨。他认为明朝之所以亡国,很大的原因在于风俗的败坏与世风的日下。风俗的败坏表现于当时日益盛行的贪婪之风、奢侈之风、兼并之风、干进之风和猜忌之风。

顾炎武认为乡村的风俗要比城市的淳美,指出:"人聚于乡而治,聚于城而乱。聚于乡则土地辟,田野治,欲民之无恒心,不可得也。聚于城则徭役繁,狱讼多,欲民之有恒心,不可得也。"(《日知录》卷十三《正始》)万历年间,四海尚属少事。郡县中人前往京师的,大率为官员,仆从不过三四人。自从辽东兵兴,天下遂至于乱局:"自东事既兴,广行招募,杂流之士,哆口谈兵,九门之中,填馗溢巷,至于封章自荐,投匦告密,甚者内结貂珰,上窥颦笑,而人主之威福且有不行者矣。《诗经》曰:'我生之初,尚无为。我生之

后,逢此百罹。'兴言及此,每辄为之流涕。"(《日知录》卷十三《正始》)

从服饰变化可以洞察风俗的演变。顾炎武说:"余所见五六十年服饰之变,亦已多矣,卒至于裂冠毁冕而戎制之"(《日知录》卷二十八《冠服》)。他引用《太康县志》中的话,说:"国初时,衣衫褶前七后八。弘治间,上长下短,褶多。正德初,上短,下长三分之一,士夫多中停。……嘉靖初,服上长下短,似弘治时。市井少年帽尖长,俗云边鼓帽。弘治间,妇女衣衫仅掩裙腰,富者用罗缎纱绢织金彩,通袖裙,用金彩膝襕,髻高寸余。正德间,衣衫渐大,裙褶渐多,衫唯用金彩补子,髻渐高。嘉靖初,衣衫大至膝,裙短褶少,髻高如官帽,皆铁丝胎,高六七寸,口周回尺二三寸余。"又引用《内丘县志》的话,说:"先年,妇人非受封不敢戴梁冠,披红袍,系拖带,今富者皆服之。又或着百花袍,不知创自何人。万历间,辽东兴冶服,五彩绚烂,不三十年而沦于虏。"(《日知录》卷二十八《冠服》)

在《天下郡国利病书》中,顾炎武从重农抑商的传统立场出发,在《歙志风土论》中详细地记载和评价了商业浪潮冲击下歙县风俗的历史演变。他认为弘治年间的歙县风俗尚称淳美,"家给人足,居则有室,佃则有田,薪则有山,艺则有圃。催科不扰,盗贼不生,婚嫁依时,间阎安堵,妇人纺绩,男子桑蓬,藏获服劳,比邻敦睦。诚哉一时之三代也,岂特宋太平唐贞观汉文景哉。诈伪未萌,讦争未起,芬华未染,靡汰未臻,此正冬至以后春分以前之时也"。到了正德末嘉靖初这段时期,歙县的风俗开始产生了一些微妙而深远的变化,"出贾既多,土田不重,操资交捷,起落不常,能者方成,拙者乃毁,东家已富,西家自贫,高下失均,锱铢共竞,互相凌夺,各自张皇。于是诈伪萌矣,讦争起矣,芬华染矣,靡汰臻矣。此正春分以后夏至以前之时也"。到了嘉靖末隆庆这段时期,风俗朝向奢侈的变化就比较大了,"末富居多,本富尽少,富者愈富,贫者愈贫,起者独雄,落者辟易,资爱有属,产自无恒,贸易纷纭,诛求刻覆,奸豪变乱,巨猾侵牟。于是诈伪有鬼域矣,讦争有戈矛矣,芬华有波流矣,靡汰有丘壑矣。此正夏至以后秋分以前之时也"。到了明代晚期,风俗的奢靡与人心的败坏就变本加厉了,"富者百人而一,贫者十人而九。贫者既不能敌富,少者反可以制多。金令司天,钱神卓地,贪婪罔极,骨肉相残,受享于身,不堪暴殄,因人作报,靡有落毛。于是鬼蜮则匿影矣,戈矛则连兵矣,波流则襄陵矣,丘壑则陆海矣。此正秋分以后冬至以前之时也"(《天下郡国利病书·凤宁徽》)。由此可见,明代中晚期一方面商业确实在日益繁荣起来,但是另一方面,商业的繁荣也导致物欲横流,导致风俗的奢靡,也导致世风日下而人心不古。

关于地方风俗的演变与情形,顾炎武对自己曾长期居住的山东探讨得比较多。顾炎武北游之后,曾多次出入山东,在山东章丘置有田产,又曾于康熙七年卷入黄培诗案。因此对山东的风俗人情,顾炎武十分清楚,并进行过深刻的批判。他说,"予读《唐书》韦云起之疏曰:'山东人自作门户,更相谈荐,附下罔上。'袁术之答张沛曰:'山东人但求禄利。见危授命,则旷代无人。'窃怪其当日之风,即已异于汉时;而历数近世人才,如琅琊、北海、东莱,皆汉以来大儒所生之地,今且千有余年,而无一学者见称于时,何古今之殊绝也?"(《亭林文集》卷二《莱州任氏族谱序》)古今之间的悬殊差异,显然与风俗的日趋沦落有关。任官于山东者,无不认为山东是难以治理之地,认为山东之民存在三种不良习俗,即逃税、劫杀和讦奏。在顾炎武往来山东的十余年中,当地风气也在不断衰颓,"而余往来山东者十余年,则见夫巨室之日以微,而世族之日以散;货贿之日以乏,科名之日以衰,而人心之日以浇且伪;盗诬其主人而奴讦其长,日趋于祸败而莫知其所终"(《亭林文集》卷二《莱州任氏族谱序》)。

山东之人当然并不全然如此。顾炎武在东莱出入于赵氏和任氏门庭,看到"堂轩几榻无改于其旧;与之言,而出于经术节义者,无变其初心;问其恒产,而亦皆支撑以不至于颓落"。顾炎武因此欣喜万分,认为有志士子可以不为习俗所动摇,甚至可为百姓楷模,从而起到移风易俗的作用。他看到任氏家谱中尊祖睦族、急赋税和均力役的美好教诲,心中大为赞赏,禁不住表彰说:"天下之久而不变者,莫若君臣父子,故为之赋税以输之,力役以奉之,此田宅之所以可久也。非其有不取,非其力不食,此货财之所以可久也。为下不乱,在丑不争,不叛亲,不侮贤,此邻里宗族之所以可久也。"如果能做到这一些的话,那么名节就能保全,学问就能养成,而忠义之人和经术之士就能出现于这样的家族之中。

简言之,在明代中晚期,陆王心学由于沉醉于玄妙虚寂的清谈而轻忽于人伦日用,日益繁荣的商业则从外部冲击了人伦纲常并败坏了人心。两者之间的交织作用,相互之间的推波助澜,导致这时期的风俗日益败坏。

五、易俗、厚俗与知廉耻

顾炎武强调,君主治理天下,如果想要美化风俗的话,就得"登崇重厚之臣,抑退轻浮之士,此移风易俗之大要也"。他批评近世词人的轻薄,认为他们的"淫辞艳曲,传布国门,有如北齐阳俊之'所作六言歌辞,名为阳五伴侣,写而卖之,在市不绝'者,诱惑后生,伤败风化,宜与非圣之书同类而焚,庶可以正人心术"(《日知录》卷十三《重厚》)。同时,为了美化风俗,也得维护"流品"。所谓"流品",乃传统礼制的核心内容,意指士大夫与百姓之间的等级秩序问题。

在《常熟陈君墓志铭》中,顾炎武赞赏陈梅的观点:"生子不能读书,宁为商贾百工技艺食力之流,而不可求仕。犹之生女不复嫁名门旧族,宁为卖菜佣妇,而不可为目挑心招(妓女),不择老少之伦。"(《亭林余集》)但如今已很难找到像陈梅这样高风亮节的君子,顾炎武于是感到了孤独:"而'滔滔者天下皆是',求一人焉如陈君与之论心述古而不可得。盖三十年之间而世道弥衰,人品弥下,使君而及见此,其将叫然而哭。"

为了淳厚风俗,顾炎武强调还必须教导百姓知廉耻。他将"行己有耻"与"博学于文"相提并论,主张知耻乃为人做事之本。他说:"廉耻者,士人之美节;风俗者,天下之大事。朝廷有教化,则士人有廉耻;士人有廉耻,则天下有风俗。"顾炎武冷峻地认识到,只依靠高调的道德理想主义,是无法治国平天下的。因此,他在道德的普遍教化的层面上,明确倡导"行己有耻"的道德底线。

君子以身作则,以俭约垂范天下百姓,对教化人心显然至关重要。"夫惟君子之能以身率物者如此,是以居官而化一邦,在朝廷而化天下。魏武帝时,毛玠为东曹掾,典选举,以俭率人,'天下之士莫不以廉节自励,虽贵宠之臣,舆服不敢过度'。"(《日知录》卷十三《俭约》)顾炎武指出,大臣身负治理政事的重任,持身廉洁是必不可少的。"夫廉不过人臣之一节,而《左氏》称之为忠,孔明以为无负者,诚以人臣之欺君误国,必自其贪于货赂也。"(《日知录》卷十三《大臣》)

顾炎武指出,西汉孝文帝时,倡廉洁而贱贪污,严厉禁止官员贪赃者为吏。不得徇私枉法,也废弃赎罪之法。海内教化因此大行,天下断狱只有四百件。汉武帝时,由于好大喜功和到处开疆拓土,财政匮乏,"乃行一切之变,使犯法者赎罪,入谷者补吏。是以天下奢侈,官乱民贫,盗贼并起,亡命者众"。由此导致风俗为之一变,"亡义而有财者显于世,欺谩而善书者尊于朝,悖逆而猛勇者贵于官。故俗皆曰:何以孝弟为,财多而光荣;何以礼义为,史书而仕宦;何以谨慎为,勇猛而临官"。顾炎武为此指出,之所以产生如此恶劣的后果,"皆以犯法得赎罪,求干不得真贤,相守崇财利、诛不行之所致也"。并进而强调,只有贵孝悌,贱贾人,进用廉洁贤达之人,才能妥当地治理天下。

结语

风俗属于礼的范畴。潘耒为《日知录》作序,就特别提到顾炎武慨叹礼教的衰落,感伤风俗的颓败,"则古称先,规切时弊,尤为深切著明"。钱穆也曾指出:"凡亭林论学,举其尤要者,曰人才,曰教化,曰风俗,而尤致谨于《礼》,此皆其论经学之要端深旨所在也。"

自汉武帝"罢黜百家,独尊儒术"之后,传统风俗论向来以儒家伦理作为主要原则和内容。在宋明理学成为正统官方思想之后,就更是如此。儒家向来重视以教化治国。《论语·子路》记载孔子与冉有的对话,"子适卫,冉有仆。子曰:'庶矣哉!'冉有曰:'既庶矣,又何加焉?'曰:'富之。'曰:'既富矣,又何加焉?'曰:'教之。'"孔子的意思显然是认为在使民富裕之后,就得继之以教化。

顾炎武所论风俗史,实际为士大夫阶层的风俗史,可称之为"社会中层"的风俗史。士大夫上与治道相关,下则承担移风易俗的责任。周秦以来,士大夫中的佼佼者无不以移风易俗为己任,以顺遂世情为耻,而为官之人也以淳美风俗为首要政绩。他认为国家兴衰治乱的关键在于风俗,"目击世趋,方知治乱之关必在人心风俗,而所以转移人心,整顿风俗,则教化纪纲不可阙矣"(《亭林文集》卷四《与人书九》)。顾炎武认为,经世之要,在于立人伦正风俗。他强调,先有人伦而后有风俗,先有风俗而后有政事,先有政事而后才有国家。

读万卷书　行万里路

——从北游探究顾炎武"天下观"的成因

崔晋国

顾炎武先生是我国明末清初的三大思想家之一,他的一生给我们留下了许多宝贵的精神财富,其中最具价值的当属他具有高度社会责任意识的"天下观"。

在中国学术史上,顾炎武先生之所以超越前贤,主要是他将为人与为学融为一体,树立了务实的学风。他倡导开展学史研究,从学术源头上树立兴复经学的学理依据,进而梳理演进脉络,把握异同离合。先生说:"经学自有源流,自汉而六朝,而唐而宋,必一一考究。"

他一生始终如一的高度社会责任意识在《日知录》中得到了理论上的升华,他提出了发人深省的"亡国"与"亡天下"的两个概念,进而辨析道:"有亡国,有亡天下,亡国与亡天下奚辨?曰:易姓改号,谓之亡国。仁义充塞,而至于率兽食人,人将相食,谓之亡天下。"一家一姓王朝的更迭叫亡国。顾先生认为天下是根本,"知保天下,然后知保其国。保国者,其君其臣肉食者谋之,保天下者,匹夫之贱与有责焉耳矣"(《日知录》卷十三《正始》)。他的"天下观"主张不胫而走,经梁启超先生提炼成了"天下兴亡,匹夫有责"八个大字,影响了我国数百年并将在今后继续产生深远的影响。

顾炎武先生之所以能够创立务实的学术思想体系,升华出"天下观"思想。主要得益于以下几个方面,首先,他从小受到了良好的教育,他的第一位人生老师嗣母王氏,是一位大家闺秀,其祖父王宇是明朝辽东太仆寺卿,父亲王述是国子监太学生,王氏受过严格的传统教育,王氏嫁入顾家后,在顾炎武6岁时就开始给他讲

《大学》,9岁时顾炎武读《周易》,此后学习了《左传》《国语》《史记》《资治通鉴》等。顾先生读经史,非一读了之,而是熟读并有自己的思考。通过早期学习,顾炎武先生有了良好的知识储备,为以后形成自己的学术思想体系奠定了基础。

其次,顾炎武在17岁加入复社,结识归庄等人,这对他以后的学术研究也起到了促进作用。复社的宗旨是"期与四方之士,共兴复古学,将使异日者,务为有用"。

复社的学子们纷纷效仿东汉太学生上议执政、下讥卿士,放言无忌。他们以天下为己任,从事政治结社活动,结交四方豪杰。清军南侵后,顾炎武积极参加抗清起义,起义失败后,又从事反清复明活动,直至45岁因杀死告密的家奴无法在江南立足而开始北游。

北游是顾炎武先生"天下观"思想形成的重要时期。1657年,顺治十四年,顾炎武先生已45岁。这一年正月,他在第六次拜谒孝陵后,自南京返回家乡昆山,告别亲友北上游历。

在北游中,顾炎武先生经历千辛万苦,克服了艰难险阻。他到淮北时遇上连日大雨,赤脚行走了数十日,走了135千米才走出雨水泥水横流的土地。目睹了清军抢掠后"逾淮百里即荒郊"的凄凉景象,顾炎武心中不胜悲哀,写下了"人生只是居家惯,江河曾如水一坳"。

他到山东时,山东反清斗争依然壮烈,西面有"榆园军",东面有"于七军"在坚持抗清,顾炎武在山东看到了田地、房舍、书院毁坏,看到战争对各行各业的破坏,感受到了人民生活的困苦和艰难。

离开山东后,顾炎武又北上津、京,沿途访民情、察民意,谒明十三陵。

顾炎武先生进入山西后,在晋北塞外与傅山、李因笃、朱彝尊等人出资在雁门关北面购置了大量田产开荒种地。为了搞好农业生产,他还派人到南方请来能造水车、水碾、水磨的人,客观上促进了晋北农业技术的提高。

顾炎武不仅在晋北开荒种地,他还在山东章丘置了桑家庄的田产。在章丘顾炎武也亲身体验了清政府的司法腐败,章丘恶霸谢长吉罗织罪名,勾结官府将顾炎武投入狱中,想侵占他的田产。后来,在北京等地的外甥及好友的活动下,顾炎武不屈抗争,才洗脱罪名出狱,这些经历都为他日后形成"天下观"学术思想提供了实践支撑。

顾炎武晚年寓居于曲沃东韩村韩宣宜园,在此期间他潜心研究社会现象与民间疾苦,经过清取代明的战争,他在山西亲眼看到了"汾州米价每石二两八钱,大同至五两外,人多相食。陕西凤翔之民举债于权要。每银一两,偿米四石"。又听闻"东土饥荒,颇传行旅,江南水旱,亦察舆谣"。为了改善民生,他在69岁病势稍减时,便就民生疾苦致书京中大吏,作《病起于蓟门当事书》。本着"仁以为己任,死而后已"的精神,出于"拯斯人于涂炭,为万世开太平"的责任感,提出"活千百万人之命"的建议,强调进行赋税制度改革的必要,并提出相应的改进方式,恳请执政者救民于水火。有云:"天生豪杰,必有所任,如人主于其臣授之官而与以职。今日者拯斯人于涂炭,为万世开太平,此吾辈之任也。"

为了减轻人民负担,顾炎武在《生员论》中指出,生员不仅不能成为国家的有用之才,反而还给社会造成巨大危害。在顾炎武看来,生员与乡宦、吏胥一样,享有免赋免役的特权,于是所有的赋役负担就全部转移到普通老百姓身上;不仅如此,生员们科举考试的一切费用也由民众负担,导致老百姓苦不堪言。为此,基于民生考虑,顾炎武强调"废天下之生员而百姓之困苏"。

顾炎武晚年在曲沃还从事考古、讲学活动,他与傅山、李二曲、卫嵩等人经常就改善民生进行思想交流、交锋,在绛山书院讲学宣传他的"天下观"。北游使顾炎武更多地了解了中原、华北、西北的民情,为他创立"天下观"学说起到了重要作用。

论顾炎武"天下观"的现代伦理学道德立场的道德辩护

翟 丹

顾炎武(1613—1682)是中国历史上著名的思想家、史学家及语言学家,与黄宗羲、王夫之并称为明末清初三大儒。他本名绛,字忠清,明朝灭亡后改名炎武。江苏昆山人,号亭林,后人尊称他为亭林先生。

亭林先生是大儒,必然要从儒家伦理思想"仁、义、礼、智、信"这五字出发,着眼历史和当下的伦理道德问题,高扬"积极入世"的实践精神,实现其"明道救世"的经世致用主张。儒家伦理观受时代的局限性是不可避免的,例如,通过"三纲五常"的教化来维护封建社会的伦理道德和政治制度等。

然而,现代社会科学也是建立在前人学说和实践之上的,时代性和前瞻性在人类社会实践中是并存的,因为人作为高于现象界的"伦理本体",其"自由意志"(内在自然化的理性)始终围绕"善的本源"(人类社会总体历史实践中的共同价值观)来探索[1],所以历史人物的时代观点可以超越时代而使后人产生共鸣。正如顾炎武处在封建王朝战争对生民的荼毒、"华夷之辨"的民族主义情绪泛起和明末资本主义萌芽等时代旋涡里,提出的"天下观"之说,虽就其本人意愿而言,是应时事而进行的思辨,但是以现代伦理学的维度来看,此学说属于中国人,更属于全人类的伦理道德思考。

一、顾炎武"天下观"

"天下兴亡,匹夫有责",其语义源出顾炎武《日知录》卷十三《正始》,意即事关天下兴亡,百姓皆有责任,义不容辞。八字成文,则出自梁启超。这一思想的提出,意义重大,成为激励爱国、鼓舞奋进的精神力量。

(一) 当代学者关于"天下观"的论述

华东师范大学教授盛邦和在题为《顾炎武"天下观"及其民族共同体意识刍论》的主题报告中说道:"纵观顾炎武论著,'天下观'为其重要思想特点,被称为当今中华民族共同体理念的精神源头。这个思想具体表现为对'天下一家'的倡导与对华夷之辨的重释、对'文化天下'的弘扬与对中华精神的复兴、对'天下四维'的坚守与对民族传统的弘扬、对'兴利天下'的阐说与对民族共识的凝聚"。

安徽大学历史系李晖在题为《谈顾炎武〈日知录〉中的"天下观"》一文中认为:"他的这种思想,实际上也是古代传统'天下观'和'民族国家观'的融合,但又超越了一般意义上的、站在政治立场上的传统的'国家观',而是站在天下这个更大更广的层面上,与以民族国家为基础的国家利益至上形成鲜明对照,是传统'天下观'的继续。"

(二) "天下观"本身就是一个道德概念

综上所述,我以为不论是"天下一家""文化天下""天下四维""兴利天下"的剖析,还是古代传统"天下观""民族国家观"融合的解读,都是站在文化乃至文明的立场上阐释。就研究方法而言,两者将哲学的任务归结为现象研究,以现象论观点为出发点,通过对现象的分析归纳得到定律结论,这是实证主义的典型特征,对建立知识的客观性有着积极的意义,值得学习和探究。

然而,知识的客观性不完全是理性。理性必须和一个道德或伦理有着内在的关联。顾炎武"天下观"本身就是一个道德概念,意味着从道德上可以接受的概念(天下兴亡,匹夫有责)向他人传递某种有价值的观念。

这就需要在现代伦理学道德立场下,对顾炎武"天下观"进行道德辩护、伦理学论证和维度探究。

二、现代伦理学道德立场

在人类历史社会实践中,人的观点和判断通常不尽相同。个人的理由是多种多样的,有的基于个人的主观臆断和情绪,有的基于群体立场,有的基于政治立场等,但人总会就这些因素进行道德辩护,并将它们等同于道德立场。因此,这里有必要阐述一下道德立场的概念及其区别于其他因素的独特性和优越性。

(一)顾炎武"天下观"的道德立场

道德立场是什么呢?程亮博士在总结法国哲学家德沃金"道德立场有两种不同的方法"的观点时写道:"因此,这里的道德立场首先意味着我们必须为我们的行为或目的之正当性提供某些理由。这些理由可以是我们信奉的某些一般的道德理论,也可以是对某些道德理想或原则的遵循。尽管并不是所有人都能明确而直接地提出这样的理由,但是我们也可能在提供其他辩护的信息或特征过程中叙述某些理论或原则。就此而言,有些理由不符合普遍的标准而被排除在道德立场之外。"[2]

那么,顾炎武"天下观"的道德立场是什么?

顾炎武在《日知录》卷十三《正始》中论述,"有亡国,有亡天下,亡国与亡天下奚辨?曰:易姓改号,谓之亡国;仁义充塞而至于率兽食人,人将相食,谓之亡天下……保国者,其君其臣、肉食者谋之;保天下者,匹夫之贱,与有责焉耳矣"!

他鲜明地指出"亡天下"的原因在于"仁义充塞而至于率兽食人,人将相食"。"仁义充塞",仁义的道路被阻塞。"率兽食人,人将相食"出自《孟子·梁惠王上》,带着野兽来吃人,代指统治者虐害人民。这里"兽"字很重要,可以一窥顾炎武所说"亡天下"原因的立场线索。孔子说"苛政猛于虎也",孟子言"率兽食人",前者类比,后者直言,所表达的意思是暴政的危害。顺着这条线索,我们来把握顾炎武强调的"仁义充塞"这个大前提,那么"仁义"正是其道德立场的表述。

仁义者,孔曰成仁,孟曰取义。一个儒者自然站在儒家伦理学说的"仁义"立场上,因为人必须为人的行为或目的之正当性提供某些理由。这些理由可以是我们信奉的某些一般的道德理论,也可以是对某些道德理想或原则的遵循。顾炎武始终遵循儒家道德理想或原则,除了这里提及的"仁义"以外,他还论"礼义廉耻"为"国之四维",由此可见一斑。

虽然"仁义"是儒家的伦理学说,但是西方有所谓的"绅士精神",两者在文明社会的道德内涵上有共同之处。所以,顾炎武与其说是站在儒家"仁义"的道德制高点上,不如说是站在符合人类普遍标准的道德立场上。

(二)符合人类普遍标准的道德立场之优越性

符合人类普遍标准的道德立场就是人类社会的延续不可以违背人性存在的应有之义,而这道德立场具有其优越性。

道德立场的优越性是什么呢?斯特巴在《实践中的道德》中对道德立场或方法的优越性有如下定义:"第一,这个立场或方法是'规范性的',即它是以命令或要求的形式呈现的,对应该做什么或不应该做什么做出了规定;第二,这种规定对于它所影响到的每个人来说都是可接受的"[3]。

顾炎武在《日知录》卷十三《正始》中论述:"保天下者,匹夫之贱,与有责焉耳矣!"这里"保天下者",就是对应该做什么或不应该做什么做出了规定。而"有责"是以命令或要求的形式呈现的,两者融合就是人类社会的延续不可以违背人性存在的应有之义的"规范性"。

它对所影响到的每个人来说都是可接受的,而不会让"匹夫"成为法国社会心理学家古斯塔夫·勒庞所说的,"群体的无意识行为代替了个人的有意识行为"[4]的乌合之众。

符合人类普遍标准的道德立场就是人类社会的延续不可以违背人性存在的应有之义。由此可见,顾炎武"天下观"从现象论上看,是民族国家意识的启蒙,是汉文化乃至华夏文明对生民和民生思考的理性表达,而从道德维度上看,它是人性之所以存在对人类生存和社会可持续发展的重要道德价值,是属于现代伦理学之立足全人类社会历史实践的伦理道德思辨,具有普遍意义上的规范性和可接受性优势。

明确了顾炎武"天下观"之道德立场的概念和其优越性,还需对其进行伦理学论证和维度探究,也就是对其进行道德辩护。

三、道德辩护

道德辩护的伦理思维有两种:一是后果论思维,即从行为后果的"好坏"或"善恶"出发,考虑该行为的可接受性;二是非后果论思维,即从行为本身出发思考行为的正当性。

基于道德立场和其优越性,人类伦理学研究史上产生了三大经典道德辩护理论:功利主义、康德主义和德性伦理学。

（一）功利主义

功利主义是以行为结果为道德评价标准的学说,认为:"一种行动或行为是否符合道德规范并不取决于行为本身,而是取决于它带来的结果是不是给利益相关者带来最大化的幸福。"[5]功利主义从行为目的或结果出发为行为进行辩护,可能导致人们以不道德的方式来达到某个好的目的或结果,出现为达目的而"不择手段"的问题。

功利主义的弊病在于以不道德的方式来达到某个好的目的或结果,将会出现为达目的而"不择手段"的问题。例如,就战争行为而言,无论达成何种目的和结果,都是不道德的行为。如果遇到非用战争手段达成目标不可的情况,是否属于"不择手段"呢？老子有言:"佳兵者不祥之器,圣人不得已而用之。"这就需要从康德主义伦理维度进行道德辩护。

（二）康德主义

康德主义也叫康德义务论,与功利主义的区别在于它不对行为的结果进行道德评价,而是直接考察行为本身在道德上的可接受性。[6]

综上所述,在道德上的可接受性、绝对命令、无条件性及普世性是康德义务论的重要特征。"天下兴亡,匹夫有责",如果是为了反侵略,必须要用战争的手段达成目标,则不从战争行为的后果进行道德评价,而是直接考察战争本身在道德上的可接受性。

纵观世界历史,四大文明古国在近代以前从来就没有明确的民族国家意识,其他三大文明古国湮灭在历史的尘埃里,只有中国依然屹立,为什么?血性尚武,智慧谋略,发达的科技和昌盛的文化等文明特征其他三大文明古国都不缺,可它们就是亡了,仅仅因为没有明确的民族国家意识吗?不是,它们的"天下"是"神和神代言者的天下",而中国自孟子高呼"民贵君轻"以来,庶民的天下贵于"神和神代言者的天下"。古代社会对百姓福祉的关注虽然无法和现代做比较,带有历史时代的局限性,但是任何威胁华夏民族繁衍和文明延续的行为都遭到了各种形式的抵抗。可以这么说,在顾炎武提出"天下兴亡,匹夫有责"之前,这样的理念就已存在;在顾炎武提出"天下兴亡,匹夫有责"之后,这样的理念更进一步发扬光大。

这已经超出道德义务的范畴,然而,这又是一种怎样的道德品质呢?这就需要从德性伦理学的维度进行道德辩护。

(三)德性伦理学

德性伦理学可上溯至古希腊的亚里士多德和其著作《尼各马可伦理学》,它所关注的问题不仅仅是"我应该做什么"的问题,而是"我应该成为什么样的人"的问题,故德性伦理学主张以品质或品格为中心判断道德性,而不是行为。[7]

顾炎武"天下观"的德性来自哪里?儒家的"德",是春秋孔子的"为政以德,譬如北辰",是"昔者君子比德于玉焉",还是北宋张载的"为天地立心,为生民立命,为往圣继绝学,为万世开太平"?我认为源自孟子的"性善论",性善而行善,正如德性伦理学所关注的"我应该成为什么样的人"的问题。什么样的人就有什么样的品质和品格,北岛的《回答》里有言:"卑鄙是卑鄙者的通行证,高尚是高尚者的墓志铭。"

在没有形成明确民族国家意识的时代,高尚的品质就在"国之四维"里。顾炎武在《日知录》里有言:"礼义廉耻,国之四维;四维不张,国乃灭亡。善乎!管生之能言也。礼义,治人之大法;廉耻,立人之大节。盖不廉则无所不取,不耻则无所不为。人而如此,则祸败乱亡亦无所不至。"

具有礼义廉耻的人不只是君子,更是所有人,不分肤色和种族,不分落后和先进。纵然有"华夷之辨",但自汉唐以来"和而不同,兼容并蓄"的博大包容,让这样的道德心理超越地域而远播四方,它符合全人类的共同利益,是人类社会的美德。

所以顾炎武的"天下观"不只蕴含"礼义廉耻"的道德品质,也是当下"人类命运共同体"的共同利益观的肇始之一。

(四)"人类命运共同体"的共同利益观

2011年《中国的和平发展》白皮书提出,要以"命运共同体"的新视角,寻求人类共同利益和共同价值的新内涵。

在世界文明的发展进程中,人类始终追求和平、安全、合作、互利、共赢、共享、平等、自由等理念,这是人类社会过去、现在及未来的共同利益,与每一人休戚相关。

"天下兴亡,匹夫有责"在新时代新挑战的背景下,是数百年前顾炎武先生留给全人类应对共同命运的伦理道德内涵,不是口号,不是方法论,不是思想,它是道德哲学。

【参考文献】

[1] 李泽厚. 伦理学纲要[M]. 北京:人民日报出版社,2010.

[2] 程亮. 教育的道德基础:教育伦理学引论[M]. 福州:福建教育出版社,2016.

[3] 斯特巴. 实践中的道德[M]. 北京:北京大学出版社,2006.

[4] 勒庞. 乌合之众[M]. 桂林:广西师范大学出版社,2011.

[5] 穆勒. 功利主义[M]. 徐大建,译. 北京:商务印书馆,2014.

[6] 康德. 道德形而上学原理[M]. 苗力田, 译. 上海: 上海人民出版社, 2012.

[7] 亚里士多德. 尼各马可伦理学[M]. 廖申白, 译注. 北京: 商务印书馆, 2003.

"天下观"是顾氏"为民"经济思想的集中表现

江思渤

经济是基础,政治思想是经济的集中表现。顾炎武先生是一位伟大的爱国主义思想家,他的"天下兴亡,匹夫有责"的伟大爱国主义思想,是他"为民"经济思想的升华。顾氏经济思想的核心是"为民",学习和研究顾氏"为民"的经济思想,是学习和研究顾氏伟大爱国主义政治思想的基础。

一、"天下观"是顾氏"为民"经济思想的升华

为什么说顾氏"天下观"是他"为民"经济思想的升华?这要从顾氏青年时代反清复明的爱国主义思想,到中晚年,"行万里路,读万卷书"后,形成"天下观"伟大爱国主义思想的过程来理解和探索。

顾炎武先生处于明亡清兴的大动荡时代。清朝初期,由于清军野蛮屠杀百姓,实行种族歧视政策,顾氏积极投身于反清复明的军事和政治斗争,这无疑是一种爱国行动。顾氏在苏州、昆山武装反清失败,南明弘光、隆武政权两次授予他兵部司务之职,还未到职,南明政权就由于腐败很快失败,这使顾氏认识到明亡已成定局。清顺治十四年,顾氏变卖家产,以出游为名,只身北上,经山东、河北、北京、河南、山西到陕西,"行万里路,读万卷书",深入广大农村进行调查研究,主要目的是探索明亡的根本原因,寻找救世之道。

顾氏的一生,特别是中晚年"行万里路,读万卷书",一边调查,一边研究,留下许多宝贵的著作,最有价值的是《日知录》《音学五书》《天下郡国利病书》《肇域志》《顾亭林诗文集》等,而《日知录》是顾氏萃毕生心力撰著的作品,用他的话来说,就叫作"平生之志与业皆在其中(《与友人论门人书》)。什么是他的

志?……用一句话来表述……就是要通过其学术活动来'明道救世'"。"明道救世"指的就是探索救世之道。

顾氏把《日知录》"全书分为三篇,即上篇经术,中篇治道,下篇博闻"。在上篇中,顾氏结合他在农村调查研究的实际,翻阅了大量历代著作,对比分析历代王朝兴衰成败的历史,分专题论述了他的经济思想。他从我国商品经济的产生,货币的产生、发展,货币的形式(铜、黄金、银、纸钞等)以及货币在我国不同时期的地位、作用,商品经济的等价交换规律等方面进行深入的研究和分析。同时又指出,长期以来,我国是一个封建国家,封建专制严重阻碍了我国经济的发展,其最大的弊病就是财聚于上,而不是财用于民,税收奇重,而且苛捐杂税尤重,严重的剥削了农民。顾氏找到了明亡的根本原因——官员聚集大量财富,过着腐败的生活,而在广大农村,农民却过着悲惨的生活,"民穷财尽",甚至卖儿卖女,四处逃荒,以致官逼民反。"为民"不"为民"是他论述经济思想的核心问题。

正是在上篇论述其经济思想的基础上,顾炎武在中篇提出了他的救世之道——经济政策要保证财用于民,税收要实行轻赋政策,核心是要"为民",政治思想上要正风俗、贵廉洁、尚俭约等,"天下观"就是他政治思想的升华。中篇卷十三《正始》一文提出了"天下观",顾氏说,有亡国,有亡天下,亡国与忘天下奚辨?曰:易姓改号,谓之亡国;仁义充塞,而至于率兽食人,人将相食,谓之亡天下。他引证管子的话,与天下同利者,天下持之;擅天下之利者,天下谋之。他的结论:"呜呼!崇祯末年之事,可为永鉴也已!后之有天下者,其念之哉!"他认识到明亡是必然的,不解决与天下同利的问题,即使反清复明,也不能解决人民群众受苦受难的问题。所以说,从"反清复明"到"天下观",是顾氏"为民"经济思想的升华,"天下观"是顾氏"为民"思想的集中表现。

下面就从三个方面深入谈谈顾氏"为民"经济思想,以说明为什么"天下观"是顾氏"为民"经济思想的集中表现。

二、"为民"发展经济要按经济规律办事

我国是世界上最早产生商品经济的国家之一,货币的使用已有四五千年的历史。顾氏指出,战国时就已使用黄金为货币,而在元代银锭已成为流通的货币。我国长期处于封建专制统治之下,封建经济最大的弊病是专制,聚财于上,不按经济规律办事,既损害了人民群众的利益,又影响了我国经济的发展。顾氏在《日知录》上篇专门论述了他的经济思想,他对货币的属性、基本职能、运行规律、我国货币不同形式(铜、黄金、银、纸钞等)以及货币在不同历史时期的地位和作用,国家的财政、税收政策等方面都做了精辟的论述,中心思想是要"为民",要按经济规律办事,剥削必然违背经济规律,会阻碍甚至破坏经济发展,甚至导致亡国。

顾氏对货币的属性和运行规律做了精辟论述,他说:"古人制币,以权百货之轻重。"又说:"钱自上下,自下上,流而不穷者,钱之道也。"而在封建专制统治下,帝王都以为货币是帝王的一家之物,顾氏指出:"自古以来,有民穷财尽而人主独拥多藏于上者乎?此无他,不知钱币之本为上下通共之财,而以为一家之物也。"在封建制度下,人主藏财于上,堵塞流通,民穷财尽是历代王朝的通病,顾氏指出,"使万室之邑,必有万钟之藏,藏镪千万;千室之邑,必有千钟之藏,藏镪百万"。1991年,河南永城芒砀山汉文帝之子梁孝王墓出土半两钱225万枚,这还只是墓园藏钱的一部分,这可作为印证顾氏此说的一个例子。顾氏又指出:"隆虑公主以钱千万为子赎死,是罚锾入以钱。晋南渡,凡田宅、奴婢、马牛之券,每直万税四百,是契税入以钱。"官府的腐败,又加深了社会矛盾。

货币制度改革的目的,应该是革除那些不按经济规律办事的弊病,促进经济发展,而在封建王朝统治下,货币制度改革的目的有时却相反。顾氏在《日知录》卷十一《钱法之变》一文中指出,西汉末年,王莽篡位,建立新朝,为了弥补财政缺口问题,进行了四次货币改革,严重违背等价交换的经济规律,造成极度通货膨胀,加速了王莽政权的灭亡。王莽建立新政后第一次货币改革是废原

"五铢钱",制"大泉五十""契刀五百""一刀平五千"等,"大泉五十"钱重只有"五铢钱"的2~3倍,要当50枚"五铢钱","一刀平五千",在刀型钱币上加一点黄金,要当5 000枚"五铢钱"。王莽从人民群众中收回"五铢钱",铸"大泉五十""契刀五百""一刀平五千"钱,严重违反等价交换原则,严重损害群众利益,群众拒用。接着王莽进行第二次货币改革,制造"六泉",除保留"大泉五十"外,又制"小泉直一""幺泉一十""幼泉二十""中泉三十""壮泉四十"。就连"壮泉四十"也小于原"五铢钱",要当40枚"五铢钱"使用,群众继续拒用"六泉"。第三次货币改革是制造"十布",从"小布一百"到"大布黄千",分十个等级,最小的是"小布一百",只有"五铢钱"的2~3倍重量,要当100枚"五铢钱";最大的"大布黄千",也只有"五铢钱"的5~6倍重量,要当1 000枚"五铢钱",已到人民群众无法承受的程度,人民群众纷纷起义。这时,王莽赶紧进行第四次货币改革,改制"货泉",一枚"货泉"与一枚"五铢钱"相等,群众已不再相信,拒用"货泉",加上各地起义风起云涌,促使王莽政权很快灭亡。顾氏总结历史教训,指出,成功的货币政策要相对稳定,而进行货币改革,一定要符合人民群众利益,要符合经济规律,促进经济发展,核心是要"为民","为民"就一定要按经济规律办事。

三、"为民"是发展经济的出发点和落脚点

顾氏在《日知录》卷十二《财用》《言利之臣》两节,论述了他的财政政策和税赋政策。他的财政政策的基本观点是"财源在民""财用于民";他的税赋政策的基本观点是要对民实行轻赋政策,他的经济思想的核心是"为民"。顾氏在《言利之臣》一文中指出:"利不在官则在民,民得其利,则财源通而有益于官;官专其利,则利源塞而必损于民。"中心意思是财源在民,为官理财必须用于民,使人民群众得到实惠,人民群众才有发展经济的积极性,财源才能通。否则,官专其利,民得不到实惠,没有生产积极性,则财源必然堵塞,发展经济的根本问题是能否使民得利,调动人民群众的生产

积极性。发展经济靠谁？靠人民。发展经济的目的是什么？是为使人民群众过上好日子，这就是顾氏提出的"财源在民""财用于民"的经济思想，核心是要"为民"。财源在民，民得其利，国必兴；反之，财聚于上，民穷财尽，国必亡。这就是顾氏的财政经济思想。

顾氏从"财源在民"经济思想出发，提出赋税要实行轻赋政策。顾氏考察了我国经济发展的历史，发现历朝多实行重赋政策，而隋朝却实行的是轻赋政策，每隔三五年就减赋一次，顾氏认为隋富强是因为找到了"生财之方"。他说："古今称国计之富者，莫如隋。"隋代，"开皇三年，调绢一匹者减为二丈，役丁十二番者减为三十日""开皇九年……自余诸州并免当年租税。十年，以宇内无事，益宽徭赋，百姓年五十者输庸停放。十二年，诏河北、河东今年田租三分减一，兵减半，功、调全免。则其于赋税复阔略如此"。顾氏赞扬隋代，"必有生财之方，而后赋税可得而收也"。隋代实行"轻赋"和"减赋"政策是找到了生财之方，人民群众减赋越多，发展经济的积极性越高，国家税赋实际收到的更多，从而找到了"为民"这条国富的良策。

改革开放以来，特别是党的十八大以来，我国实行减税减费政策，实行发展经济与人民共享发展成果的政策，让人民共享经济、政治、文化、社会、生态方面的发展成果，让人民更有获得感、幸福感、安全感。这样，当国家在国或国际上遇到各种困难时，全国人民就能全国万众一心去战胜克服，这就是改革开放40年来我国能够取得巨大发展的根本原因。

四、残酷剥削农民是明亡的根本原因

顾氏在《日知录》上篇关于经济思想论述中，多处指出，明亡的根本原因是明朝末年统治者残酷剥削农民，使广大农民"民穷财尽"。

明代后期，我国除沿海部分地区商品经济有了一定程度的发展，全国大部分地区还是处于自给自足的自然经济状态，顾氏行万里路深入广大农村调查，认为明代后期全国实行"以钱为赋""以银为赋"的税赋政策,实际是对农民进行剥削的政策。顾氏在《日知录》卷十一《以钱为赋》一文中指出:"何者?国家之赋不用粟而用银,舍所有而责所无故也。夫田野之氓,不为商贾,不为官,不为盗贼,银奚自而来哉!"接着又指出:"钱者,桑地不生铜,私家不敢铸,业于农者,何从得之?至乃吏胥追征,官限迫蹙,则易其所有,以赴公程。当丰岁则贱粜半价,不足以充缗钱;遇凶年则息利倍称,不足以偿逋债。丰凶既若此,为农者何所望焉!是以商贾大族,乘时射利者,日以富豪;田垄罢人,望岁勤力者,日以贫困。"

明末官方苛捐杂税名目繁多,更是加重了农民的负担。顾氏指出,明末以银为赋,官府还要收取"火耗"之赋,农民以粟换取碎银,已经受到商人的一次盘剥,再以碎银交赋税,还要再受一次"火耗"之赋的盘剥。官方将碎银熔化制成整银,有"火耗"也很少,顾氏指出:"所谓耗者,特百之一二而已……盖不知起于何年……官取其赢十二三,而民以十三输国之十;里胥又取其赢十一二,而民以十五输国之十……而生民之困,未有甚于此时者矣,愚尝久于山东,山东之民无不疾首蹙额,而诉火耗之为虐者。"

以上所说的是商品生产不发达地区的情况,而在江南鱼米之乡,农民的生活又怎么样呢?顾氏在《日知录》卷十六《苏松二府田赋之重》一文中指出:"考洪武中,天下夏税秋粮,以石计者总二千九百四十三万余,而浙江布政司二百七十五万余,苏州府二百八十万九千余,松江府一百二十万九千余,常州府五十五万二千余。是此一藩三府之地,其田租比天下为重,其粮额比天下为多。"其中,"苏州一府七县(时未立太仓州),其垦田九万六千五百六顷,居天下八百四十九万六千余顷田数之中(约百分之一),而出二百八十万九千石税粮于天下二千九百四十余万石岁额之内(约十分之一),其科征之重,民力之竭,可知也已"。"愚历观往古自有田税以来,未有若是之重者也。以农夫蚕妇,冻而织,馁而耕,供税不足,则卖儿鬻女,又不足,然后不得已而逃,以至田地荒芜,钱粮年年拖欠。"明代末年,不论是贫困地区,还是鱼米之乡,都民不聊生,导致农民纷纷起义,这就是明亡的根本原因。

  顾氏中晚年行万里路,读万卷书,深入广大农村调查研究,了解了广大农民的真实生活状况,使他的思想得到了升华,让他认识到反清复明不能解决根本问题,天下还是原来的天下,农民还是过着悲惨生活,引发了他的思考。他多次把"人民"称为"天下",他的思想升华了,他要救的不是一朝一代,而是"人民",他所指的天下是人民的天下,这就是顾氏"天下观"的伟大之处。

【参考文献】

  顾炎武.日知录集释[M].黄汝成,集释.栾保群,吕宗力校点.石家庄:花山文艺出版社,1990.

实学诗学时代性

顾炎武实学思想的新时代重大价值

方世南

实学思想是顾炎武全部学术思想和理论观点的精髓以及最大亮点,反映了中国古代进步思想家的治学理念及其对社会的责任担当,体现了中国传统文化的优秀内容和时代精神,是促进中华文脉不断发展的重要精神养料,也是新时代推动我国社会主义文化繁荣发展的取之不尽、用之不竭的宝贵精神财富。习近平总书记在党的十九大报告中指出:"深入挖掘中华优秀传统文化蕴含的思想观念、人文精神、道德规范,结合时代要求继承创新,让中华文化展现出永久魅力和时代风采。"顾炎武实学思想是作为世界观、方法论、价值论的理论体系而问世的,内容丰富,博大精深,其产生和发展具有深刻的时代背景,是对中国古代实事求是思想的继承和发展,具有深刻的家国人文情怀,展示了理论联系实际、着力于解决社会现实问题的良好学风。认真领会、深刻把握、传承好和弘扬好顾炎武实学思想,对于推进中华优秀传统文化的创造性转换和创新性发展,更好地在新时代坚持和发扬党的实事求是思想路线,求真务实,直面和解决时代问题,贯彻落实以人民为中心发展思想,营造风清气正的党内政治生态和社会生态,全面地提高整个民族的人文素养,促进人的自由而全面发展,都有着十分重大的理论意义和实践价值。

一、顾炎武实学思想对于贯彻实事求是思想路线的重大价值

实学是中国古代具有朴素唯物主义思想的一种理论学说,与中国古代坚持唯心主义立场的心学相比较而存在,相斗争而发展。实学以主张"实体达用之学""经世致用"而名,这一学说与主张

"涵养心性,以致良知"的心学有着本质区别,构成了两种不同的世界观、价值观、方法论,深刻影响着人们的认知方式、思维方式、实践行为,对中国社会发展起着不同的思想导向作用。

顾炎武是实学思想的著名代表和集大成者。顾炎武对宋明理学的两个流派,即具有客观唯心主义性质的程朱理学和具有主观唯心主义色彩的陆王心学都进行了无情的批判。正是在这种批判性和创新性的思想基础上,顾炎武的实学思想形成了。作为具有相对完整理论形态的实学发轫于北宋,经过顾炎武等人的大力倡导,在明清之际达到高峰。顾炎武做学问关注社会现实问题,开一代新学风,摒弃虚无玄妙的空谈,注重考据实证,倡导经世致用的治学实践和治学风格,对后人影响深远。顾炎武是历史上公认的理论化、系统化实学思想体系的开创者和集大成者。梁启超在《中国近三百年学术史》中曾说:"我生平最敬慕亭林先生为人……但我深信他不但是经师,而且是人师。"这个评价是客观而深刻的。

顾炎武以"明道救世"为实学宗旨,提出了"君子为学,以明道也,以救世也。徒以诗文而已,所谓雕虫篆刻,亦何益哉"的主张,以"文须有益于天下"为实学基本理念,提出了"明体适用""博学于文""行己有耻"的实学基本原则,并以"保天下者,匹夫之贱,与有责焉"(梁启超将这句话概括为"天下兴亡,匹夫有责")的豪迈救世精神,提出了做学问必须杜绝空谈,必须坚持学问联系实际,要注重理论转化,要提炼总结出匡时济世、服务民生、救国救民的方略,这些观点实际上指明了做学问的方向和基本路径。顾炎武实学思想揭示了学术研究的目的和主要价值诉求,阐明了思想认识与客观实际的真实关系,论证了获得真理性认识的条件和手段,提出了在实践中检验思想理论正确与否的主要标准等重大问题,为中国共产党倡导和坚持实事求是的思想路线提供了重要的优秀传统文化基因。

将马克思主义基本理论与中国的客观实际相结合,继承和弘扬中国优秀传统文化,对中国古老的实事求是概念进行创造性转换和创新性发展,赋予其马克思主义哲学内容,使之成为中国共产党的思想路线,是毛泽东同志认真研读顾炎武等人的实学思想所做出的重大理论创新。"实事求是"一词最早出自东汉史学家班固所撰的《汉书·河间献王传》,称赞西汉景帝第三子河间献王刘德"修学好古,实事求是"。在这里,刘德的"实事求是",主要指在考证古书时能够求其真本,讲的是实证的治学态度和方法,并不具有哲学认识论上的价值,不能简单地等同于今天的实事求是概念。青年时期的毛泽东对顾炎武等人倡导的实学思想倍加推崇。1917年,毛泽东撰写《体育之研究》一文,特别标举顾炎武、颜习斋(即颜元)、李刚主为文武兼备、三育并重的师表,对其倍加称颂和推崇。毛泽东说:"清之初世,颜习斋、李刚主文而兼武。习斋远跋千里之外,学击剑之术于塞北,与勇士角而胜焉。故其言曰:'文武缺一岂道乎?'顾炎武,南人也,好居于北,不喜乘船而喜乘马。此数古人者,皆可师者也。"在《讲堂录》中,毛泽东还认真恭敬地抄录了潘耒为《日知录》所写的一段《序言》:"昆山顾宁人先生,生长世族,少负绝异之资,潜心古学,九经诸史,略能背诵。尤留心当世之故,实录奏报,手自抄节,经世要务,一一讲求。当明末年,奋欲有所自树,而迄不得试,穷约以老。然忧天悯人之志,未尝少衰。事关民生国命者,必穷源溯本,讨论其所以然。足迹半天下,所至交其贤豪长者,考其山川风俗,疾苦利病,如指诸掌。"后来,毛泽东在《实践论》《新民主主义论》《改造我们的学习》《整顿党的作风》《反对党八股》等著作中多次谈到实事求是,并对实事求是的概念做出了完整表述和科学阐释。毛泽东在强调将马克思列宁主义的理论和中国革命的实际运动结合起来时,指出:"这种态度,就是实事求是的态度。'实事'就是客观存在着的一切事物,'是'就是客观事物的内部联系即规律性,'求'就是我们去研究。"我党将实事求是的思想路线界定为,坚持一切从实际出发、理论联系实际、实事求是,在实践中检验真理和发展真理。

中国共产党在革命、建设和改革开放进程中始终坚持将实事求是作为一以贯之的科学精神,作为党的优良传统和共产党人应该具备的政治品格。习近平同志在多次重要讲话中强调坚持实事求是思想路线的重要性,他说:"实践反复证明,坚持实事求是,就能兴党兴国;违背实事求是,就会误党误国。"实事求是,是马克思主义的根本观点,是中国共产党人认识世界、改造世界的根本要求,是我们党的基本思想方法、工作方法、领导方法。在新时代继承好、弘扬好顾炎武实学思想,就是要从中吸取来自中国优秀传统文化的本土智慧,并将其与马克思主义辩证唯物主义和历史唯物主义基本理论有机地贯通起来,结合中国改革开放和现代化建设的实践,坚持理论联系实际,自觉地推进对客观世界的改造和对主观世界的改造,创新发展新时代具有中国特色的马克思主义认识论、实践论、价值论。

二、顾炎武实学思想对于坚持以人民为中心发展思想的重大价值

顾炎武具有"拯斯民于涂炭,为万世开太平"的浓厚民本人文情怀,顾炎武的实学思想继承和发展了从中国古代一直传承下来的源远流长的民本思想。顾炎武实学思想的出发点、落脚点就是民众利益。顾炎武实学思想从本质内容上看,是一种尊崇人民群众主体性以及将学问用于解决民生问题的民本思想。

顾炎武一生没有当过官,没有把时间和精力花费在追名逐利上,而是本着"纪政事,察民隐"的治学目的,坚持治学必须关注民生疾苦的原则,将个人的理想抱负与唤起人民大众的主体意识,提高人民大众的主体地位,改善人民大众的生存状况紧密地结合起来。顾炎武从45岁开始北上华北、西北等地区考察治学,两匹马轮换骑,又用两匹骡子驮图书资料,风餐露宿,筚路蓝缕,以读万卷书,行万里路的攻坚克难精神,走了二十多个省,广泛接触社会各界人民群众,充分了解社情民意,在大量调研基础上寻求救国救民和济世匡民的方法,顾炎武在了解人民群众生活状况和所思所想以及民间疾苦基础上逐渐形成了关怀民生、体恤民生、以民为本的民本思想。

顾炎武将自己实学思想研究的主要内容归结为研究民生问题，而民生问题是与国命问题紧密关联的。在顾炎武看来，国命问题就是关于国家政权、国家法令、朝廷命官等方面的问题，顾炎武说："事关民生国命者，必穷源溯本，讨论其所以然。"顾炎武将民生问题和国命问题看作是中国社会和中国政治制度中最重大、最根本和最关键的问题，由此派生出君主与民众的关系问题。顾炎武认为，君主执政的根基在于民众，因此，君主必须将"以天下万民为事"作为自己的政治责任，如果做不到这一点，君主就无法保持自己地位的合法性。顾炎武反对君主专制独裁制度，主张统治者重视人民群众这个执政基础，顾炎武指出，君主制度是一种集权制度，这种集权制度会因为君主权力无制约和君主自身能力的有限，导致君主把天下当作私产，而君主本身能力的局限使其无法有效地治理天下，从而使社会陷入阶级之间的恶性争斗和无休止的战争状态，顾炎武得出了君主制度是"天下之大害"的结论。在当时，提出这个观点是会惹上杀身之祸的，可见顾炎武追求真理的勇气和胆量。顾炎武从执政者的执政合法性、社会治理的有序性、执政价值理念的正当性、执政方略的权威性，以及君与臣、中央与地方、朝野内外关系所维系的政治体系的有效性和规范性的高度出发，提出了带来民主启蒙思想色彩的"众治"的政治体制构想，虽然具有难以实现的空想成分，但表现了他对于中国政治制度设计的远见卓识。顾炎武将民生置于国命之前，充分表明其民生观是一种人民主体观。顾炎武强调"天下为主，君为客"，因此，在经济基础上，顾炎武认为，统治阶级的执政合法性就是要做到"利国富民""善为国者，藏之于民"。这个观点符合马克思主义关于经济基础决定上层建筑的理论，也符合马克思主义关于将满足人民物质利益作为社会根本追求的理论。

受时代和阶级的局限，顾炎武实学思想中的民本观无法达到马克思主义唯物史观的高度，也无法摆脱中国封建社会士大夫普遍信守的尊君意识这一主流政治文化的影响，但是顾炎武实学思想中的民本观,表现了明清之际中国进步启蒙思想家对于君主与民众关系的理性反思,体现了要以民生国命问题的合理解决,重构中国社会制度的政治秩序,从而达到"保天下"的目的,显示了顾炎武深沉的爱国主义精神。顾炎武关于唤醒和尊重人民的主体性,从经济基础方面满足民众合理的物质利益、政治利益、精神利益、文化利益的主张,以及调动民众自觉认识自身的社会存在价值的观点,对于新时代执政党坚持以人民为中心的发展思想,有着十分重大的价值。

新时代坚持以人民为中心的发展思想,既需要马克思主义唯物史观的思想指导,又需要从中国优秀传统文化中吸取智慧。挖掘、梳理、传承、弘扬顾炎武实学思想中的民本观,对于更好地坚持以人民为中心的发展思想,实现好、维护好、发展好人民群众的物质利益、政治利益、精神文化利益、生态利益等综合性的利益,有着重大的意义。

唯物史观是马克思主义的重要组成部分和主要内容,唯物史观坚持人民主体观,人民是历史活动的主体,是社会物质财富、精神文化财富的创造者,是推动社会历史前进的决定性力量。坚持唯物史观就是坚持马克思主义。虽然中国优秀传统文化无法达到唯物史观的高度,但是,源远流长的民本思想使中国本土文化智慧哺育、激励了古往今来无数的仁人志士,使他们为民生疾苦舍生忘死慷慨赴义。在中国古代历史上,有孟子的"民为贵,社稷次之,君为轻"的民本思想,有爱国诗人屈原"长太息以掩涕兮,哀民生之多艰"的悲天悯人的民本情怀,顾炎武则以"天下兴亡,匹夫有责"的豪情表现出为民众着想和为人民担当的奉献精神。毛泽东同志将"全心全意为人民服务"作为党的宗旨,要求全党必须始终坚持群众路线,为人民群众诚心诚意办实事、尽心竭力解难事、坚持不懈做好事,将人民的事情做实做细做好。以习近平同志为核心的党中央向全国各族人民庄严承诺:"人民对美好生活的向往,就是我们的奋斗目标!"在党的十九大上,习近平同志再次代表全党向人民庄严宣誓:"中国共产党人的初心和使命,就是为中国人民谋幸福,为中华民族谋复兴。"党的十八大以来,以习近平同志为核心的党中央始终将人民利益摆在至高无上的地位,坚持以人民为中心的发展思想,将人民对美好生活的向往和实现好、维护好、发展好人民群众的利益作为中国共产党人不懈奋斗的使命、目标和动力;坚持人民主体性和全心全意为人民服务的初心使命,继承和弘扬中国优秀传统文化中的民本思想,将增进人民福祉和促进人的自由而全面发展融入治国理政的各个方面;坚持人民美好生活需要的价值诉求,着力解决影响人民美好生活实现的一系列现实问题,与时俱进地提出我国现阶段的主要矛盾是"人民日益增长的美好生活需要和不平衡不充分的发展之间的矛盾"的科学论断;坚持立党为公,执政为民,造福于民,开创了中国特色社会主义新局面、新境界、新气象和新高度。习近平以人民为中心的发展思想既坚持了马克思主义唯物史观,又与中国共产党的宗旨、性质和价值诉求一脉相承,也是对以顾炎武思想为代表的中国传统优秀文化中的民本思想的继承和发展,构成习近平新时代中国特色社会主义思想的精神内核和政治灵魂。

三、顾炎武实学思想对于营造风清气正的党内政治生态和社会生态的重大价值

顾炎武实学思想是针对社会现实弊端和学术弊端而提出的,也是为了纠正文化人普遍存在的严重人格危机而问世的,其目的在于通过激浊扬清和革故鼎新,纠正日益衰败颓废的学术风气和社会风气,追求优良的学术生态和社会生态。

顾炎武实学思想强调学问与人格的内在一致性,认为,学问是学问者的学问,学问与人的文化素养以及和人的道德情操是紧密联系的,学问水平取决于学者的学识水平和人格水平。顾炎武认为做学问必须先立人格:"礼义廉耻,是谓四维。"所谓"圣人之道",就是推崇、倡导和践行"博学于文"与"行己有耻"之道。顾炎武强调社会风气与文人的道德人格直接关联,"士人有廉耻,则天下有风俗",一个社会如果连那些处于较高层次的有文化的士人尚且无耻,失去了应有的道德人格,则必然败坏社会风气,顾炎武将士大夫无耻上升到了国耻的高度,认为"士大夫之无耻,是谓国耻"。顾炎武这个认识是十分深刻的。社会个体是有差异性的,社会精英与普通民众在知识水平、文化素养以及社会影响力方面都存在着显著差异,如果社会精英不注重自己的人格塑造,相反,贪图享受,为谋取一己私利,败坏自己的人格,必然对社会风气产生不良影响,必然严重地阻碍社会进步发展。

顾炎武实学思想强调做学问必须将社会责任放在首位,士人有了社会责任,才能具有社会良知,主动地关心社会现实和关注民间疾苦,才能注重经世致用的学术创新。顾炎武强调,在学术研究中,必须坚持"必古人之所未及就,后世之所不可无,而后为之"的学术创新原则,追求学术的质疑性、原创性,成为一家之言的可传承性,从而达到自觉"为天地立心,为生民立命,为往圣继绝学,为万世开太平"的高尚境界,让学问真正起到启迪民众心智和改变社会现实以及推动社会发展的作用。顾炎武严厉批评明代士人倡导空疏学风的做法,认为这是一种十分无耻的行为,这是一种在"往来、辞受、取予之间"的社会实践中所做的"有耻之事"。顾炎武认为,士人如果脱离现实、脱离生活、脱离民众,"终日言性与天道",这样的所谓学问是于事无补的,这是一种极端自私和对社会不负责任的行为,其结果,必然会导致"股肱惰而万事荒,爪牙亡而四国乱,神州荡覆,宗社丘墟"的惨祸发生。

顾炎武实学思想注重学问的真实性、客观性,强调理论联系实际,理论还必须在实践中得到检验、完善和发展。顾炎武认为,宋明理学是一种不切实际、故弄玄虚、空洞无用的玄学,这种玄学追求的是语言和形式的玄妙精美,但内容与社会现实完全不符,也无助于解决社会现实问题,其所倡导的是一种空疏抽象的学风、文风和空洞无用的语言,使士人普遍缺乏问题意识,没有创新精神,缺乏分析问题和处理社会问题的能力。顾炎武强调真实的学问应该来自客观实际和深入的调查研究,并在实践中的不断完善和补充。顾炎武在其著《天下郡国利病书》中,深刻地总结了历代"善治水者,固以水为师耳"的宝贵经验,揭示了先验之理与社会实践之间存在的尖锐矛盾,说明只有社会生活以及实践才是人类知识的真正来源和推动认识不断发展的强大动力。

新时代为营造风清气正的党内政治生态和社会生态,从顾炎武实学思想中寻找智慧,大有裨益。党内政治生态和社会生态风清气正,自然生态山清水秀是执政党所追求的理想目标,是执政党具有强大生命力的重要环境和坚实基础。党内政治生态是在党内政治生活中孕育形成的,是一种充分体现党的性质和宗旨、初心和使命、理想和信念、党的法规制度、党的组织纪律、党的作风的政治生态环境,是党风、政风、民风、社会风气的综合性体现。中国共产党自建党以来,始终注重党内政治生活与政治生态的良性互动。开展严肃认真的党内政治生活,以优良的学风、文风和党风营造良好的党内政治生态,是我们党区别于其他非马克思主义政党的鲜明特征,是推动党内政治生活和政治生态制度化、规范化、程序化的根本举措,是党始终坚持党的性质和宗旨,保持先进性、纯洁性的重要法宝,是以党风促进民风和整个社会风气好转的实际行动,也是加强党的建设的有效举措。在长期将党内政治生活与政治生态结合起来推进从严治党的探索与实践历程中,我们党既积累了许多成功的经验,也经历过许多惨痛的教训。历史反复证明,党和人民事业蓬勃发展的时期,往往是党内政治生活既严肃认真又生动活泼,政治生态风清气正的时期。而一旦党内政治生活混乱,政治生态恶化,则会纲纪废弛,理想信仰缺失,人们的精神萎靡不振、组织涣散、纪律涣散、作风涣散,脱离群众,形式主义和官僚主义盛行。无论是党内政治生态、社会生态,还是党风、学风问题,究其根本,都是人的问题。新时代弘扬顾炎武实学思想,发扬光大其优秀内容,必将有助于健全人格,充实党员干部和人民群众的道德素养,促进人的自由而全面发展,推动整个社会不断进步。

试论顾炎武《诗经》学研究价值

卢玮玮

顾炎武一生极其看重经学，《诗经》是其重要的治学内容。诚如顾氏在与友人书中所说：

> 某自五十以后，笃志经史。其于音学，深有所得。今为五书，以续三百篇以来久绝之传。而别著日知录，上篇经术，中篇治道，下篇博闻，共三十余卷。有王者起，将以见诸行事，以跻斯世于治古之隆，而未敢为今人道也。[1]148

可见顾氏笃志于经史中，将《音学五书》《日知录》两书作为明道救世、经世致用之学，极为看重。然而，相较于学界对顾炎武其他领域的精研深究，有关顾氏《诗经》学的研究还尚显薄弱。在目前的文献搜集中，未见顾炎武《诗经》学研究的专著和硕博士学位论文，相关文章只散见于《诗经》学、音韵学、学术史等专著的章节和期刊、会议单篇论文以及论文集中。据笔者统计，截至2018年年底，有章节关涉顾炎武《诗经》研究的专著有25部，单篇论文20篇，这在逾700部（篇）的顾氏论著中，只约占6%，可谓微乎其微。这一研究现状对《诗经》研究领域而言是一种遗憾。

究其根源，推测大致有三点原因：一是顾氏治《诗经》成果多以专卷呈现。代表顾氏《诗经》学的成果主要体现在《音学五书》和《日知录》中，分别是《诗本音》10卷、《诗经》专题1卷，这种镶嵌在音韵学著作、学术札记中的专卷，易使顾氏《诗经》学成果隐而不彰。例如，作为顾氏自言"平生之志与业皆在其中"的《日知录》，最为学界熟知和推崇，然而学界偏重于此书的哲学、史学、经济学等领域研究，忽视专卷的《诗经》论述。尤其是相对于《诗本音》还有专门刊刻（崇祯刊本、《四库全书》本、《皇清经解》本），学界尚知此书为清代《诗经》音韵奠基之作这一现状，《日知录》的

《诗经》卷因不成专书,常被忽略。二是顾氏研究在不同学科领域的冷热不均。顾氏《音学五书》在音韵学领域被奉为圭臬,在史学界等其他学界并不被重视,《诗经》学界虽将其列为《诗经》音韵必读之书,但因其内容艰涩,研究实在有限。这也使得在音韵学界被深入研究的《音学五书》中最重要的《诗本音》而在《诗经》学界隐于几百种存世书目中,其《诗经》学价值尚未被完全开发。三是《诗经》学的发展特点使然。名家《诗经》学与史学、文学、音韵学等领域相比就显得年轻了,而在整个学界尚未形成研究顾氏《诗经》学的氛围。因此,关注并研究顾炎武《诗经》学,在当下不仅迫切,而且有着重要的学术价值。

一、《诗经》学价值:增补名家、考量时代影响

胡朴安将"研究治诗经者各时代之思想,而并求其思想变迁之迹"[2]作为《诗经》学概念的说明之一;洪湛侯为其下的定义是"研究《诗经》的内容、性质、特点、源流、派别的一门学问……现代诗经学,则以诗经文学研究为核心,各类专题研究同时也是它的重要组成部分"[3]。可见,治《诗经》学者的个体思想和《诗经》专题研究,均是《诗经》学的内涵,是构成《诗经》学史的重要内容。而顾炎武对《诗经》进行音韵、考据研究,其成果兼具这两方面的价值。

(一) 丰富《诗经》学史,增补清代又一名家

《诗经》学研究著作宏富,其中名家《诗经》学研究作为其传统课题,始终占据一席之地。自1927年陈柱在《东方杂志》上发表第一篇名家治《诗》论文《姚际恒〈诗经通论〉述评》为起始,这一方向的研究就愈加热门,学者所处的时代、学者的思想,直接塑造了个体《诗经》学的格调和特色,而名家的《诗经》学因其学术的深厚、影响之深远,于《诗经》学史而言深具价值。自20世纪起,学界越来越关注名家《诗经》学研究,尤其对名家辈出的清代发力,使得清代名家《诗经》学研究成果日渐增多。据今人统计[4],1912年至2002年学界研究的清代《诗经》学名家就有:姚际恒、范家相、卢文弨、戴震、牟应震、王念孙、王引之、江有诰、方玉润、顾炎武(单纯

研究顾氏《诗经》学的仅有 2 篇单篇论文①，另有 9 篇是围绕音韵学研究展开论述的)、马瑞辰、段玉裁、魏源、王先谦、崔述、马瑞辰、陈奂、胡承珙、俞樾、贺贻孙、吴敬梓、钱谦益、王鸿绪、江永、牛运震、章学诚、龚自珍、焦循、多隆阿、刘光第 30 人。在此基础上，笔者继续搜检清代名家研究，截至 2018 年年底又见对王夫之、皮锡瑞、汤斌、王嗣邵、廖平、谢无量、毛奇龄、翁方纲、吴闿生、万斯同、龚道耕、李坤、郭嵩焘、刘咸炘、俞正燮、汪梧凤、孙承泽、庄存与、惠栋、潘克溥 20 人的《诗经》学研究论著。以上研究成果角度悬殊，既有专著、硕博士论文，也有单篇论文，既有对某位名家几十篇的集中论文，也有一两篇的零星研究，但不同的文章均提供了从微观个体窥探清代《诗经》学整体的路径。其中，相对于王夫之、魏源等人的《诗经》学均有专著研究的情况而言，学界对顾氏《诗经》学研究的数量之少、分量之微显然不足以挖掘其名家《诗经》学价值。

然而事实上，有关顾炎武治《诗》的皇皇巨著，包括倾注几十年心力的《音学五书》和《日知录》第三卷，以及其他著作对《诗经》的百余条的引述和论证，都使其《诗经》学研究呈现出鲜明的时代特征和自身学术特色。在《诗经》学史上，也早有学者认识到顾氏《诗经》学的价值。夏传才先生就曾明确指出顾氏两大贡献。

《音学五书》奠定了清代音韵学的基础，其中《诗本音》十卷，是在明末陈第《毛诗古音考》之后，进一步研究《诗经》的名著……为《诗经》音韵学做出了贡献。

顾炎武所创始的清代考据学、王夫之对《诗经》内容的发挥及艺术形式的研究，开启了《诗经》研究的重大革新。[5]

---

① 赵建坤著：《顾炎武与诗经研究》，此论文曾在 2010 年第九届诗经国际学术研讨会上交流，后收入《诗经研究丛刊》第十九辑、二十二辑。蔺文龙：《论顾炎武〈诗经〉学考据特点》，《兰台世界》，2015 年第 36 期，此文后改题为《论顾炎武与清代〈诗经〉考据学风之转变》被收入三晋出版社 2016 年出版的论文集《国学新声》。

洪湛侯在顾氏《诗经》学成就上也与夏先生持同见。

清前期关于古音和《诗经》韵读的考证,影响最大的当推顾炎武的《音学五书》……清代学者研究古韵分部者皆以本书为始,对于以后江永、戴震、段玉裁、孔广森之研究和分析古韵,曾有很大的启迪作用[6]463-464。

显然,从《诗经》学领域审视,顾炎武是令人瞩目、值得深研的学术名家,可以预见其《诗经》学是独树一帜的资源富矿。只是,顾炎武、黄宗羲、王夫之被誉为"清初三先生",关于王夫之的《诗经》学研究有博士论文[7],而黄宗羲虽多有对《诗经》的引述论证,但由于没有《诗经》专著或专卷,学界没有关于黄氏《诗经》学研究的专著,尚可理解,唯有《诗经》著述丰硕又兼具《诗经》清学筚路蓝缕之功的顾炎武,未见对其《诗经》学研究的专著和学位论文,实为遗憾。增补顾炎武这位《诗经》学名家的学术研究,进一步丰富《诗经》学史,也就具有重要意义。

(二) 考量顾氏对清代《诗经》学的深远影响

有别于清初另一大儒、《诗经》学名家王夫之在世时的隐世遁名、不为人知,顾炎武在清代就远近闻名,他的《诗经》考据学、音韵学和治学方法对清代和后世影响深远。明清之际是个特殊的历史时期,提倡"明心见性"的陆王心学流行,"束书不观、游谈无根"的清谈学风弥漫。身为明代遗民的顾炎武,在这一"天崩地解"的时代,极其反对空谈性理之说,主张"行己有耻""博学于文"的修身、治学原则。他的《诗经》学带着时代的烙印,也高扬着自身鲜明的学术特色;同时又强调"实证主义"的研究方法。顾氏开创的清代《诗经》考据学、音韵学对后学有奠基之功,影响至深。其中《音学五书》详解《诗经》韵例,对清代江永、戴震、段玉裁、孔广森等后学多有影响;《日知录》又专列第三卷《诗经》卷,对《诗经》公案、地理、称谓等逐一考证,并多发经世致用之论,实为清初《诗经》考据学的肇始。

王长华师就曾指出,顾炎武的《诗本音》将强调"证据"这一方法落到实处,对之后的《诗经》音韵学产生了重要影响[8]。这从江永、段玉裁、戴震、孔广森、江有诰等人在顾氏基础上对《诗经》的古韵分部愈加细致,就可见一斑,可见顾炎武的《诗经》音韵著述对清代《诗经》研究实有奠基之功。同时,顾氏考据学在乾、嘉、道年间余响深远,虽然后代考据学不免陷入"为考据而考据"的窠臼,与顾氏多有不同,但顾氏对当世《诗经》考据的影响仍不容小觑。因此,将顾氏的《诗经》学研究与其他名家的《诗经》学研究相对照,将彰显顾氏与其他学人《诗经》学研究的迥异,揭示其治《诗》规律;置于历史长河纵览,又将观及顾氏对清代《诗经》学研究的深远影响,这成为顾氏《诗经》学价值的又一要义。

二、顾炎武专题研究价值:拓展研究领域

作为明末清初的大思想家,自清代迄今,顾炎武始终是学界研究的重要对象。尤其是20世纪以来,对顾氏的研究热度逐步上升,专题研究也日益增加。从专题研究领域来看,可先概括顾氏学术的研究发展趋势,再看其《诗经》学对于拓展研究领域的价值。

(一)顾炎武学术研究阶段

根据社会发展、学术思潮的变迁以及前贤研究基础,本文试将顾氏学术研究发展趋势分为三个阶段,第一阶段是20世纪初至1949年的奠基阶段,这期间主要围绕顾氏的生平、学术等展开研究。生平研究方面:清代多有顾氏年谱研究,为中华人民共和国成立后的相关研究夯实了根基。以顾衍生撰《元谱》肇始,吴映奎、车持谦、徐松、胡雏君、张穆、钱邦彦等人均对顾氏年谱进行过增辑、校补,其中张穆的《亭林年谱》(以下简称"张谱")最受学界认可,是后学对顾氏年谱研究的基础。1947年,赵俪生据张谱,考证撰写《张穆〈亭林年谱〉订补》一文,纠正了张谱舛误,为中华人民共和国成立后的顾氏研究提供了参考。学术研究方面:进入20世纪,对顾氏学术的整体研究者首推梁启超先生,他在1920年著成的《清代学术概论》里总论顾氏学术,时隔几年又著《中国近三百年学术史》,首提顾氏《与友人论学书》系"亭林学术大纲",进一步

指出"亭林所标'行己有耻''博学于文'两语,一是做人的方法,一是做学问的方法"。此后,钱穆先生于 1937 年也出版了同名《中国近三百年学术史》,在梁氏基础上又提亭林论学两个目的"一曰明道,一曰救世",后世传承者则弃治道救世,只得半之又半的理论,概论了后学传承顾氏的学术情况。以上著述均为后学研究做了奠基性工作。第二阶段是 1950 年至 2013 年的发展阶段。此阶段研究成果,在周可真《1950—2013 年顾炎武著述生平学术研究综述》[9]中有详细述评。据周氏统计,自 1950 年至 2013 年,海内外出版和发表的顾氏论著有 585 种,其中学术专著有 20 余部,硕博士论文 23 篇①。论文梳理了 64 年间学界对顾氏的研究论著,包含顾氏遗著的文献学、生平史学、整体研究等学术成果,尽管是就部分领域的研究综述,却依然可概览顾氏的学术硕果。这一阶段可谓顾氏学术研究的黄金发展期。因历经改革开放和跨入新世纪,对顾氏学术研究的数量和质量均有质的飞跃,其中以 20 世纪 80 年代至 90 年代末为井喷期,论著由 50 年代初至 70 年代末的 86 种猛增至 217 种,周可真的《顾炎武的哲学思想》是较早研究顾氏学术领域的博士学位论文;1991 年昆山顾炎武研究会的成立,每年刊发《会内通讯》,精心整理顾氏原著,也为顾氏研究提供了难得的学术平台和史料参考。21 世纪初至 2013 年可视为拓展期,共有 281 篇论著,无论是从数量、质量上,还是从专题细分和研究深度上,都有跨越式发展。第三阶段是 2014 年至 2018 年的专精阶段。搜检到的顾氏论著有 149 种,其中学术著作 7 部(含 2 部论文集),单篇论文 119 篇,硕士论文 12 篇(无博士论文),涵盖思想史、音韵学、传记类等专著及综合性论文集,学术水准较高、领域较

---

① 笔者统计为 25 篇,除作者已列明的 2 篇博士论文,即 1999 年中国社会科学院研究生院周可真博士的《顾炎武的哲学思想》和 2011 年山东大学孙雪霄博士的《顾炎武诗歌考论》外,还有 2 篇博士学位论文,即 1976 年"台湾东吴大学"谈海珠博士的《顾亭林诗研究》和 2013 年湖南师范大学欧阳斐博士的《顾炎武政治哲学研究》。

宽,呈现出学科更专精、方法更多元的特点。

(二) 拓展顾氏专题研究领域

自清代至今,顾炎武以多领域的学术成就成为学界的重要研究对象。尤其是20世纪以来,顾氏研究的热度逐步上升,专题研究也日益增加,在哲学、经学、史学、经济学、音韵学、地理学等诸多领域均成果颇丰,而在《诗经》学这一领域还有待开拓。不仅尚无相关专著和硕博士论文,而且即使在《诗经》学、音韵学、学术史等专著中出现的章节内容,也仅简要地指出其在《诗经》音韵学和考据学等学术领域的贡献,未从《诗经》学角度详论顾氏学术研究的特点及其规律。另外,涉及顾氏《诗经》的10余篇单篇论文篇幅有限,其中比重较大的是关于《诗本音》的论文,更多地从音韵学角度进行论述,而在《诗经》学领域不免留白。显然,对顾氏《诗经》学的研究相较于其他领域还存在不小差距。

值得注意的是,相较于学界对顾氏《诗经》学研究的冷淡,顾炎武在其学术生涯中对《诗经》却是用力甚勤、极为看重的。在顾氏思想中经学是立足之本,通过考据释经,将其推至"国家治乱之源,生民根本之计"的高度。他主张实学的经学,力避阳明心学空谈流弊,秉持"凡文不关于六经之指,当世之务者,一切不为"[1]139。作为"六经"之一的《诗经》,被顾氏赋予的正是经世致用的重任和儒家思想的伦理价值,诚如他在《日知录》"不醉反耻"条中对《小雅·宾之初筵》的诗句进行分析时说到的,"商之所以亡"乃因"一国皆狂,反以不狂者为狂也",并得出"保邦于未危,必自此始"议世之论。可见,顾氏对《诗经》的研究是他经世致用的治学根基之一。这也不难理解顾氏在《日知录》里置《诗经》专卷,为正"诗三百"绝学专作《音学五书》的缘由了。此外,《诗经》也早已融入顾氏思想中,成为其根深蒂固的思想底蕴,在其弥留之际赠予友人李因笃的诗中有"四海竟沦胥"一句,"沦胥以亡"即源于《诗经·大雅·抑》。可见《诗经》于顾氏而言,既是其极为重视的治学之事,构成其思想的核心,又是其治学"关于经术政治之大"的体现。因此,对其《诗经》学的挖掘,不仅可拓展这一被忽视的研究领域,而且将从《诗经》学角度进一步丰富日臻多元的顾炎武专题学术研究。

三、学术史价值:奠基学术、开辟范式

清初是一代学风的开启期,顾氏《诗经》学以汉、宋兼采的学风,开辟古音学和考据学的《诗经》学研究路径,对清代学术史实有奠基和开辟范式之功。

(一) 奠定清代学术之基

清末民初学者对顾氏学术推崇备至。梁启超就曾评价顾氏学术:

清儒的学问,若在学术史上还有相当价值,那么,经学就是他们唯一的生命。清儒的经学,和汉儒宋儒都根本不同,是否算得一种好学问,另为一问题……但讲到"筚路蓝缕"之功,不能不推顾亭林为第一……所以论清学开山之祖,舍亭林没有第二人。

在以上所说的"经学"中,顾氏对《诗经》研究的贡献最为卓著,《诗经》研究构成了顾氏学术的重要部分,也是研究清代学术不容忽视的文献。洪湛侯又在《诗经学史》中指出:

是以顾炎武提倡考据,研讨"《诗》本音"为发轫之始,以乾嘉学者为中心,从而形成的一个《诗》学学术流派。它的主要特点是:经义说解,遵从古文经说;治学方法,注重文字、音韵、训诂和名物、制度、考证,并且非常重视辨伪和辑佚。[11]493

可见,侯氏将顾氏《诗经》学视为乾嘉学派的源头。这和顾炎武不囿于汉宋门户的治学之风不无关系。顾炎武推崇朱子"读书穷理,以致其知,身体力行,以践其实"之说,但其在《诗经》学研究方面并非全承朱学,也非一味复古尊汉,而是突破门户之见,实事求是、客观考证,不盲从,不囿于学派藩篱。顾炎武的《日知录》考据就异于汉学、宋学,主要表现在既非汉学考据的穿凿附会,也非宋学考据虽有求实之作但更重义理的学风。例如,顾氏考证"《邶鄘卫》者,总名也。不当分某篇为《邶》,某篇为《鄘》,某篇为

《卫》。分而为三者,汉儒之误"[10]。对于汉儒谬误,毫不避讳,直陈源头。又如,对朱子释《蝃𬟽》中的"朝隮于西,崇朝其雨。"朱子解"隮"为虹,谓之"不终朝而与之"之义,顾氏虽认同朱子对"隮"的释义,但认为朱子曲解句意,并引谚语"东虹晴,西虹雨"做证,充分体现了他不盲目附从,探究求实的学风。

(二) 开创《诗经》学术范式

顾氏于清代《诗经》考据学和音韵学两方面创下学术范式,成为当世乃至后世的学术引领。首先,顾氏《日知录》考据的贡献,是对《诗经》考据范围的拓宽与程度的精审。由前代音韵、历史、地理、名物等基础《诗经》学考据范畴向典制、礼俗等治邦之基和世风人情等领域延展,例如,宋代三位考据学名家及其专著,程大昌著《诗论》重在考证《诗经》体制、入乐、大小序等问题;王应麟《诗地理考》重在考证《诗经》中的地名;蔡卞的《毛诗名物解》则可视为是对陆玑《毛诗草木鸟兽虫鱼疏》的补充,重在考证名物。相形之下,《日知录》可谓考证《诗经》范畴的集大成者,不仅集前者考据范围于一身,而且考据程度更为精审。在《日知录》卷三的42个条目中除3个条目无外引外,其余都多方援引、反复考证,外引典籍,内引《诗经》自证,从而训经明道。其次,顾炎武《诗经》音韵学是承上启下的重要学术著作。《音学五书》上承陈第的"古诗无叶音",中为江永、戴震、段玉裁、孔广森等韵部细分的奠基,下启王力等今人的《诗经》音韵研究,如此绵延400年,对《诗经》音韵学贡献显著。《四库全书》评价此书:"自陈第作《毛诗古音考》《屈宋古音义》,而古音之门径始明……至炎武乃探讨本原,推寻经传,作《音学五书》以正之……百余年来,言韵学者,虽愈阐愈密,或出于炎武所论之外,而发明古义,则陈第之后,炎武屹为正宗。"[11]可见,炎武上承前代《诗经》音韵研究,下启后学。值得一提的是,顾氏研究《诗经》音韵的出发点是为"考文",为"六经之文乃可读;其他诸子之书,离合有之,而不甚远也"[12],他十分忧惧"古人之音亡而文亦亡,此尤可叹者也"[1]122,故而为"三百篇"作《音学五书》,以践行其笃守的"读九经自考文始,考文自知音始"之观念。这与陈第将《诗经》作为"音有转移"的研究初衷,实有不同。

本文从《诗经》学、顾氏专题研究和学术史角度略论顾炎武《诗经》学研究价值,望以拙文引起学界对顾氏《诗经》学的关注和挖掘。

【参考文献】

[1] 顾炎武. 顾炎武全集:第21卷[M]. 上海:上海古籍出版社,2011.

[2] 胡朴安. 诗经学[M]. 长沙:岳麓书社,2010:2.

[3] 洪湛侯. 诗经学史[M]. 北京:中华书局,2002:9.

[4] 宁宇. 清代诗经学研究百年回顾[J]. 山东社会科学,2003(3):114-115.

[5] 夏传才. 思无邪斋诗经论稿[M]. 北京:学苑出版社,2000:38.

[6] 洪湛侯. 诗经学史[M]. 北京:中华书局,2002:463-464.

[7] 纳秀艳. 王夫之《诗经》学研究[D]. 西安:陕西师范大学,2014.

[8] 王长华. 清代《毛诗》学与清代文化精神[N]. 人民政协报,2013-11-18(3).

[9] 周可真. 1950—2013年顾炎武著述生平学术研究综述[J]. 江南大学学报:人文社会科学版,2014(6):51-68.

[10] 顾炎武. 日知录集释[M]. 黄汝成集释,栾保群,校注. 杭州:浙江古籍出版社,2013:139.

[11] 纪昀. 四库全书总目提要[M]. 石家庄:河北人民出版社,2000:1141.

[12] 顾炎武. 顾炎武全集:第2卷[M]. 上海:上海古籍出版社,2011:8.

长将一寸身,衔木到终古

——学人顾炎武诗的"烈士"情怀

张子璇

一、天崩地裂与《大行哀诗》

学人,是顾炎武的第一身份。他一生著述颇丰,学术研究涉及史地、音韵、经学等诸多方面,被誉为"清学之始"。如果将崇祯十二年(1639)27岁的顾炎武乡试落第,开始撰写《肇域志》和《天下郡国利病书》视作顾炎武学术生涯的开始的话,那么顾炎武作为诗人的伊始之年便是崇祯十七年(1644),这一年同时是清顺治元年,顾炎武32岁。

翻开《亭林诗集》,第一首诗便是作于甲申国难明王朝灭亡之年(1644)的《大行哀诗》。王冀民《顾亭林诗笺释》中有明确编年:"三月,李自成入北京,十九日,明崇祯帝自缢于煤山。"崇祯皇帝在李自成起义军攻入北京时,选择了自缢来结束自己的生命,并留下"自去冠冕,以发覆面。任贼分裂朕尸,勿伤百姓一人"的遗诏,明朝遂亡。崇祯帝死后,清睿亲王多尔衮又攻打山海关,明旧将吴三桂降清,李自成抵挡不住多尔衮与吴三桂的合力进攻,匆匆称帝后逃出北京,第二年便被杀死了。很快,华北地区便成为清军的领地。顾炎武在此天崩地裂,家国沦亡之际,写下了这首悲恸至极的《大行哀诗》:

神器无中坠,英明乃嗣兴。紫蜺迎剑灭,丹日御轮升。景命殷王及,灵符代邸膺。天威寅降鉴,祖武肃丕承。采芑昭王俭,盘杅象帝兢。泽能回夏暍,心似涉春冰。世值颓风运,人多比德朋。求官逢硕鼠,驭将失饥鹰。细柳年年急,萑苻岁岁增。关门亡铁牡,路寝泄金縢。雾起昭阳镜,风摇甲观灯。已占伊水竭,真遘杞天崩。道否穷仁圣,时危恨股肱。哀同望帝化,神想白云乘。祕识归新野,群心望有仍。小臣王室泪,无路哭桥陵。

大行,是古代对刚死而尚未定谥号之皇帝的称呼,所以这首《大行哀诗》与祭文的性质类似。顾炎武对崇祯朝的记忆总是带着温情的,"神器无中坠,英明乃嗣兴"以下数联都是在歌颂崇祯俭德勤政、抱有中兴之志之类。忽而笔锋一转写崇祯朝的乱象,实则充满着讥讽与无奈之情。"世值颓风运,人多比德朋。求官逢硕鼠,驭将失饥鹰"的官风与世风,的确令人生怨;而"细柳年年急,萑苻岁岁增"的现状更是沉重打击着奄奄一息的明王朝。细柳即周亚夫之细柳营,典出《史记·绛侯周勃世家》,"年年急"则示意兵事繁多;"萑苻"是盗贼的借称,典出《左传》,用来喻指农民起义年年增多。崇祯皇帝去世,如望帝化杜鹃一般令顾炎武感到哀恸,但顾炎武还是坚信"群心望有仍",明朝定有恢复的机会。

诗的结句,顾炎武却再也掩饰不住自己的悲伤,一句"小臣王室泪,无路哭桥陵",长歌当哭。关于这一句的解释,王冀民先生认为桥陵是指安葬在桥山的黄帝之陵,这诚然可以解释得通。因为黄帝是汉族的象征,明亡对汉民族来说是莫大的灾难,"哭桥陵"不仅仅是祭奠崇祯帝与前明,亦是为汉民族而流涕。而"桥陵"也可以理解为唐睿宗李旦的桥陵。《旧唐书》记载:"开元四年六月二十日,太上皇李旦崩于太极宫内之百福殿,年五十五。十月,葬于桥陵。"桥陵也成为唐朝唯一一座建于开元盛世的帝王陵墓,桥陵从侧面反映出开元初期唐朝强盛的国力,陵寝的建筑风格极显盛世之风。明朝亦有盛极一时的永乐朝、仁宣之治、嘉隆朝,而如今却荡然无存。庾信的《哀江南赋序》中有"袁安之每念王室,自然流涕"的句子,如今顾炎武也如袁安一般,想念王室便痛哭流涕,但桥陵所代表的盛世,却随着明王朝的灭亡一去不返了。

然而顾炎武在1644年作《大行哀诗》之前真的没有写过其他诗篇吗?当然不是,顾炎武将他1644年前的所有作品都删去了。他早年的诗歌创作,可以从《从叔父穆庵府君行状》中窥之一二:

自崇祯之中年,先王考寿七十余无恙。而叔父既免丧,天下嗷嗷方用兵,而江东晏然无事。以是余与叔父泪同县归生,入则读书作文,出则登山临水,闲以觞咏,弥日竟夕。

叔父不多作诗而好吟诗,归生与余无时不作诗,其往来又益密。

由此可见,顾炎武早年是过过一段时间作诗、唱和、交游的生活的。崇祯中期,战事始启,但江南地区依然安然无恙,即便是甲申国难北京沦陷,南京依然平安无事。颇让人想到《哀江南赋》中"五十年间,江表无事"的情形,昆山又是著名的江南水乡,才子佳士之风甚盛,早期的顾炎武也是作过一些诗的。许苏民先生的《顾炎武评传》中推测顾炎武少年之作应该有"香草美人、诗酒留恋"的作品,而"明朝灭亡之后,当年的风流名士无不对自己少年放荡有懊悔之意,顾炎武不保存他32岁前的诗作,并不是没有原因的"。

将《大行哀诗》置于卷首,其用意显而易见,顾炎武诗歌不忘家国、立志恢复山河的"烈士"基调也就奠定了。1644年之后收入集中的作品,都可以称之为"遗民诗"。顾炎武在此后的生涯中,共七次拜谒明太祖朱元璋的孝陵、六次拜谒昌平天寿山的十三陵,并都有赋诗纪之,其"遗民"与"烈士"的气概在诗句中体现得淋漓尽致。

二、"史外传心":亭林诗的位置及内涵

作为学人的顾炎武,"诗"在他的眼中究竟占据一个什么样的位置呢?有学者认为,"身体力行的实践是他一生的追求,而写诗只是'余事'(李瑞豪《遗民世界的黄昏——论顾炎武的悼友诗》)"。他在《与人书二十五》中写道:

君子之为学,以明道也,以救世也。徒以诗文而已,所谓雕虫篆刻,亦何益哉!

顾炎武并不是鄙薄作诗,他强调的是"徒以诗文而已",过多地在遣词造句上雕琢是不益于君子明道的。这又与晚明疏空的诗风有关,好雕琢、好浮华而言之无事的诗自然是无益于己、无益于世的,顾炎武在《日知录》卷二十一《作诗之旨》条中借古讽今:"建安以下洎乎齐梁,所谓辞人之赋丽以淫,而作诗之旨失之远矣。"顾炎武论诗,有一个核心的观点叫"诗主性情,不贵奇巧(《日知录》卷二十一《古人用韵无过十字》)",而外在的雕虫篆刻便是奇巧,君子要明道救世,写诗写文自然要以性情为主。作为大儒的顾炎武,深谙儒家传统诗教"诗言志""诗缘情""兴观群怨"的观点,"诗主性情"的说法亦与儒家传统诗论有着密不可分的联系。

虽然顾炎武不专治诗,但诗在他的生命中也是有着不可替代的位置的。一方面,诗作为顾炎武除了学术文章、尺牍文字之外的另一种语言,以其"诗主性情"的诗论观之,是更靠近顾炎武的内心世界的;另一方面,顾炎武作诗有一个特点,就是会在诗题与序言中将作诗的缘由及背景交代得很清楚,每逢重大事件也要以诗纪之,这为顾炎武的生平交游存留了印记。一内一外,诗对顾炎武的意义不言而喻。《日知录》卷二十一《诗题》条对这两个方面都有涉及,论述到位:

古人之诗,有诗而后有题;今人之诗,有题而后有诗。有诗而后有题者,其诗本乎情;有题而后有诗者,其诗循乎物。

不专治诗的顾炎武,一生存诗三百三十余首,并不算高产诗人,但他的诗却一直受到评诗家的高度评价:

昆山顾先生亭林古近体诗,沉着雄厚,深得杜骨,其诗克为前明诗家之后劲、本朝诗家之开山。(林昌彝《射鹰楼诗话》)

宁人肆力于学,自天文、地理、古今治乱之迹,以及金石铭碣、音韵、字画无不穷极根柢。韵语其余事也。然词必已出,事必精当。风霜之气,松柏之质,两者兼有。就诗品论,亦不肯作第二流人。(沈德潜《明诗别裁集》)

获得类似"深得杜骨""风霜之气,松柏之质,两者兼有"的评价,与顾炎武"诗主性情"的诗论和学人身份自然有着重要的关系,但除此之外,必然还有其他的因素才能促使顾炎武的诗成为

"前明后劲、本朝开山"。严迪昌先生在《清诗史》中曾提出这样一个观点:"任何一派诗论诗法都无法改变派中人的心绪,以谋统一。反过来说,诗心支配着诗学观。"诚然,诗心支配着诗学观,而诗学观又影响着创作。顾炎武"诗主性情"便是诗学观而并非诗心,顾炎武的诗心,我称之为"烈士"之心。

曹操的《龟虽寿》中有"老骥伏枥,志在千里。烈士暮年,壮心不已"的诗句,所谓"烈士",是指有抱负、有气节、坚韧不拔的人,与今意有所不同。顾炎武早年在江南地区一直积极参与反清复明的运动,中年后又北游山东、山西、陕西,"以二马二骡,载书自随(全祖望《亭林先生神道表》)",为了学术矢志不渝,也从未忘却家国之恨,堪称"烈士"。而《韩非子·诡使第四十五》中对"烈士"的阐释为"官爵所以劝民也,而好名义不进仕者,世谓之烈士",顾炎武一生不仕二姓,谨遵嗣母王氏的遗言,坚决不当清朝的官,他的行为也是对"好名义不进仕"的阐释。

顾炎武的诗集,编年体例采用古老的太岁纪年法。上古先民以岁星每年运行一个星次来纪年,共十二次,又称岁阴;后来历学家又增添了十个"岁阳"名称,岁阴岁阳交叉纪年,是干支纪年法的源头之一。顾炎武既不采用清朝的年号纪年,也不像明遗民以及朝鲜等有"小中华"意识的国家继续采用明朝的崇祯年号纪年,而采用太岁纪年法,一方面表示了他不与清廷合作的遗民身份,另一方面也是出于刻印自保的考虑。在"强圉大渊献"这一年,也便是明亡三年后的1647年,顾炎武写下了一首言志的杂言古诗《精卫》:

万事有不平,尔何空自苦。长将一寸身,衔木到终古。我愿平东海,身沉心不改。大海无平期,我心无绝时。呜呼!君不见西山衔木众鸟多,鹊来燕去自成窠。

《山海经》中精卫填海的故事我们再耳熟能详不过,"是炎帝之少女,名曰女娃。女娃游于东海,溺而不反,故为精卫。常衔西山之木石,以堙于东海。"这首诗更像是一段虚拟的问答。作者满怀仰慕、悲愤而无奈的复杂心情诘问精卫"尔何空自苦",何必以区区之身去与东海搏斗,而精卫却斩钉截铁地回答"我愿平东海,身沉心不改。大海无平期,我心无绝时",着实令人震撼。作者固然与精卫有着同样的抱负,也付诸了行动,但面对"自成窠"的"鹊燕"们,有无奈与愤怒,但依然不改自己"平东海"的"烈士"之心。这首诗通过问与答,将作者与精卫的形象合二为一,蓬勃激烈地言志。

1647年,是反清复明运动受挫的一年。南明的势力已退缩到了西南一隅与海上零星数点,这年正月,清兵攻破肇庆、梧州,桂王朱由榔败走桂林。四月,降将吴胜兆与复社名士陈子龙相约起兵反清,事败后,二十多位明遗臣受牵连。陈子龙被捕后在松江跨塘桥投水殉国,顾咸正、杨廷枢等一大批义士亦因吴胜兆反清案而死,顾炎武在这一年写下了《哭杨主事》《哭顾推官》《哭陈太仆》等满含血泪的诗篇。《精卫》诗也正是在反清复明处于低谷之际,顾炎武深感事业艰辛,故国多舛,但依旧不改烈士之心的情形下写出的。

顾炎武的"烈士"之心是贯穿始终的。自明亡以后,顾炎武在北游之前,即45岁之前,几乎都在江南地区从事或明或暗的反清斗争,其诗篇亦如实反映了他反清的心迹与行迹,"烈士"之心表露最明显,本文也将着重论述顾炎武在这段时期的诗作。而北游齐鲁后,复明势衰,顾炎武主攻学术,其"烈士"之心则更多地在与友人的赠答唱和中表露,老年的顾炎武,"烈士暮年,壮心不已",其"烈士"之心则更多的与"烈士暮年"的情结联系在一起。

三、"只恐难酬烈士心":亭林诗与南明战势

我们不妨把目光再放回1644年,顾炎武写下《大行哀诗》的时间节点。崇祯皇帝自缢后,由于各种原因,消息传到南京已有月余,慌乱的南都大臣们拥立了福王朱由崧监国,改元弘光,1645年为弘光元年。当时的顾炎武由于"家难"并不在昆山千墩镇,而是与嗣母王氏居住在常熟语濂泾。弘光朝廷建立之初,发布了类似求贤诏的诏令,广招江南士子。昆山县令杨永言应诏向朝廷举荐了顾炎武,不久,顾炎武被任命为兵部主事。

顾炎武在悲痛北京沦陷、清军入关之余,接到被任命的消息,不禁踌躇满志。他写下了著名的"乙酉四论",分析了明末在军制、农业、财政等多方面的失误,为弘光朝廷开辟之初该如何采取政策谏言献策。在赴任前,他写下《千官》二首、《感事》七首,其中既有感慨今昔的悲痛之情,亦有收复江山的报国之志。比如《千官》其二,主要是悲痛之情的流露:

一旦传烽到法宫,罢朝辞庙亦匆匆。御衣即有丹书字,不是当年嵇侍中。

千官,即是众多官员的意思,唐代诗人许浑的《金陵怀古》中就有"松楸远近千官冢,禾黍高低六代宫"的句子。这里的千官俨然是在指代崇祯朝的官员,顾炎武毫不避讳地斥责面对兵燹却无能为力的群臣,让人想起崇祯皇帝遗诏中"然皆诸臣之误朕也,朕死无面目见祖宗于地下"痛彻心扉的言辞。三四句用的是嵇绍的典故,嵇绍是嵇康的儿子,西晋八王之乱时,成都王司马颖等起兵,嵇绍跟从晋惠帝司马衷在荡阴争战,为了保护皇帝,嵇绍为乱军所杀,血溅帝衣。而此诗中"御衣即有丹书字,不是当年嵇侍中"的字眼,又是多么有反讽意味。

而《感事》,则充斥着杀敌报国的热情与对弘光朝廷的期望,顾炎武在赴南京途中路过京口时写下的《京口即事》亦然,试摘录数句:

须知六军出,一扫定神州。(《感事其二》)
登坛推大将,国士定无双。(《感事其三》)
千秋悬国耻,一旦表军功。(《感事其四》)
自昔南朝地,常称北府雄。(《感事其七》)
河上三军合,神京一战收。(《京口即事其一》)
从军无限乐,早赋仲宣诗。(《京口即事其二》)

有学者认为,"河上三军合,神京一战收""祖生多意气,击楫正中流"是顾炎武在抒发他对史可法的期望,可是弘光朝廷被奸臣马士英所把持,史可法根本无法更好地施展其军事才能。不久,扬州城破,史可法殉国,而来到南京赴任的顾炎武,并未得以入职,被冷落的顾炎武只得返回常熟,当他再一次准备去南京赴任时,行至中途,便传来了南京投降的消息——钱谦益等朝臣跪降清军。《千官》诗中所讥讽的崇祯朝臣,再一次出现在了弘光朝廷中,不知顾炎武做何感想,然而"烈士"之心是不可能被轻易磨灭的,清军虽然占领了南京,但江南诸城并未降清,江南地区轰轰烈烈的抗清斗争仍在进行,顾炎武参加了金都御史王永祚为首的一支义军,这种振奋人心的民族保卫战,在顾炎武笔下显得格外感人:

千里吴封大,三州震泽通。戈矛连海外,文檄动江东。王子新开邸,将军旧总戎。登坛多慷慨,谁复似臧洪。

江南诸城的义军最终还是无法与清军抗衡,苏州城陷后,清军任命投降的水利县丞阎茂才为昆山县令,并颁布剃发令。剃发令激起了昆山人的反抗情绪,1645年闰六月十五日,原狼山总兵王佐才被推举为主帅起兵抗清,此时王永祚的军队亦合力抗清,顾炎武与其好友归庄、吴其沆都在王永祚军中。归庄率领民众冲入县衙,斩杀了清军任命的知县阎茂才,原知县杨永言则率军募兵,进驻昆山城,仍以县令身份督战。昆山在起义二十一日后被清军攻破,这场旷日持久的保卫战死伤无数,清军入城后又制造了惨无人道的大屠杀。吴其沆在保卫战中牺牲,顾炎武的两位弟弟亦被清军杀害,顾炎武的生母被清军砍断右臂,顾炎武与归庄在城破后侥幸逃生,这样惨烈的战斗,对顾炎武的精神冲击是巨大的,他写下了《秋山》二首:

秋山复秋山,秋雨连山殷。昨日战江口,今日战山边。已闻右甄溃,复见左拒残。旌旗埋地中,梯冲舞城端。一朝长平败,伏尸遍冈峦。北去三百舸。舸舸好红颜。吴口拥橐驼,鸣笳入燕关。昔时鄢郢人,犹在城南间。

秋山复秋水,秋花红未已。烈风吹山冈,磷火来城市。天狗下巫门,白虹属军垒。可怜壮哉县,一旦生荆杞。归元贤大夫,断脰良家子。楚人固焚糜,庶几歆旧祀。勾践栖山中,国人能致死。叹息思古人，存亡自今始。

"秋山复秋山，秋雨连山殷""秋山复秋水，秋花红未已。烈风吹山冈，磷火来城市"这样满怀悲愤而又充斥着色彩感的诗句，将顾炎武的复杂心绪刻画得十分到位。不久，清军又攻克常熟，嗣母王氏绝食而死，给顾炎武留下"汝无为异国臣子(《先妣王硕人行状》)"的遗言，顾炎武也用终生不仕的方式恪守了母亲的遗志。丧母之痛对顾炎武来说是沉重的打击，他写下了《表哀诗》《十二月十九日奉先妣藁葬》等痛彻肺腑的篇章。家国沦亡、亲友离世如狂风骤雨般短时间内接踵而至，但顾炎武的"烈士"之心依然抱守如故。江南沦陷后，1645年闰六月唐王朱聿键在福州即位称帝，史称隆武帝；同年闰六月二十八日，鲁王朱以海在绍兴监国。隆武帝是一位较有作为的君主，隆武朝廷的大学士路振飞向隆武帝举荐顾炎武，隆武帝即授予顾炎武兵部职方司主事的职位。虽然顾炎武无法亲自前往福州任职，但收到来自福建延平的皇帝御札时，依然满怀激动的心情写下《延平使至》一诗，其中"春风一夕动三山""梦在行朝执戟班"以及"收京遥待翠华还"等诗句，兴奋之情溢于言表。

顾炎武最有名的诗之一便是七律组诗《海上》四首，林昌彝的《射鹰楼诗话》中对其评价极高，所谓"《海上》七律四首，无限悲浑故独超古，直接老杜"。王冀民先生在笺注中推断了作诗的背景："味全组诗意，此题当作于今年九月隆武帝汀州殉国前，六月鲁王江上既败之后。是时先生转徙苏松，逼近海上，南望王师，云天遥阻，抚今追昔，必有不能已于言者。"《海上》四首，亦有前人将之与杜甫的《秋兴》八首相提并论，同样气格高古，同样有所寄托与怨刺，"直接老杜"所评不虚。《海上》四首中亦可找到鲁王遁海、隆武帝福州政权处境苦难、诚国公刘孔昭前往日本乞师等时事的影子，可称诗史。如此雄浑沉郁的佳作，不妨全录：

日入空山海气侵，秋光千里自登临。十年天地干戈老，四海苍生痛哭深。水涌神山来白马，云浮仙阙见黄金。此中何处无人世，只恐难酬烈士心。

满地关河一望哀,彻天烽火照胥台。名王白马江东去,故国降幡海上来。秦望云空阳鸟散,冶山天远朔风回。楼船见说军容盛,左次犹虚授钺才。

南营乍浦北南沙,终古提封属汉家。万里风烟通日本,一军旗鼓向天涯。楼船已奉征蛮敕,博望空乘泛海槎。愁绝王师看不到,寒涛东起日西斜。

长看白日下芜城,又见孤云海上生。感慨河山追失计,艰难戎马发深情。埋轮拗镞周千亩,蔓草枯杨汉二京。今日大梁非旧国,夷门愁杀老侯嬴。

战事越来越不如人意,"名王白马江东去,故国降幡海上来",名王即指鲁王,1646年,清军攻打浙东,鲁王朱以海流亡海上;而"故国降幡海上来"则是指潞王朱常淓在清兵攻打杭州时降清的事件。"万里风烟通日本,一军旗鼓向天涯",则是指1645年隆武朝廷的诚国公刘孔昭自福山入海,以乞师日本为名一去不返的事件。《海上》其一的结句"此中何处无人世,只恐难酬烈士心",正是顾炎武心境的真实反映,世间之大自然有容身之所与谋生之法,但在此天崩地裂之际,要恪守住"烈士"心是多么不易啊。其四的结句"今日大梁非旧国,夷门愁杀老侯嬴",是以向信陵君献计窃符救赵的侯嬴自喻,深发感慨。

四、中兴、志士与隐士:典故交织下的闪烁诗心

1644—1647年,是反清复明运动最激烈的三年,也是顾炎武诗篇最值得阐释与分析的三年。1646年八月,清军李成栋部克汀州,隆武帝被俘后绝食而死,隆武政权覆亡;十一月,桂王朱由榔在肇庆称帝,但疆域只有西南之隅,从此反清复明运动陷入低谷。

1648年,36岁的顾炎武,开始藏匿踪迹于江湖之间,往返于江南各地,从事秘密的反清复明运动。1650年,顾炎武甚至剪发易容,以商贾身份为掩护,继续联络各地的反清活动,他在《流转》诗中写道:"稍稍去鬓毛,改容作商贾。"同年,他又加入了吴江的遗民团体惊隐诗社,同社还有归庄、潘柽章、吴炎等人。1654年,已经三次拜谒明孝陵的顾炎武移居南京神烈山下,化名"蒋山佣"掩护自己。这段时间内,顾炎武使用的化名还有顾圭年、王伯齐等,"去去复栖栖,河东王伯齐。年年寻杜甫,一过浣花溪(《赠邬处士继思》)"便是顾炎武这一时期状态的写照。1650年,顾炎武重新路过京口,写下的《重至京口》一诗,值得注意:

云阳至京口,水似巴川萦。逶迤见北山,乃是润州城。城北江南旧军垒,当年戍卒曾屯此。西上青天是帝京,天边泪作长江水。江水绕城回,山云傍驿开。遥看白羽扇,知是顾生来。

除了对京口地理位置的描述、对当年战事的怀念以及抒情外,全诗的最后一句"遥看白羽扇,知是顾生来"放诸全篇,则有一种轻巧的突兀感,轻快而又严肃的顾炎武形象跃然纸上。为什么顾炎武会手持"白羽扇"呢?"知是顾生来"又是谁知顾生来呢?据此推断可知,顾炎武是在从事反清复明的联络工作,在1657年北游之前,顾炎武几乎都是在江南地区秘密地反清复明,虽然大势已衰,但顾炎武的努力却从未停止。

作为学人的顾炎武,在其诗中用典较多。而且顾炎武的诗也以用典精妙而倍受后世称赞,朱庭珍《筱园诗话》卷二中这样评述顾炎武用典:"使事运典,确切不移,分寸悉合,可谓精当。"刘世南先生的《清诗流派史》中亦对《延平使至》"十行书字识天颜"句用典之精妙做过仔细的分析。

然而值得注意的是,顾炎武的诗中有很多同主题的典故,有不少典故也经常重复出现,这种情况在其1657年北游前的这段时间内尤为明显,但我们不妨打破年限一并分析。按理说作为学人的顾炎武,既不屑于用生僻的典故来炫耀才学,但也一定不存在典故匮乏的问题的,因此顾炎武的同主题用典与重复用典,自然是有深沉的寄托。顾炎武所常用的同主题典故,大致可分为三类:第一类,可称之为"汉光武朝典故"或"中兴典故";第二类,可称为"志士典故",其中,刺客类的典故又格外引人注目;第三类,可称为

"隐士典故"。这三类典故的核心指向"烈士之心"。

先说第一类"汉光武朝"典故,我们不妨先看一首顾炎武的《大汉行》:

大汉传世十二叶,祚移王莽篡居摄。黎元愁苦盗贼生,次第诸刘兴宛叶。一时并起实仓皇,国计人心多未协。新市将军惮伯升,遂令三辅重焚劫。指挥百二归萧王,一统山河成帝业。吁嗟帝王不可图,长安天子今东都。隗王白帝何为乎,扶风马生真丈夫。

这首是一首歌咏汉光武帝刘秀扫清王莽和关东、陇右、西蜀等割据势力,一统河山重新兴复汉室的咏史诗。西汉末年,以成帝朝太后王政君为首的外戚集团把持朝野,王政君的侄子王莽在汉哀帝死后,连立两位幼主,不久便篡位称帝,史称新莽政权,西汉灭亡。而刘秀身为皇族后裔,于公元22年十一月与其兄刘縯在舂陵起兵讨伐王莽,昆阳之战中以少胜多,直接促成了新莽政权的瓦解。刘秀称帝后又平定了隗嚣、公孙述等各方割据势力,重新恢复了汉朝的基业。诗中的"伯升"即刘秀的大哥刘縯之字;而"隗王"则是指隗嚣,"扶风马生"即"马革裹尸"典故的主人公马援,《后汉书·马援列传》载"于是玺书拜援伏波将军,以扶乐侯刘隆为副,督楼船将军段志等南击交趾",所以马援又被称为"伏波将军"。试摘录部分《顾亭林诗文集》中使用"汉光武朝"典故的诗句:

款段乘春遇少游。(《偶来》)

将从马伏波,田牧边郡北。复念少游言,凭高一凄恻。(《秀州》)

杖策当独行,未敢惮羁旅。愿登广阿城,一览舆地图。(《将远行作》)

浩然思中原,誓言向江浒。功名会有时,杖策追光武。(《流转》)

愿言从邓禹,修谒待西巡。(《恭谒孝陵》)

文叔能读书,折节如儒生。一战摧大敌,顿使海寓平。(《汉

三君诗 右光武》)

《偶来》与《秀州》中都用了"少游言"的典故,《后汉书·马援传》载,马援从容谓官属,"吾从弟少游常哀吾慷慨多大志,曰:'士生一世,但取衣食裁足,乘下泽车,御款段马,为郡掾史,守坟墓,乡里称善人,斯可矣。致求盈余,但自苦耳'"。而《将远行作》与《流转》,则同时使用了邓禹杖策追随光武帝的典故,《汉三君诗》则是对光武帝雄图大略的歌颂。顾炎武为什么不厌其烦地使用汉光武朝的典故呢?很明显,他是在借这些典故表达自己对像光武帝这样雄才大略的中兴之君的期待与对明王朝复兴的期待,而光武帝"云台二十八将"中最有代表性的邓禹与马援,也成了顾炎武常用的典故。顾炎武也渴望像马援一样建功立业,渴望像马少游一样安于清贫而长存大志,渴望像邓禹一样杖策追随光武帝般雄才大略的君主。因此,顾炎武诗的"汉光武朝典故"亦可称之为"中兴典故",夏朝的少康亦是中兴之君,在顾炎武的诗中也不止一次出现少康的名字:

夏后昔中微,国绝四十载;但有少康生,即是天心在。(《路舍人家见东武四先历》)

三户已亡熊绎国,一成犹启少康家。(《又酬傅处士次韵其二》)

再说第二类,顾炎武的诗中,也不厌其烦地重复着一批与"志士"形象有关的典故。顾炎武曾有一组拟唐人五言八韵的组诗,其中歌颂了申包胥乞师、高渐离击筑、班超投笔从戎、诸葛亮渡泸、祖逖闻鸡起舞、陶渊明罢官归家等古志士事迹。顾炎武诗中出现的"志士",从宏观上可分为两类,其一为正面报国者,如祖逖、刘琨、诸葛亮、鲁阳公、鲁仲连等;其二则为刺客,如荆轲刺秦、高渐离击筑及张良刺秦等。其一试以顾炎武诗中关于祖逖、刘琨的典故为例,采撷部分诗篇与诗句加以分析:

万国秋声静,三河夜色寒。星临沙树白,月下戍楼残。击柝行初转,提戈梦未安。沉几通物表,高响入云端。岂足占时运,要须

振羽翰。风尘怀抚剑,天地一征鞍。失旦何年补,先鸣意独难。函关犹未出,千里路漫漫。(《拟唐人五言八韵·祖豫州闻鸡》)

便蹴刘司空,夜舞愁荒鸡。(《赠顾推官咸正》)

窗下听鸡舞亦佳。(《送归高士之淮上》)

并州城外无行客,且共刘琨听夜鸡。(《雨中送申公子涵光》)

清切频吹越石筯。(《又酬傅处士次韵其一》)

邈矣越石啸。(《华下有怀顾推官》)

祖生多意气,击楫正中流。(《京口即事》)

祖生奋击楫,肯效南冠囚。(《金山》)

五言排律是一种极为庄重的诗体,《祖豫州闻鸡》一诗用五言排律的形式歌咏了闻鸡起舞的典故,顾炎武的"烈士"诗心及对祖逖、刘琨的崇敬之情可谓真挚。《赠顾推官咸正》《雨中送申公子涵光》《又酬傅处士次韵其一》中也均用了祖逖与刘琨闻鸡起舞的典故。而《又酬傅处士次韵其一》《华下有怀顾推官》中则均用了刘琨引月登楼长啸、吹筯退敌的典故,《世说新语·雅量》有"刘琨为并州刺史,胡骑围之数重。琨夕乘月登楼清啸,贼闻之凄然长叹;中夜奏胡筯,贼皆流涕,人有怀归之思;向晚又吹之,贼并弃围奔走"的记载;《京口即事》《金山》则均用了祖逖中流击楫的典故。祖逖北伐,曾一度为东晋收复了黄河以南的大片疆土,而南明的形势亦与东晋相似,都是因外族入侵而偏安南方的政权,顾炎武如此频繁地使用闻鸡起舞,及祖逖北伐击楫中流、刘琨退敌的典故,其用心亦很明显。

而"志士典故"中的"刺客典故",在顾炎武的笔下又有着什么样独特的寄托呢?不妨以顾炎武诗中"刺客典故"出现频率较高的荆轲刺秦、高渐离击筑及张良刺秦为例进行分析:

剑一发,亡荆轲;筑再举,诛渐离。(《秦皇行》)

神州移水德,故鼎去山东。断霓夫人剑,残烟郭隗宫。身留烈士后,迹混市儿中。改服心弥苦,知音耳自通。沉沦余技艺,慷慨本英雄。壮节悲迟晚,羁魂迫固穷。一吟辽海怨,再奏蓟丘风。不

复荆卿和,哀哉六国空。(《拟唐人五言八韵·高渐离击筑》)

他日过吴门,为招烈士魂。燕丹宾客尽,独有渐离存。(《寄薛开封寀君与杨主事同隐邓尉山并被获或曰僧也免之遂归常州》)

待客荆卿愁日晚,舣舟渔父畏天风。(《永夜》)

贳得一杯燕市酒,倾来和泪湿车轮。(《送王文学丽正归新安》)

博浪沙中中副车,沧海神人无奈何。(《秦皇行》)

君看张子房,不爱万金家。(《赠于副将元剀》)

前五例中都用到了荆轲刺秦与高渐离击筑的典故,而后两例则都用到了张良散尽家财求一大力士于博浪沙锥刺秦始皇的典故。诗中如此大规模地出现"刺客"形象,也是顾炎武长期秘密反清心境的一种别样反映,顾炎武曾一度"与监门屠狗者为友",广交下层豪杰,为反清复明而秘密筹划,这与荆轲、高渐离的"燕市酒徒"境遇有几分相似。"燕丹宾客尽,独有渐离存",高渐离在燕国灭亡、故旧大多离世的境遇下,慨然击筑行刺秦始皇,最终事败而死。而顾炎武在明朝灭亡后,又经历了亲朋好友接二连三地殉国的惨痛,这与高渐离的境遇是很贴近的,而顾炎武又不可能像高渐离一样去当刺客,只能从事秘密的反清复明活动,这种无法消解的痛苦,只能蕴藏于诗中了。另外,赵俪生先生考证顾炎武曾有效仿张良刺秦王,刺杀清朝帝王的打算,但最终因为各种原因未能实现,这也可以解释为什么顾炎武诗中出现了如此多的"刺客典故"。

第三类"隐士典故"亦十分耐人寻味,顾炎武的诗中出现了陶渊明、伯夷、叔齐、管宁、庞德公、诸葛亮等隐士的形象,《顾亭林诗文集》卷二有《古隐士》诗二首:

幼安遭汉季,一身客辽东。世乱多倾危,筑室深山中。自非学者流,名字罕得通。研心易六爻,不用希潜龙。根柢好清评,行止乃未同。

尝闻庞德公,自守甘穷饿。旦率妻子耕,不知州牧过。关中催氾玫,河上袁吕破。默默似无闻,但理芸锄课。独识诸葛君,一言定王佐。

幼安,即是东汉末年隐士管宁的字,黄巾军起义后,管宁在辽东依附太守公孙度,从此"筑室深山中"潜心研究经学,不谙世事。第二首则是颂扬东汉末年隐居在鹿门山的庞德公,孟浩然有诗"鹿门月照开烟树,忽到庞公栖隐处(《夜归鹿门歌》)",庞德公与妻子躬耕采药,实为佳话,而庞德公"独识诸葛君"的识人之才,亦为佳话。顾炎武歌咏这两位隐士,并不是有退隐之心,其着眼点在此二人的境遇与节操上。管宁能在乱世安心治学,而顾炎武亦是在乱世治学,因此顾炎武对管宁产生仰慕之情是自然的;庞德公的识人之才与"人皆遗之以危,我独遗之以安"的气魄,亦是顾炎武所敬佩与向往的。

陶渊明、伯夷、叔齐的典故亦在顾炎武的诗中反复出现,按照上文的惯例,亦采撷部分:

结驷非吾愿,躬耕力尚堪。咄嗟聊绾绶,去矣便投簪。望积庐山雪,行深渡口岚。艺松初作径,荫柳乍成庵。瓮盎连朝浊,壶觞永日酣。秋篱寻菊蕊,春箔理桑蚕。旧德陈先祖,遗书付五男。因多文义友,相与卜村南。(《拟唐人五言八韵·陶彭泽归里》)

陶君有五柳,更想桃花源。(《桃花溪歌赠陈处士梅》)

罢官陶令乍归家。(《赋得秋柳》)

流落他方余惠远,抚琴无语忆陶潜。(《楚僧元瑛谈湖南三十年来事作四绝句》)

花香元亮篱前酒。(《赠李贡士嘉》)

柴车向夕逢元亮。(《偶来》)

白头终念首阳薇。(《自笑》)

甘饿首阳岑,不忍臣二姓。(《谒夷齐庙》)

清风春尽首山薇。(《路光禄书来叙江东同好诸友一时殂谢感叹成篇》)

前五例分别用到了陶渊明罢官归家、采菊东篱、弹素琴、桃花源等典故,而后三例则用到了商末伯夷、叔齐首阳山采薇而誓不臣周的典故。如果说陶渊明所代表的是隐士形象,那么伯夷叔齐除了隐士之外,还代表着遗民形象。遗民与隐士二者的存在是相通的,其共同的表征之一便是"不出仕",而众多的遗民也同时具有隐士身份。顾炎武的诗中之所以不断地出现伯夷、叔齐等遗民形象,其原因自然是顾"不忍臣二姓"的明朝遗民身份使然,进而产生异代共鸣,追崇古贤的同时亦是在自比与自勉。而诗中之所以不断地出现陶渊明的形象,除却传统儒家士人心中陶渊明的重要文化位置外,隐士"不出仕"的表征与顾炎武不仕清的行为存在相似点,亦是一大原因。

五、"难把幽忧损壮心":亭林诗的"哀而不伤"

顾炎武的诗中,无论是"中兴典故",还是"志士典故"与"隐士典故",隐藏在众多古仁人传统形象背后的始终是"烈士"的诗心。孔子讲述《诗经》,谈到《关雎》一诗时,用了"乐而不淫,哀而不伤"八个字来评价《关雎》。而顾炎武的"烈士"之心背后,也有"哀而不伤"的意识在支撑。

清顺治十四年(1657)春,顾炎武第六次拜谒明孝陵,谒毕返回昆山老家,不久后便踏上了北游之路。顾炎武北游的原因,主要有三点:其一是为了广交北方学者,考察北方舆地,以更好地从事学术研究,进行《天下郡国利病书》与《肇域志》的编写。其二则是因为南方抗清势衰,江南地区是清朝朝廷监控力度较大的地区之一,为了更好地反清复明,顾炎武只得北上寻求新的出路。其三则是因为在顺治十二年(1655),顾炎武被昆山豪绅叶方恒诬告"杀无罪奴"而入狱,先被羁押在苏州,后转押松江,史称"松江之狱",得释后的顾炎武又于次年在南京受到了叶方恒所指派刺客的追杀,为了躲避灾祸而北游。

顾炎武除了在顺治十七年(1660)末返回南京与吴门,在顺治十八年(1661)年南游杭州、绍兴外,中晚年几乎都在北方诸省活动,山东、北京、河北、山西、河南、陕西都留下了他的足迹。在山东时,他游览了泰山、孔庙等名胜古迹,结交了赵士哲、张尔岐等学者,并留下了不少记游的诗篇。在山西时,他往返于太原、代州、汾州之间,游览了五台山、李克用墓、晋王府等。然而最值得书写的还是在山西期间的交游,康熙二年(1663),他结交了著名的隐士傅山、关中大儒李因笃,还有大名鼎鼎的关学家、二曲先生李颙;康熙五年(1666)年他又在太原结交了浙西词派的开宗派主朱彝尊,在代州结识了名扬海内的诗人屈大均。除了山东山西外,昌平、河北、河南也是顾炎武经常往来考察的地方,晚年的顾炎武,又一次西游陕西,《清史稿·顾炎武传》记载他称赞陕西华阴"绾毂关河之口,虽足不出户,亦能见天下之人,闻天下之事。一旦有警,入山守险,不过十里之遥;若有志四方,则一出关门,亦有建瓴之便",因此晚年的顾炎武最终卜居华阴。

北游的羁旅生活是艰苦的,全祖望在《亭林先生神道表》中所描述的"以二马二骡,载书自随"的情形亦是这一时期顾炎武生活的真实写照,在顾炎武的诗中亦能捕捉到这一时期对羁旅之苦的刻画,试举三例:

秋水横流下者巢,踰淮百里即荒郊。已知举世皆行潦,且复因人赋苦匏。极浦云垂翔湿雁,深山雷动起潜蛟。人生只是居家惯,江海曾如水一坳。(《淮北大雨》)

荒阡草长妖狐出,旧驿风寒劣马行。(《刘谏议祠》)

自笑飘萍垂老客,独骑羸马上关西。(《雨中至华下宿王山史家》)

"荒郊""行潦""荒陌""旧驿""劣马""飘蓬""垂老""羸马"等词,营造出的荒芜感与寂寥感,向我们形象地刻画出顾炎武的羁旅之苦,但在《淮北大雨》一诗中,顾炎武却能在"正值淫雨沂沭,下流并为巨浸(《蒋山佣残稿》卷二《答人书》)"的际遇中,于诗的颈联对句转而慷慨激昂,所谓"深山雷动起潜蛟",而诗的结句,作者更将"江海"比作"水坳",意谓磅礴秋水不足以阻挡行进。"已知举世皆行潦,且复因人赋苦匏"是哀语,顾炎武在诗中也毫不遮掩自己的哀情,但"哀而不伤",他总是能在结句急转直上,在其他诗篇中亦能找到类似的章法。比如在《赠朱监纪四辅》一诗:

十载江南事已非,与君辛苦各生归。愁看京口三军溃,痛说扬州七日围。碧血未消今战垒,白头相见旧征衣。东京朱祐年犹少,莫向尊前叹式微。

此诗作于1653年,朱监纪即朱四辅的字,本为明朝的生员,明亡后,他游冶四方,广交豪杰。顾炎武此诗先是感叹自1644年明朝灭亡以来南明十年的溃败与式微,又沉痛地感慨"京口三军溃""扬州七日围"的悲壮与无奈。但在结句,顾炎武还是能激昂地砥砺朱四辅与自己"莫向尊前叹式微"。在《顾亭林诗文集》中,此种章法的诗颇多,每当沉痛的哀伤过后,总是能听见他在尾声振聋发聩地呼喊:

都将文字销余日,难把幽忧损壮心。(《酬王生仍》)

计士悲疵国,遗民想霸图。登临多感慨,莫笑一穷儒。(《莱州》)

诸公莫效王尼叹,随处容身足草庐。(《与江南诸子别》)

何如长白山中寺,莫使匡时雅志违。(《寄李生云沾时寓曲周僧舍课子衍生》)

北游之初,顾炎武45岁。而顾炎武50初度时,正在昌平考察,他写下了《五十初度,时在昌平》一诗。在古代,50岁已算较大的年纪了,孔子所谓"五十知天命"。顾炎武写道:

居然濩落念无成,隙驷流萍度此生。远路不须愁日暮,老年终自望河清。常随黄鹄翔山影,惯听青骢别塞声。举目陵京犹旧国,可能钟鼎一扬名。

此诗的章法亦与上述几首"哀而不伤"的诗类似,但这首诗明显情绪更激昂,节奏更紧凑,转折更有冲击力。首联先是自哀身世,"濩落"即沦落失意的意思,韩愈的《赠族侄》中便有"萧条资用尽,濩落门巷空"的句子。而首联对句更是用到了《庄子·知北游》中"人生天地之间,若白驹之过隙,忽然而已"的典故,"流萍"

即是浮萍的意思,总之整个首联都营造了一种身若浮萍、沦落无成的悲哀感。不同于别的"哀而不伤"章法的诗在尾联才急转直上,本诗则从颔联便急转直上,吟出"远路不须愁日暮,老年终自望河清"这样激昂的诗句,给人以强烈的视觉冲击与心灵冲击。"河清海晏"是政治清明的象征,历经战乱与奔波的顾炎武,虽然已接近晚年,但依旧不放弃对学术的探索与对故国的眷恋,期待"河清"的到来,长存"钟鼎扬名"之志,使人感受到顾炎武坚毅的"烈士暮年,壮心不已"之情怀。

康熙二年(1663),顾炎武赴太原松庄晤傅山,并与傅山订交。此次小聚,傅山赠了顾炎武一首七律,题曰《晤言宁人先生还村途中叹息有作》,中有"乍惊白羽丹阳策,徐颔雕胡玉树花"之句,顾炎武感动之至,便次傅山韵写下了《又酬傅处士次韵》二首:

清切频吹越石笳,穷愁犹驾阮生车。时当汉腊遗臣祭,义激韩雠旧相家。陵阙生哀回夕照,河山垂泪发春花。相将便是天涯侣,不用虚乘犯斗槎。

愁听关塞遍吹笳,不见中原有战车。三户已亡熊绎国,一成犹启少康家。苍龙日暮还行雨,老树春深更着花。待得汉庭明诏近,五湖同觅钓鱼槎。

顾炎武虽然迫近老年,但他"烈士暮年,壮心不已"的情怀也随着年龄的增加而益增,两首诗的第三联都异常的慷慨。无论是"陵阙生哀回夕照,河山垂泪发春花",还是"苍龙日暮还行雨,老树春深更着花",都有着深沉的"丈夫为志,穷当益坚,老当益壮"之感。在刘琨吹笳、阮籍哭路、汉朝遗臣陈咸"不从王氏腊"、张良博浪沙刺秦、"楚虽三户必亡秦"、少康中兴、严光与范蠡全身而退等志士典故的交织下,顾炎武的"烈士之心"在老树发花、苍龙行雨的亢奋基调中更加蓬勃,见其真性情。

六、"遗民犹有一人存":晚年诗作对遗民身份的重申

顾炎武的晚年,可谓是真正做到了《韩非子》所说的"好名义不进仕",坚守遗民的身份,不向清廷妥协。早在顺治十三年

(1656)北游前,顾炎武历经了江南反清复明运动的低谷,以及"松江之狱"等灾祸,却依然在《和陈生芳绩追痛之作》中坚定地写出"留此一丝忠孝在,三纲终古不曾沦""人寰尚有遗民在,大节难随九鼎沦""祭祢不从王氏腊,朝正犹用汉家春"等满怀遗民气节的铿锵之词。而康熙五年(1666),顾炎武在《德州讲易毕奉柬诸君》一诗中亦有"草木得坚成,吾人珍晚节。亮哉岁寒心,不变霜与雪"的句子。

顾炎武有着著名的"亡国"与"亡天下"之辨,《日知录》卷十三《正始》曰:

易姓改号,谓之亡国。仁义充塞,而至于率兽食人,人将相食,谓之亡天下。

是故知保天下,然后知保其国。保国者,其君其臣,肉食者谋之。保天下者,匹夫之贱与有责焉耳矣。

正始,是三国时期魏齐王曹芳的第一个年号,顾炎武借谈论正始朝的士风与学风,来阐释"亡国"与"亡天下"之别。显然,在他的价值判断中,普通的朝代更迭是"亡国",而大道沦丧、"仁义充塞",便是"亡天下"。南宋末期,有人敏锐地意识到了国之将亡,于是他告诫子嗣,假若亡国如东汉灭亡一般,子嗣们可以继续出仕,但如果亡国如西晋灭亡,五胡乱华一般,子嗣们坚决不可出仕。顾炎武的"亡国"与"亡天下"之辨,并不是狭隘的民族主义,其辨别标准应当是文化、道义的存亡。顾炎武在康熙二年所作的《咏史》一诗中写道:

永嘉一蒙尘,中原遂翻覆。名弧石勒诛,触眸苻生戮。哀哉周汉人,离此干戈毒。去去王子年,独向深岩宿。

"永嘉"是晋怀帝司马炽的年号,永嘉年间,匈奴人刘聪攻陷洛阳、掳走怀帝,史称"永嘉之乱",西晋灭亡。而羯人石勒、氐人苻生都是十六国时期著名的暴君,表面上看起来此诗所言乃是"华夷之辨"的观念,其实不然,在石勒、苻生民族身份的背后,其对中原文化的摧残、对道义的破坏才是顾炎武所深憎的。而清军入关之初，大肆屠杀，在江南制造了"扬州十日""嘉定三屠"等有悖道义的暴行，并强令汉人剪发留辫，也是对中原文化的破坏。因此顾炎武如此坚定地坚守遗民身份，甘愿如王子年般"独向深岩宿"，相较于民族大义，更重要的还是顾炎武对文化与道义的坚守。

康熙七年（1668），著名的文字狱"山左黄培诗狱"使顾炎武受到了牵连。黄培曾为明朝的锦衣卫指挥佥事，明亡后穷愁潦倒，以诗自娱，康熙二年（1663）刊印了《含章馆诗集》，却被家奴姜元衡别有用心地摘录了部分有怀念故国倾向的诗，并于康熙五年（1666）告发。因这场文字狱涉及较广，顾炎武因《忠节录》《天启崇祯两朝诗选》的关系也被卷入这场文字狱中。顾炎武受到牵连后，毅然从昌平亲自前往山东投案，并写下了《赴东》诗六首，其中有一首尤为慷慨：

天门跌荡荡，日月相经过。下闵黄雀微，一旦决网罗。平生所识人，劳苦云无他。骑虎不知危，闻之元彦和。尚念田畴言，此举岂足多。永言矢一心，不变同山河。

"永言矢一心，不变同山河"的誓言，也正是"烈士"之心的深刻体现，"天门跌荡荡，日月相经过"的坦然，也足令人为之击节赞叹。元彦和"骑虎不知危"的形象、"所当为者未止此"的名言，亦在顾炎武的身上有所反映。入狱后，顾炎武据理力争，加之外甥徐乾学、好友朱彝尊、李因笃等人的帮助，最终得释。

清康熙十七年（1677），三藩之乱已进入尾声，天下将治，康熙皇帝为了笼络汉族知识分子与明遗民，下诏举行"博学鸿词科"并授予官职。熊赐履等朝廷大员争相举荐顾炎武，明史馆总裁叶方蔼亦举荐顾炎武，然而顾炎武均一一回绝，他的态度在《答潘次耕》一文中阐述得很清楚：

先妣以三吴奇节，蒙恩旌表，一闻国难，不食而终，临没叮咛，有无仕异朝之训。辛亥之夏，孝感特束相招，欲吾佐之修史，我答以果有此命，非死则逃。原在座与闻，都人士亦颇有传之者。耿耿此心，终始不变！

他始终不忘却母亲的遗命,也始终不忘记"亡国"与"亡天下"之辨,对文化与道义的坚守亦始终不变。不仕清而继续做遗民的顾炎武,此时离生命的终结也越来越近了,但他的"烈士"之心却始终不变。他想起了一件旧事,崇祯十一年的冬天,苏州城内承天寺的僧人疏通寺内的一口古井时,挖得一铁函,破函后见"大宋铁函经"字样,再打开便看见"大宋孤臣郑思肖百拜封"的《心史》,奇之又奇,归庄等友人亦曾吟咏过此事。而"大宋孤臣郑思肖",是为宋遗民,宋朝灭亡后改名"思肖",肖是繁体字"趙"的一部分,借此寄托对赵宋王室的怀念,《心史》便是郑思肖怀念故国的诗集。顾炎武在陕西富平重阅《心史》,距《心史》出土刊印已经四十余年了,归庄亦已辞世,感念诸事,以及近来的"博学鸿词科",便作了一首《井中心史歌》以言志,重申自己的遗民身份:

有宋遗臣郑思肖,痛哭胡元移九庙。独立难将汉鼎扶,孤忠欲向湘蠹吊。著书一卷称心史,万古此心心此理。千寻幽井置铁函,百拜丹心今未死。胡虏从来无百年,得逢圣祖再开天。黄河已清人不待,沉沉水府留光彩。忽见奇书出世间,有惊胡骑满江山。天知世道将反复,故出此书示臣鹄。三十余年再见之,同心同调复同时。陆公已向崖山死,信国捐躯赴燕市。昔日吟诗吊古人,幽篁落木愁山鬼。呜呼!蒲黄之辈何其多,所南见此当如何!

朱彝尊、汪琬、潘耒等好友均在博学鸿词科后仕清,此时的他不免感伤,康熙十八年(1678),他写下了《海上》一诗:

海上雪深时,长空无一雁。平生李少卿,持酒来相劝。

李陵降匈奴,另有隐情,而朱彝尊、潘耒等人仕清,也是有隐情的。顾炎武以李陵比喻仕清众友人,以苏武自比,是恰当的,也是无奈的;但顾炎武却仍甘愿在"海上雪深时,长空无一雁"的境遇下独自持节。

康熙二十一年(1682)正月初九,顾炎武在曲沃逝世,享年70岁,族弟顾岩特赶到曲沃,将顾炎武的灵柩运回昆山千墩镇安葬。

这让我想起发生在顾炎武生命最后两年时的事,康熙十九年

(1680)正月,顾炎武接到了妻子王氏的丧讯。25年的外地奔波,顾炎武几乎没有与妻子相聚的时间,顾炎武闻讯大恸,写下了五首题为《悼亡》的诗,其三尤为深情,也尤为显眼:

贞姑马鬣在江村,送汝黄泉六岁孙。

地下相烦告公姥,遗民犹有一人存。

"地下相烦告公姥,遗民犹有一人存","学人"顾炎武的"烈士"之心亘古不变。

【参考文献】

[1] 顾炎武. 顾亭林诗笺释[M]. 王冀民笺释. 北京:中华书局,2003.

[2] 张廷玉. 明史[M]. 北京:中华书局,1974.

[3] 本文所引顾炎武诗文,皆据华忱之点校:《顾亭林诗文集》,北京:中华书局,1959年;参看王冀民笺释本及王蘧常汇注本(《顾亭林诗汇注》,上海:上海古籍出版社2006年),不再一一指出.

[4] 刘昫. 旧唐书[M]. 北京:中华书局,1982.

[5] 许苏民. 顾炎武评传. 南京:南京大学出版社,2006.

[6] 李瑞豪. 遗民世界的黄昏:论顾炎武的悼友诗[J]. 北京:北京化工大学学报:社会科学版,2008(2)47-51.

[7] 顾炎武. 日知录校注[M]. 陈垣,校注. 安徽:安徽大学出版社,2007.

[8] 林昌彝. 射鹰楼诗话[M]. 王镇选,林虞生,校点. 上海:上海古籍出版社,1988.

[9] 沈德潜. 明诗别裁集[M]. 周准,编. 上海:上海古籍出版社,2013.

[10] 严迪昌. 清诗史[M]. 杭州:浙江古籍出版社,2002.

[11] 王先慎. 韩非子集解[M]. 北京:中华书局,1998.

[12] 郝懿行. 山海经笺疏[M]. 沈海波,校点. 上海:上海古籍出版社,2019.

[13] 刘世南. 清诗流派史[M]. 北京:人民文学出版社,2014.

[14] 范晔. 后汉书[M]. 西安:太白文艺出版社,2006.

[15] 王先谦. 庄子集解 庄子集解内篇补正[M]. 北京:中华书局,2012.

亭林诗在清代阅读的流变

许 丹

顾炎武(1613—1682),世称亭林先生,本文简称亭林。亭林常被称为旷世大儒、清代学术开山祖师,等等,而"诗人"的身份却总被忽略。其实民国以来,学者对亭林诗的评价并不低①。近年来,亭林诗已进入研究视野,而对亭林的文学研究,关注的更多是其文学观、诗学理论②。

学者在论及亭林诗文时,常援引他这段话:"君子之为学,以明道也,以救世也,徒以诗文而已,所谓雕虫篆刻,亦何益哉!"[1]148这一观点在他另一篇引用率很高的文章《文须有益于天下》中也被提及。他还说"人各有能有不能,不作诗何害"[2]745,"一号为文人,无足观矣"[2]798,日常不以文人自居。这些是否表明在他的文类评价体系中,诗并不重要呢?

《抄书自序》云:"炎武之先人,皆通经学古,亦往往为诗文。"[1]79他强调家族有诗文传统。其实,亭林早年"无时不作诗"[1]225,"少为词章,甫脱稿,脍炙人口"[3]。另外,他在《日知录》里收录了多篇论诗之文,如《作诗之旨》《古诗用韵之法》《诗体代

---

① 比如,何贻焜先生认为其"在文学史上自应占着光荣的一页",张舜徽先生称其在中国诗史上是"卓然杰出的大家",严迪昌先生认为他是"遗民诗界南北网络的沟通人",钱仲联先生认为"顾炎武诗沉郁苍凉、风格高古,深得杜甫的深理;典雅矜练、字字贴实,又得力于他作为杰出学者和思想家博学能文的功力"。朱则杰先生将亭林和吴嘉纪合评为"遗民诗界的双子星座",刘世南先生认为亭林诗风姿超拔而影响深远,不能归为任何一派。

② 比如,何贻焜先生强调了亭林文学观中文学的时代性、历史的文学观等,并认为这与新文学的理念暗合。蒋寅先生总结了80年代以来学者对顾炎武诗论的概括,重点强调"真诗"的观念以及亭林对诗歌音韵学的开拓等。(《南开学报》2003年第1期)许苏民先生《顾炎武评传》有一章专论文学思想。(南京大学出版社,2006年)

降》等,与友人、弟子的书札中也常有论诗的对话。而且他生前手订己诗,按年编次,删尽甲申前作,这与一般意义上删除旧作不同,寓有"国亡而后诗作"的深意,从全诗第一首《大行哀诗》亦可得见,体现一种"纪念碑性"的仪式感。这些都说明他看重写诗,也珍视己作。

亭林对待诗文言行不一的态度的确误导了部分读者,比如唐鉴说他"一切诗、赋、铭、颂、赞、诔、序、记之文,皆谓之巧言,而不以措笔"[4],亭林此类文章虽非大量存在,也绝非没有,尤其是序、记占比较高。受他的创作观引导,以及如《日知录》《音学五书》等其他学术成就的掩盖,加上列入四库禁毁带来的打击,亭林诗在后世尤其是乾嘉时期不易进入阅读视野。

康熙年间,舆论环境渐趋收紧,亭林《井中心史歌》小序说"悲年运之日往,值禁网之逾密"[1]484。年过半百后,亭林屡遭文祸,亲历入狱和友人罹难的悲剧。当时为防止被迫害,士人采取了各种自我审查、自我禁抑的措施,可从梅村的文章《与子暻疏》等中略观①。

亭林的自抑主要体现在中年时以剪发、改容、易名、从商为策略的"隐"和晚年以却聘、辞荐、避居、离都为选择的"拒"上。"隐"是亭林的关键词,壮遭鼎革的他虽奔走南北以图恢复,但始终有意隐藏身份。"稍稍去鬓毛,改容作商贾"是他38岁忍辱负重的策略。39岁初谒孝陵,他慨叹"患难形容改,艰危胆气真",亭林此时

---

① 就像施特劳斯(Leo Strauss)在《迫害与写作艺术》一书中提到的采取"字里行间写作"的重要原因之一是防止"迫害",后来,这种写作被迈克尔·弗雷泽命名为"Esotericism"——隐微术。列奥·施特劳斯著、刘锋译《迫害与写作艺术》,第16-30页,华夏出版社,2012年。迈克尔·弗雷泽:《隐微写作古今——施特劳斯与施特劳斯主义论政治哲学的写作技艺》,《逻辑与形而上学》,第234页,上海人民出版社,2008年。本文讨论的自抑问题受王汎森关于清代文献"自我压抑"现象研究的启发,见王氏著《权力的毛细管作用——清代的思想、学术与心态》,第345-442页,北京大学出版社,2015年.

还改名"圭年",混迹商贾,流转江浙。42岁曾移居蒋山下,自号蒋山佣。晚年的"拒"则从59岁力辞修《明史》之请始,66岁清廷诏举博学鸿儒,他更以死拒荐,从此不复入都。67岁时甘肃提督意图征聘,他立刻出关。此外,亭林还阻止友人对他的宣传,"愿老弟自今以往,不复挂朽人于笔舌之间,则所以全之者大矣"[1]128,之所以有此请求,是他基于对自己学术水平的自信以及对时人学问及心态的判断,"吾辈学术,世人多所不达,一二稍知文字者则又自愧其不如。不达则疑,不如则忌,以故平日所作,不甚传之人间"[1]143,时人对他或"疑"或"忌"的态度让他敏感和担忧。

除却"隐"和"拒",他还劝勉弟子潘耒学会"退"和"拙"。潘耒(1646—1708),字次耕,是亭林友人潘柽章之弟。亭林对潘耒寄予厚望,康熙十七年(1678),诏举博学鸿儒令甫出,亭林即屡劝潘耒不要出仕,但潘耒最终还是中榜而入明史馆。亭林虽感惋惜,马上又为潘耒的处境担忧和筹谋,一则请友人关照,"次耕叨陪同事,愿加提挈",二则叮嘱潘耒,"处此之时,惟退惟拙,可以免患"[1]130。

无论是"隐""拒",还是"退""拙",以及他常被提起的不回乡,不讲学,不为人立传,不作应酬文章,都在表达一种"不"的立场。亭林同时也在文字上采取自抑策略,甚至"焚稿","至于《当归》一诗,已焚稿矣"[1]150可知在写作中,亭林承受了较大的心理压力,"写作的历史"不只是写什么,而同时也是不写什么的历史[5]。

作伪是避祸的另一方式,如《音学五书》,曹学佺作序,序中忆及亭林给他看《诗本音》一事,但序末竟署"崇祯癸未"(1643)。王国维认为其时亭林尚未研究音韵学,遑论《诗本音》已成书,他推测此序为假托,故作明季所刊以避文祸[6],而《音学五书》符山堂刻本"校"字缺笔,也是借避熹宗朱由校讳以避文字狱[7]。

不过,当时亭林诗的阅读并不冷清。首先,从诗话来看,时人对亭林诗的学术评价虽不多,但也能反映亭林诗接受的情况。朱彝尊评其"诗无长语,事必精当,词必古雅"[8],"事必精当"在后世评亭林诗时被反复提及,如沈德潜"词必己出,事必精当"[9],朱庭珍"用典使事,最精确切"[10],皆论其用典精确妥帖。值得注意的是,朱彝尊《明诗综》选了22首亭林诗,但对这些诗做了较大删改,其中,《嵩山》删8句,《常熟县耿侯橘水利书》删10句,《禹陵》删16句,部分诗作诗题及字句也有改动。王士禛则关注用韵问题,他初疑亭林诗"落日江头送伍员"之"员"字为去声,后知为平声,"乃知顾诗用韵有据"[11]。

其次,从时人诗作以及亭林与亲友的赠答诗、书札亦可了解部分接受情况。如描写亭林写诗情状"暇力正诗篇"[12]"秋光到处堪留赏,马上题诗日日增"[13],关于诗风,亭林友人程先贞已提出"诗客浑如杜少陵"[14],施闰章则关注他北游后的诗风变化,"诗已变秦声"[9]。诗是亭林与亲友沟通的重要媒介。他经常与归庄、潘柽章、潘耒、林古度、万寿祺等人赠诗、寄诗、和诗,比如亭林北游后常寄诗给家乡的归庄,归庄对亭林可谓知心,对亭林诗的理解也更加熨帖,他写信告诉亭林"向读所寄山陵诗,忠义感激,使人泣下",而"和诗不免局于短篇,未能尽达所怀"[15],挂念和盼归之情溢于言表。亭林也会和友人同游赋诗,如与王弘撰"游秦共赋诗"[16],不过更多的则是以其诗抚今怀古,如"樽前更诵当年句"[17]"幸有诗篇同悱恻"[18]"新诗益矍铄,抚时增凄忧"[19]。

亭林有一类在当世传诵较广的诗,即"谒陵诗",如《恭谒孝陵》《再谒孝陵》《恭谒天寿山十三陵》《再谒天寿山陵》等,他南北奔波数千里,往还谒陵十余次,林古度说他"谒拜十三陵,以史而托诗"[20],吕章成道:"今日重翻天寿句,断肠声里几回肠"[21],黄师正描述对人阅读"谒陵诗"的火爆场面,"入都争诵谒陵诗"[22]。仕清官员也会感动于此,施闰章在寄诗中慨叹"陵寝诗传涕泪余"[23]。以上虽无法完全勾勒时人阅读亭林诗的总况,但能从侧面呈现其诗的接受情况——亭林诗在当时已有一定的阅读群体,进入小范围研究者的视野。

乾隆初年,亭林诗的接受度可以《明诗别裁集》的评价和选诗为观照,沈德潜认为写诗并非亭林主业,"韵语其余事也",评其诗"风霜之气,松柏之质,两者兼有"[9]。他关于亭林诗"词必己出,事必精当"的评价盖源自朱彝尊,且所选亭林诗中,《嵩山》也因袭《明诗综》删去同样的八句。

乾隆中后期,寓禁于征的《四库全书》正式发布了对各类书籍的处理意见,书籍被冠以存目、抽毁等标签,而走向不同命运。《军机处奏准抽毁书目》记载《亭林诗集》因"有偏谬词句","应行销毁"。借亭林其他抽毁书籍情况可帮助了解偏谬词句所指。如被四库收录的《日知录》实则抽毁三次,河南省图书馆藏有抽毁散页,挖改字句较多,如"戎翟"改为"荒服","用夏变夷之主"改为"移风易俗之主"[24]。可知清廷对易引起外族入侵联想的"戎""夷"等词语非常敏感。

嘉庆后文网渐弛,嘉道间的士人对亭林诗的阅读开始增多,且诗评生发出新的面向。潘德舆对亭林诗评价极高,说"明遗民诗,吾深畏一人焉,曰顾亭林",而且他不认同朱彝尊和沈德潜对亭林的选诗,认为"竹垞、归愚选明诗,皆及亭林,皆未尝尊为诗家高境,盖二公学诗见地,尤为文采所囿耳"[25]。在亭林诗是否学杜的问题上,张宗泰认为亭林诗并不依傍前人[26],张维屏认为亭林得杜之神[27],林昌彝认为亭林深得杜骨[28],且经学辞章兼擅,他还选取了顺治到咸丰间105首诗,说"当代风骚谁领袖?开山独让顾亭林"。亭林学杜近杜的看法在后世一直延续,如陈衍说"亭林学杜独悲秋"[29],金葆桢说亭林"余事犹能逼少陵"[44]。

道光中期后,亭林诗阅读出现新风尚,热门诗作类型由"谒陵诗"变为"赠友诗",而阅读方式则由"诵诗"变为"和诗",并纳入诗、书、画的多维互动语境。回到顺治八年(1651),39岁的亭林初谒孝陵,在金陵始见万寿祺。寿祺,字年少,甲申后志在抗清,兵败后削发为僧,时年49岁。同年秋,二人再会,临别时,万寿祺赠以《秋江别思图》,而亭林则写《赠万举人寿祺》诗相赠。《秋江别思图》现藏于浙江省博物馆,墨笔而近水远山,一叶孤舟缓行江面。卷后多人题跋,如万寿祺、程瑶田、张穆、祁寯藻、端方等。万寿祺题跋中谈到与亭林的两次对话,展现了易代之际遗民的交游和心态。其一,是年春,二人相遇金陵,万寿祺质问亭林为何改名"圭年"。其二,是年秋,亭林假以商贾身份拜访,他确认了亭林易名的真实意图后才开始认同亭林,并谈到乱离之际二人殊途同归之"隐",一"隐于商贾",一"隐于沙门",后劝诫亭林继续以天下为己任。亭林则以诗相赠,表达了志同道合以待来日的心愿[1]350。

顾、万的诗画订交事件在当世冷寂,却回响于道光年间。乾隆时犯忌的亭林在道光政局下地位急剧回升,形成亭林崇拜,这和时人传言《国史儒林传》将亭林奉为清儒第一①以及借此机缘筹建的"顾祠"和长期举行的"祭顾"活动密切相关,关于这个问题,学界已有较深入研究[31]。本文关注的是道光、咸丰时期的士人是如何对待乃至运作亭林诗的。顾祠的两位创始人——张穆、何绍基功不可没,除编刻《亭林年谱》,召集会祭外,还通过对顾、万诗画的模仿及步韵在会祭士人中先行"拟顾""效顾",取得阐释顾、万订交事件的话语权,确定祭顾体系中的代表性文化符号,续联与亭林的精神联系。

《秋江别思图》道光间归蔡友石所藏,道光二十七年(1847),张穆、何绍基在蔡处见到此画,张穆以《题万年少秋江别思卷子即用亭林赠万诗韵》步韵亭林赠寿祺诗,并将和诗书于画后。至此,顾、万二人在顺治年间的诗画订交获得了道光时的唱和,又被复制为摹本供奉于顾祠,在延续和复制中强化乃至发明了近两百年前的斯文道统,身处其中的士人如胡焯、祁寯藻、翁同龢等对这些文化符号不断赋诗吟咏,并通过反复观看、阅读、书写巩固并内化这

---

① 王汎森考查了亭林在阮元的《儒林传稿》到《国史儒林传》中排序的变化。近日承北京师范大学历史学院项旋老师告知在台北故宫博物院藏有多个版本的儒林传稿,亭林的排序变动情况更加复杂。此处对项老师的发现和告知谨致谢意。

种文化认同。

清末,亭林诗的阅读开始走向学术化,以徐嘉在光绪年间作《顾诗笺注》为标志。笺注耗十年之力,检书四百五十余种,然而,徐嘉的《顾诗笺注》却颇受诟病,原因在于其使用删改过多的潘刻本,且穿凿附会,常离题万里,曲解亭林原意。亭林诗的阅读记录也出现在清末文人的日记中,如孙宝瑄的《忘山庐日记》收录了他在光绪二十三年(1897)五月、九月所写的读亭林诗的日记,他认为亭林虽不以诗名,但"读其诗,见其志,远在诸人之上","先生抱负奇伟,哀明亡而有非常之志,其所为诗,有一种雄秀之气,不易学也"[32]。

总的来说,清代的亭林诗阅读有一个反弹的过程,以四库禁毁触底,而在道光年间急剧回升,不过,亭林诗的阐释并未伴随阅读的热潮而大幅推进,甚至呈现出倒退趋势,比如徐嘉在光绪年间对亭林诗所作的无效阐释。亭林诗真正具有学术性的阐释和大规模讨论必须借助对抄本的研究,而到民国时期才有这种条件,关于民国时期的亭林诗阅读和阐释将另文陈述。

【参考文献】

[1] 顾炎武. 亭林诗文集诗律蒙告[M]. 上海:上海古籍出版社,2012.

[2] 顾炎武. 顾炎武全集:第19卷[M]. 上海:上海古籍出版社,2011.

[3] 何贻焜. 亭林学术述评[M]. 南京:正中书局,1944:300.

[4] 唐鉴. 学案小识[M]//顾炎武. 顾炎武全集:第22卷[M]. 上海:上海古籍出版社,2011:290-296.

[5] 王汎森. 权力的毛细管作用:清代的思想、学术与心态[M]. 北京:北京大学出版社,2015:423.

[6] 顾炎武. 顾炎武全集:第3卷[M]. 上海:上海古籍出版社,2011:1178.

[7] 张民权. 符山堂刻本〈音学五书〉版本问题考释[J]. 文献,2004(4):161-168.

[8] 朱彝尊. 静志居诗话[M]. 姚祖恩,编. 北京:人民文学出版社,1990:672.

[9] 沈德潜.清诗别裁集[M].石家庄:河北人民出版社,1997:43.
[10] 朱庭珍.筱园诗话[M]//顾炎武全集:第22卷[M].上海:上海古籍出版社,2011:528.
[11] 王士祯.带经堂诗话[M].张宗柟,篆集.戴鸿森,校点.北京:人民文学出版社,1963:423.
[12] 李子德.哭顾亭林先生诗一百韵[M]//顾炎武.顾炎武全集:第22卷[M].上海:上海古籍出版社,2011:94.
[13] 程先贞.答亭林留别赴山石[M]//顾炎武.顾炎武全集:第22卷[M].上海:上海古籍出版社,2011:235.
[14] 程先贞.再次酬亭林先生将适山右[M]//顾炎武.顾炎武全集:第22卷[M].上海:上海古籍出版社,2011:234.
[15] 归庄.与顾宁人[M]//顾炎武.顾炎武全集:第22卷[M].上海:上海古籍出版社,2011:426-427.
[16] 王弘撰.哭亭林先生六首[M]//顾炎武.顾炎武全集:第22卷[M].上海:上海古籍出版社,2011:255.
[17] 王炜.赠宁人[M]//顾炎武.顾炎武全集:第22卷[M].上海:上海古籍出版社,2011:350.
[18] 释尝明.读蒋山傭元日谒陵诗感而有作[M]//顾炎武.顾炎武全集:第22卷[M].上海:上海古籍出版社,2011:215.
[19] 李因笃.咏怀五百字奉亭林先生[M]//顾炎武.顾炎武全集:第22卷[M].上海:上海古籍出版社,2011:240.
[20] 林古度.奉答宁人先生赠诗次韵[M]//顾炎武.顾炎武全集:第22卷[M].上海:上海古籍出版社,2011:224.
[21] 吕章成.读亭林谒陵诗[M]//顾炎武.顾炎武全集:第22卷[M].上海:上海古籍出版社,2011:229.
[22] 黄师正.宁人道兄归自燕出示近作[M]//顾炎武.顾炎武全集:第22卷[M].上海:上海古籍出版社,2011:224.
[23] 施闰章.奉怀宁人社兄[M]//顾炎武.顾炎武全集:第22卷[M].上海:上海古籍出版社,2011:236.
[24] 陈雪云.清廷毁书的罪证:论河南省图书馆馆藏四库全书《日知录》《明文海》抽毁本的价值[J].图书馆工作与研究,2004(5):50-52.

[25] 潘德兴. 养一斋诗话[M]//顾炎武. 顾炎武全集:第22卷[M]. 上海:上海古籍出版社,2011:524.

[26] 张宗泰. 读亭林先生诗集[M]//顾炎武. 顾炎武全集:第22卷[M]. 上海:上海古籍出版社,2011:455.

[27] 张维屏. 国朝诗人征略[M]. 顾炎武全集:第22卷[M]. 上海:上海古籍出版社,2011:522.

[28] 林昌彝. 射鹰楼诗话[M]. 顾炎武全集:第22卷[M]. 上海:上海古籍出版社,2011:524.

[29] 陈衍. 石遗室诗话[M]//顾炎武. 顾炎武全集:第22卷[M]. 上海:上海古籍出版社,2011:417.

[30] 金葆桢. 道咸同光四朝诗史[M]//顾炎武. 顾炎武全集:第22卷[M]. 上海:上海古籍出版社,2011:417.

[31] 段志强. 顾祠:顾炎武与晚清士人政治人格的重塑[M]. 上海:复旦大学出版社,2015;秦燕春. 清末明初的晚明想象[M]. 北京:北京大学出版社,2008;林志宏. 民国乃敌国也:政治文化转型下的清遗民[M]. 北京:中华书局,2013.

[32] 孙宝瑄. 忘山庐日记[M]//顾炎武. 顾炎武全集:第22卷[M]. 上海:上海古籍出版社,2011:514.

炎武精神挥发

加强文化交流,推进顾炎武思想研究
——在顾炎武思想学术研讨会上的发言

高剑云

正当全党开展"不忘初心、牢记使命"主题教育,全国上下以改革创新、奋发有为的姿态迎接中华人民共和国成立70周年之际,我们来到全国百强县之首——美丽的昆山,参加顾炎武思想学术研讨会,感到非常高兴。相信通过参加这次研讨会,我们一定能够学有所获。

曲沃是晋国古都、三晋之源、千年古县、成语之乡。早在春秋时期,晋文公就以此为中心建立了长达一个半世纪的辉煌霸业。著名的思想家、爱国主义学者顾炎武先生晚年寓居于曲沃,在这里完成了皇皇巨著《日知录》,发出了"天下兴亡,匹夫有责"的呐喊。伟大的无产阶级革命家彭真同志出生于曲沃并在此度过了他的少年时代。今天在座的中宣部理论局原局长、德高望重的靳辉明先生也是我们曲沃人,我们为此感到自豪和骄傲!

近年来,曲沃县委、县人民政府大力实施"六城联创",创建全国文明城市、国家卫生县城、国家全域旅游示范区、省级园林县城、省级环保模范城、省级平安县城;曲沃获得了包括"中国成语典故之乡""国家现代农业示范区""千年古县""一带一路:中国优质蔬菜基地"等20多张国字号名片,人民群众拥有了更多的获得感、幸福感和安全感。

习近平总书记说:"文化兴则国家兴,文化强则民族强"。文明因多样而交流,因交流而互鉴,因互鉴而发展。曲沃县早在20

年前就提出了"文化立县"的发展战略和建设全国晋文化研究开发基地的奋斗目标。晋文化博大精深,其中蕴含的诚信、友善、励志、信义、包容、图强等文化因子,千百年来已深深地融入中华民族的血脉之中。顾炎武"天下兴亡,匹夫有责"的爱国思想和责任意识为曲沃的传统文化注入了血性和担当。数百年来,顾炎武的思想和精神激励了无数仁人志士为民族大义前赴后继、牺牲奉献,已经成为中华优秀传统文化的重要内容,成为中华民族的精气血脉。

为了继承和弘扬顾炎武思想,曲沃县投资1700万元,建设了占地约2.67平方千米的顾园。开园以来,接待了大量游客,包括咱们昆山顾炎武研究会陈会长一行。以顾园为媒,曲沃昆山两地的顾炎武研究学者进行了深入良好的交流。目前,顾园正在申报市级爱国主义教育基地。

一个人,两座城;一句话,铸根魂。顾炎武这个光辉的名字已经把昆山和曲沃紧紧地联系在一起。希望今后两地进一步加强文化交流和相互往来,共同推进顾炎武思想的研究,共同担负起推进民族复兴大业和实现中国梦的历史使命。

(本文作者系曲沃县委常委、宣传部部长,本文是作者在"历史视野下的'天下观'——2019年顾炎武思想学术研讨会"上的讲话)

清代至民国时期对顾炎武治学研究的概述

徐正兴

从古至今,学术界以及渴望进入学术界的"读书人"庞大群体都没有停止过对"治学"的思考与实践。顾炎武(1613—1682)不仅是明清学术界的杰出代表,著述等身,而且对后世"为学"者产生了极大影响,成为其遵循的对象、研习的榜样,与黄宗羲、王夫之共同被尊称为"三大儒"。数百年来,世人对顾炎武治学及治学成果的研究经久不衰,而且日益深入和全面。

一、官方评价

《清史稿·顾炎武传》对顾炎武生平及其治学作了综合性评价,认为顾炎武生平精力绝人,自少至老,无一刻离书。《清史稿》点评了顾炎武治学,认为"炎武之学,大抵主于敛华就实。清初称学有根柢者,以炎武为最,学者称为亭林先生";摘录了顾炎武《与友人论学书》中的对话,如"其答问士,则曰'行己有耻',其为学,则曰'好古敏求'。其告哀公明善之功,先之以博学""愚所谓圣人之道者如之何?曰'博学于文,行己有耻'"[1]等。《清史稿》简述了顾炎武所撰《天下郡国利病书》百二十卷、《肇域志》一编、《日知录》三十卷,重点阐述了顾炎武音韵方面的著述,罗列了其他著作;专门提到顾炎武《广师》对治学的自我评价,列举其自比王寅旭、杨雪臣、张稷若、傅青主等人的"不如"之处。文末,还对顾炎武拒绝参修《明史》、从祀文庙等事迹作了说明。

清代《四库全书总目》共收录了 23 种顾炎武的著作,其中 14 种被收入《四库全书》。对顾炎武的学术成就,修史的四库馆臣认为顾炎武学识渊博。《四库全书总目提要》在评价《日知录》时写道:"炎武学有本原,博赡而能通贯,每一事必详其始末,参以证佐,而后笔之于书,故引据浩繁,而抵牾者少。"[2]可见,四库馆臣盛赞顾炎武治学考证精详,不仅强调顾炎武治学以"博赡""通贯"为特点,而且强调其追本溯源、充分论证,避免逻辑不一的治学方法。然而,四库馆臣轻视其"实学",甚至批判顾炎武经世致用的学术倾向,"炎武生于明末,喜谈经世之务,激于时事,慨然以复古为志,其说或迂而难行,或愎而过锐"[2]。显然,四库馆臣以"迂而难行""愎而过锐"等措辞评价顾炎武的学术倾向,是十分严厉的贬斥。这与称赞顾炎武"考证实学"的态度背道而驰,可见其与顾氏学术思想的迥异。

以上两部文献的阐述,《清史稿》对顾炎武的评价很高,不仅肯定了顾炎武治学扎实,尊称其为楷模,而且概括性地剖析了顾炎武的治学成果,并用其著述与事迹剖析了其将治学与做人相统一的特点。《四库全书》则收录了顾炎武的大部分著作,认为其学识渊博、论证深入,但也批评了其"实学"的治学取向。

二、代表性评述

清代至民国时期研究顾炎武治学的文稿比较丰富。其中,最具代表性的有以下评述。

潘耒(1646—1708)在为《日知录》作的《序》中说,顾炎武"精力绝人,无他嗜好,自少至老,未尝一日废书",并赞其所著《日知录》"综贯百家,上下千载,详考其得失之故,而断之于心,笔之于书,朝章、国典、民风、土俗,厚厚本本,无不洞悉,其术足以匡时,其言足以救世,是谓通儒之学"[3]。潘耒是顾炎武的学生,他用"绝""无"等字眼高度赞扬了顾炎武一生对治学的投入,称其著作等身且目标清晰,达到了"通儒之学"的层次。潘耒为使顾炎武的著述传世,将《日知录》三十二卷本刻印出版,并认为该书"唯宋、元名儒能为之,明三百年来殆未有也"。也因为如此,潘耒为顾炎武治学产生持久的影响做出了不可或缺的贡献。

全祖望(1705—1755)《炎武治学》对顾炎武治学做了翔实的阐述,写道:"凡先生之游,以二马二骡载书自随。所至厄塞,即呼老兵退卒询其曲折;或与平日所闻不合,则即坊肆中发书而对勘之。或径行平原大野,无足留意,则于鞍上默诵诸经注疏;偶有遗忘,则即坊肆中发书而熟复之。"[4]全祖望认为,顾炎武治学重视实地考察,不仅注重研习其他学者的治学成果,而且注重向有实践经验的普通群众学习,以检验已获得的知识。全祖望欣赏顾炎武的治学态度与方法,顾炎武学习认真严谨,不脱离实际,珍惜时间,温故知新,一心一意。对统治者仅以"多闻博学"评价顾炎武并不满意,认为顾炎武有"粹儒"气象。

梁启超(1873—1929)较为集中地论述了顾炎武的治学思想。他对顾炎武评价极高,在《中国近三百年学术史》中写道:"论清学开山之祖,舍亭林没有第二个人。""亭林在清学界之特别位置,一曰开学风,二曰开治学方法,三曰开学术门类。""亭林学术之最大特色,在反对向内的——主观的学问,而提倡向外的——客观的学问。""亭林所标'行己有耻''博学于文'两语,一是做人的方法,一是做学问的方法。……亭林教人做学问,专标'博学于文'一语。"[5];又在《儒家哲学》中评价道:"尊敬程朱,而能建设新学说,当推顾炎武。顾氏对朱学,不过敬礼而已。他对于儒家道术,不单讲内圣,兼讲外王。"[6]在《清代学术概论》中,梁启超评述顾炎武的治学方法:"炎武著述,其有统系的组织而手定成书者,唯《音学五书》耳。其《天下郡国利病书》《肇域志》,造端宏大,仅有长编,未为定稿。《日知录》为生平精力所集注,则又笔记备忘之类耳。自余遗书尚十数种,皆明单义,并非巨裁。然则炎武所以能当一代开派宗师之名者何在? 则在其能建设研究之方法而已。约举有三。一曰贵创。二曰博证。三曰致用。"[7]梁启超认为,顾炎武"贵创"的方法,就是其反对抄袭、模仿古人著述,追求原创;其所用"博证"的是近世科学的研究法,不以孤证为依据;而"致用"则强调治学与社会的关系,清代儒者"朴学"就是由顾炎武开启的,但是,梁启超并没有详细阐述什么是"近世科学的研究法"。梁启超在《论中国学术思想变迁之大势》"近世之学术"部分指出:"清代考证学富有科学的精神,顾炎武等五先生为学的共同特点除'以科学实验为凭借'外,尚有'以坚忍刻苦为教旨''以经世致用为学统''以尚武任侠为精神'。"[8]此外,梁启超也赞同《四库全书》所述"炎武学有本原,博赡而能通贯,每一事必详其始末,参以证佐,而后笔之于书,故引据浩繁,而抵牾者少",认为其最能传炎武治学法门。

钱穆(1895—1990)赞同梁启超关于"亭林学术大纲"的观点,认为:"亭林论学宗旨,大要尽于两语,一曰行己有耻,一曰博学于文,其意备见于《与友人论学书》。"又说,"盖亭林论学本悬二的:一曰明道,一曰救世。其为《日知录》,又分三部:曰经术、治道、博闻,后儒乃打归一路,专守其经学即理学之议,以经术为明道,余力所汇,则及博闻。至于研治道、讲救世,则时异世易,继响无人,而终于消沉焉。……然亭林论学,其斩截峻整处,固足与其人格行谊相辉映。其曰舍经学无理学,曰著书不如抄书,曰凡今人之学必不及古人,曰得明人书百卷不若得宋人书一卷。凡所云云,开其为此,而戒其为彼。其气厉,其指晰,而其治学所采之方法,尤足为后人开无穷之门径。……而近人率推亭林为汉学开山,其语要非亭林所乐闻也"[9]。可见,钱穆认为顾炎武的治学目标是明道与救世,但后学却没有充分地承继;而顾炎武将治学与做人相互关联,其治学方法为后人所推崇和运用,意义深远。但是,钱穆并不赞同梁启超将"清学开山"归功于顾炎武一人,在《国学概论》中提出黄宗羲也有"开清学之功"且对后学的影响不在顾炎武之下,说:"此等处其影响后学,岂在亭林之下?而后之汉学家不复数说及之者,正以亭林经学即理学一语,截断众流,有合于后来汉学家之脾胃;而梨洲则以经史证性命,多言义理,不尽与考证一途,故不为汉学家所推崇也。然因此遂谓汉学开山,皆顾氏一人之力,则终不免为失真之论耳。"[10]

此外,还有诸多大家都对顾炎武赞誉有加。例如,李光地(1642—1718)对顾炎武及其《音学五书》推崇备至,认为:"本朝顾宁人之音学,梅定九之历算,居然可以待王者之设科。"[11]李光地认为顾炎武考据精确,《音学五书》是不朽之作,并积极购买此书雕版。曾国藩(1811—1872)在《圣哲画像记》中收录自文王、周公直至当代圣哲共32人。作为曾国藩思想与学术追求的总纲,《圣哲画像记》将顾炎武与姚鼐列入了考据学科中。曾国藩认为:"我朝学者以顾亭林氏为宗,《国史·儒林传》,褒然冠首。吾读其书,言及礼业教化,则毅然有守先待后、舍我其谁之志,何其壮也!"俞樾(1821—1907)说:"《国史·儒林传》以顾亭林先生为首,读其书,笃信紫阳,不为陆、王异说所夺,则自宋以来儒者相承之嫡派也;于经史古义、注疏旧说,爬罗剔抉,不遗一字,则又本朝治汉学者之先河也;至于朝章国典、吏治民风、山川形胜、闾阎疾苦,博考而详询之,原原本本,如示之掌,则永嘉诸儒犹有未逮,而百余年来老师宿儒,未有讲求如先生者。呜呼,是宜为一代儒林之冠矣!"汪中(1744—1794)《国朝六儒颂》也谈道:"古学之兴也,顾氏始开其端。"

三、治学特征的梳理

在从清代至民国这300多年的历史长河中,顾炎武的治学成就和为学思想,受到了学界的普遍关注,评述、赞誉或推崇兼而有之。

不少学者都将顾炎武归为程朱一派。江藩(1761—1831)《汉学师承记》称顾炎武学术"深入宋儒之室",并且"辨陆王之非,以朱子为宗"[12]。蒋维乔(1873—1958)在《中国近三百年哲学史》将顾炎武列为"程朱学派"第一位:"炎武之践履笃实,根本上极似程朱;而其专求实际,不落空谈,则又在程朱以外,自成一种朴学。无怪后来之考证学,推炎武为初祖也",并因此称其为"程朱派之考证学者"[13]。但是,部分学者不以为然。赵俪生《亭林学派述》认为将亭林学术归于程朱是不准确的。朱熹虽有格物之说,"实为一种修养方法",与亭林学说的"经世致用"精神大相径庭。赵俪生归纳顾炎武的治学方法有"注重实际调查,注重直接材料;注重多证,而不偾孤证;多辨别源流,颇有历史的眼光;每文献不足征时,多阙疑,不妄定"等4个特征,还将顾炎武治学方法与近代西方学术相比较:"亭林之学,盖与英国洛克(Locke)氏之经验哲学颇相类似,其特点在以归纳法总结经验,获取原理。"[14]

大部分学者都赞同梁启超、钱穆等学者"以顾炎武为清学开山"的观点。章学诚(1738—1801)在《浙东学术》中称:"世推顾亭林氏为开国儒宗。"[15]章学诚最早称顾炎武为"开国儒宗",已经蕴含了"开山"的意思。王国维(1877—1927)在《沈乙庵先生七十寿序》中论述"国初之学大,乾嘉之学精,道咸以降之学新"的清学三变,认为"国初之学创于亭林"[16]。王国维明确表示了顾炎武开创新学的意见。胡韫玉(1878—1947)在《清代学术丛书序》中说:"清代学术发轫于亭林顾氏,黎洲黄氏,习斋颜氏,船山王氏。顾氏开经学之先,黄氏创史学之例,颜氏厉躬行之实,王氏得批评之精。……要之,皆为亭林学派之所推衍。"[17]胡适(1891—1962)在《几个反理学的思想家》中提出,在顾炎武"读九经自考文始,考文自知音始"思想中,所谓"考文"就是校勘之学,所谓"知音"就是音韵训诂之学。"在这些根本工具的发达史上,顾炎武是一个开山的大师。"[18]可见,胡适也高度认可顾炎武治学,并尊其为清代考证学的开山。更有学者常乃惪(1898—1947)夸赞顾炎武有"学者的觉悟",认为顾炎武"感觉以前的学问实在太空虚了,不知不觉转移到实际运动去",与刘总周、黄宗羲、李颙均为"实践学派"[19]。

关于方法,学界对顾炎武治学方法的分析基本与《清史稿》《四库全书总目》及潘耒、全祖望、梁启超的陈述保持一致,但推进无几。与顾炎武并世的著名学者阎若璩(1638—1704)充分肯定了顾炎武的学术地位,在《南雷黄氏哀辞》中说,"吾从海内读书者游,上下五百年,纵横一万里,仅仅得三人焉,曰钱牧斋宗伯也,顾亭林处士及黄南雷而三"。顾炎武被称为与钱谦益、黄宗羲齐名的"海内三大读书种子"[20]768。钱大昕(1728—1804)认为:"通儒之学,必自实事求是始。"[21]邹福保(1852—1915)评价顾炎武的学问,"余尝谓先生之学卓然成大家,足与前代之郑渔仲、王伯厚、魏鹤山、马贵与诸公相颉颃。厥故有二:一多读人间有用书,一多交海内有益友"[22]。可见,邹福保将"多读人间有用书""多交海内有益友"看作顾炎武治学的显著特点。胡适《治学的方法与材料》中也指出顾炎武在治学时运用了很精密的科学方法,"亭林、百诗之风"造就了三百年的朴学[23]。傅斯年(1896—1950)在《历史语言研究所工作之旨趣》(1928)中宣称:"我们宗旨第一条是保持亭林、百诗的遗训。"[23]另外,李源澄(1909—1958)在《亭林学术论》中也阐述了顾炎武治学情况。关于清学考据的方法,清代至民国学者根据顾炎武治学与乾嘉学者相似的特点,已将其视为考据学开创者。如梁启超把乾嘉学者称为"半个亭林"。根据上文所述,四库馆臣高度称赞顾炎武"考证实学",蒋维乔称其为"程朱派之考证学者"。刘师培(1884—1919)在《近儒学术统系论》中说:"考经学之兴,始于顾炎武、张尔岐"[24],而朱一新(1846—1894)则在《无邪堂答问》中批评,"后来汉学家重其书,但取其能考订耳。此则叶公之好龙,郑人之买椟[25]"。

关于"经学即理学"思想,一般认为是经全祖望《亭林先生神道表》的诠释概括而成,并被后人广为引用的顾炎武的代表性观点。柳诒徵(1880—1956)在《顾氏学述》中指出:"顾氏之学,非后世之理学家,非后世之经学家,非后世之文学家。其生平之宗旨,唯在实行孔孟之言,以学问文章经纬斯世,拨乱反正,仅以某一家当之,陋矣!"柳诒徵又论定顾炎武学术为"经学之理学",强调"顾氏之精神,在行己有耻"[26]。柳诒徵认为,顾炎武治学是以"行己有耻"为基础的"经学之理学"。

关于顾炎武著述的研究,据黄汝成(1799—1837)《日知录集释·叙》所开列的名单,从清朝康熙中期至道光,为《日知录》作注疏的学者有 94 家之多……囊括了道光及以前各学术流派的最著名的学者[20]770。可见,那时的学者们都将《日知录》作为必读书目,而对于《天下郡国利病书》《音学五书》等著述的评述也不少,这对后世学界产生了重要影响。

四、小结

综上,清代至民国时期《清史稿》《四库全书总目》等官方文献直接将对顾炎武的评价定位在了很高的层次,但对顾炎武治学及治学成果的评价比较局限。

总体可以概括为:学界普遍认同顾炎武"行己有耻、博学于文"为核心的治学思想。以顾炎武学生潘耒为代表,认为顾炎武具有"通儒之学",在学术上的建树是当代鲜有的;以全祖望为代表,认为顾炎武是反清复明的爱国学者,概括了顾炎武"经学即理学"的思想;以李光地为代表,认为顾炎武反对宋明理学,力倡"考据实证"之学;以梁启超为代表,认为顾炎武治学体现了科学性、实用性,赞誉顾炎武"天下兴亡,匹夫有责"的思想及"清学开山"的地位。在顾炎武著述研究方面,则是黄汝成《日知录集释》最具代表性,影响也最为深远。

【参考文献】

[1] 赵尔巽.清史稿[M].北京:中华书局,1977:13166.

[2] 永瑢.四库全书总目:第119卷:子部:杂家类:日知录提要[M].北京:中华书局,1965:1028-1029.

[3] 顾炎武.顾炎武全集:第18卷[M].上海:上海古籍出版社,2011:11-12.

[4] 全祖望.全祖望集汇校集注[M].朱铸禹,校注.上海:上海古籍出版社,2000:227.

[5] 梁启超.中国近三百年学术史[M].北京:北京市中国书店,1985:53-59.

[6] 梁启超.儒家哲学[M].长沙:岳麓书社,2010:74-75.

[7] 梁启超.清代学术概论[M].朱维铮,校订.北京:中华书局,2011:15-17.

[8] 梁启超.论中国学术思想变迁之大势[M].上海:上海古籍出版社,

2006:81.

[9] 钱穆.中国近三百年学术史[M].北京:中华书局,1986:122-146.

[10] 钱穆.国学概论[M].北京:商务印书馆,1997:270.

[11] 李光地.榕村语录;榕村续语录[M].陈祖武,点校.北京:中华书局,1995:76.

[12] 江藩.汉学师承记[M].北京:中华书局,1983:133.

[13] 蒋维乔.中国近三百年哲学史[M].上海:上海古籍出版社,2014:5.

[14] 赵俪生.亭林学派述[J].读书通讯,1948(151):2-8.

[15] 章学诚.文史通议[M].北京:中华书局,1994:523.

[16] 王国维.观堂集林[M].石家庄:河北教育出版社,2001:720.

[17] 何贻焜.顾亭林先生的学与教[J].师大月刊,1936(26):15-85.

[18] 胡适.胡适全集:3卷[M].合肥:安徽教育出版社,2003:79.

[19] 常乃悳.中国的文化与思想[M].北京:中华书局,2012:114-115.

[20] 许苏民.顾炎武评传[M].南京:南京大学出版社,2011.

[21] 钱大昕.潜研堂文集:卷二十五[M].上海:上海古籍出版社,1989.

[22] 顾炎武.日知录集释[M].黄汝成,集释.栾保群,校点.上海:上海古籍出版社,2006:1867.

[23] 傅斯年.傅斯年全集:第3卷[M].长沙:湖南教育出版社,2003:8.

[24] 刘师培.清儒得失论:刘师培论学杂稿:[M].北京:中国人民大学出版社,2004:276.

[25] 朱一新.答朱永观问亭林张氏二陆为学[M].北京:中华书局,2000:209.

[26] 柳诒徵.顾氏学术[C]//柳曾符,柳定生.柳诒徵史学论文续集.上海:上海古籍出版社,1991:22-25.

《民国时期顾炎武研究资料汇编》整理说明

林辉锋

因为昆山市第一中学张程远老师的缘故,2001年我第一次来到昆山,这里给我留下了十分美好的印象。近年来开展民国时期顾炎武研究资料整理工作,同样也和张老师有关。

2015年暑假,张老师来北京进行与顾炎武有关的实地调研,我首次听说他主持申报了昆山一中顾炎武思想课程基地项目。顾炎武思想在中华优秀传统文化中占有十分重要的位置。在当前时代背景下,挖掘顾炎武思想资源加强对青少年社会责任意识的培养,无疑是一件十分有意义的事情。2015年10月底,顾炎武思想课程基地正式成立,当时虽然因工作关系无法前来参加成立仪式,但是在这过程中我初步了解昆山社会各界对顾炎武研究的重视。

2017年暑假,昆山市顾炎武研究会各位领导北上考察与顾炎武相关的历史遗迹,这是我与昆山市顾炎武研究会正式接触的开始。冒着酷暑,我们一起去居庸关,一起去十三陵,短短几天的交往过程中,顾炎武研究会各位同志工作热情饱满,作风务实,认真负责,十分值得钦佩。

经过半年多的联系沟通,2018年5月,我正式与昆山市顾炎武研究会达成合作,以特别委托项目的形式开展工作。需要特别指出,此次合作顾炎武研究会方面不仅简单提供研究经费,还贡献了许多很好的工作思路,并且提供了他们多年积累的资料,使本项目研究具有良好的基础。

项目正式启动后,首先组建了一支年轻富有活力,同时又具备良好专业素养的研究团队。这个团队以北京师范大学历史学院本科生、硕博士研究生为主,同时还吸纳了几位北京大学历史系的博士研究生。

通过查阅本校图书馆馆藏文献,尤其是近年新开发的各类数据库,比如读秀、全国报刊索引等,进行初步摸底工作。经过一段时间的努力,开列出了初步的资料目录,了解相关资料的基本样貌,以及本项目大体的工作内容、工作难度,需要注意的事项等。

在此基础上,经过项目组成员多次开会讨论,集思广益,拟订《民国时期顾炎武研究资料汇编》编辑凡例,具体如下:

1. 本资料汇编主要搜集撰写于民国时期的与顾炎武直接相关的各类论文、著作,无论是关于顾氏的家世、交游、社会活动、身后情况,还是关于其学术、思想的研究,其中篇幅长者数万字,短者数百字,均在搜集之列。

2. 部分著作篇幅巨大,且系近年刊印的出版物(如陈垣校注:《日知录校注》,安徽大学出版社2007年版),读者较易找到,不再收入。

3. 民国时期报刊上关于顾炎武的一些报道,算不上严格意义的研究成果,因与顾氏直接相关,对了解民国时期纪念顾炎武的情况有所助益,亦一并收入。

4. 部分资料篇幅较长,只节录与顾炎武直接相关的部分,在标题后标注"节录"。

5. 除部分报刊资料作者情况不详之外,作者姓名统一标注于篇名之下。

6. 所收资料按最初发表的时间顺序编排,部分最初发表时间不详的统一放到后面。

7. 为保存史料原貌,所收资料均按原文照录。其中,原文如有缺、错、衍、别(异体)字,在保持原貌的同时,分别以[ ]、( )、【 】、〈 〉等符号注以正字。

8. 部分报刊资料模糊不清,整理者尽量予以辨识,实在难以认清的字,用□代替。

9. 文中标点符号按现代汉语标点符号用法规范径改,不再另作说明。

10. 部分资料原文段落过长,为方便读者阅读,进行重新分段,亦不再另作说明。

11. 每篇资料末尾按通行学术规范加注资料出处,页码、日期和版面均用阿拉伯数字。

工作思路清晰之后,我们随即开展具体的资料搜集工作,复印各类纸版文献,或者下载电子版再打印。这一环节我们力求全面,就项目组成员目力所及,凡是民国时期与顾炎武相关的资料,不管长短,均在搜集之列。除北师大图书馆馆藏文献之外,我们也充分利用国家图书馆,尤其是北京大学图书馆无与伦比的电子资源。以近代报刊资料为例,北大图书馆除了全国报刊索引、大成老旧报刊和瀚堂近代报刊这些常见数据库外,还有《申报》《大公报》《民国日报》《中央日报》《益世报》等大报数据库,以及专门的近代小报数据库等。在文献检索时,特别注意关键词的设置,不只检索了顾炎武,还得检索了顾亭林、亭林等;同时,不只检索文章标题带有顾炎武或顾亭林的,还对文献进行了全文检索,总之希望尽可能地全面搜集相关资料。

在求全的基础上,再进一步取精。刚开始搜集资料阶段,先努力做加法,先后复印、打印回来的资料将近两尺高;在这个基础上再不断做减法。首先,剔除创作年代不在民国时期(1912—1949)的文献,清末及中华人民共和国成立后发表、出版的均不收录。其次,剔除同姓名其他历史人物的资料,例如,明代有个画家名叫顾正谊,他的号也是亭林,我们初步检索到的资料里有几篇是关于这位顾亭林的。这类资料很容易混淆。再次,一些文章只是文中偶尔出现一下顾炎武姓名,一语带过,没有展开叙述的,也予以剔除。最后,在整理过程中还发现个别文章是抄袭之作,比如边肇震写过一篇《顾炎武的心理建设》,我们发现另外一篇文章和边肇震写得几乎一样,基本可以断定是抄袭之作,也就不再收录。

为了保证整理质量,项目组要么直接复印纸版文献,要么下载图片版的电子文献,保证每一份资料都能体现文献原本的模样,杜绝简单地百度查找,然后复制粘贴的做法。搜集之后,把到手的资料整理出来,才是本项目的工作重点。第一步是文字的辨识。经常翻阅近代旧报刊的朋友都熟悉,很多老旧报刊资料的字号都比较小,印刷质量不高,加上年代久远,模糊不清。准确辨识其中文字是件难度不小的事。接着进行文字的录入整理。在录入的同时,我们把原本竖排、繁体、没有标点的文章,都整理成横排简体,并按标点符号使用规范进行断句,有些甚至还进行了重新分段,以满足非专业读者的阅读需求。上述工作具有一定的难度。有几位历史学专业的本科生,开始参与时热情很高,在试着录入一两篇之后便"知难而退",不愿意继续参加了。

具体文字录入工作,大部分由项目组成员承担。为了保证整理质量,他们交稿之后,由我逐篇进行了初步的校对。校对过程中,发现了不少的错漏之处,认错字,断错句,录串行,等等,各种各样的错误都遇到过。经过初步校对,消灭了不少的错漏之处,但绝不敢保证目前提交的稿本就已经尽善尽美,后面出版环节,还得配合出版社编辑进行多次校对。

此次整理工作,开始是按篇分头进行的。工作人员把找到的文献都逐一整理妥当之后,再进行统一编排。编排体例方面,开始打算先分类,然后再按时间顺序排列。后来发现有相当数量的文章不好分类,这种编排方法很容易出现交叉重复的情况。因此,最终决定还是完全按照发表、出版的时间先后顺序排序。不确定具体日期的,放在相应年份之后,不确定年份的放在全稿后面。在项目组共同努力下,经过一年左右时间,我们完成了书稿的初步整理。同时,也给出版社方面提供了一套完整的可供编辑校对用的底稿。

目前完成的整理稿汇总了1912—1949年期间书籍、报刊上与顾炎武相关的各类资料,对民国时期顾炎武研究的基本情况进行了较为全面细致的梳理。全书收录文献294篇,总字数约100万字,涉及顾氏的家世、交游、社会活动、身后情况,以及关于其学术、思想的研究等。资料类型包括顾炎武的年谱、传记、画像、诗文以及民国年间的诗文集、笔记等,相关作者包括章太炎、王国维、陈垣、刘师培、钱穆、顾颉刚、钱基博、顾廷龙、李源澄、缪钺、谭丕模、赵俪生、郭绍虞,等等。编选校对力求保持作品原貌,为读者提供可靠的基础资料。

目前整理已经暂告一个段落。我们深知,因学力、眼界有限,相关工作肯定还存在诸多不足之处。顾炎武是清代思想史、学术史、文化史的重要研究对象,而民国时期社会各界对顾炎武的纪念与研究,则是中国近现代史领域的选题。而在实际工作过程中,由于项目组成员均为中国近现代史专业的师生,并非专门的顾炎武研究者,要来整理这样一部资料汇编,还是有一定的专业局限。虽然力求完备,但也很清楚,在资料搜集方面难免挂一漏万。这方面还需要请顾炎武研究专家多多指教。资料录入后,虽然已经进行了初步的校对,但因学养有限,文字辨识、断句方面肯定还有这样那样的错误,这方面同样也需要读者多提宝贵意见。

台北故宫博物院所藏顾炎武传记稿本考论

项 旋[①]

人物列传是历朝所修正史中卷帙规模最为庞大的内容,修纂的过程中,形成了大量的稿本。台北故宫博物院所藏档册中,有国史馆为修纂人物列传所整理的"传稿"及《进呈本·大清国史人物列传》。传稿是清朝国史馆及民国清史馆纂修人物列传所保存下来的稿本,前者包括初辑本、重缮本、校订本、增辑本和定本等,后者则是清史馆纂修《清史稿》所留下的稿本,均弥足珍贵。笔者近期发现台北故宫博物院收藏有七件清朝国史馆编纂的《儒林·顾炎武传》稿本以及五件民国清史馆编纂的《儒林·顾炎武列传》稿本,此前未引起学界足够关注。各稿本中多有字句出入,尤其是对顾炎武祖籍地、卒年等关键履历前后多有删改。通过对这些稿本的版本比对和文献考索,可以大致还原清朝国史馆及民国清史馆各个顾炎武传记稿本的版本源流及修订过程。下文即对这十二种稿本概况和文献价值加以分析和探讨,敬请方家指正。

一、台北故宫博物院藏清国史馆纂七种《儒林·顾炎武传》稿本及其价值

此次发现的台北故宫博物院藏清朝国史馆原纂《儒林·顾炎武传》稿本共计七种,编号前均标明"故传"或"故殿",显示这批稿本应是原藏北京故宫博物院,其后由于历史原因,从北京故宫博物院运至台北故宫博物院。这七种清朝国史馆原纂稿本编号分别为故传 005279、故传 003928、故殿 033500、故传 004960、故殿 026561、故传 008189、故殿 026578。经笔者比对,这七种稿本中多

[①] 项旋,历史学博士,现为北京师范大学历史学院讲师,主要从事明清史教学与研究,出版专著2部,发表论文数十篇。

有字句出入,涂抹删改之处所在多有,文献价值巨大。同时借助对这些稿本的考察,我们可以大致还原清朝国史馆及民国清史馆各个顾炎武传记稿本的版本源流及修订过程。总体而言,台北故宫博物院藏清朝国史馆纂七种《儒林·顾炎武传》稿本价值具体表现在如下几个方面:

其一,稿本具有重要的版本校勘价值。各稿本中保留了大量清朝国史馆馆臣修订签条、墨笔校改字迹等原始修订痕迹,前后变化较大,可互为比勘。馆臣的删改主要体现在三个方面:

第一,修订。缪荃孙在其《国史儒林传文苑两传始末》中记载:"道光甲辰(1844),方俊、蔡宗茂为提调,另行删并,去表字出处。"[1]"去表字出处"在台北故宫博物院藏稿本中有直接的反映。典型的案例,编号026578清朝国史馆本《儒林·顾炎武传》有一签条,注明馆臣修订意见:"原书称字,史例则当称名,似仍旧传为允。"文中涉及杨雪臣及路安卿字句,修订方式为将雪臣改为瑀,将安卿改为泽浓。故传008189稿本天头墨笔"杨雪臣、路安卿无字非名,今据亭林文集更正"。再如改定讹误字句,故传005279稿本在"虚怀商权"处贴有签条"虚怀商榷,榷讹权,依改"。

第二,删除。故殿026578稿本"别有肇域志一编,则考索之余,合图经而成者"一句贴有签条"则考索之余二句删。此而句须仍精韵学上,加尤字"。再如故传004960稿本在修订过程中,相较于其他稿本,有两处作了大段删除。第一处删除了"生而双瞳子,中白边黑。读书一目十行,年十四为诸生。……于同时诸人,虽以苦节推孙奇逢、李容,以经世之学推黄宗羲,而论学则皆不合"。第二处删除"其论治综核名实,于礼教尤兢兢。谓风俗衰,廉耻之防溃,由无礼以维之,常欲以古制率天下"。这一删除使传记更加简练。

第三,增补。如故传008189稿本在"生平精力绝人,自少至老,无一刻离书"处贴有签条"此处原本有嗣母一段,应载之"。故殿026578稿本在涉及顾炎武著作时做了增补,如贴签条"京东考古

录 亭林逸书 五字增在昌平山水记下"。通过校改、删除和增补等方式,馆臣将《儒林·顾炎武传》不断修订完善,亦可见其字句前后变动过程。

其二,有助于厘清清初大儒顾炎武在《儒林传》排序的变化过程。清朝国史馆编修《儒林传》从阮元编辑《拟儒林传稿》开始。以往学界一般认为,嘉庆时期阮元所编《国史儒林传》以顾炎武冠首,推为清朝儒者第一,这一观点被后世学人反复提及、征引。如何绍基撰《顾先生祠》诗注:"阮师(阮元)撰《国史儒林传》,以先生居首。"[2]伍崇曜于咸丰四年跋《汉学师承记》云:"文达撰《国史儒林传》稿,第一次顾亭林居首,第二次黄梨洲居首。"[3]但是根据王汎森《清代儒者的全神像——〈国史儒林传〉与道光年间顾祠祭的成立》一文的研究,发现嘉庆十七年阮元《儒林传稿》,阮元按照乾隆谕旨以顾栋高居首,顾炎武排第八位。道光年间出现的两卷本《国史儒林传》,才开始以顾炎武为首。[4]由此可见后世对顾炎武的推崇高峰,以两卷本《国史儒林传》为最,这一版本值得重视。戚学民则认为《儒林传稿》在流传过程中出现了两个主要的版本系统。一是最早出现的,题为《儒林传稿》或《儒林传拟稿》的四卷本抄本和刻本,另一个是在咸丰年间出现的题为《国史儒林传》的二卷本。《国史儒林传》二卷本是基于阮元《儒林传稿》的国史馆定本,但是针对后者进行了大幅的删改。戚学民限于当时所见资料,说"《国史儒林传》二卷本实为基于国史馆史传定本的《儒林传稿》传本,但是关于这个版本的身世至今还是个谜"[5]。解开二卷本《国史儒林传》的谜团无疑有赖于新资料的发掘和利用。我们发现台北故宫博物院所藏清朝国史馆藏七种稿本均为两卷本。七种稿本中,两种稿本清朝国史馆本《儒林·顾炎武传》分别将顾炎武列为第十一位(编号026578)和第三十三位(编号003928),与阮元《儒林传稿》将顾炎武排第八位如出一辙。另外五种(编号分别为故传005279、033500、004960、008189和故殿026561)则将顾炎武列为首位。由此可见,清朝国史馆所纂《儒林·顾炎武传》并非一开始就将顾炎武列为首位,在其后的改纂修订过程中才定为清代儒者第一。这一变化过程反映了清代官方对顾炎武评价的演变,不仅受到乾隆帝个人意志的影响,也与当时编纂体例密切相关,不可一概而论。

其三,补充了《儒林·顾炎武传》校辑人员、时间的关键信息。以往学界对清朝国史馆纂辑《儒林·顾炎武传》的相关人员的认识极为模糊。而这批稿本忠实记录了当时负责顾炎武传记编纂的总裁、提调、校辑人员的姓名及校辑时间。例如,编号033500清朝国史馆稿本中注有"总纂官陈伯陶总辑、提调官恽毓嘉校辑、提调官余堃覆校辑""九月廿八日"等字样。陈伯陶(1854—1930),光绪十八年中进士,授翰林院编修、文渊阁校理、武英殿协修。后又任国史馆协修、总纂。恽毓嘉(1857—1919),光绪十八年进士,授翰林院编修,先后任国史馆协修、纂修、总纂。余堃(1862—1921),咸丰七年进士。光绪十四年中举,以编修充湖南乡试副考官,调任陕西提学使。通过这些记录,我们可知当时负责办理校辑的相关人员细节。而在另一稿本中背面有两方"方阅""蔡阅"两方钤印,当为道光末年方俊、蔡宗茂改定本。据缪荃孙《国史儒林传序录》谓:"现史馆所存《儒林传》是道光末年方俊、蔡宗懋所定,又非嘉庆时进呈本。"稿本钤印可与缪荃孙的记载相互验证。

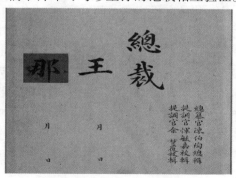

编号033500 国史馆资料

二、台北故宫博物院藏清史馆五种《儒林·顾炎武列传》稿本及其价值

台北故宫博物院藏民国清史馆纂顾炎武传记稿本共计五种，编号分别为故传0062119、故传006212、故传006843、故传007848、故传007478。下文分别述之。

第一种，民国清史馆本《儒林·顾炎武列传》（编号006211）。民国清史馆朱丝栏稿纸，首页署名"冷家骥辑"。

第二种，民国清史馆本《儒林·顾炎武列传》（编号006212）。民国清史馆朱丝栏稿纸，首页署名"冷家骥辑"。民国三年（1914）开清史馆，赵尔巽为馆长，聘总纂、纂修、协修先后百数十人，而名誉总纂、纂修顾问不计焉，馆中执事者有提调、收掌、校勘等职。而冷家骥参与编辑《清史儒林传》，其详情一直湮没不彰。据朱师辙回忆清史馆纂修人员："按余民国八年所抄馆员录，尚有冷家骥展其一人，然馆中未存稿，大约校勘兼协修之类。"由此两稿本可确定冷家骥在《儒林传》编纂中扮演的角色。

第三种，民国清史馆本《顾炎武列传》（编号006843）。民国清史馆朱丝栏稿纸，首页署名"马其昶"。马其昶字通伯，晚号抱润翁，和吴汝纶同被称为桐城派殿军，曾任京师大学堂教习、清史馆总纂编写。民国五年（1916），清史馆聘为总纂，主修儒林、文苑及光宣大臣传。凡一代的名臣宿儒遗闻轶事，搜求极勤，撰稿内容颇丰，而又褒贬矜慎，成《清史稿·儒林·文苑》若干卷。由此稿本可知马其昶曾校辑过民国清史馆本《儒林·顾炎武列传》。

第四种，民国清史馆本《儒学传·顾炎武列传》（编号007848）。此稿本有不少墨笔和签条修改，署名缪荃孙辑、陈金如缮。北洋政府设立清史馆，延请清朝遗老宿学对清朝国史馆原纂"纪""志""表""传"重加删削改定。其中，《儒林传》四卷由缪荃孙所纂。所谓"缪荃孙筱珊定传目，任儒林、文苑传及各朝大臣传"[6]。

第五种，民国清史馆本《顾炎武列传》（编号007478）。每段文

字后附有考异和签条修改,双行小字注明出处。首页署"乙卯四月二十日成",可知此列传成稿于民国四年(1915)。

从上述稿本可知,民国清史馆对《儒林传·顾炎武列传》的纂修和修改成于众手,除了大家所熟知的缪荃孙外,从稿本看,尚有马其昶、冷家骥等多人参与,这是清史馆上下有关人等集体工作的一个反映。从稿本标注的时间看,定稿时间大致在民国四年(1915)。

值得注意的是,民国清史馆史官对顾炎武祖籍、卒年的讨论及修订过程。故传007478民国清史馆稿本贴有签条"按李光地榕村集作长洲人,误",更正为"昆山人";另一签条为"【考异】考顾亭林年谱云:康熙二十一年壬戌年七十,正月初九日丑时刻捐馆,而全祖望神道碑则云卒年六十九。(按:当以年谱为正",将顾炎武卒年定为七十。这一修订符合史实,可谓至确)

综上所述,此次发现的台北故宫博物院收藏有七件清朝国史馆编纂的《儒林·顾炎武传》稿本以及五件民国清史馆编纂的《儒林·顾炎武列传》稿本,无论就史料价值还是版本价值而言,都值得学界重视和研究。通过对这些稿本的版本比对和文献考索,可以大致还原清朝国史馆及民国清史馆各个顾炎武传记稿本的版本源流及修订过程,也有助于了解晚清民国时期官方对顾炎武生平履历的前后认知变化。

【参考文献】

[1] 缪荃孙.缪荃孙全集·诗文[M].南京:凤凰出版社,2014.
[2] 何绍基.何绍基诗文集[M].长沙:岳麓书社,1992.
[3] 张林川,周春健.中国学术史著作序跋辑录[M].武汉:崇文书局,2005:160.
[4] 王汎森.清代儒者的全神堂《国史儒林传》与道光年间顾祠祭的成立[C]//台湾地区研究院历史语言研究所集刊,2008(79):69.
[5] 戚学民.论阮元撰本二卷本《国史儒林传》[J].扬州文化研究论丛,2009(1):50-60.
[6] 朱师辙.清史述闻[M].上海:上海书店出版社,2009:214.

浅论顾炎武、傅山的民族气节与学术气节

——兼论蒋寅《明清之际知识分子的命运与选择》

张程远

人品是气节的前提,也是气节的一部分。人品有问题的人,不可能真正有气节。桓宽在《盐铁论·地广》中写道:"不为穷变节,不为贱易志。"这在给好人品作出了言简意赅的概括的同时,也阐述了人品与气节之间密不可分的逻辑关联。

气节是一个简单而又复杂的话题。说简单,是因为在中华文化中,极少有人会公开蔑视气节,也几乎无人承认自己没有气节。如"气节是中华文化的特有范畴,也是一个非常重要的范畴,几千年中华文明史离开它就无法得到全面理解"[1],"气节,在中国古代伦理思想和道德生活中,是一个标识一类道德人格和精神气质的独特范畴"[2]等,都是共识。也就是说,气节表现在人的方方面面,是评判道德人格和精神气质的重要尺度。不食嗟来之食是气节,勇于担当是气节,奋起保国也是气节。即使奸臣秦桧谋害岳飞,也要编造岳飞谋反的罪名,绝不会以岳飞抗金有民族气节罪之。

说复杂,是说人们对气节具体到个体的实践会有多种不同的认识与评价,且在不同时代,人们对气节的认识会有各执己见的情况。中国人历来讲气节,这是融入民族血液中的文化基因和品格。近代以来,向西方学习、融入世界的思潮,在不断冲击这种基因和品格。早在1948年,朱自清就有这样的感叹:"气节是我国固有的道德标准,现代还用着这个标准来衡量人们的行为……但这似乎只在中年一代如此,青年代好像不大理会这种传统的标准。"(朱自清《论气节》)朱自清的观察与思考不是杞人忧天,而是充满强

烈忧患意识的警示,但也不该过于悲观。作为中国文化的内核之一,气节永远不会消失,只是在新的时代,如何理性去认识、传承并坚守气节,是必须引起重视的大问题。

在气节实践的群体中,明清之际知识分子颇为特殊,近400年来相关话题绵延不绝,算得上学界津津乐道的热门。2000年,学者蒋寅的随笔集《学术的年轮》出版,内有《明清之际知识分子的命运与选择》一文。该文关于气节的思考,为我们提供了更广阔的视角,也提出了诸多尖锐的问题,尤其是对研究顾炎武与傅山的气节观和气节实践很有助益。带着问题去审视历史,要比泛泛而论更有意义,本文就从这篇文章谈起,不当之处,恳请各位专家匡正。

笔者认为,气节之于思想家或学者,包括个人气节与学术气节,在特殊时代,还包括民族气节。具体到顾炎武和傅山那一代人,个人气节、学术气节和民族气节交织在一起,给历史留下波澜壮阔的悲情场景。

顾炎武与傅山作为中国历史上伟大的爱国思想家、学者,个人气节早已镌刻于中国文化丰碑上,例如,梁启超评价顾炎武"不但是经师,而且是人师",张岱年先生说傅山"和当时的顾亭林、王船山一样,摆脱了一切庸俗的习气"[3]488,都充分肯定了他们的个人气节,即耿介绝俗,不与丑恶的社会风气同流合污,不做庸俗学者和无耻文人的气节。这方面,学界颇有共识,也常被提及,这里不赘述。本文主要从民族气节和学术气节两个方面考察顾炎武与傅山,权作对今天学界一些荒腔走板论调一种回应。

一、民族气节

提及气节,人们会有意无意地联想到爱国主义和民族主义。对此,历来都有争议,尤其是近年来随着历史虚无主义的盛行,人们对气节的认识成了"大问题",如个别公知为爱国者贴上"爱国贼"标签,公开为侵略者辩护等。除了历史虚无主义者抱有不可告人的目的这一原因外,对评判持节与变节基本尺度的理解出现偏差也是重要原因。尺度不同,观点会截然相反。

撰写本文时，美国正在向全世界挥舞霸权主义大棒，动辄提高关税以迫他国就范，主要目标就是中国。曾经不断被全球化假象稀释的爱国主义精神，又重新被点燃、被凝聚。在这个背景下，今天讨论气节的标准问题又多了一重现实主义色彩，变得相当有时代感。

傅山有诗句云"痛极乃知叫父母"（《邂逅看续宗老禅和尚打拳歌》），似乎是在警示我们，在新时代遇到前所未有的挑战之际，应回头从我们的文化源头寻找生存智慧。

回到本文正题，对明末清初士人和知识分子持节与变节的基本尺度，蒋文的叙述，颇有些矛盾。这些矛盾是千百年来人们对气节认识与争论的一个缩影。

文章起步，有这样的定位：清初士人以顾炎武、黄宗羲、王夫之和钱谦益、吴梅村为代表，明显分成遗民和贰臣两大营垒，各自的命运和选择所带来的荣耻毁誉，后人自有定论。

显然，蒋寅是默认以拒绝仕清作为判断那个时代知识分子气节的基本尺度。顾、黄、王拒不仕清，就是遗民（傅山当然也属于这一群体）；钱、吴曾仕清，则为贰臣。这种认识应是"常识"，所以蒋寅自己也说"后人自有定论"。

然而紧接着，蒋寅对人们争论侯方域是否是遗民，提出了自己的疑问。何法周、谢桂荣《侯方域生平思想考辨：论侯方域的变节问题》一文，考证出侯方域坚决不从，从而证明其未变节。对此，蒋寅发出这样的感慨：

《考辨》一文的潜在话语是：应试出仕属变节行为，丧失气节，品行卑污。……因为这不光是两朝贰臣，而且屈事异族，有汉奸之嫌。至今这种观念仍左右着我们对若干历史人物的评价……[4]

这里涉及两个标准，一是"两朝贰臣"，一是"屈事异族"。对此，作者强调：

似乎没有人对韩非子仕秦、萧何、张良仕汉，房玄龄、杜如晦等十八学士仕唐略加非议。因为那是良禽择木而栖，良臣择主而事，更主要的是他们效忠的仍是汉人,不是异族。

这就把问题的根源和盘托出了,所谓是否变节,在根本上还是看有没有"屈事异族"。历史不允许假设,但我们不妨强行假设一下,这也是我经常思考的一个问题,即顾炎武与傅山那一代有气节的遗民,如果不是以清代明,而是以"李"代明,他们会不会有那样锲而不舍、誓死不从的坚守? 我的回答是:不会。当然,任何人都没有资格代表他们发言,这只是我个人的猜想。但联系到上段文字,似乎我的猜测是有道理的。

以蒋寅提到的张良为例,顾炎武在《秀州》一诗中,表达出效仿张良之意:"我愿乘此鸟,一见仓海君。异士不可遇,力士难再得。海内不乏贤,何以酬六国?"顾炎武对于变节之人多贬斥之语,但对由隋入唐的魏征等人没有这种指责,他在《日知录·秘书国史》中说:"汉时天子所藏之书,皆令人臣得观之……晋宋以下,此典不废。左思、王俭、张缵之流咸读秘书,载之史传……唐则魏征、虞世南、岑文本、褚遂良、颜师古皆为秘书监,选五品以上子孙工书者,手书缮写,藏于内库。"完全是平直的口气,没有偏见。

傅山一度否定赵孟頫的书法艺术,除书法观以外的重要原因是他对赵孟頫臣服元朝的憎恶。"'极不喜赵子昂',因为他身属赵宋皇族后代,臣服元朝、缺乏人品气节,故而傅山'薄其人,遂恶其书'。"[5]但是傅山因敬仰其人格而推崇颜真卿,这颇似苏轼在《书吴道子画后》中所言"诗至于杜子美,文至于韩退之,书至于颜鲁公,画至于吴道子,而古今之变,天下之能事毕矣"。在苏轼和傅山眼里,王羲之不及颜真卿,显然是有气节和社会责任的因素。虽然傅山也曾为王羲之辩护,肯定他鼓励东晋北伐,但认为他毕竟远不如颜真卿气节突出。

冯尔康在《傅山〈霜红龛集〉中的史论和政论》中说:"古人讲气节,有两种含义,一是指忠于某一家族的王朝,一是指在民族斗争中忠于汉族政权。傅山对这两种气节都大加鼓吹。"[3]543此言不谬,傅山对于反明的农民起义极度仇视,后来又支持农民起义反清,足以说明这一点。这一评价也适用于顾炎武。顾炎武和傅山对伯夷、叔齐饿死首阳山和陶渊明不仕刘宋的肯定,也说明了这一点。如傅山说陶渊明"耻复仕人……著文示志"(傅山《陶靖节》),顾炎武说陶渊明"栗里之征士,淡然若忘于世,而感愤之怀有时不能自止,而微见其情者,真也"(顾炎武《日知录·文辞欺人》)。又如二人对东汉末不仕曹魏的管宁都赞赏有加,傅山称赞不仕清朝的明官戴运昌"风概有类汉管幼安"(傅山《明户部员外郎止庵戴先生传》),顾炎武作《皂帽》诗,以管宁自比,以示身处浊世而不污,有云"淡食随人给,藜床任地安"。

需要指出的是,他们对某一家王朝的态度是以明清鼎革剧变为背景的。忽视民族矛盾去看他们忠于明王朝,会得出不科学的结论。顾炎武与傅山无时不怀"翟义之志",坚持反清复明,这不容否认。但在某种程度上,顾炎武与傅山对历史上忠于本朝之人的肯定,是出于对现实的悲愤和痛楚。其实,顾炎武与傅山对明朝的批评是痛入骨髓的。这在他们对历史文献的态度上也能看出一二,如傅山"读欧阳修的《新五代史》,看到它的不足,打算加以改写,'于称谓不当者,尽深涂易之,以正名'"[3]544,从而否定五代五个篡逆政权。顾炎武强调"要特别注意在'易姓改物,制有中华'的特殊历史情境下历史文献被篡改的情况,尤其是在汉民族被游牧民族征服后,原先汉民族文献中的用语多被游牧民族的统治者所篡改"[6]327。

二人对出仕少数民族建立的王朝的汉人,深恶痛绝,以之不为人。顾炎武说:"故靖康之变,志士投袂起而勤王,临难不屈,所在有之。及宋之亡,忠节相望。"(顾炎武《日知录·宋世风俗》)傅山观点更为明显:"皆知有宋,则皆知有中国者;皆知有中国,则皆可以为人。"在顾炎武和傅山眼里,变节之人已不可称之为人。"夫邪正之说不容两立,使谓绍为忠,则必谓王裒为不忠而后可也,何怪其相率臣于刘聪、石勒,观其故主青衣行酒,而不以动其心者乎?"(顾炎武《日知录·正始》)但在顾炎武看来,嵇康被司马昭杀害,山涛举荐嵇绍(嵇康之子)入仕晋朝,并劝他说:"天地四时犹有消息,而况于人乎?"这正是教人"无父无君"的邪说,这种邪说不仅在历史上导致了不少汉族士大夫投降了刘聪、石勒等异族统治者。"东晋续咸,投降后赵石勒为理法参军,活到九十七岁,傅山以春秋大义责备他,认为他有耳等于聋子,是心已死了,就不懂民族气节了。"[3]545 显然,顾炎武与傅山对投降石勒的人,都是极端鄙视的。

近年,以阎崇年为代表的一批学者极力美化清朝。在此背景下,人们难免会把对那一代遗民的情结理解为愚忠,当然他们的气节也就变得是为大明"殉葬"了。这种认识是错误的,必须予以纠正。

第一,遗民们的"反清复明"的重心是反清,复明在本质上是民族情结。在顾炎武和傅山眼中,明朝并不美丽,也并不可爱,他们对明王朝的批判可谓不遗余力,几近把明朝批得体无完肤(张程远《文化自信视野下的顾炎武与傅山》)。顾炎武与傅山的气节源于对异族的仇视,而不是愚忠。他"把君主分成合格的君主与不合格的君主。随着时代的变化,君主自身亦在变化。是否忠君是以时代变化和君主是否合格而定的。臣忠于君是有选择权力的,而不是无条件的绝对服从。"[7] "非其君而君之,曰'礼也',非礼也;而有不君之,'非礼也',礼也。" "非其君而君之,忠丧世,世亦丧忠。"(傅山《霜红龛集·礼解》)"在民族矛盾上升为主要矛盾的情况下,忠于本民族的政府,在当时的历史条件下就是忠君,这无疑是爱国的表现,具有历史的和道德的合理性,所以顾炎武不能不把忠于国家民族与忠君联系起来。"[6]440

第二,清廷的落后、野蛮与残暴,是当时庞大遗民群体形成的重要原因。顾炎武与傅山等人的气节,在本质上,就是民族气节。这一点不容回避,不能用今天的民族政策去衡量历史,我们去读顾诚先生的《南明史》,就会发现除了中国传统的华夷观念之外,更为重要的是清朝统治者推行的民族压迫政策使"蔚为壮观"的遗民群体形成,他们的气节是汉民族在绝望之中的一缕阳光。"汉民族被激怒了,大江南北掀起了汹涌澎湃的抗清运动。"[8]

为了说明这一问题,此处列出几个有力的证据:

1. 清朝统治者残忍至极,大行屠杀政策。扬州十日、嘉定屠城、江阴屠城、昆山屠城、湘潭屠城、大同屠城、广州屠城……不胜枚举,从南至北汉民族的鲜血染红山河大地。"明朝天启三年(1623)的全国人口尚且有5 160万余人,到清军入关后的顺治九年(1652),全国的人口仅剩1 448万余人。"[6]436-437

2. 入京前后,清廷两下剃发令,"各处文武军民尽令剃发,傥有不从,以军法从事",其凶残程度历代罕见。对此,顾诚先生的评论可谓一针见血:"中国是一个以汉民族为主体的多民族国家,汉族本身也是由多种民族融合而成的。汉族人士可以当皇帝,上述民族人士当然也可以君临天下。无论哪一个民族为主体建立的中央政权都不应该强行改变其他民族的风俗习惯,这是一个起码的立国原则。"明朝统治者未曾要求女真遵从汉制,但清朝统治者要求汉人剃发,显然是制造民族矛盾。

3. 死于清政府圈地、"投充"和缉捕逃人等恶政下的汉族人民更是不计其数。"地方官府和居民慑于逃人法,一味驱赶;流民走投无路,往往被迫揭竿而起。'尔时天下嚣然,丧其乐生之心,'"[8]

在这种意义上,清初的遗民群体的存在是对清朝统治者野蛮统治的回应和不信任,遗民群体在文化上蔑视清朝统治者也就顺理成章。

蒋寅有这样一种观点:以钱谦益所受明朝隆恩,在时人看来谊属必死,然其非但不死,反贪图清朝的顶戴,怎不教人鄙憎!由此我们可以知晓,在当时人的意识中,问题的关键并不在行为本身而在其动机。

这话仅仅从意识和观念角度分析遗民气节,显然是忽略了清政府的屠杀和文化欺压。另外,参与屠杀汉人的多数是投降者。

大批汉族士大夫丧尽天良,充当汉奸,帮助清军屠杀汉族人民。没有汉奸的助纣为虐,汉族人民就不会大量死亡,这是遗民对贰臣深恶痛绝的重要原因。

清军,不过区区十万人,且语言不通,地理不熟,如何能够征服汉民族?这就全靠充当汉奸的明朝士大夫为之出谋划策,充当汉奸的乡土流氓、棍痞、恶僧、妖道之流为之带路,投降清军的汉族军队协助八旗军队到处攻城略地。指挥征服战争的虽然是清军的军事统帅,作战的中坚力量也是清军的八旗兵丁,但无论哪一次大屠杀都少不了汉奸军队的参与。明末汉奸的数量之多,在中国历史上是前所未有的;他们帮助清军八旗兵丁屠杀自己的父老乡亲,掳掠大批的同胞姐妹给清朝贵族、八旗兵丁淫虐,其灭绝人性的程度,在中国历史上更是空前绝后。这些充当汉奸的民族败类,正是顾炎武所说的"入于禽兽者""率兽食人"者。世道人心败坏到了如此的程度,岂非"亡天下"?在这一层意义上,顾炎武痛斥"使天下无父无君,而入于禽兽者","忘其父而事其非君"、认贼作父、认贼为君者,"犯天下之大讳而不顾"者,正是指很多人丧失民族气节、堕落成为汉奸的情形而言。

由此可见,民族气节绝不仅仅是文化观念的产物,也是残酷的现实的产物。任何亲眼目睹清军大屠杀的人,只要有良知,都会选择不与之为伍并奋起抵抗。反清复明只是一个口号,深层的问题在于复仇、保种。不了解那一代有良知的知识分子的生存处境和他们对民族存亡的深刻体会,就说他们狭隘和愚忠,实在是有愧于先人。蒋寅又说:"对此我们后人应该尊重当事人的选择,而不应以正统的封建道德标准来衡量。"这是在为变节之人的辩护,没有看到历史的残酷与血腥,只是纸上谈兵,眼光局限于道德标准层面。

曹溶《留别傅青主》所言"九州不乏悲秋士"是对那一代遗民和他们所承受的痛苦的记录。"傅山具备了……士大夫阶层人物的许多优点,最突出的,是他的爱国主义的思想和实践。傅山爱国主义的思想、坚持民族气节的精神,是他接受传统文化最重要的一部分,也是他受到群众景仰的主要原因。"[3]480无论时光如何流逝,不爱国的人我们就不能认为他有气节,这是无法改变的,再多的辩解都无济于事。

二、学术气节

蒋寅在其文中抛出一个很令人回味的话题,他认为,界定顾炎武、黄宗羲、王夫之和钱谦益、吴梅村是遗民还是贰臣并不困难,时人与后人也早已有定论,复杂的是侯方域。

同时代的孔尚任作《桃花扇》传奇,把他写成个有气节、隐循以终的烈士,而欧阳予倩改编此剧时却把侯朝宗的形象变成了"两朝应举"的变节者。60年代后,"投降变节"之说遂成了定论。何法周、谢桂荣二先生发表在1992年第二期《文学遗产》上的《侯方域生平思想考辨:论侯方域的变节问题》一文,以细致的事实考证,令人信服地说明侯朝宗的两次应试完全是出于清廷的逼迫,而他却始终未就范。坚决不从,从而澄清了侯的所谓"变节"问题。

……………

就侯方域来说,我觉得即使应试,甚至出仕,在今天也不必作为操行洁污的问题来讨论。他之所以比不上顾炎武等人,绝不在于他应试而顾炎武拒绝。根本的问题在于他缺乏顾炎武那种责任感,那种对明代文化的反思,缺乏改造学风的决心和勇气。他一直是个"公子",入清后仍然是一副名士做派,这样的名士应不应举,出不出仕,有没有气节,于人与己都是无所谓的。

如前所论,显然,"即使应试,甚至出仕,在今天也不必作为操行洁污的问题来讨论"这种结论是不负责任的,这里不再赘述。笔者觉得,"这样的名士应不应举,出不出仕,有没有气节,于人与己都是无所谓的"这一结论倒是颇有震撼力。这涉及对于士人,到底什么是真正的气节的问题。也就是说,学者必须有学术气节。什么是学术气节呢? 除了坚守基本的学术道德外,学者必须以天下为己任,才可称得上有学术气节。只经营自己的一亩三分地,"两耳不闻窗外事,一生只读圣贤书",这样的学者是没有学术气节的。顾炎武与傅山的实践告诉我们,士人的气节除了拒绝投降出仕外,更重要的在于救世,而不是完己。个人的气节,如果不能上升到以天下为己任的高度,忽略经世济民,对知识分子而言,这样的气节就会大打折扣,甚至可以忽略不计。

回到蒋寅对侯方域的评价,对于明末清初的知识分子,没有降清并助纣为虐屠杀同胞,固然是一种气节,但仅此而已,显然不够。知识分子失去社会责任感,等于没有气节。所以蒋寅发出"这样的名士应不应举,出不出仕,有没有气节,于人与己都是无所谓的"这样的感慨。这对今天的知识分子是非常有启发的。孤芳自赏,偏守一隅,不问天下,无视苍生,就等于无节,也就不是真正的知识分子。

傅山所主张的"天下者非一人之天下,天下之天下也",与顾炎武主张的"保天下者匹夫之贱与有责焉耳矣",都是作为有担任担当的知识分子的大气节。这是一种宏阔的认识。侯外庐称傅山是热烈的爱国者,并说他"虽然常以屈原自况,但不悲观失望"[3]486。顾炎武充分肯定屈原不以个人的吉凶祸福利害为转移的高尚道德情操,对其给予热烈的赞扬,称之为"圣人之徒"。虽然他们都推崇屈原,但并没有选择屈原的方式,而是奋起救世,这是真正的责任担当。顾炎武和傅山所拥有的气节,在内涵上要高于屈原。成就自己容易,救天下苍生难,顾炎武和傅山选择的是后者。贺麟说:"傅山生长在晋中,得山川雄深之气,思以济世自见,而不肖为空谈。和同时代的顾炎武、黄宗羲、王夫之等人相同。"[3]490

除了社会责任外,知识分子要坚守的学术气节,还在于勤于实践。这方面,顾炎武与傅山是典范,在整个中华文化史上,他们是学者中少有的实践家。作为江南人,顾炎武遍历北中国;作为北方人,傅山曾深入江南。傅山主张并践行的理念是:"胸怀既因怀居卑劣,闻见遂不宽博。故能读书人亦当如行脚阇梨,瓶钵团杖,寻山问水,既坚筋骨,亦畅心眼。若再遇师友,亲之取之,大胜塞居不潇洒也。"(傅山《霜红龛集·家训》)顾炎武强调并终其一生完美示范的是:"人之为学,不日进则日退。独学无友,则孤陋而难成;久处一方,则习染而不自觉。不幸而在穷僻之域,无车马之资,犹当博学审问,古人与稽,以求其是非之所在,庶几可得十之五六。若既不出户,又不读书,则是面墙之士,虽子羔、原宪之贤,终无济于天下。"(顾炎武《与人书一》)傅山还认为:"学之所益者浅,体之所安者深。闲习礼度,不如式瞻仪型;讽味遗言,不如亲承音旨。"(傅山《霜红龛集·家训》)顾炎武则主张:"孔子之删述六经,即伊尹、太公救民于水火之心。注虫鱼、命草木者,皆不足以语此也。故曰:'载之空言,不如见之行事。'"(顾炎武《与人书三》)李五湖在《傅山的认识论》中说傅山"胆识过人,学主经世致用",张穆在《顾亭林先生年谱》自序中说"本朝学业之盛,亭林先生实牖之,而洞古今,明治要,学识赅贯,卒无能及先生之大者",这些都是对傅山与顾炎武为代表的那一代遗民经世致用思想和实践精神的充分肯定。

傅山和顾炎武都主张作文要有独立人格和骨气,批评文人柔媚。这是他们的文章气节。这种其气节不仅仅是个人的人格,也是追求清正社会环境的必须。一个文风丑陋的社会,一定是个道德败坏的社会。顾炎武与傅山,以自己的主张和实践,努力改变晚明以来污浊之文风,以经世济民之风化俗天下,凸显学人的气节。"著述须一副坚贞雄迈心力,始克纵横。"(傅山《训子侄》)"苟其人性无血,心无窍,身无骨,此尸行而肉走者矣。即复弄月嘲风,流连景物,犹如虫啾蛙唧,何足云哉!"(顾炎武《莘野集诗序》)在顾炎武和傅山那里,媚俗也是失节,傅山批评赵孟頫,除了他仕元外,也有媚俗的原因。

"居为道学先生以自位置,至于华夷君臣之辨,一切置之不论,尚便便言春秋之义,真令人齿冷。"(孙郅藏傅山手稿)[3]481"山自遭变以来,浸浸四十年,所恶之人与衣服、言语、行事未尝少为之阿啍将就趔趄而从之。"(傅山《书金光明经忏悔品后》)"某虽学问浅陋,而胸中磊磊,绝无阉然媚世之习。"(顾炎武《与人书十一》)章太炎特别推崇顾炎武,很重要的原因在于他知耻、重厚、耿介,而这三者正是顾炎武作为知识分子的为人标尺,就是他的气节。光明正直,倔强到底,就是顾炎武与傅山的气节,而气节在某种程度上也是他们的性格。纪映钟《寄傅青主》在中说傅山"为文磊落峻峭如其人,如其地",也是对其气节的赞许。顾炎武批评"不识经术,不通古今,而自命为文人者",因而他强调"士当以器识为先"。

当然,对文学与用世的关系,二人是有所不同的。全祖望《阳曲傅先生事略》对傅山有这样的评价:"顾任侠,见天下且丧乱,诸号为荐绅先生者,多腐恶不足道,愤之,乃坚苦持气节,不肯少与时婥娿。"相比之下,顾炎武对文学用世功能的强调要强于傅山,"凡文之不关于六经之指、当世之务者,一切不为"(顾炎武《与人书三》)。这与二人性格差异和追求取向有关,顾炎武显得更为严肃,而傅山则多几分俏皮,顾炎武以大思想家名世,把诗文视为余事,关注的始终是救世,而傅山在注重经世的同时一定程度上把文学性视为作品的生命。当然,就诗文水平而言,顾炎武也是那个时代的佼佼者,只是诗名被其思想家和学者的地位掩盖了。

对于士人的学术气节,顾炎武与傅山都很重视,这自不待言。有一件很有趣的事,倒是有必要提及。对于韩愈,从是否投降异族角度,不存在持节与变节的问题,但我们从傅山对韩愈的评价中可看出傅山的气节观,傅山以学术的气节评价韩愈:"世之人不知文章生于气节。见名雕虫者多败行,至于文、行为两,不知彼其之所谓文,非其文也。"(傅山《历代名臣象赞·韩文公》)傅山认为,文行合一,成就了韩愈的崇高,既能文,又爱国,还勤于践行。傅山何尝没有将对韩愈的赞许转化为自己的人生信条?这就是傅山强调"文章出于气节"的原因。顾炎武也肯定韩愈"文章岂不贵,经训乃菑畲,潢潦无根源,朝满夕已除。人不通古今,马牛而襟裾。行身陷不义,况望多名誉"的文风,认为读书人应该具有博通古今的史学素养,这是基本的学术气节,但顾炎武又对韩愈贪得"谀墓金",作"谀墓之作",进行了强烈的批评,警告读书人要以韩愈为戒,养其"器识"。"韩文公文起八代之衰,若但作《原道》《原毁》《争臣论》《平淮西碑》《张中丞传后序》诸篇,而一切名状概为谢绝,则诚近代之泰山北斗矣!今犹未敢许也。"(顾炎武《与人书十八》)相比于傅山,顾炎武对韩愈的个人气节提出了质疑。可见,大学者如韩愈要保持完整的气节都很难。这也折射出顾炎武与傅山的伟大。

在顾炎武与傅山看来,创新也是学术气节。尤其在作文方面,他们都反对单纯模仿,主张创新。以二人对杜甫的认识和态度为例,可见一斑。顾炎武在《与人书十七》中规劝一位诗学杜甫、文学韩、欧的友人说:"君诗之病,在于有杜;君文之病,在于有韩、欧。有此蹊径于胸中,便终身不脱'依傍'二字。"顾炎武在《日知录》中又说:"不似则失其所以为诗,似则失其所以为我。李、杜之诗所以独高于唐人者,以其未尝不似,而未尝似也。知此者,可于言诗也已矣!"傅山在《杜遇》中说:"譬如以杜为迦文佛,人想要做杜,断无抄袭杜字句而能为杜者,即如僧,学得经文中偈言,即可为佛耶?"

在顾炎武和傅山那里,学者的气节还表现为作为男人的勇于担当。他们坚决反对通过束缚女性来维护道德的道学。士人不以礼教束缚和残害妇女,也是一种气节,这种气节今天不是也十分宝贵吗?"饿死事极小,失节事极大"是宋明理学的著名命题。"顾炎武不愿再讲'饿死事极小,失节事极大'的女性道德,而是从现实的人性出发,承认'不能使天下无再适人之妇'的社会现实,并且认为允许寡妇再嫁乃是'仁'的表现。"[6]390傅山态度更为激烈,他说:"饿死事小,失节事大,如此真有饿不杀底一个养法。"也许在顾炎武和傅山看来,"红颜祸水"的理论正是男人没有骨气,无节的表现。

当然,对于知识分子而言,虚怀若谷、海纳百川的精神也是一种学术气节,小家子气的人,不可能成为有气节的学者。梁启超说傅山的学问"大河以北,莫能及之",说顾炎武为清学开山之祖,是完全客观的评价。这体现出他们的气节是人品与学识的高度结合,缺一不可。在他们身上,我们可以读出真气节,然后鞭策自己做人、为学,这是他们对后世的大贡献之一。世人所谓气节楷模,顾炎武与傅山就是。虚怀若谷、海纳百川是顾炎武与傅山更大的气节,傅山说:"读书是学人分内事,析得一疑,阐得一幽,与后进作眼目,则诚有功。专欲指谪前辈之陋则非矣。况疑义不二,后复有所析阐,则我亦在陋中耶,戒之!"傅山认为,学问的目的不是与人一争高下,而在于释疑解难,增加见识。顾炎武作《广师》,推崇自己的十位布衣学友,这是何等博大的胸怀!

三、结语

1. 什么人是真正有气节的知识分子?顾炎武、傅山的气节实践为士人提供了示范。今天的知识分子,要做顾炎武和傅山,还是要做侯方域,这种取舍会影响国家和民族的前途,绝非小事。当然,主动媚从异族(今天所谓崇洋媚外),那就连侯方域都做不成,便无任何气节可言了。

2. 参加反清复明斗争,拒绝仕清,拒绝清政府的博学鸿词科,这是顾炎武与傅山的爱国主义气节,而坚持经世致用,探求解决民生利弊之策,踏踏实实做有用的学问,勤学而又固守知识分子的责任担当,不趋炎附势,淡泊名利,则是他们作为知识分子的气节。二者合而为一,共同成就了伟大的顾炎武与傅山,以及那一代足以感动中国的遗民群体。

【参考文献】

[1] 陈刚. 论气节:中华气节观的意蕴、内涵与作用[J]. 学海,2019(1):146 – 152.

[2] 肖群忠,张英. 先秦儒家气节观及其现代意义[J]. 深圳大学学报:人文社会科学版,2008(2):24 – 31.

[3] 赵宝琴,李月琴. 傅山纪念文集[M]. 太原:山西人民出版社,

2007:488.

[4] 何法国,谢桂荣.侯方域生平思想考辨:论侯方域的变节问题[J].文学遗产,1992(1):97-105.

[5] 魏宗禹.傅山评传[M].南京:南京大学出版社,1995:419.

[6] 许苏民.顾炎武评传[M].南京:南京大学出版社,2011.

[7] 葛荣晋.傅山的"反常之论"与实学的"近代指向"[J].文物世界,2007(6):26-33.

[8] 顾诚.南明史[M].北京:光明日报出版社,2011:151,166.

昆山顾氏——爱国主义的典范

王巧林

昆山顾氏,乃江南世族。这个家族不仅世代为官,进士及第者不乏其人,而且是一个非常爱国的大家族,尤其是每当国难当头之时,更是少不了顾家人的身影。

明末清初时期,昆山顾氏,有两位名震天下的爱国士子,他们是顾炎武和顾景星。

今天,人们只要提起"爱国"二字,便能油然想起明末清初时期的爱国士子昆山人顾炎武。我们津津乐道、传诵千古的不少爱国名言警句,如"礼义廉耻,是谓四维""保天下者,匹夫之贱与有责焉耳矣!"这就是当今人们传颂的慷慨激昂的"国家兴亡,匹夫有责"之由来,该警语激励着一代代中华儿女。而发出此语者,便是一代爱国大儒顾炎武。顾炎武给人们留下千古不朽的爱国论著《日知录》。顾景星则以小说的形式撰写了另一部《日知录》,那就是他给中华民族留下的一部名扬世界的爱国主义经典文学名著《红楼梦》。因为,从多种迹象表明,《红楼梦》的作者是顾景星,且主要讲述他在昆山避难十年间见证明亡和补天未遂的故事,故是书又名《石头记》。而甲戌本抄本出现的曹雪芹、吴玉峰二名,就是他为了规避文网而使用的两个关涉他的两个家乡,即蕲春和昆山的化名。

下面就简要地谈谈他们二人的爱国主义著作。

一、顾炎武与《日知录》

明崇祯甲申(1644)之变,李自成军攻下北京城,崇祯帝自缢,顾炎武闻讯后作《大行哀诗》,其中有诗句"心似涉春冰""哀同望帝化,神想白云乘"。诗人对于崇祯帝之死深表哀痛,以杜鹃啼血典故来比喻当时的心情,可见其哀痛之极。谁也未曾料到,明军首领平西伯吴三桂将个人家仇凌驾于国仇之上，引清兵入关，导致明朝真正意义上的灭亡。吴梅村所谓"恸哭六军俱缟素，冲冠一怒为红颜"，便是讲述吴三桂为报家仇引清兵入关故事。此时，凤阳总督马士英等迎福王朱由崧在南京称帝，年号弘光，国号依旧为"明"，史称"南明"。南明政权时期，甲申鼎革，顾炎武受昆山县令杨永言的推荐，被福王授予兵部司务的职务。后清兵攻陷扬州城并南都金陵后，顾炎武与挚友归庄、吴其沆（字同初，上海嘉定人）、顾景星等，参加了前明湖广巡抚、金都御史昆山人王永祚（澄川）等为首的一支义军，先后在苏州、昆山参加了可歌可泣的抗清斗争。

昆山沦陷，死难者四万余人，顾炎武的生母何氏被清兵砍去右臂，两个弟弟被杀害，好友吴其沆也被捕蒙难。顾炎武本人因城破之前已往语濂径而侥幸得免，其嗣母王氏因提前避兵于常熟而幸存。顾炎武自幼由嗣母王氏抚养成人，教以岳飞、文天祥、方孝孺忠义之节。王氏闻昆山城陷，绝食十五天死节，临终时给顾炎武留下遗言："我虽妇人，身受国恩，与国俱亡，义也。汝无为异国臣子，无负世世国恩，无忘先祖遗训，则吾可以瞑于地下。"（《亭林余集·先妣王硕人行状》）国恨家仇，嗣母遗言，使顾炎武终生保持了不与清廷合作的坚定态度。

南明弘光政权建立后，顾炎武把复仇的希望寄托于弘光小朝廷，他满腔热忱，"思有所建白"（吴映奎《顾亭林先生年谱》），撰成《军制论》《形势论》《田功论》《钱法论》，即著名的"乙酉四论"，为朝廷出谋划策，针对南明政权军政废弛及明末种种弊端，从军事战略、兵力来源和财政整顿等方面提出一系列建议。顺治二年（1645）五月，顾炎武取道镇江赴南京就职，尚未到达，南京沦陷，弘光帝被俘，南明军崩溃，清军铁骑又指向苏、杭。其时，江南各地抗清义军纷起。顾炎武和诸义军合谋，拟先收复苏州，再取杭州、南京及沿海，一时"戈矛连海外，文檄动江东"（《亭林诗集》卷一《千里》）；惜乎残破之余，实不敌气焰正炽的八旗精锐，义军攻进苏州城即遇伏而溃,松江、嘉定亦相继陷落。

顾炎武学识渊博,在经学、史学、音韵、小学、金石考古、方志舆地以及诗文诸学上,都有较深造诣。他在恢复故国大明无望后,专心著述,继承明季学者的反理学思潮,不仅对陆王心学作了清算,而且在性与天道、理气、道器、知行、天理人欲诸多范畴上,都显示了与程朱理学迥异的为学旨趣。顾炎武认为,明朝灭亡主要亡于学风空虚和道德沦丧。亡于学风空虚,是指宋明理学"空谈心性"的学风造成了"经生之寡术",道德沦丧是指"士大夫之无耻",投降异族。顾炎武在他的著作《日知录》里,深刻地揭示了他的救亡思想,因而,明确地宣称自己的撰写《日知录》"意在拨乱涤污,法古用复,启多闻于来学,待一治于后王"(《顾亭林诗文集》卷六),并强调"君子之为学,以明道也,以救世也"(《顾亭林诗文集》卷四)。顾炎武在"明道救世"这一经世思想的指导下,提倡"利民富民"。他认为,"今天下之大患,莫大乎贫"(《顾亭林诗文集》卷一),因而认为"有道之世""必以厚生为本"(《日知录》卷二),他希望能逐步改变百姓穷困的境遇,达到"五年而小康,十年而大富"(《日知录》卷二)。他的这些思想,无疑是先进的,即便于今天依然实用。

顾炎武为学以经世致用的鲜明旨趣,朴实归纳的考据方法,创辟新路径的探索精神,以及他在众多学术领域的成就,终结了晚明空疏颓靡的学风,开启了一代朴实学风的先河,对清朝学者有着深远的影响。

二、顾景星与《红楼梦》

明崇祯十六年冬,明朝初年由昆山迁徙至蕲州的江南著名文人顾阿瑛十二世孙顾景星,由于遭受张献忠屠戮蕲州城的重创,携家人从楚之蕲州来到祖籍昆山避难长达八年之久。其一家人在昆山避难期间,居住在明故中山王徐达的十世孙女婿、南明礼部尚书顾锡畴家所在的玉峰乐彼之园。崇祯甲申,他携父亲顾天锡流寓到苏州阊门外,闻京师沦陷,崇祯帝自缢,悲愤地吟有《倾天》一诗,诗云:"襟袖泪痕滋,新哀与旧哀。倾天来痛哭,抢地复何嗣。外重皆藩镇,勤王孰义师?似闻五马渡,消息候江湄。"(《四库全书·集部》第二零五册《白茅堂集》)好一个"倾天来痛哭,抢地复何嗣"!

明朝灭亡,时人称为"天崩地坼"。崇祯十七年九月,福王监国之时,顾景星受湖广巡抚举荐参加南明弘光朝在南京举行的由南北直隶、湖广和辽东等七省流寓贡生试,直隶督学御史陈良弼共取 99 人,时年 23 岁的顾景星,遂陟第一。当时的试题乃《举直错诸枉则民服》。顾景星以三家专鲁辩议(按:语出《论语》仲尼是时患三家专鲁),"国事日非,故夫子以黜,三桓(指春秋鲁国卿大夫孟氏、叔孙氏和季氏的合称)告公也。学院陈公大异之,曰:'此人骨气如此,肯附阮(阮大铖)马者乎?'"当时南明弘光朝首辅马士英派心腹到顾景星于南京的下榻之处,欲其归附于他们马、阮政治集团,却被顾景星严词拒绝。十月武英殿廷试,特授福州推官,顾景星因觉察到弘光帝昏庸无能,南明必败无疑,遂婉拒。

顺治二年(1645)乙酉,南明的屏障扬州城被清军屠戮,守将史可法殉国。顾景星意识到苏州、昆山不保,即遣家人避难淀泖湖荡,而他自己则于昆山保卫战中,与前明湖广督学的恩师王永祚和同宗友人顾炎武、好友归庄、吴其沆等谋划一起抗清,昆山沦陷时,顾炎武因城破前往语濂径而侥幸得免,顾景星与吴其沆等则被捕,吴其沆蒙难,顾景星因名噪江南而在被清军主力多罗贝勒捉拿后,幸免于难。清军命其以推官原职随征浙闽,而他以赡养双亲为由拒辞,回到昆山。同时,经历过张献忠屠城的顾家人,在清军屠昆山前夕便避难淀泖湖荡,又躲过一劫。南明亡后,顾景星誓不仕清,始终为反清复明大业奔走,足迹踏遍大半个中国。对于顾景星这样的爱国士子来说,明朝的灭亡,抑或是南明的灭亡,使他的思想产生了强烈的震撼。他同当时许多进步的爱国士人和思想家一样,在经历了晚明鼎革之后,痛定思痛,开始对中国封建社会的痼疾和明朝灭亡的原因进行探究、反省。顾景星的一生,虽然未能写下像《日知录》一样的学术专著,但是,他在明亡后,写下诸多救亡的文章,如《守令》《兵制》《巡按》《募兵》《水军》等,从吏治到德教,从军事到历朝皇帝对于良相贤达官吏的任用等,引经据典,逐一剖析。按照当时的情况,本来大明王朝的气运尚有挽回的可能,例如,当时清军只有区区20万兵力,而南明的官军,光镇守在武昌的宁南侯左良玉便有80万军队,加之镇守在南京一线的长江南北两岸的官军,若团结一心对抗南下的清军,完全有胜出的可能,奈何弘光帝沉溺酒色,佞臣马士英把持朝政,起用阉党余孽阮大铖,贪赃枉法,使大明王朝回天乏术。其时的名士,或以身殉国,或遁入佛门,或束发为道,或隐居林泉,或折节归降。在朝廷呼唤济世高才出来补天时,南明的士大夫们不乏贪生怕死之辈,有一人却挺身而出,他便是在贡生试夺魁的顾景星。深谙兵法和谋略、堪当帝师的顾景星,有感当时南明危局,尝试为南明"补天",冒死给弘光帝上过一纸《敬呈四事疏》:第一,车驾宜驻淮,以张国势。第二,宜罢大工等役。第三,宜停大婚礼。第四,斟酌将相。

顾景星在该奏疏中所言四件大事切中时弊,引用了大量的历史典故,以史为鉴,动之以情,晓之以理,对于明之危局洞见深远,大有力挽狂澜之势。这无异于给弘光帝开了一剂拯救大明的猛药。当时,清军已下江南,弘光帝罔顾忠臣良将高见,任由义师浴血奋战,听信谗言,且将斗争的矛头指向内部,将主要兵力用来对付宁南侯左良玉,让清军轻松南下,而自己则与马士英等固守南京,偏安一隅,大兴土木,建造宫殿,将良家子选入掖庭,供其享乐。更为糟糕的是,在国家面临倾覆的紧要关头,弘光帝身为一国之君却不知用将,且任由马士英、阮大铖等与东林党"窝里斗",奈何大明王朝气数已尽,实乃天意使然,非人力所能挽回。由于该篇奏疏言辞剀切,说到要害之处,通政官吓得不敢呈上,最终南明亡。这便是被当时江南士大夫们视为给南明"补天"的奏疏。况且,据《康熙昆山县志稿》载,昔日昆山还有一女娲庙,足以给顾景星编制"补天"故事的想象空间,而且,顾景星本人自称为"石头",甚至在《书募簿埠桥册子》诗作中发出民族危亡的"神鞭鞭石石流血,谁能驱石补天阙"之感慨！就是说,《红楼梦》中石头终身惭愧被娲皇氏遗弃而未能补天的石头,与石头顾景星"补天"未遂的故事是一脉相承的。

在顾景星看来,其实外乱并不可怕,可怕的是内乱,自己人杀自己人。诚如《红楼梦》第七十四回"惑奸谗抄检大观园"中探春所言:"你们别忙,自然连你们抄的日子有呢!""可知这样大族人家,若从外头杀来,一时是杀不死的,这是古人曾说的'百足之虫,死而不僵',必须先从家里自杀自灭起来,才能一败涂地!"

这也是为什么在南明亡后有人将一切责任归咎于马士英、阮大铖。对此,顾景星的观点是外族入侵并不可怕,最可怕的还是李自成、张献忠,以及吴三桂这样引狼入室的奸臣。

历史到了康熙年间,奈何清帝的龙椅日益稳固,顾景星只好韬光养晦,从长计议,中晚年除外出游历外,闭门谢客,以著书为乐。况且,顾氏爱国是有传统的,尤其是当国家被异族入侵改朝换代时更是如此。例如,顾景星的先祖顾德辉,三次拒辞元廷授官,后来又为逃避张士诚授官,隐居嘉兴合溪。顾景星在《顾氏历代列传自序》中说:"历观往史,顾氏忠孝,文章彪炳,先后绝无奸逆败类,尤足异也!"(《白茅堂集》卷三十三)这也是顾氏世代多儒士,多身怀济世之志的高才的原因。

在明朝灭亡后,清廷为迅速统一全中国,到处屠城,大肆屠戮无辜汉人,对汉文化生态的破坏达到极致！清军占领江南后,清廷便开始实施"留头不留发,留发不留头"等诸多高压政策,导致汉文化生态受到严重的破坏。顾景星深感一个国家或民族的消亡,是从其文化开始,同理,一个国家或民族的复兴,也是从其文化的复兴开始的。那么,要让汉文化不至于就此湮灭、消亡,要让汉民族不至于就此消灭,要让薪火相传的汉民族精神火种不至于就此熄灭,就要以著书来布下星星燎原之火。清朝定鼎后,顾景星眼看恢复故国无望,只好从长计议,于是饱含血泪著就了一部展示汉文化无穷魅力的《红楼梦》,让广大汉人士子不忘国耻,日后待条件成熟时伺机行动。稍有思想的学者,当能看出《红楼梦》一书诞生于明清易代之际,而作者是经历了亡国之痛的一代大儒。《红楼梦》中贾宝玉有一句令清廷胆寒之语,那就是"把金荣(清人)赶出去"!

《红楼梦》是一部汉民族国破家亡的血泪史。从《红楼梦》中的"绛珠(血泪)草""悼红轩"(哀悼朱明)到顾景星《白茅堂集》的诸多诗作,如"湘水夫人竹上斑""手中一把湘妃泪""丁年血泪尽"等,均显示出《红楼梦》这部著作与明亡有关,与昆山有关,虽然写成于蕲州,却是顾景星回忆避难昆山十年,见证明亡而饱含血泪的感愤之作。有松江华亭人卢元昌在《顾子在茸城两月便成千秋忽赋骊驹惘然话别聊叠三唱》诗为证:

潇湘客子夜登舟,驿路萧萧雨雪稠。计到玉山回首处,停云片片落江楼。

顾子风姿美且都,才情倾注洞庭湖。留君白雪诗千首,消我阳春酒百壶。此处春光尚未来,可怜六子各衔杯。一行沙雁难成阵,腊月江梅未肯开。(《白茅堂集》卷十四)

《黄公说字》,"江楼"即红楼。古人江与红互通。就是说,《红楼梦》这部著作乃顾景星回忆在昆山避难时的一些故事,所谓"停云片片落江楼""才情倾注洞庭湖",说的是潇湘客顾景星的文才都倾注在《红楼梦》的创作上,如"三湘":潇湘妃子、史湘云和柳湘莲,尤其是对故国一往情深的,一生情感都倾注在洞庭湖君山上潇湘妃子林黛玉的身上。故《红楼梦》里有太多的苏州和昆山,乃至顾家人元素,如阊门、虎丘、玄墓山(顾氏祖山光福山)、吴玉峰(甲戌本)、"玉山倾倒难再扶""女娲补天",以及含蓄地说出其先祖的名字,如"神瑛(顾瑛)侍者""张德辉"(顾德辉),等等。

为什么说《红楼梦》中的"曹雪芹""吴玉峰",是顾景星为了逃避文网而设置的两个化名呢?按照《明太祖实录》记载,明太祖朱元璋一支朱姓起源于颛顼之后的曹姓,即周武王封曹安的后裔曹挟于邾国(今山东邹城一带),春秋时被楚宣王所灭,迁邾国君及其眷属至江夏(今黄冈邾城)安置,子孙去邑,以朱为氏。南宋爱国志士郑所南在南宋灭亡后,取名"思肖"。不难看出,有怀念赵宋王朝之意蕴。《红楼梦》作者在化名中取曹为姓,当有寓焉。而"雪芹"二字则应该是顾景星用来隐含张献忠于明崇祯十六年正月灯节过后的正月二十二夜大雪血洗蕲州城之意。

"家在蕲春玉峰"印章

请看清朝学者段玉裁在《说文注》中注解"蕲"字时,援引唐代学者观点,"陆德明曰:蕲,古芹字"。再来看看"吴玉峰",玉峰、玉山即顾景星祖籍昆山的别称,吴当指吴郡(苏州)。顾景星一家在张献忠屠蕲城后回到祖籍昆山避难长达八年之久,而《红楼梦》体现了作者诸多的还乡情结,作者对于他的两个家乡怀有深厚的情谊,无论是楚地还是吴地,无论是蕲春还是昆山,在书中都有曲折体现。这也是他为何刻有一枚"家在蕲春玉峰"的阴文印章之故。所以,曹雪芹这个名字体现的是顾景星的故国之思,隐含了其家乡蕲州城被屠戮之意,而吴玉峰则指代的是其祖籍昆山。

由此可见,昆山顾氏是中华民族爱国主义的典范。

顾炎武北游不归缘由再探

孙雪霄

顾炎武自顺治十四年(1657)离家北上,至康熙二十一年(1682)在曲沃(今山西临汾)病逝,其间除了有过5次短暂的南归以外,这25年的时光几乎全部是在北方度过的。为什么顾炎武会选择在北方度过自己的后半生,宁愿客死他乡也不肯回归故里?这一问题引起了学界的广泛关注。梁启超曾慨言:"他虽是南人,下半世却全送在北方,到死也不肯回家。他本是性情极厚、守礼极严的君子。他父母坟墓,忍着几十年不祭扫。夫人死了,也只临风一哭。为何举动反常到如此田地?这个哑谜,只好让天下万世有心人胡猜罢了。"(《清代学术之建设》)[1]顾炎武北游终老不归的原因一直是学界讨论的热点。黄正藩、陈友乔、赵刚等学者重点从顾氏北上抗清志愿和家难威胁两方面分析了顾炎武离乡北游的直接原因①。陈友乔从顾氏北游期间的治生之道与遗民心理角度分析了顾氏北游不归的经济基础与精神要求,并从历时的角度,分析了顾炎武在北游25年中,从"不敢归"到"不能归"再到"不忍归"的心路历程②。然而,前人的论述多聚焦于顾炎武北游不归现象本身,对顾氏北游期间的学术交游与著述活动之间的关系并未展开细致地考究,对清初羁縻政策影响下的遗民生存环境和心态变化也较少论及,而事实上,相比顾氏北游的直接动因及不归的客观

---

① 详见黄正藩《顾炎武北上抗清辨析》,《苏州大学学报》,1986年第2期;陈有乔《顾炎武北游期间的经济生活》,《兰州学刊》,2009年第7期;赵刚《顾炎武北游事迹发微》,《清史研究》,1992年第2期.

② 陈友乔《顾炎武北游期间的经济生活》,《兰州学刊》,2009年第7期;《顾炎武北游不归的地域倾向性探析》,《武汉交通职业学院学报》,2008年第4期;《顾炎武北游不归之原因探析》,《山西师大学报》(社会科学版),2009年第2期.

原因,这两点更应作为其北游不归的关键。因此,笔者拟就顾炎武的生平经历及其诗文中的相关线索,对其北游不归的原因再做一番梳理,并就此论题给出更为全面的考证与论析。

一

家难和松江狱的双重威胁是顾氏北游初期不返乡里的主要原因。

顾炎武嗣祖去世之后,族人每为家产分配问题争执不休,以至屡构家难。崇祯十四年(1641)春,顾氏族叔顾叶墅、族兄顾维先构难,其后族人为侵夺田产①,又遣人放火焚烧顾家房屋。顾炎武在《十月二十日奉先妣葬于先曾祖兵部侍郎公墓之左》诗序中称:"昔重光大荒落(按:崇祯十四年,1641)之岁,葬先王父,既祖奠,火作于门,里人救之,遂熄。"[2]189 顾炎武迫于族人侵夺家产的威胁,无奈之中将八百亩良田半价典于里豪叶方恒,又于崇祯十七年(1644)四月,奉母率家人迁居常熟唐市。尽管一再妥协退让,仍不能使灾难平息,崇祯十七年十月,其昆山千墩家中再度被劫,佃屋亦被焚毁,顾氏在《与归庄手札》中述此事云:"往日之举,犯而不校,逆兽已无所用其炰烋。今乃黑夜令人纵火,焚佃屋一所,弟既荡无一椽,仆悲亦瞻乌靡集。……包藏祸心,日甚一日。"[3]225 上次焚屋之事由顾炎武族叔从中调停②,故顾氏"犯而不校",然族人不知好歹,竟再寻仇隙,顾炎武忍无可忍,他在给族兄顾维的书信中严词质问:"孰使我六十年垂白之贞母,流离奔迸,几不保其余生者乎?孰使我一家三十余口,风飞雹散,孑然一身,无所容趾者乎?

---

① 吴映奎《顾亭林年谱》记本年事云:"先生从叔季皋(顾叶墅)与先生从兄仲隅(顾维)构家难。"周可真《顾炎武年谱》"崇祯十四年条"又据徐干学《舅母朱孺人寿序》"家难复作,室庐失火被焚",判定当年至少发生了两次家难。见周可真《顾炎武年谱》,苏州:苏州大学出版社,1998年,页54.

② 顾炎武《从叔父穆庵府君行状》曰:"先王考捐馆,余垒焉在疚,而闚侮日至,一切维持调解,维叔父是赖。"见《顾亭林诗文集·亭林余集》,页162。据此可知,往日族中构难,系由顾炎武族叔顾兰服从中调停。

孰使我遗赀数千金,尽供猰㺄,四壁并非己有,一簪不得随身,绝粒三春,寄餐他氏者乎?"(《再答从兄书》)[3]193顺治二年乙酉(1645),清兵南下,顾叶墅、顾维二人殉难,然而家族内部的恩怨却并未因此终结。据顾衍生《元谱》"顺治五年条",是年顾炎武从叔父季臯与从兄仲隅构难,语濂泾家中又遭劫,家难虽时逾十年而犹未解。顾炎武为避冤家陷害,于顺治七年(1650)扮作商贾,离乡远游,其《剪发》诗云:"畏途穷水陆,仇雠在门户。故乡不可宿,飘然去其宇"[2]309。王蘧常按曰:"时叶案尚未起,曰'在门户',明指族人,颇疑维虽死,其子洪征等仍续与构难,竟致不能安其所居。"[2]1295又,全祖望《亭林先生神道表》曰:"庚寅,有怨家欲陷之,乃变衣冠作商贾,游京口,又游禾中。"[4]229可见顾炎武为逃避族人陷害,于吴中各地辗转,遂已有"浩然思中原"(《剪发》)[2]310之志,然其行踪未远,尚未作北国之游。

顺治九年(1652),顾家世仆陆恩投叛里豪叶方恒,与之合谋诬告顾氏潜通郑成功联络抗清,冀顾氏畏罪逃亡,从而吞并其田产,乡里之灾随之升级。顺治十二年(1655)五月十三日,顾氏归昆山擒杀叛奴陆恩,以是松江狱起,幸得挚友归庄、路泽溥诸人多方营救,顾炎武经历数月牢狱之苦,于次年春狱解返乡,旋即赴南京钟山旅居避难。里豪叶方恒构陷未成,气怒难平,遂再遣刺客至南京太平门外伏击顾氏,欲置其死地,幸得路人相救,才保住性命。叛奴陆恩党羽亦受叶氏指使,趁乱再劫顾家,"尽其累世之传以去"[5]233。这次灾难促使顾炎武决计远行,诚如归庄所言:"宁人度与公子讼,力不能胜,则浩然有远行。"(《送顾宁人北游序》)[5]233然而,顾氏远行初意向南而非北,他曾与南明使臣联络,想要投赴南明朝廷①，在南行未果的情形下，才于次年秋辞别亲友，北游中原。

族人的再三寻衅、里豪恶奴的残忍陷害令顾炎武心有余悸：

> 余既为宵人所持，不敢遽归，而叔父年老，望之弥切，贻书相责，以为一别十有八年，尔其忘我乎？炎武奉书而泣，终不敢归。（《从叔父穆庵府君行状》）[3]163

宵人迫害是顾炎武北游初期不敢归乡的重要原因。但是，乡里之灾的威胁很快随着社会人事的变迁而消解，以顾氏之聪明机警绝不会没有察觉，但其仍执意不归令亲友难以理解，归庄曾以书信责之曰："顾兄之去坟墓十余年矣，初因避仇，势非得已。岁月既久，怨仇已释；且今年仇家已尽室赴任，更无所虑。……兄今欲归，其孰御之？独无丘墓之思乎？此又平生故人所耿耿于怀者也。"（《与顾宁人》）[5]340 顺治十五年（1658），里豪叶方恒中进士，举家入京，不可能再为害乡里，且顾炎武的三位外甥接连中第，各居大学士、尚书高位②，往日仇家纵有心陷害，亦不得不投鼠忌器，故乡情势确如归庄所言："前事万不足虑。"（《与顾宁人书》）[5]340 因此顾炎武北游后期不肯回乡便无法再以"避仇"二字简单释之，其中必另有隐情。

---

① 顺治十三年秋（1656），顾炎武在神烈山脚下茅舍中密会了一位神秘使者，有《出郭》诗记其事，诗用"王稽""僮约"典。王蘧常案此诗曰："王稽云云，当有所托。疑南明当有使至……时永历初入云南；鲁王已去监国号，郑成功奉居金门；成功方应永历诏，欲北上争衡。则先生此行，或滇或闽乎？"又曰："此诗全用《僮约》，不知其意何居？或谓已变姓名独去，事必躬亲耶？"（见《顾亭林诗集汇注》卷三，上海：上海古籍出版社，1983：513－514）。再参合随后所作《旅中》诗中对此行途中"釜遭行路夺，席与舍儿争。混迹同佣贩，甘心变姓名。寒依车下草，饥糁钁中羹。浦雁先秋到，关鸡候日鸣"这番艰辛情形的描述和"买臣将五十，何处谒承明"（见《顾亭林诗集汇注》卷三，上海：上海古籍出版社，1983：515）这番心迹流露的话，王蘧常的推测不无道理。或因二诗中确实隐藏着顾炎武联络南明使臣的秘密，潘未刻本才特意将二诗删去，以免因此获罪。

② 徐元文于顺治十六年（1659）年中状元；徐干学于康熙九年（1670）中探花；徐秉义于康熙十二年（1673）中探花，一门三鼎甲，名震朝野，显赫一时。

二

北游后期经济上的困窘是顾炎武不能返乡的客观原因。

北游后期,顾炎武身体每况愈下,曾自慨:"衰疾渐侵,行须扶杖,南归尚未可期。"(《与李中孚书》)[3]80康熙六年(1667),他在给归庄的信中说:"承谕三窟之计,向时曾有之。今老矣,时时念故乡,绕树三匝,未尝不做南枝之恋也。人从吴会来者,言彼中人家,日就凋零,情况日就锲薄。又见震泽波涛,鱼鸟俱乱。而冥飞之羽,晏然不闻,暂且偷安异邦,陆沉都市,岂有文澜边郡、子春无终之意哉!少俟倦还,即当卜邻偕友,追年少之欢惊,乐丘园之肥遁。合并之期,可计日俟耳。"①归庄来信已佚,然据顾氏回信文意可知,其来信中有"狡兔三窟"之语,盖谓顾氏北国所历多置田产,似有终老于此之意,故以"三窟"拟之,顾氏回复好友说自己年事已高,思乡之情日切,并无马援、田畴终老边郡之志,并表示已经准备返归故乡,"合并之期,可计日俟耳",与好友重逢指日可待了。然而,就在顾炎武为返乡做准备的时候,却再次因奸人诬告,卷入了黄培诗案。是案前后审理近一年,居狱半载②,若非亲友徐元文、李因笃、朱彝尊、颜光敏等人竭力营救,险些性命不保,因此回乡之事被暂时悬置起来。

实际上,在入狱之前,顾炎武的经济状况就已出现问题。他曾于康熙五年(1666)致书陈芳绩,称:"微本为人所负,相知官长一时罢裁,奸人构祸,幽困异方,仆夫逃散,马骡变卖,而日用两餐无

---

① 此札为顾炎武佚文,由原吴县顾氏鹤庐收藏,今本《顾亭林诗文集》失收,转引自柴德赓《跋顾亭林〈致归元恭札〉墨迹》,《史学丛考》,北京,中华书局,1982,页313(是文原载于《香港大公报·艺林副刊》1965年1月10日)。据柴德赓考订,是札作于康熙六年(1667)正月二十七日,当是顾氏于淮上启程北归前所作。

② 自康熙七年(1668)二月十五日,顾炎武闻山东有案株连,次日启程投案,至康熙八年(1669)三月十六日结案,前后历时一年月余,其间自三月十五日入狱拘禁,至九月二十日获保释出狱,计有半年时间遭受牢狱之苦。参见周可真《顾炎武年谱》"康熙七年"条。

所取给。"(《答人书》)[3]205此书虽为拒绝陈芳绩提携请托而作,未免有言过其实之处,但也可以看出此时顾炎武由于千金贷款无法收回,田产又随时有可能被奸人侵占,日子过得很不宽裕。入狱期间,顾氏生计更加艰难,"债主断绝,日用艰难。庄田之麦俱为刘棍割去,每日以数文烧饼度活。"(《与人书》)[2]235。狱解之后,顾氏再生归乡之念,他在《与人书》说"于新秋挂帆南下,小憩淮上,即去吴中"(《与人书》)[3]202,即拟于康熙八年(1669)初秋启程返乡。至于此行的路费和南归后的生计安排,他也做了打算,"此田(按:已收回的章丘大桑庄田产)姑备公肃之名管业,以为转售之地。此处取得本银到手,方可南归"(《与原一甥》)[3]203。顾炎武本拟以转售大桑庄田产的收入作为归乡盘费,然事与愿违,这块田产始终无人问津,其中情由据顾氏自述可知,"今非无愿买之人,而田亏粮羡,至四五十亩,谁肯包赔?此必不成之事。万一天下有此痴人,某亦决不肯糊涂相付,以彼人之欺我者而转欺人也"(《答张稷若书》)[3]183-184。这块田产本属贫瘠之地,经顾氏四年多耕耘治理,始为良田①,后来惹了官司,无人照管,又致使田粮亏损,顾氏为人端然正义,绝不肯为欺瞒之事,凡有欲买田者,必告之以实情,如此一来自然难以脱手了。

没有足够的盘缠,顾炎武回乡的愿望迟迟不得实现。康熙十八年(1679),顾炎武曾有河南之行,本拟历河南至淮上,与友人张弨当面议定校改《音学五书》之事,然终因资斧告匮而止于西河,如《与王山史》书曰:"弟今年涉伊阙,出辕辕,登嵩山,历大魏,将有淮上之行,而资斧告匮,复抵西河暂憩。"[3]197-198又《复汤荆岘书》曰:"弟近二十年精力并用之音韵之学,今已刻之淮上,唯待自往与张君力臣面加订改。今年至睢,值淮西饥荒,又乏资斧,不果前行,明春当再裹粮东去。"[3]52至淮即已捉襟见肘,返乡则更遥遥

---

① 顾炎武《与颜修来手札》云:"汶阳归我,治之四年,始得皆为良田。"《顾亭林诗文集·亭林佚文辑补》,页230。

无期。

顾炎武晚年一直在回乡之愿和资费短缺的困扰中徘徊，他曾经与亲友具体计算过回乡一行所需费用：

久居秦、晋，日用不过君平百钱，皆取办囊橐，未尝求人。过江而南，费须五倍，亲朋乞假，复在其外。舟车所历，来往六千。(《与李中孚书》)[3]81

屈指此行，吴门当住十日，昆山半月，千墩一月，各处坟墓皆当展敬；亲朋历年存亡，皆当吊慰；淮、扬、白下以至嘉、湖数郡交好之士，皆当过诣其庐，此又得两三月。淮上勘书出书，复得一两月。而夏暑秋潦冬寒，并不利于行路，则必以春去而以春回，首尾一年，费当若何？吾自甲寅以后，坐食六年，每年约一百二三十金。兼以刻书之役，千墩来物已尽用之。然北方往来，寄食于人，而自有马骡，所需不过刍秣。南方则升米壶醪，皆须自买，一倍矣；鬻骑买舟，二倍矣；穷亲敝友九流三教之徒，无不望切周旋，而久在四方，则自远之朋，不速之客，亦所不能绝，三倍矣；官长我所不干，甥侄之家饔飧自所不辞，资斧岂宜相累？然则费何从出？设若羽书狎至，二竖偶婴，停阁一时，便有一时之费，又不止如前所计而已也。(《与原一公肃两甥》)[3]214-215

南归省亲前后至少需有一年时间，其间行旅、饮食、舟车及坟墓祭扫、亲友拜谒等花费几倍于北方，而顾炎武自千墩老家带来的、祖辈留下的家产早已因长期客寓生活和刻书花费消耗殆尽，章丘桑田始终未能卖出，又没有其他经济来源，如此巨大的行旅花销是顾氏难以负担的。

顾炎武有此窘境，亲友亦深知之，多有愿出金资助者，但顾氏都没有接受。康熙六年(1667)，顾氏南归淮上，过访王略，略曾劝之曰："子行游天下二十年，年渐衰，可已矣！幸过我卜筑，一切居处器用，能为君办之。"顾氏"逡巡未果"(《山阳王君墓志铭》)[3]118，盖不愿以己事累及友人。其后，顾氏三甥亦多次表达过乞养之愿，劝其南归故里，旅中一行所费，南归卜筑生计支用皆愿为代办，但他也没有接受，于书信中说："又谓能代出行途之费，若谓取诸宫中，恐非吾甥所能办；若欲我一见当事，必谤议喧腾，稚珪之移文，不旬日而至于几案矣。"(《与原一公肃两甥》)[3]215 顾炎武为明朝遗民，而其三甥为新朝仕宦，政治立场不同，顾氏不能不有所顾忌。为避免世人诟议，损伤名节，他也没有接受三个外甥的资助。"求人则丧己，不求则不达"，顾炎武的归乡之行"以此徘徊未果"(《与李中孚书》)[3]81。

三

顾炎武自幼心怀大志，"感四国之多虞，耻经生之寡术"(《天下郡国利病书序》)[3]131，期以平生所学辅佐英主。中年身遭国变，奉嗣母遗命"读书隐居，无仕二姓"(《与史馆诸君书》)[3]54，但他对遗民的理解却不仅限于坚贞守志。顾炎武身处乱世，敢于背负匡扶大任，在极端艰难的境地中仍怀抱用世的愿望，凭借著书立说垂名后世，相比僻处一地，孤绝守志，北游极大地拓展了他的生存空间，对其生平功业著述的实现大有裨益，这当是他北游不归的深层原因。

旅居北方的 25 年间，顾炎武始终怀抱着潜谋恢复的心志，每到一地即四处寻访、联络遗民志士。如其诗云："我行适东方，将寻孔北海。此地有遗风，其人已千载。"(《潍县》其二)[2]598 "复思塞上游，汗漫诚何当。河西访窦融，上谷寻耿况。"(《京师作》)[2]605 "我行至北方，所见皆一概。岂有田子春，尚守卢龙塞。"(《玉田道中》)[2]623 诗人期望找到像孔融、窦融、耿况、田畴那样在乱世中能治安一方、抵御侵陵，忠义智勇足以合谋共济的遗民志士，尽管行经各地，少有所遇，但始终不曾动摇，他曾在《秋雨》诗中自述心志：

生无一锥土，常有四海心。流转三数年，不得归园林。
跼地每涂淖，窥天久瞪阴。尚冀异州贤，山川恣搜寻。[2]682

诗人生无锥土而心系四海，他抛弃家园，飘零绝塞，历经坎坷，为的正是寻访遗民志士，共谋恢复大业。

尽管顾炎武始终怀抱恢复之志,但在其启途北游后的10年间,抗清势力渐渐消颓,南明永历王朝、鲁王监国相继覆灭①,作为一个对政治大势具有敏锐洞察力的士人,他不得不面对清祚日稳的现实。在这样的情势下,身为遗民而依旧苟延性命于异族统治之下,更需对自身生命的意义与价值做出交代。

"不死"何为? 其时遗民如是说:"明末遗逸,守志不屈,身虽隐而心不死,至事不可为,发愤著书,欲托空文以见志。"(《清史稿·谈迁传》)[6]"以二十年幸生而自谓尚可与兄披襟解带而无愧者,非独以杜门守死为然也。"(徐枋《与葛瑞武书》)[7]不以"杜门守死"作为生命的终结,身隐而心不死,在"事不可为"之际,以"发愤著书"为自己的生命注入新动力,生发新价值,这成为当时有志遗民普遍的人生选择,而顾炎武正是其中翘楚,其自言:"百家之说,粗有窥于古人,一卷之文,思有裨于后代,此则区区自矢而不敢惰偷者也。"(《与戴耘野》)[3]140

钱穆曾评价顾炎武学术成就说:"亭林成学著书,大率在四十五岁北游以后。"(《亭林与梨洲两人之异同》)[8]166诚哉是论。顾炎武生平著述或创作于北游期间,或在北游过程中得到了重要的修订与补充,可以说北游期间的学术成就真正奠定了顾炎武作为"清学开山"者的学术地位。

顾炎武生平精心纂辑的两部学术著作《音学五书》《日知录》起笔始自北游之前,但其增补、修订、完善与付梓皆在北游途中。顾炎武自序《音学五书》曰:"余纂辑此书三十余年,所过山川亭鄣,无日不以自随,凡五易稿而手书者三矣。"(《音学五书后序》)[3]26顾炎武《音学五书》的写作始自崇祯十六年(1643)之前,

---

① 顺治十八年(1661)十二月,吴三桂擒永历帝于缅甸,次年四月十五日绞杀于云南府;康熙元年(1662)十一月二十一日,南明监国鲁王朱以海卒于中国台湾。

先成《诗本音》与《唐韵正》①,北游后又著《音论》《易音》《古音表》,于康熙六年(1680)由友人张弨父子手书校写,付刻于淮上。北游30年间,顾炎武行旅所历"无日不以自随",途中每与学侣就正考校,仅顾氏《送韵谱帖子》中所列参阅过此书的北方学侣就有申涵光、路安卿、孙奇逢、王弘撰、杨谦、何公祖。是书"凡五易稿而手书者三矣",对写作于北游之前的部分也做了较大的删改,如其在康熙五年(1679)写给颜光敏的信中称:"所留《诗本音》乞付下,已大加删改,将以新本就正也。"(《与颜修来手札七》)[3]228《日知录》一书被顾炎武奉为"平生志业"所在②,是书始撰于崇祯年间,于康熙九年(1670),即北游后13年,初次结集,刻成八卷,至康熙三十四年(1695),即顾氏去世后13年,由顾氏门生潘耒再刻其临终遗稿凡三十二卷。顾氏曾在《初刻日知录自序》中称:"老而益进,始悔向日学之不博,见之不卓,其中疏漏往往而有,而其书已行于世,不可掩。渐次增改,得二十余卷,欲更刻之,而犹未敢自以为定,故先以旧本质之同志。"[3]27又在《与潘次耕书》中称:"《日知录》再待十年;如不及年,则以临终绝笔为定。"[3]77可见《日知录》是顾炎武终其一生着成的读书札记,而其中绝大多数篇章的纂辑与整部书的完善修订完成于北游时期。

顾炎武两部史地巨制《天下郡国利病书》与《肇域志》的撰著也多得益于北游。顺治九年(1652),顾氏江南学侣在为其"北学中国"而作的《为顾宁人征天下书籍启》中称:

---

① 《音学五书后序》末后署日期"上章涒滩病月之望",即康熙十九年(1680)三月十五日,序中自言"余纂辑此书三十余年";再据《音学五书》前曹学佺序文后署日期"崇祯癸未",以此推算《音学五书》最初写作于崇祯十六年(癸未,1643)之前。曹序中称:"吴门顾宁人……出其所著《诗本音》示予。"又顾氏《吴才老韵补正序》:"余为《唐韵正》,已成书……顷过莱州任君唐臣,有此书,因从假读月余。"顾氏于顺治十四年(1657)启途北游后先至山东莱州,与任唐臣订交,由此可知《音学五书》中的《诗本音》《唐韵正》两书于北游前已成书。

② 顾炎武《又与友人论门人书》:"所著《日知录》三十余卷,平生之志与业皆在其中。"见《顾亭林诗文集·亭林文集》卷三,页47.

宁人年十四为诸生,屡试不遇。由贡士两荐授枢曹,不就。自叹:"士人穷年株守一经,不复知国典朝章官方民隐,以至试之行事而败绩失据。"于是尽弃所习帖括,读书山中八九年,取天下府州县志书及一代奏疏文集遍阅之,凡一万二千余卷。复取二十一史并实录,一一考证,择其宜于今者,手录数十帙,名曰《天下郡国利病书》。遂游览天下山川风土,以质诸当世之大人先生[9]。

据此可知顾炎武《天下郡国利病书》的撰写自有计划,前后分作两个阶段:第一阶段主要依据史志文献,对其中有关民生利病的资料进行搜集与整理,这一工作其北游之前已基本完成;第二阶段是在"北学中国"的过程中"游览天下山川风土""质诸当世大人先生",通过实地考察和就教学侣对著作进行考订与补充。康熙元年(1662),即《征书启》写作十年后,《肇域志》初稿已成,顾炎武作《书杨彝万寿祺等为顾宁人征书启后》忆及十年来游学经历曰:

右十年前友人所赠。自此绝江逾淮……往来曲折二三万里,所览书又得万余卷。爰成《肇域记》,而著述亦稍稍成帙[3]221。

全祖望曾描述顾炎武于北游期间治学情景曰:"凡先生所游,以二马二骡载书自随,所至阨塞,即呼老兵退卒,询其曲折。或与平日所闻不合,则即坊肆中发书而对勘之。"(《亭林先生神道表》)[4]230可以说征之史志文献、考之实地见闻的治学方法在顾炎武北游期间的著述中体现得最为突出。

凭借少年时期熟读经史、留心时务所打下的坚实学术根基,中年以来北游中原、行经各地的亲历考察和见闻,同志学侣间的相互辩论与砥砺,再加之以惜时如金、毫无倦怠的治学精神,顾炎武在北游25年中著述颇丰。其完全创作于北游时期的著作如《登岱记》八卷(成书于顺治十五年,1658)①、《营平二州史事》六卷(成

---

① 顾亭林于次年返扬州,友人黄师正顺治十六年(1659)有诗《宁人道兄归自燕出示近作》,云"访岳先成《登岱记》,入都争诵谒陵诗",可证其《岱岳记》成书于上一年泰安之游前后。见《亭林先生同志赠言》。

书于顺治十六年,1659)①、《北岳辨》(成书于康熙元年,1662)②、《裴村记》(成书于康熙二年,1663)③、《昌平山水记》(成书年代不详,最晚不迟于康熙六年,1667)④。

顾炎武曾说"百姓之病,亦儒者之难忘"(《与友人书》)[3]190,将"明道""救世"作为君子治学的两大要旨⑤。其身历国变,经历了从"志谋举义以待恢复"到"倾力著述以待后王"这一心历路程的变化,特别是在北游之后,深入中原腹地,目睹民生疾苦,对"天下郡国利病"有了更为深刻的体认,因此,从关怀民生、直切时弊的角度,顾炎武北游期间的论著较之前作有了很大提升。如《日知录》卷十"纺织之利"条记述"今边郡之民,既不知耕,又不知织……岁有买布之费,生计日蹙,国税日逋",建议当事"每州县发纺织之具一副……募外郡能织者为师。即以民之勤惰工拙,为有司之殿最"[10]。又如康熙十九年(1680),68岁的顾炎武在写给在朝为官的外甥徐元文的书信中描述亲历目见关中政事之弊、民生

---

① 《营平二州史事序》云:"其后(按:明人郭造卿着成《永平志》后)七十年而炎武得游于斯,则当屠杀圈占之后,人民稀少,物力衰耗,俗与时移,不见文字礼仪之教,求郭君之志且不可得,而其地之官长暨士大夫来言曰:'府志稿已具矣,愿为成之。'嗟乎!无郭君之学,而又不逢其时,以三千里外之人,而论此邦士林之品第,又欲取成于数月之内,而不问其子之可传与否,是非仆所能。独恨燕史之书不存,而重违主人之请,于是取二十一史、《通鉴》诸书,自燕、秦以来此邦之大事,迄元至正年而止,纂为六卷,命曰《营平二州史事》,以质诸其邦之士大夫。"见《顾亭林诗文集·亭林文集》卷二,页28。

② 《北岳辨》书后云:"(前此)皆据经史之文而未至其地。予故先至曲阳,后登浑源,而书所见以告后之人,无惑乎俗书之所传焉。"见《顾亭林诗文集·亭林文集》卷一,页9。

③ 《裴村记》云:"余至闻喜县之裴村,拜于晋公之祠,问其苗裔,尚一二百人,有释耒而陪拜者。出至官道旁,读唐时碑,载其谱牒世系,登陇而望,十里之内,丘墓相连,其名字官爵可考者尚百数十人。"见《顾亭林诗文集·亭林文集》卷五,页101。

④ 王弘撰《山志》云:"《昌平山水记》二卷,巨细咸存,尺寸不爽,凡亲历对证,三易藁矣,而亭林犹以为未惬。"见清人王弘撰《山志·初集》卷三,北京,中华书局,1999年,页61。

⑤ 顾炎武《与人书二十五》:"君子之为学,以明道也,以救世也。"《顾亭林诗文集·亭林文集》卷四,页98。

疾苦,认为此将成为引发暴乱、导致政权不稳的隐患,嘱其以此向君王进言[3]138-139。又曾在临终前一年大病初愈后,作书信与蓟门当事,分析国家对秦地的赋税征收形式对民生的重要意义。现因国家税赋征之钱银,致使百姓不得不向权要借贷,高利贷使他们背负了更为沉重的负担,愈加难以维持生计,遂建言当道对秦民征之本色,以此缓解社会矛盾[3]48-49。在北游历程中,顾炎武的心志境界逐渐从忠于一朝一姓的格局中脱离出来,"遗世"而不"忘世",以"天下兴亡"作为儒者的志职。

顾炎武之所以能在北游时期取得如此大的学术成就,首先得益于学侣间的交游与砥砺。顾炎武非常重视行历交游对士人开阔胸襟、增广见闻的作用,认为"人之为学,不日进则日退。独学无友,则孤陋而难成;久处一方,则习染而不自觉"(《与人书一》)[3]90。其作《广师》篇称述平生交游中可为己师者十人,其中半数结识于北游时期①。这些北方学侣治学各有所长,顾炎武多与其讨著述,辨析疑难,并采其卓见入著作中。如顾氏对山东大儒张尔岐治三礼的功力大为叹服,在《日知录》卷十四"丧礼"、卷十五"停丧"二条中吸收了他的学术观点。又对阙里颜光敏的音学造诣颇为认可,多次呈送所刻音学著作,与之辨析疑难,考校得失。钱穆曾说:"亭林学侣,在南者多尚藻采而贵通今,在北者多重质实而务博古。亭林自四十五岁北游,往来鲁、燕、秦、晋二十五年,尝自谓'性不能舟行食稻,而喜餐麦跨鞍',然岂止舟鞍、稻麦之辨哉?其学亦北学也。虽其天性所喜,亦交游濡染有以助之矣。"[8]168较之江南学侣,顾炎武精于考核,崇实博古的学风与北学风气更为契合,与北方学侣间的交游使他不囿于一家之论,视野大

---

① 《广师》中所列结识于北游时期的学侣有:张稷若,字尔岐,顺治十四年(1657)与顾氏订交于山东济南;傅山,字青主,康熙二年(1663)与顾氏订交于山西太原;李颙,字中孚,康熙二年(1663)与顾氏订交于陕西盩厔;王弘撰,字山史,康熙二年(1663)与顾氏订交于陕西华阴;朱彝尊,字锡鬯,康熙五年(1666)与顾氏订交于山西太原.

为开阔,为清朝南北学术交流成就一段佳话。

此外,北游使顾炎武有机会博览各地书籍、碑刻,为其著述提供更为确实、珍贵的文献资料。例如,《金石文字记》卷六记录了顾炎武至北岳庙读录唐碑情景,正是据此碑文所记,结合史料文献征考,顾炎武对北岳之祭于曲阳而非浑源做出了准确的考辨。又如《吴才老韵补正》的成书缘于北游途中重要音学文献宋人吴才老《韵补》的访得寓目[3]132。再如《山东肇域志》的撰写多得"山东通志局"所藏山东郡邑文献之助[3]226。

顾炎武被友人称作"东西南北之人"(《与苏易公》)[3]207,其学识气度、胸怀抱负自非江南一地可以牢笼,不论是四方求访以"待恢复",还是穷力著述以"待后王",北游都大大扩展了他的生存空间,使其走出易代之际江南文人局促的生存境地,在更广阔的天地间施展作为、播越声名,诚如其少年时的挚友归庄所言:"使兄不遇讼、不避仇,不破家,则一江南富人之有文采者耳,岂能身涉万里,名满天下哉!"(《与顾宁人书》)[5]339也正因此,顾炎武渐渐坚定了北游不归的信念。

四

上文所述北游之初来自族人的构难与威胁,中年以来日渐拮据的经济状况,四处访求伺机以待恢复的遗民心志,与成就著述以待后王的学术追求,基本概括了顾炎武北游不归的现实原因。顾氏作为一代遗民楷模,不仅才略过人,而且心思缜密。终其一生,不论治学、著述,还是交接、行止,莫不经过周详的思虑布略,这使他处身复杂的社会环境中而不曾进退失据,身经世乱犹能成就大略,故从这一角度看,北游不归亦是顾氏深心思虑、考虑得失之后做出的抉择,这一深层原因需更从其心理求之。

首先,易代之际人们对士人的道德评价极其严苛,特别是"甲申之变"之际铺天盖地的死亡语境,使遗民的生存空间愈发局促,苟生者不得不以异乎常情、枯槁冷寂的生存方式证明其志节不移。其中最常见的便是"土室绝交",如关中大儒李颙自号"土室病夫",平日"锁扉幽居",唯待"宿契之来",方才"启钥晤言"(《答张伯钦》)[11];更有自律甚严者如徐枋,"始则绝迹城市,今则不出庭户,亲知故旧,都谢往还,比屋经年,莫睹我面"(《与冯生书》)[7]125。然而这类僻处一室、穷独孤守的生存方式与顾炎武志在四方的丈夫胸襟颇不相称,他对遗民的生命价值做了深刻的思考:

  人臣遇变时,亡或愈于死。夏祚方中微,靡奔一人尔。二斟有遗迹,当日兵所起。世人不达权,但拜孤山祀。(《潍县》其一)[2]596

  不以"死"作为"人臣遇变"时的唯一出路,也不以"处"作为遗民职责的最终完成。苟存性命于天崩地陷之际,蓄积力量恢复大业诚非易事,但若终能成事,确也是遗民生命价值的终极所在。因此相比饿死首阳山的伯夷、叔齐,顾氏更愿意效仿的是助成少康中兴的遗臣靡,与其穷处一室,了此残生,不若行走四方,伺时而举,顾炎武赋予"遗民之游"以关乎社稷存亡的崇高意义。

  其次,在异族统治的背景下,遗民语境中的"乡土"概念逐渐淡化,遗民的游走播迁与居处择取本自其文化选择与精神要求。归庄曾言,"余今客淮阴,固非吾土也;即归吴中我所生长之乡,犹非吾土也。骆宾王有云:'观今日之域中,是谁家之天下?'既身沦左衽之邦,不能自拔,不得已,就其所居之处,指为己之斋,亦犹平叔所谓何氏之庐也。"(《己斋记》)[5]352"普天之下,莫非王土。"对异族政权下的遗民来说,昔日之山河已物是人非,无论身居何处,皆非"吾土",自不必固守于乡土。顾炎武在晚年与外甥的书信中说:"或者讥其弃室家,离乡井,以为矫枉不情;又或以子夏不归东国,梁生不返西州,为达人之高致,皆未辨乎人事者也。"(《与原一公肃两甥》)[3]215垂暮之年落叶归根本是人之常情,迟迟逡巡未归不免引人议论,讥之者谓之"矫枉不情",誉之者谓之"达人高致",世论纷纷皆不解顾氏深心,其所顾虑者除信中所述南行之经济负担外,对故土的情感疏离更是根本所在。

明清之际的江南经济繁华,士风柔脆,人心躁竞,难以集事,对此时人多有批评,如钱谦益认为吴中士子缺乏特操,"好随俗尚同,不能踔厉特出"(《孙子长诗引》)[12]。顾炎武虽然生长吴中,但对此地风气甚为反感,全祖望在《顾炎武先生神道表》中称其:"虽世籍江南,顾其资禀,颇不类吴会人,以是不为乡里所喜,而先生亦甚厌裙屐浮华之习。"[4]228直至晚年,顾炎武每每谈及家乡,非但少有依恋之情,更对其地"人心趋利"耿耿于怀,他曾在写给门生潘耒的信中说:"若今日之江南,锥刀之末将尽争之,虽微如蠛蠓,亦岂得容身于其间乎?"(《与潘次耕》)[3]141 相比之下,北方特别是关中风土更令顾炎武适意。从地势看,关中幽僻且地势险要,符合顾炎武"进可攻,退可守"的遗民心态,"华阴绾毂关、河之口,虽足不出户,而能见天下之人,闻天下之事。一旦有警,入山守险,不过十里之遥;若志在四方,则一出关门,亦有建瓴之便"(《与三侄》)①;从治生看,关中物价较低,治生容易,"久居秦、晋,日用不过君平百钱"(《与李中孚》)[3]81;从士风看,关士忠义刚厉,磊砢不常,"关中故多豪杰之士,其起家商贾为权利者,大抵崇孝义,尚节概,有古君子之风,而士人独循循守先儒之说不敢倍"(《富平李君墓志铭》)[3]81;从学术环境看,关中缙绅崇学重道,对顾炎武礼遇有加,"秦人慕经学,重处士,持清议,实与他省不同"(《与三侄》)[3]87,"流离关、华……而此中一二绅韦颇知重道"(《与王虹友书》)[3]89,"遍天下都是我去依人,而关中却是人来附我"(《与李星来》)[3]187;从学术风格看,关学淳朴质实,崇实学、尚力行,与顾炎武的学风最为契合,顾学在当地也备受推重,"先生之才识为北

---

① 《顾亭林诗文集·亭林文集》卷四,页87。顾炎武曾与黄宗羲在就"建都"题目的讨论中议及关中形势:"炎武以管见为《日知录》一书,窃自幸其中所论,同于先生者十之六七。惟奉春一策必在关中,而秣陵仅足偏方之业,非亲历者不能知也。"可见顾炎武之卜居华下,确是做了两方面的打算的:一则,从"进可攻"的角度,关中的地理位置重要,有建都之势;一则,从"退可守"的角度,关中不似吴中、京畿人声鼎沸,士风躁竞,是晚年顾炎武专心著述、躲避权要羁縻的最佳选择。

方所宗信"(王锡阐《与顾亭林书》其一)[13],顾氏于此地也更有自信,"吾异日局面似能领袖一方"(《与潘次耕札》之三)[3]168。因此,尽管"关辅荒凉""土瘠烦差",顾炎武仍愿于此卜居终老,更多的是因为其地人文环境与自己精神、学术方向的契合。既然亡国异代普天之下皆非吾土,那么相比地理上的故乡,他更需要一个心理上的故乡,关中即是他北游以来多方寻觅之后最终选择的栖所。

此外,顾炎武最终选择北游不归亦与其暮年境遇、心态相关。易代之际,道德评判尤为严苛,身为遗民楷模的顾炎武一生行历南北,交游广泛,凡收受取与、酬答往还莫不谨慎处置,对自身声名最为看重,特别是在迟暮之年,更对"没世之名"如何营构有着清醒的认识,常叹:"有名不如无名,有位不如无位……君子所求者,没世之名,今人所求者,当世之名。"(《答李紫澜书》)[3]65"生平虽复钝拙,自知身后必有微名,若更求名,必至损名。"(《与李紫澜》)[3]199对遗民道德操守的评判需盖棺定论,若生前汲汲求名而不知自晦,一旦交接不当、言行失据,则必然会引起世论评议,反而有损一生名节,因此对于遗民来说,人生末路不可不慎。

康熙十七年(1678),清圣祖康熙帝在三藩战事中认识到人心向背对于清廷政权稳定的重大意义,于是年诏举"博学宏词科",次年开明史馆,令四方官员征辟海内名儒,对明遗民大行笼络。此距"甲申之变"(1644)已有34年,遗民耆旧相继离世,清廷的羁縻政策又如同疾风骤雨般加速了遗民群体的衰败凋零。这一年,顾炎武68岁,目睹鸿博之举对遗民心志的瓦解,心情十分痛苦,"昔有陈亮工者,与吾同居荒村,坚守毛发,历四五年,莫不怜其志节。及玉峰坐馆连年,遂忘其先人之训,作书来蓟,干禄之愿,几于热中。今吾弟又往矣,此前人坠坑之处也"(《与潘次耕札》之四)[3]168,"同榜之中,相识几半,其知契者,愚山(施闰章)、荆岘(汤斌)、钝庵(汪琬)、竹垞(朱彝尊)、志伊(吴任臣)、阮怀(高咏)、荪友(严纯荪)"(《答李子德》)[3]74-75。昔日遗民同志纷纷入彀,清廷羁縻策略声势之大、波及之广,令顾炎武不寒而栗,他对京城中有关自身的言论甚为惊警,向门人潘耒问询:"荐举一事,得超然免于评论否? 如其行取,必在元籍。"(《与潘次耕札》之四)[3]168依明清官制,若被举荐则须自江南原籍行取,如此看来,若此时返乡,无异于自入荐局,以顾氏之明智,绝不会在此多事之秋身入汤火。

目睹清廷羁縻政策对遗民心志的销蚀和瓦解,顾炎武清醒地意识到遗民的"大限"即将到来,对于这一无可挽回的趋势该如何应对,这是顾炎武在人生最后阶段不得不直面的问题。他曾屡次告诫门人潘耒说:"昔日欲糊口四方,非衒其才华不可,今日当思中材而涉末流之戒,处錞守拙。"(《与次耕书》)[3]79"处此之时,惟退惟拙,可以免患。吾行年已迈,阅世颇深,谨以此二字为赠。"(《答次耕书》)[3]77"处钝守拙""惟退惟拙",这是历经沧桑的顾炎武迟暮之年的处世之道。在清廷网罗之下,"逃名"方是逃离是非、摆脱牵制的明智之举。以顾之才学声名,"逃名"诚非易事,他感叹"避世之难,未有甚于今日",欲要"逃名",需先"遁迹",然"遁迹"于何处破费思量,他说:

今春荐剡,几遍词坛,虽龙性之难驯,亦鱼潜之孔照。乃申屠之迹,竟得超然,叔夜之书,安于不作,此则晚年福事。关中三友:山史辞病,不获而行;天生母病,涕泣言别;中孚至以死自誓而后得免,视老夫为天际之冥鸿矣。此中山水绝佳,同志之侣多欲相留避世。(《又与李星来》)[3]63-64

清廷一纸诏书,在沉寂的遗民社会中激起万丈波澜,那些心思躁动、不忘名利的人终于按捺不住,纷纷出山求仕,故世有"一队夷齐下首阳"之讥。在这个利欲熏心的时代,顾炎武的内心愈感凄苦,他说:"古之人学焉而有所得,未尝不求同志之人,而况当沧海横流,风雨如晦之日乎? 于此之时,其随世以就功名者固不足道,而亦岂无一二少知自好之士,然且改行于中道,而失身于暮年,于是士之求其友也益难。"(《广宋遗民录序》)顾炎武自而立之年遭逢巨变,继而嗣母绝粒殉国,家产为人侵夺,30 多年来踽踽行走四方,唯一令他欣慰的莫过于遗民友人之间的同声相应,同气相求,如今垂垂老矣,却目见昔日契友"改行于中道,失身于暮年",不能不令顾炎武痛心,喟叹"士之求友也益难"。"德不孤,必有邻",纵使心志再坚定的人若无同道终难持久,顾炎武四方求索,最终选择于华下定居,正因其地有王弘撰、李因笃、李颙这些面对征召不为所动,甚至不惜抵死相拒的友人。最终以遗民群体聚合的方式来应对整个遗民社会不可避免的消亡结局,这对顾炎武最终能以笃定的心态度过余生非常重要。

  以上所论似可为梁启超提出的顾炎武终老不归乡里的"哑谜"做一解答。顾炎武北游前期还有返乡之愿,也确为自己终老归里做过打算,但因家难威胁和经济拮据,迟迟未能实现。事实上,以顾氏的治生之才与交游能力,这些问题并不能构成死局,不可视为制约其返乡的关键因素,其最终选择北游不归与其成就功业的需求和身为遗民的心理有着更为密切的关系。可以说,随着顾炎武北游的深入,他为自己找到了身为遗民成就大业的门径,不论是四方求访以"待恢复",还是穷力著述以"待后王",北游都大大扩展了他的生存空间,使其在这一时期取得了在江南难以实现的成就,奠定了其作为"清学开山"的学术地位。在北游行历的各地中,关中人文环境与学术氛围与顾炎武最为契合,相比早已情感疏离的江南,关中更成为他寻觅多年而选择的心理故乡。清廷"博学宏词科""明史馆"诏令的颁布,对顾炎武的暮年心态造成了巨大冲击,目睹遗民旧友们纷入彀中,他为逃避羁縻,不得不以"逆旅为家"并最终客死异乡。"愧我半生来,漂泊随干戈""顾此暮年心,尚未敢蹉跎"(《寄子严》)[2]1194-1195,在顾炎武的晚年诗作中,我们可以看到一个垂老、孤独、漂泊但却愈老弥坚的诗人形象,就像是湘江伏枕舟中的杜甫,当涂捞月湖上的李白,这个踽踽独行、垂老飘萍、客死他乡的老遗民成为顾炎武为自己最终设定的、定格在渐趋消逝的遗民史中的背影。

【参考文献】

[1] 梁启超. 中国近三百年学术史[M]. 上海:上海三联书店,2004:50.

[2] 顾炎武. 顾亭林诗集汇注[M]. 上海:上海古籍出版社,2006.

[3] 顾炎武. 顾亭林诗文集[M]. 北京:中华书局,1983.

[4] 全祖望. 全祖望集汇枝集注·鲒埼亭集:第12卷[M]. 上海:上海古籍出版社,2018.

[5] 归庄. 归庄集:第3卷[M]. 上海:上海古籍出版社,1984.

[6] 赵尔巽. 清史稿[M]. 北京:中华书局,1977:13864.

[7] 徐枋. 居易堂集:第2卷[M]//《续修四库全书》编纂委员会. 续修四库全书:第1404册.

[8] 钱穆. 中国近三百年学术史[M]. 北京:商务印书馆,1997.

[9] 佚名. 亭林先生同志赠言[M]. 刻本. 苏州:孙溪槐庐家塾,1885(清光绪乙酉年).

[10] 顾炎武. 日知录集释[M]. 黄汝成,集释. 栾保群,校点. 上海:上海古籍出版社,2006:611-612.

[11] 李颙. 二曲集:第16卷[M]. 陈俊民,点校. 北京:中华书局,1996:161.

[12] 钱谦益. 牧斋初学集:第40卷[M]. 钱曾,笺注. 钱仲联,校. 上海:上海古籍出版社,1985:1086.

[13] 蒋寅. 清代诗学史[M]. 北京:中国社会科学出版社,2012:361.

浅析顾炎武改名原因表述的差异性

——兼谈王炎午是文天祥学生观点的真伪

曹永良

顾炎武(1613—1682),明末清初杰出的思想家、史地学家、音韵学家和文学家。他原名绛,字忠清,明亡后,"因为仰慕文天祥学生王炎午的为人而改名炎武"[1]。顾炎武因王炎午而改名,这个原因似乎被大家普遍认同,但各家在表述上存在着差异,请看下面四种不同的表述:

表述一:顾炎武"据说由于仰慕南宋民族英雄文天祥的学生王炎午而改名的"[2]。见沈嘉荣《顾炎武论考》一书,这里在表述之前加了"据说"两字。

表述二:顾炎武"因敬仰南宋著名民族英雄文天祥的门生王炎午的忠贞品格,改名顾炎武,又作炎午"[3]。见许苏民著《顾炎武评传》一书,这里说王炎午是文天祥的"门生",而不直接写"学生"。

表述三:"乙酉之变后,(顾炎武)因敬仰南宋遗民王炎午,而改名炎午,即炎武。"[4]见陆月宏著《顾炎武》一书,这里对王炎午是文天祥学生的观点避而不谈。

表述四:"先生之更名炎武是否与王炎午有关,似不得而知。然其义当与之同,盖亦以示不仕异代之意也。"[5]见周可真《顾炎武年谱》一书,这里顾炎武改名是否与王炎午有关无法确定,但道理上讲得通,都有不仕异代之意。

顾炎武改名原因表述差异的根源何在?哪种更为合理?笔者想谈谈自己的看法。

一、王炎午其人

王炎午,江西吉安(古称庐陵)安福县人,出生于南宋淳祐十二年(1252),卒于元泰定元年(1324)。在文天祥被俘后,王炎午写过《生祭文丞相文》,力谏文天祥珍惜名节,促成其杀身成仁,舍生取义;文天祥在大都菜市口英勇就义,王炎午痛哭流涕,悲痛欲绝,含泪写下《望祭文丞相文》,高度赞扬文天祥不易其节的忠烈之气。

《安福县志》记载:王炎午,原名应梅,字鼎翁,号梅边,今洲湖乡汶源村人。宋咸淳年间补太学上舍生,早年曾与文天祥、赵青山同游,志趣相投,结成忘年之交。

南宋德祐元年(1275),元朝大将伯颜统率大军南侵,攻陷南宋首都临安。此时天下大乱,人心惶惶,宋室江山危在旦夕。就在这民族危亡的关键时刻,文天祥临危受命,出任右丞相兼枢密使,举兵勤王,奋起抗元。炎午前往谒见,劝其变卖家产供给军饷,以倡导士民助义之心。炎午自己回到家里也变卖家产,用以资助宋军,同时投笔从戎,动员乡民参军参战,扩充义军兵力。他到处宣传,激励各路军民奋起抗击元军,保卫宋室江山,后因老母病危归乡。

宋亡后,炎午回到老家汶源村,隐居不仕,致力于诗文。他忠义奋发,凛如秋霜烈日,并改名炎午以明志。事迹载《新元史·隐逸传》。著有《吾汶稿》(十卷)和《永思庵记》《梅边集》。[6]

《新元史·隐逸传》记载:

王炎午,字鼎翁,庐陵人,宋太学士。文天祥被执赴大都,炎午作文,生祭之曰:"采西山之薇,酌汨罗之水,以祭文山先生未死之灵。"

天祥死,张宏毅持其发齿归炎午,复作望祭文,著有《吾汶稿》。……炎午及宏毅,均隐居不仕而卒。[7]

两段文献记载,让我们看到了王炎午的品格为人,他是一个有家国情怀的人,他是一个有民族气节的人,他是一个有社会担当的人,他也是一个不仕异代、重道义的人。

二、顾炎武改名前后

顾炎武是"乙酉之变"后改名的。"弘光元年(1645年,这一年是农历乙酉年)四月,清军攻破扬州后,督师大学士史可法殉难的消息传到南京,弘光朝上下极为恐慌。五月初,清军又击败弘光政权的防江水师,兵锋直指南京,弘光帝等人在五月初十逃离南京。五月十五日,忻城伯赵之龙率文武百官降清,南京不战而下。"[8]这就是历史上的"乙酉之变"。"乙酉之变"前后,也就是顾炎武改名前后,到底发生了哪些重要事件?

1644年,崇祯十七年,农历甲申年,李自成大顺军入主北京,崇祯皇帝自尽,明朝灭亡。吴三桂引清军入关,李自成溃败出北京城,清朝入主中原,福王朱由崧在南京称帝,年号弘光。这年冬,顾炎武经昆山县令杨永言的举荐,被弘光朝聘为兵部司务。

1645年,南明弘光元年,农历乙酉年春,顾炎武应召赴南京,他胸怀兴复明室江山的热情,撰写了《军制论》《形势论》《田功论》《钱法论》,人称"乙酉四论"。在文中揭示明朝的弊政,要求进行改革,就南明军队的改造、军事战略的筹划、边备垦田和钱法财政等重大问题,提出了一系列务实的改革主张。

当时执掌弘光朝廷兵部大权的是奸臣马士英。顾炎武到南京后,迟迟不能到兵部就职,更谈不上他所期望的觐见天子、献策朝廷。顾炎武失望之下,从南京怅然回到常熟语濂泾,在此前后,"乙酉之变"事件发生。

"乙酉之变"后,清廷平定南京,再次颁布剃发令,命令江南各省,近者一月,远者三月,完成剃发,否则以军队镇压。剃发令一下,义师纷起,江南城乡掀起可歌可泣的反剃发斗争,顾炎武参加了苏州的义军。大概在闰六月上旬清军进攻苏州的战役即将开始时,顾炎武为三吴地区风起云涌的抗清斗争所鼓舞,创作了《千里》诗一首,诗中云:"千里吴封大,三州震泽通。戈矛连海外,文檄动江东。"

闰六月十五日,王永祚在昆山起义兵自守,"从军于苏"的顾炎武回昆山,与好友归庄、吴其沆等,在昆山县令杨永言的带领下,参加了王永祚军,具体负责"聚粮移檄"的工作,为长久坚守做准备。

七月六日,昆山城破。清军滥杀无辜,肆意掳掠,一城百姓,死者四万人以上。顾炎武胞弟顾缵、顾绳皆被清军杀害,好友吴其沆殉难,生母何夫人被砍断右臂,险些丧命。顾炎武因在语濂泾看望嗣母王氏,幸免于难。

七月十四日,常熟沦陷。嗣母王氏得知后,决定绝食殉国,绝食至七月三十日辞世,王氏临终前遗言:"我虽妇人,身受国恩,与国俱亡,义也。汝无为异国臣子,无负世世国恩,无忘先祖遗训,则吾可以瞑于地下。"[9]这一遗命对顾炎武此后的一生影响极为深远,他始终以"无仕二姓"为其后半生的人生准则。

改名前后的顾炎武,为明朝的复兴献计献策,赴南京欲展报国之志未遂,在清军入侵他家乡时加入义军抵抗失败,两个弟弟和朋友吴其沆先后遭难,嗣母王氏绝食殉国,顾炎武立志遵循嗣母遗训"无仕二姓"。显然,王炎午面对元军入侵表现出的爱国思想和民族气节,后来宋亡后终身不出、不仕异代的忠贞品格,也是当时顾炎武向往追求并努力实践的人生目标。因此,顾炎武因仰慕王炎午的为人而改名的说法,在逻辑上有很大的说服力,也容易被人接受。

然而,顾炎武本人以及与他同时代的人没有留下相关的具体记载,这样的说法缺乏有力的原始证据,即使容易被人接受,也永远停留在推断的层面。

三、王炎午是文天祥学生观点的真伪

《安福县志》和《新元史》通过王炎午与文天祥两人的关系发展来介绍王炎午的事迹,但是唯独不提王炎午是文天祥学生这一层关系,有点不可思议。

关于王炎午是文天祥学生的观点,有人持保留看法。先看段引文：

　　明亡清立，(顾炎武)……将原名"绛"改为"炎武"。"炎武"又写作"炎午"，据说里面还暗含着深层意思：南宋末年有个太学生叫王应梅(一说是文天祥的弟子)。元兵攻陷临安后，他去拜见文天祥，以陈抗元之志，然后又毁家以助军饷。文天祥便将其留作幕僚。后来，因其母病辞归故里。不久，文天祥兵败被元兵所俘。王应梅悲痛万分，遂作生祭文励天祥速死。自此，王应梅杜门却扫，不复问世事，并更名曰"炎午"。顾氏改名"炎午"，显然有效仿前贤、不事异朝之意。[10]

　　这段文字中，在表述顾炎武因仰慕王炎午而改名原因之前，也加了"据说"两字，而且还用"一说是文天祥的弟子"这几个字，从侧面可以看出作者对王炎午是文天祥学生观点的保留看法。

　　王炎午"与文天祥既同乡里，又先后同为太学生"[11]，他是文天祥的忘年交，好朋友，家乡晚辈，并且曾经是文天祥的幕僚，这些关系学术界是普遍认同的，但对于王炎午是文天祥学生的观点，因缺少足够的历史资料依据，有些学者持保留意见。

　　再看看王炎午自己是怎样表述他与文天祥之间关系的。在《生祭文丞相文》中有一段话，"维年月日，里学生、旧太学观化斋生王炎午，谨采西山之薇，酌汨罗之水，哭祭于丞相文山先生未死之灵而言曰：呜呼！大丞相可死矣"[12]。王炎午在文天祥面前自称"里学生"，这里的"学生"两字非现代白话文中"学生"概念，根据学术界认同的他们之间的关系，"学生"两字意指"晚辈"更为恰切，"里学生"可翻译为"家乡晚辈"。

　　在古代文言文环境里，王炎午可以称是文天祥的"学生"或"门生"。此时的"学生"在现代白话文中表示晚辈，"门生"表示幕僚，并不是现代意义上的"学生"概念。

　　综上所述，目前人们还没有足够证据证明顾炎武是因王炎午而改名，还没足够证据证明王炎午是文天祥学生。这样一种不确定的认知状态，是顾炎武改名原因表述差异的根源。

对本文开头引用的四种表述,沈嘉荣先生在表述之前加上"据说"两字,体现了对改名原因表述的不确定性。许苏民先生说王炎午是文天祥门生,在还没证明王炎午是文天祥学生的前提下,这里的"门生"两字应该不能直接理解为现代意义上的"学生",解释为"幕僚"似乎更为恰切。而陆月宏先生对王炎午是文天祥学生的观点避而不谈,也许是对此观点不确定性的另一种应对。周可真先生关于顾炎武改名原因的表述,在目前不确定的认知状态下,显得最为严谨合理。那就是"先生之更名炎武是否与王炎午有关,似不得而知。然其义当与之同,盖亦以示不仕异代之意也"。

当然,这些都是笔者一厢情愿的猜测,不过,结合上文的分析,这样的猜测似乎具有一定的合理性。

以上论述,仅一家之言,由于笔者才疏学浅,难免有不周之处,恳请专家学者批评指正。

【参考文献】

[1] 徐耀新. 历史文化名城名镇名村系列·千灯镇[M]南京:江苏人民出版社,2017:44.

[2] 沈嘉荣. 顾炎武论考[M]. 南京:江苏人民出版社,1994:48.

[3] 许苏民. 顾炎武评传[M]//匡亚明. 中国思想家评传丛书. 南京:南京大学出版社, 2011:76-77.

[4] 陆月宏. 顾炎武[M]//宋林飞,陈刚. 江苏历代名人传记丛书. 南京:江苏人民出版社,2012:20.

[5] 周可真. 顾炎武年谱[M]. 苏州:苏州大学出版社,1998:8.

[6] 江西省安福县志编纂委员会. 安福县志[M]. 北京:中共中央党校出版社,1995:815.

[7] 柯劭忞. 新元史[M]. 上海:开明书店,1935:138.

[8] 曾育荣,廖章荣. 赵之龙弘光朝政治活动考述:兼论乙酉之变后赵之龙的境遇[J]. 决策与信息(上旬刊),2018(9):116-122.

[9] 张光兴. 徐夜与顾炎武[J]. 齐鲁学刊,1994(5):21-27.

[10] 虞云国. 三千年间,人不两见:王炎午两祭文天祥[J]. 文史知识,2016(7):37-41.

[11] 刘文源.王炎午生祭文天祥[J]文史知识,2002(3):74-79.
[12] 徐耀新.历史文化名城名镇名村系列·千灯镇[M].南京:江苏人民出版社,2017:44.

王茂荫等清末皖籍士人顾祠会祭考略

陈平民

何谓顾祠会祭？它是指在北京顾炎武祠堂举行的会祭活动。顾炎武(1613—1682)，江苏苏州昆山人，本名绛，乳名藩汉，别名继坤、圭年，清兵破南京之后，反清复明的顾炎武仰慕文天祥学生王炎午之为人，更名炎武，字宁人，为避仇人害，曾化名蒋山佣。因故居旁有亭林湖，取号亭林，世人尊称他为亭林先生。他是中国17世纪杰出的爱国活动家和唯物主义思想家、经学家、史地学家、音韵学家，与黄宗羲、王夫之并称"明末清初三大儒"。顾炎武一生辗转，行路万里，读书万卷，学识渊博，为有清一代学术宗师与开山祖。他的《日知录》在他身后被学界尊为精品，成为文史大家一再疏证论辩的显学。

基于顾氏在学界、思想界的巨大影响，鸦片战争之后，在顾氏离世约一个半世纪的道光二十三年(1843)十月，在北京广安门内报国寺旁，由山西著名学者张穆与他的国子监同窗何绍基发起建成顾亭林祠。学者们奉顾炎武为学界精神领袖，号召世人弘扬顾炎武倡导的"天下兴亡，匹夫有责"的爱国担当精神与研究边疆保卫国家的学说。建祠的直接原因，与清政府在鸦片战争中打了败仗，同英国侵略者签订了丧权辱国的《中英南京条约》，随后又同美国、法国签订了不平等条约不无关系。

顾祠创建以后，每年有春祭、秋祭与顾氏生日祭三次公祭活动，前后80年(1843—1922)，其间因太平天国运动与八国联军侵华而数度中止。据有关学者统计，80年间的与祭者中，有资格题名的朝臣与学者有500余人。笔者依据顾炎武研究会王小龙先生提供的吴郁生题签、光绪己亥七月重装的《顾先生祠会祭题名第一卷子》，再参证复旦大学文史研究院段志强研究员在《顾祠——顾炎武与晚清士人政治人格的重塑》一书中披露的资料及其他资料,经初步统计,80年的顾祠会祭中,参与祭祀的皖籍(含祖籍)士人共41人,他们是王茂荫、潘曾玮、郑复光、包慎言、汪士铎、吕贤基、方允镶、吕锦文、江开、戴钧衡、潘祖荫、江人镜、孙长安、倪文蔚、刘翊泰、鲍康、徐诚、方德麟、方益、方朝觐、薛春黎、潘曾绶、鲍功枚、方浚师、鲍恩绶、鲍源深、潘曾莹、许玉瑑、汪鸣銮、汪凤池、潘祖年、曹允源、汪凤藻、汪凤梁、潘盛年、潘承谋、吴荫培、潘昌煦、王伯恭、吴燕绍、吴昌绶等。

本文首先考察王茂荫于道咸年间在京参与顾祠会祭的故实。同时,对与王茂荫同时代或稍后参与会祭的皖籍士人人文背景作一考察。

一

王茂荫(1798—1865),原名茂萱,字树之,号蔼甫,"茂荫"为考名,34岁时在北闱应京兆试改,改字为椿年,改号子怀。道光十二年进士,历仕道光、咸丰、同治三朝,曾任户部主事、员外郎、监察御史、太仆寺卿、太常寺少卿、户部右侍郎兼管钱法堂事务、兵部右侍郎转左侍郎、署都察院左副都御史、工部右侍郎兼管钱法堂事务、吏部右侍郎等职,是清代以清正廉洁、直言敢谏而声震朝野的名臣,其政治、经济、军事、人才、吏治和管理思想都十分丰富,卓尔不群。他是马克思《资本论》中提到的唯一一个中国人。从思想渊源考察,他受明末清初爱国思想家顾炎武影响甚深。

道光十一年(1831),王茂荫以捐监生参加北闱(顺天府)乡试,中第为举人,次年参加会试,联捷成进士。殿试后,钦点授户部主事,签分户部广西司行走,当时他35岁。张穆、何绍基创建顾祠的道光二十三年,王茂荫正丁祖母忧在籍,次年即道光二十四年服阕,返京销假,重新供职户部。这年五月,清政府继签订丧权辱国的《中英南京条约》之后,又由耆英同美国代表顾盛签订了不平等的《中美望厦条约》,九月与法国代表签订不平等的《中法黄浦条约》。顾祠建成后的初次会祭即道光二十四年二月二十五日的春祭,参与者有苗夔、陈庆镛、何绍基、苏廷魁、汤鹏、朱琦、罗惇衍、庄受祺、冯桂芬、赵振祚、张穆、冯志沂、潘曾玮、杨尚志等人。

道光二十四年三月间,因公车至京的清代杰出朴学家、校勘学家、金石学家、方志学家兼书法家许瀚(1797—1866),在顾祠特设一祭,以亡友俞正燮、陈东之、沈子惇、张亨甫配祀(俞正燮为徽州即今安徽省黄山市黟县人)。这两次祭祀,王茂荫都因为在老家守孝没有赶上。五月二十五日的顾氏生日祭,魏源等人参与,王茂荫也没赶上。这年秋天,已回京的王茂荫在奉命充会试收卷官之后,参与了九月九日的秋祭,这是他第一次参与顾祠会祭,与祭者中有他的同乡郑复光。

据资料记载,到道光二十七年为止,王茂荫连续三年参加了春秋两季的会祭,道光二十七年还参加了顾炎武先生的生日祭记。道光二十八年三月二十八日,他参加了顾祠春祭之日。参加这次春祭之后,他便告假匆匆离京南归。当时交通甚不方便,从京城到徽州老家,路程几千里,没有一个礼拜时间,赶不到家。等他赶到老家歙南杞梓里,"甫抵里门,已闻凶耗",父亲已于三月十八日亥时病逝。治完父亲丧事,他便开始了三年守制。待他服除,准备回京复职,道光皇帝驾崩,咸丰皇帝继位,继鸦片战争外患之后,太平天国运动发生了。

王茂荫举进士步入仕途之后,居北京宣武门外的歙县会馆,先后任户部广西司行走、随后又兼贵州司行走等职。道光二十六年,他参加顾祠秋祭时,任户部云南司主事(正六品),次年升补户部贵州司员外郎。父亲去世那年的二月十三日,奉旨记名以御史(从五品)用。为先父守制回京后,咸丰二年,他还参加了秋七月顾祠会祭,从此直到同治四年去世,他因倡导币制改革,擢升为户部右侍郎兼钱法堂事务,成为清廷主管金融财政工作的要员,事务繁忙,随后又受到"申斥",突然得病、开缺疗养,加之在同治朝复出后办案山西和奔继母丧事回籍等原因,他没有机会再参加会祭。他参与顾祠会祭总共10次。

除了参与大规模会祭之外，王茂荫还与个别好友单独去顾祠祭祀。据《祁寯藻集》记载，顾祠倡建人张穆离世10周年，又值张氏生日之际，王茂荫就与祁寯藻去顾祠缅怀过。祁寯藻（1793—1866），字叔颖，一字淳甫，避讳改实甫，号春甫、息翁，山西寿阳人，他曾为道光、咸丰、同治"三代帝王师"，官至体仁阁大学士、太子太保。他不仅与王茂荫共事多年，而且做过王茂荫的上司，双方过从甚密，关系甚笃。咸丰九年十月九日，他与王茂荫去顾祠缅怀张穆，事后有诗系叙：诗前叙云："十月九日，故人张石州生日也，与王子怀祀于顾祠，归饮小斋，七叠前韵"，诗曰："雨后重寻九日花，拾遗况得伴王嘉。酒从东郭携来便，山到西台尽处斜。叹息故交存俎豆，摩挲陈简出麻沙。（与子怀共校《毛诗》郑笺疑字）苍松偃蹇工看客，应笑吾生也有涯。"这年春季，祁寯藻还曾作七律诗一首赠王茂荫："眉间远色在天涯，襟上新痕托酒怀。丛菊经秋知晚节，双松垂老得同侪。焚余谏草心犹壮，题到诗翁兴转佳。倚石沉吟为何事，故园蓬径隔江淮。"与祁寯藻去顾祠缅怀之后，王茂荫受请主讲潞河书院，可是不久他便得了"恍惚之症"，感觉言语都不自由，问答时形乖舛，延医诊视，称由思虑过度，心血亏损所致。服药后，渐有好转，但从此语言微蹇滞，不久便移居潞河寓所养病。

王茂荫还曾向"顾亭林祠"捐银十两。

王茂荫热心于顾祠会祭，不是没有缘由的。据笔者考察，主要原因有三：

首先，是出于对思想家顾炎武的崇拜与敬仰，他们在世界观、人生观与价值观上，观点高度契合一致。他同顾炎武先生一样，主张要认真读书，求得真学问，但反对一味钻故纸堆，死读书和读死书，提倡从小立大志，关心天下兴亡，为强国安邦而问道，做学问。他在回复准女婿汪仲伊的信中就讲了很重要观点，例如，"青年人以守身为大"，而守身是对崇高人格的追求、完善与坚守；再如，对待诸子百家之说，要"择其性近者而时习之，以求一技之长可为实用，以免徒务八比，终成腐儒"，主张不论研究何家之学，都要把自己放在主体位置,要有自己独立的见解,要善于掌握社会需要的经世致用的专门学问;他对晚清时期的八股文,十分厌烦,他告诫说如果"徒务八比",必将"终成腐儒",而腐儒是不会对国家社会有贡献的。晚明东林党人倡导的"风声雨声读书声声声入耳,家事国事天下事事事关心",受顾炎武思想影响很深。王茂荫是主张弘扬这一优秀传统的。

其次,王茂荫与倡建顾祠的张穆、何绍基关系非同一般,挚友倡议之事,自当积极参与。张穆(1805—1849),别名张穆知,字石舟、穆之、石州,号殷斋,山西平定古州人,祖父张佩芳于乾隆年间任过歙县知县,纂修《歙县志》《黄山志》,发现和培养了不少当地士人,程恩泽就是其中较著名的一个。其后还做过合肥知县、寿州与泗州知州。张穆的生身父母离世较早,由继母李氏抚养,在人生路上历经坎坷艰辛。张穆祖父在王茂荫家乡做县令时留下的美政佳谈,王茂荫可能有所闻。王茂荫在问学上早达,但考中进士晋身仕途较晚,道光十二年,24岁的张穆以优贡考入正黄旗教习,34岁的王茂荫才于北闱中进士。张穆通五经六艺,精训诂、天算、舆地之学,少时就留心边疆地理与民族问题,鸦片战争后海疆多事,他痛感民族危机深重,殷殷以时政为念,讲求经世致用之学,其经历、观念与志向,与王茂荫惊人地相似,趣味相投,道同相谋。祭祀顾氏,有缘结识,便很自然了。

何绍基,字子贞,号东州,别号东州居士,晚号蝯叟,湖南道州(今道县)人,他比王茂荫小一岁,晚八年离世。他曾受学于徽州士人程恩泽。何绍基为道光十六年进士,通经史,精小学金石碑版,书法初学颜体,又融汉魏而自成一家,尤长草书。王茂荫博通六经子史,书法也极精,他们情同手足。王茂荫祖母方太夫人28岁守寡,苦节32年之后受旌表,多年后始得建坊。咸丰七年夏月,何绍基曾为其祖母撰《皇清诰赠资政大夫兵部左侍郎王君暨配钦旌节孝方夫人墓表》,足见他们关系非同一般。据王茂荫后人介绍,王茂荫本人墓碑之字,亦出自何氏之手,可惜墓碑已毁。

其三,当时参与会祭的不少士人,有的是王茂荫乡党,有的则是他的同僚诤友,如陈庆镛、魏源、罗惇衍、翁同书等。他们利用会祭平台,相互影响,相互砥砺。

陈庆镛(1795—1858),字乾翔、笙叔,号颂南,福建晋江人,与王茂荫同年进士,官至监察御史,他同王茂荫一样,也是晚清官场上主张抗英和改革政治、军事,匡国振民的著名人物,"上疏多关大计",以"直声震海内"。光绪三十一年,桂坫撰《歙县王子怀侍郎奏议序》中提及这位著名的直臣及其幼子陈彦鹏。

魏源(1794—1857),清代著名的启蒙思想家,他认为论学应以"经世致用"为宗旨,倡导学习西方先进科学技术,是近代中国"睁眼看世界"的首批知识分子的优秀代表。《海国图志》是他主要著作之一。王茂荫的思想主张与他极合拍,咸丰八年五月,曾给咸丰皇帝上过《请刊发〈海国图志〉并论求人才折》。

罗惇衍(1814—1874),字顺生,广东顺德人,道光十五年进士,曾督安徽学政,官至左都御史。他学宗宋儒,立朝正色,抗论时事,无所顾避,为官端谨尽力。与王茂荫一样,既忠君又匡君,经常劝谏皇帝纠正时弊,多行善政。

翁同书(1810—1865),字祖庚,号药房,又号和斋,江苏常熟人,翁心存长子,翁同龢之兄,他比王茂荫小12岁,与王茂荫同一年离世。其父翁心存为晚清大臣,与王茂荫同朝为官,关系比较密切。

正是基于以上原因,王茂荫本人以及不少皖籍士人,对在京参与"顾亭林祠"会祭,非常热心,甚为活跃。

二

下面考察清末到民国时期参与顾祠会祭的其他皖籍士人:

潘曾玮(1818—1886),字宝臣、玉淦、季玉,清代名臣潘世恩第四个儿子,曾沂、曾莹、曾绶之弟。他虽被称吴县(今苏州)人,但其祖籍为徽州歙县,为侨寓吴县的徽人之后。他参加会祭年代早,次数有14次之多。他曾向顾祠捐银十二两。咸丰二年春,又捐赠顾祠祭器,并与同乡方允镶同为该年春祭主持人。潘曾玮五岁入塾,顾祠创建之年,他年方25岁,参加顺天乡试,挑取誊录,遂弃举子业。他留心经世之学,肆力于诗古文辞。生性散淡,书法学颜柳,四十岁后专摹兰亭,寒暑无间,间以诗酒陶冶性情。何绍基题其集,有"清能澈骨豪逾静,澹欲无言少已多"句,言其"发为诗词,直道胸臆,绝无矜情躁气及驰骋浮艳之作"。每天手书日记,撰有《正学编》《自镜斋文钞》《咏花词》《玉澰词》《正学编疏解》《养闲草堂图记》《横塘泛月图记》等。

郑复光(1780—?),字元甫、瀚(浣)香,徽州歙县人,著名科学家,是最早与王茂荫、潘曾玮参与顾祠会祭的人,前后共参与会祭8次。有关记载言其卒于咸丰癸丑(1853),显然有误,光绪元年乙亥(1875)重装的《顾先生祠会祭题名第一卷子》明确记载他于咸丰甲寅(1854)三月十二日,参加了顾祠春季会祭,并有他亲笔写下的记载,同年五月二十八日,是顾炎武的生日,也是他自己的生日,他又参加了顾氏的生日会祭。《中国近代史词典》载1862年京师同文馆成立,曾聘郑复光教授数学,因病未就,不知所持何据?他精通数学、物理与机械制造,道光二十六年(1846)写成《镜镜詅痴》五卷,集当时中西方光学知识之大成。在此基础上,他制造了中国最早的一台测天望远镜。著有《郑元甫礼记》《郑瀚香遗稿》,均为手抄本。

汪士铎(1802—1889),字振庵,又字梅村,晚号悔翁,晚清徽州歙县潜口人,寄籍江宁(南京),曾馆于魏源、方凝家,道光二十年中举,未仕,以荐授国子监助教。他参加顾祠会祭虽然仅一次,但年代较早,那是道光二十七年三月二十六日,与王茂荫、潘曾玮两个徽州籍同乡一道参与春祭。咸丰中,曾避乱居绩溪山中五年,后至湖北入胡林翼幕府,建言乡裨时局,被曾国藩誉称"血性男儿",后归江宁,筑室"砖丘",隐居以终。主要著作有《汪梅村先生集》《悔翁笔记》《南北史补志》《水经注图》等,所著《乙丙日记》是历来议论中国人口问题最多的一部著作。

吕贤基(1803—1853),安徽旌德县人,道光十五年进士,曾任编修、御史、给事中等职,持正敢言,数论时政得失,多被采纳。道光二十七年三月二十六日,他首次参与顾祠春祭,至道光三十年顾氏生日祭为止,他总共参与会祭8次,捐银十两。顾炎武祠堂倡建者之一的张穆先生逝世一周年之际(道光三十年十月十日),吕贤基与苗、商昌、冯志沂何秋涛吴承、吴念等,还在北京顾祠夹室专为张穆先生"特设一祭"。太平天国运动时期,王茂荫疏荐吕贤基回皖办团练,咸丰三年,太平军兵临舒城,吕贤基率僚佐登城守御,城破投水殉难。

方允镶,字印生,歙县人,与冯桂芬、翁同书同为道光二十年进士,在士林中以气节称。道光二十七重九日,他与同乡王茂荫、潘曾玮一道第一次参与顾祠秋祭,至咸丰二年(1852)春季,前后总共参与会祭10次。据王茂荫辑撰《皖省褒忠录》记载,方允镶在道咸年间任过刑科给事中,咸丰二年丁艰回籍,三年,闻太平军犯金陵,在该县官绅劝捐团练,其家极贫寒,所居离城不远,往来城乡,均自备资斧,绝不用公局一厘。五年正月,太平军犯徽郡,方允镶因病在家,不能出御,二月十二日,闻府县城陷,即绝粒数日,不死。旋,吞银指环,又不死。延至三月初三日,乃死。咸丰九年五月初九日,皖籍京官给事中方颐、御史吴焯、林之望联衔奏请为殉难官绅士民旌恤,咸丰帝有谕批:"安徽歙县在籍给事中方允镶于咸丰五年二月,贼陷徽郡时,绝粒殉难,情殊可怜,著交部酌量议,以慰忠魂。"

吕锦文,生卒年不详,字寿堂,号简卿,安徽旌德人,吕贤基长子。咸丰二年进士。咸丰元年、二年参与顾祠春祭。父死,由翰林院庶吉士擢升侍读。咸丰三年十一月初十日,王茂荫上《保本籍人员回省带勇折》,保了三个人回籍办团练,除了刑部郎中、记名御史李文安(李鸿章之父)、已革江苏巡抚杨文定之外,就是吕锦文,王茂荫称:"至吕贤基之子吕锦文,因父殉节,痛不欲生,亦愿随往杀贼,并求父尸,亦应请旨准其随往。"后在旌德创办团练,募捐筹粮。

因做法有些过火,百姓受害惨重,有谚称"旌德人吃人,害在吕锦文"。撰有《文选古字通补训》4卷,《拾遗》1卷,《筹笔闲吟》《怀研斋吟草》各1卷,编选《埙篪雅唱》3卷。

江开(1801—1863),字千里,号龙门,安徽庐江人。道光十五年举人,历任陕西周至、紫阳、镇安、咸阳、富平等县知县。曾于咸丰二年四月三日参与顾祠会祭。同治元年四月二十日,复出后的王茂荫上疏《请饬潘铎办理陕西军务折》,其中有保举陕西富县知县江开办陕西军务。江开诗词书画皆精,词代表作有《菩萨蛮·商妇怨》。著有《浩然堂诗集》《浩然堂目下刍言》两卷,主持编修《槎山江氏宗谱》。

戴钧衡(1814—1855),字存在,号蓉洲,桐城孔城人。自幼聪慧绝伦,恃才自傲,刻印《蓉洲初稿》,后师从家乡大学者方东树,学识大进,文笔精纯,道光二十九年中举,至京都,深得京官曾国藩、吕贤基、罗惇衍、陈庆镛赏识。回乡后笃志探索经世致用之学。师从方东树日久,深得桐城派旨要,以继承桐城派文统为己任。值戴名世文章于禁书之列,他甘冒清廷大忌,搜集戴名世遗篇,汇为《潜虚先生文集》。他重视桑梓文教,与里中名流创建桐乡书院,后又著有《桐乡书院志》。饱学鸿儒戴钧衡,有经纬治世之才,咸丰改元,广开言路,他列举时弊,请在京人士代奏。他在京参与顾祠会祭是在咸丰二年春祭。咸丰五年桐城被太平军攻陷,妻小死于兵厄,客旅怀远的钧衡闻讯呕血而死,遗骨葬孔城镇红庙村丁家冲,曾国藩为题墓碑"大清举人戴君存庄之墓",现为桐城市重点文物保护单位。戴氏远离邪佞,为人正直不阿。著有《味经山作诗文钞》《公车日记》《杂记》等。《清史稿》有传。

潘祖荫(1830—1890),字东镛,号伯寅,又号郑庵,小字凤笠,清末歙县大阜人,寄籍吴县(今苏州),他是清代名臣潘世恩之孙、潘曾绶之子。咸丰二年一甲三名进士,历任侍讲学士、国子祭酒、左副都御史、工部尚书、军机大臣、充国史馆总裁、兼理顺天府尹事。咸丰三年九月十六日,参与顾祠秋祭。会祭者仅潘祖荫、陈庆铺、阮福、林昌彝四人。"期而未至者"五人,王茂荫为其一。当时身为太常侍少卿的王茂荫正奉命与宋晋、何桂珍等人商议京城防守事,事关重大,仅咸丰三年九月十六日顾祠秋祭这一天,王茂荫就给咸丰上了《请将郭维键交巡防军营差委片》《请催杨熙赴江忠源军营片》《劝谕京城铺户联络保护片》三道奏折,他实在太忙累,无法分身去参与会祭。潘祖荫也是一个"天怀慷爽,开济为务,自入翰林,遇事敢言,飙举风发,不顾忌讳"之人。

江人镜(1823—1900),字云彦,号蓉舫,徽州婺源晓起(今属江西省)人,道光二十九年应顺天乡试中举,咸丰三年任内阁中书,先后参与咸丰五年三月朔日春祭和咸丰九年四月六日春祭和九月十二日秋祭。江人镜曾为军机章京、内阁侍读山西蒲州知府太原知府、山西按察使,后改任河东、湖北盐法道。光绪年间任两淮盐运使,遂定居扬州,育有十子七女,光绪二十六年病死扬州,灵柩运婺源晓起安葬。在任,奉公守法,有循吏之称。著有《知白斋诗钞》。

孙长安,桐城人。初次参与咸丰五年重九秋祭,时为监生。余不详。

倪文蔚(1823—1890),字茂甫,号豹岑,望江人,咸丰二年进士,钦点翰林院庶吉士,后官广西、广东、河南巡抚,兼河道总督,曾在抗法援越战争和黄河抗洪救灾、水利兴修中屡建功勋。他于咸丰六年四月三日首次参与顾祠春祭,最后一次与祭是光绪十三年(1887)三月二十日春祭,总共与祭7次。一生关心民苦,修堤守土,兴学重才,政声斐然。光绪十六年(1890),授任河道总督(正二品)。后来,大学士李鸿章保荐其家奴周福接替其职,倪氏担心其不能胜任,迟迟不肯交印,周福跪于其病榻前说"大人靴破,已不堪用",倪氏正色道"靴虽破,底犹存"。交印时,他忧心忡忡地嘱咐周福"勿苦百姓",说完,长叹而逝。倪氏学宗程朱,毕生存诚主敬,学识渊博,多才多艺。著有《禹贡说》《荆州万城堤志》《两疆勉诗文集》诸书。

刘翊泰,桐城人,咸丰六年重九参加秋祭1次,时为户部郎中。撰有《道光二十六年丙午科江南乡试硃卷》1卷,又有《十万琅玕吟馆诗草》等。余不详。

鲍康(1810—1881)字子年,自号观古阁主人,又号臆园野人,徽州歙县岩镇人,晚清钱币学家和金石家。道光十九年应乡试中举,随叔父鲍桂星居京城,咸丰四年(1854)在京都应礼部试,不第,相继任内阁中书和夔州知府,因忤上官去职,退隐,醉心于古钱币研究。鲍康自幼酷好古钱币,历道咸同光四朝,收藏甚富,且多前人未见之品。其钱币学著作主要有《观古阁泉说》《大钱图录》。他对清咸丰朝采取铸造各类大钱和滥发不兑现的官票、宝钞等易导致通货膨胀措施,持反对态度,他认为"大钱乃一时权宜之计,利少弊多""有本之钞易行,无本之钞难行"。他在咸丰四年三月十六日的《论钞书》中,如实记载了当时北京城钞币贬值情况:"凡以钞买物者,或坚持不收,或倍昂其价,或竟以货尽为辞。有戏呼为'吵票'者。""市肆情形又几于不可终日,商贾皆视钞法为畏途……争端纷起,讼版滋多。"他的这些观点,与他的同乡、当时主管财政货币事务的王茂荫,完全一致。他在这篇《论钞书》中,提到这年三月初五日王茂荫因"复有筹商运发钞本之奏请",而遭到咸丰皇帝"训饬"一事。鲍康比王茂荫小12岁,他们乡谊甚笃。鲍氏曾为王茂荫继配夫人洪氏作《恭祝诰封一品夫人王母洪夫人寿序》。这篇"寿序"是研究王茂荫的珍贵资料。

当年的鲍康曾多次去歙县会馆拜访同乡先达王茂荫,他晚年说过这样的话,"康昔官中书时,每造先生宅,辄跃听高论。见先生萧然一室,别无长物,公余之暇,手一卷自娱"。他评论王茂荫。"封事数十上,动关大计,言人之所不敢言,天下仰望其风采。""先生清风亮节,海内所钦。"鲍康第一次参与顾祠会祭是咸丰九年秋祭,从此直到同治八年外任夔州知府,他几乎年年参与春秋两祭和顾氏生日祭,前后参与或主持会祭共26次。在所有参与会祭的朝臣士人中,论次数之多,责任心之强,信誉之高,影响之大,鲜有能与其相比者。鲍康十分重视顾祠会祭原始档案文献的编就与收藏。同治七年春祭时，他嘱同祭者秦谊、王小铁各绘顾祠雅集图编，让同人题咏，一份存祠中，一份由主持人收存，"以为异日雪泥之证"，出任四川州知府后，他将由他收存的一份会祭图册交由董云舫收存。

徐诚，字诗舲，徽州歙县人，生卒不详。参与同治三年春祭，时任兵部主事。他参与会祭仅此一次。咸丰年间，王茂荫曾在兵部任过右侍郎、左侍郎，徐诚是王茂荫同乡中的晚辈。

方德麟，桐城人，咸丰九年五月二十八日参与会祭，并书题记，余不详。

方濬益（？—1899），字子聪，一作子听，又字伯裕，安徽定远炉桥人，祖籍安徽休宁县鄣源（今休宁县鹤城乡樟源里），清顺治八年（1651）濬益六世祖方景蕃渡江北上迁定远。《重修炉桥方氏家谱》载，方景蕃初迁定远居无定所，穷困潦倒，最落魄时行囊中只剩一部朱子的《通鉴纲目》。经过几代人孜孜以求的苦学，歙人金榜中状元的乾隆三十七年（1772），景蕃曾孙方炜以二甲十六名高中进士，方族从此蓬勃兴起，一连出了8个进士。方濬益堂兄方濬颐（1815—1888），字饮苕，号子箴，又号梦园，道光二十四年（1844）进士，历任两广盐运使兼广东布政使、两淮盐运使、四川按察使等职，方濬益本人做过江苏金山知县、南汇奉贤知县，工书画，擅金石收藏。与堂兄方濬颐为书画金石收藏家与鉴赏家，所藏名人字画甚富，多为稀世珍品，方濬颐曾著《梦园书画录》25卷，详细记载其所藏名人字画近千幅，北京故宫博物院收藏方氏兄弟藏品不少。方濬益所著《定远方氏吉金彝器款识》《缀遗斋彝器考释》等，是古器金文研究有影响的专著。清代，江淮一带流传"寿字、怀画、定文章"之说，指的是寿县的书法，怀远的绘画和定远方濬颐、方濬益、方濬师三兄弟的文章在江淮间享有盛誉。方濬益参与顾祠春祭，是在咸丰十年闰三月三日，同祭者有著名画家张祥河、金石收藏家兼钱币学家鲍康等。

方朝觐,字子观,安徽桐城人。咸丰十年闰三月三日,参与顾祠春祭,时任兵部主事。余不详。

薛春黎,字淮生,安徽全椒县人。同治元年五月二十八日,初次参与顾祠生日祭,时任山东道监察御史。同时与祭者有祁世长、陶彦寿、王轩、董文焕、陈昌年、鲍康、范鸣和。余不详。

三

潘曾绶(1810—1883),初名曾鉴,字绂庭,潘世恩之子,潘曾沂、潘曾莹之弟,潘祖荫之父。道光二十年举人,历官内阁中书、内阁侍读等职。咸丰九年,他与同乡鲍康、江人镜一道参与顾祠秋祭。同治年间,参与会祭7次。他是个孝子,后以父潘世恩年高而引疾归养。父亲去世后,他不复出仕,就养京师,优游文史,宏奖后进,布衣萧然,无异寒素。晚年老病杜门,仅与李慈铭相往返。他工诗文词,符葆森《国朝正雅集》称其"为诗清丽有则,无贵介气"。著有《兰陔屋诗集》,自订有《绂庭先生年谱》。

鲍功枚,字达夫,徽州歙县人,居扬徽商之后,同治元年进士,曾官户部主事。同治六年三月三日,以户部主事身份与同乡鲍康参与顾祠春祭一次。

方濬师(1830—1889),字子严,号梦簪,安徽定远炉桥人,方濬益弟。咸丰五年举人,历任内阁中书、总理各国事务衙门章京、侍讲学士、直隶永定河道等职。无书不读,多才多艺。著有《蕉轩随录》《蕉轩续录》《退一步斋诗集》《醼政备览》《岭西公牍棠存》《袁枚年谱》《粤闱唱和集》等。同治三年九月十九日,他参与顾祠秋祭。

鲍恩绶,字印亭,鲍康侄子,同治六年(1867)举人,曾官内阁中书,后为官江西。同治八年三月三日,第一次随鲍康参与顾祠春祭,此后在同治朝还参与会祭3次,共4次。

鲍源深(1811—1884),字华潭,号穆堂,徽州歙县人,占籍和州(今安徽和县),道光二十七年进士。咸丰四年,督学贵州。同治八年五月廿八日,第一次与同乡鲍康、鲍恩绶参与顾祠生日祭祀,时官工部侍郎。此后,还参与了同年的秋祭和次年的春祭,总共参与会祭3次。同治中四任学政,四入上书房行走,授世子读,累迁侍讲学士,擢太常卿、大理寺卿,左副都御史,历工、兵、户、礼部右侍郎。同治十年授山西巡抚,严军粟之禁,力革淫风,风俗至为一变。光绪二年(1876)告归,后寓居江苏宝应,逾年主讲金陵、上海书院,"布衣粗粝,萧然与寒俊无殊"。卒后,葬江宁城丁家山。子鲍孝光、鲍孝裕录其奏牍若干卷藏于家。著有《补竹轩文集》。

潘曾莹,与潘曾绶一道曾参加过同治十年九月十九日顾祠秋祭。此次参与会祭者有王茂荫的同僚宋晋,以及同僚祁寯藻之子祁世长,朝臣张之洞亦初次与祭。

许玉瑑(1828—1894)初名庚飏,字起上,号鹤巢,徽州歙县人,乔寓江苏吴县(今苏州)。同治三年举人,历官刑部郎中。擅词,著有《诗契斋词钞》。光绪九年(1883)九月初十一日,首次参与顾祠会祭,至光绪十八年十月二十五参与秋祭,总共与祭8次。

汪鸣銮(1839—1907),字柳门,号郋亭,休宁汪村(今属万安镇)人,先世以业盐起家,父亲汪继昌为浙江钱塘(今杭州)庠生,后亦业盐。汪鸣銮出生于钱塘,后侨居苏州阊门外南濠信心巷。鸣銮幼颖慧,七岁通小篆,外祖父韩履仰家"宝铁斋"富藏金石图籍,每随母至外祖家,辄得浏览揣摩,为长后覃研经学,精通篆书奠定了基础。他少时四处奔波求学,27岁举进士,历官编及主陕、甘、鲁、赣、粤诸省学政,主典乡试,为朝廷培养和选拔士人甚多,故自号"得生"。他还担任过内阁学士、总理各国事务衙门行走、五城团防大臣、吏部右侍郎、光禄大夫等职。他提倡改革维新,反对专制统治,同情民主革命,因力主光绪帝变法维新,遭慈禧忌恨,在被革职前愤然辞归。归隐后,在杭州训诂精舍和敷文书院讲学,曾出资在桑梓地汪村修复历经明清两朝的"汪家花园"。汪鸣銮为官清正,曾参与有名冤案"杨乃武与小白菜案"的平反。清末名流吴大澂与其为姨表兄弟,以著《孽海花》名世的曾朴是其女婿。汪鸣銮擅长篆书,用笔得势,自然流畅,蝇头小楷亦清逸娟秀。据传,他经常出售对联条幅,所得款项用以周济四穷,在朝野都有很好口碑。汪鸣銮于光绪十八年(1892)十月二十五日参与顾祠秋祭一次。

汪凤池(1849—1909),字思赞,号药阶,晚清苏州吴县人,祖籍徽州休宁。汪铁佛之后汪橙清初由休宁潜阜迁苏州,世居苏州娄门内北街。汪凤池于同治十二年拔贡,与弟汪凤藻、汪凤瀛、汪凤梁,是一门三拔贡(凤池、凤瀛、荣宝)四知府(凤池、凤藻、凤瀛、凤梁)的外交官世家,他们参与了晚清、民国历次重大事件,对晚、清民国政局有深远影响。汪凤池拔贡后授山东道监察御史,上疏极谏,慈禧太后闻奏动容。慈禧及光绪皇帝"西狩",顺天府尹密饬大兴、宛平两县拘留大车二千辆迎接,人心惶惑,群臣不敢言,汪凤池闻知,敢言极谏,为晚清有名清官和"诤臣"。光绪十八年十月二十五日首次与宗人汪鸣銮、同乡许玉瑑、潘祖年、曹允源等参与顾祠秋祭,至光绪三十二年参与秋祭止,共与祭12次。

潘祖年(1870—1925),字西园,一字拙速,号仲午,室名拙速斋,徽州歙县人,寓居吴县(今苏州),潘世恩孙,潘曾绶次子。议叙州同,以兄潘祖荫荫特赏郎中,补刑部云南郎中兼福建司行走记名,加盐运使衔,赏戴花翎加四级。诰授通议大夫。有《拙速诗存》1卷。次女潘静淑为山水画家吴湖帆原配夫人。潘祖年于光绪十八年参与秋祭一次。

曹允源(1856—1927),字根荪,号复庵,徽州人,寓居吴县,光绪十五年(1889)进士,官至宜化知府、安襄郧荆兵备道,民国后任苏州图书馆馆长。著有《复庵文稿》《复庵外集》《淮南杂志》等。曾为潘祖年作墓志铭。光绪十八年参与秋祭一次。

汪凤藻(1851—1918),字云章,号芝房,汪凤池之弟,同文馆英文班毕业,光绪九年授翰林院庶吉士,光绪十七年以翰林院编修赏二品顶戴署理驻日钦使,次年正式任命为驻日钦使。光绪二十八年春,被盛宣怀任命为南洋工学总理。光绪二十四年三月首次与长兄汪凤池参与顾祠春祭,光绪三十一年、三十三年还参与春祭两次。

汪凤梁,生卒不详,字兰楣,汪凤池三弟,光绪十六年进士,授编修,官至四川顺庆知府,又曾任会试同考官。从光绪二十四年九月二十三日与从长兄汪凤池参与顾祠秋祭始,总共与祭8次。

潘盛年,晚清苏州潘氏族裔,祖籍徽州,余不详。光绪二十四年三月参与顾祠春祭,光绪三十二年九月十一日参与秋祭,与祭2次。

潘承谋,晚清苏州潘氏族裔,祖籍徽州,书画家。余不详。光绪二十九年四月初八日首次参与春祭,至宣统元年(1909)九月四日参与秋祭,与祭历7年11次。

吴荫培(1851—1930),字树百,号颖之、云庵,江苏吴县(今苏州)人,祖籍徽州。光绪十六年探花,两度出任顺天府乡试同考官,光绪三十一年自费赴日本考察,回国后创办女子师范幼稚园、水利农林讲习所。后外任贵州府、廉州府、潮州府知府。辛亥革命后回乡,设织布厂安置流民。民国初年在吴地捐资创办"吴中保墓会",保护了众多名人古墓。民国五年设修志局于沧浪亭,与曹允源、蒋炳章一道担任《吴县志》总纂。为人处事,邑人称道。光绪二十九年九月二十五日参与顾祠秋祭。

潘昌煦(1873—1958),字由笙,苏州皮市街人,祖籍徽州。光绪二十四年进士,留学日本,历任翰林院编修、国史馆协修、武英殿协修、大总统府顾问、北京燕京大学法律教授、原国立清华大学政治学教授。工诗擅书法。早年诗风承继杜陵,晚年爱陶、白遗风。一生淡泊寡欲,不求闻达,安贫乐素,严辨是非,宁守清贫,决不合污,保持中国知识分子不屈不挠的正直形象。光绪二十八年九月二十五日参与顾祠秋祭。

王伯恭(1861—1921),又名王仪郑,原名锡鬯,字伯恭,别署公之桥,清末安徽盱眙(今属江苏)人。翁同龢门人,举人,国子监学正,曾入张之洞幕。工书法,著有《蜷庐随笔》传世。民国八年(1919)五月二十六日参与生日祭。

吴燕绍（1868—1944），江苏吴县人，祖籍徽州。早年有志于研究边疆史地，光绪二十年举进士进入仕途后，经过数十年史料搜集、爬梳整理与研究，终于完成《清代蒙藏回部典汇》书稿，该书稿1 500万字，辑录了从明万历十一年（1583）至清宣统三年（1911），王朝关于边疆地区的圣训、起居注、上谕、奏章、军机档案、图书等各类原始资料。吴燕绍去世后，手稿由其子吴丰培珍藏，历经劫难，2005年由中华书局出版。吴燕绍生前还著有《西藏史大纲》。民国八年五月二十六日和九月十日，吴燕绍先后参与顾祠生日祭与秋祭。

吴昌绶（约1867—?），字伯宛，一字印臣，又字印丞，号甘遁，晚号松邻，出生于浙江仁和（今杭州），祖籍徽州歙县，清代著名学者、藏书家吴焯之后。光绪二十三年举人，曾官内阁中书、北洋政府司法秘书。为近代著名藏书家、金石学家与刻书家。民国八年五月二十六日，参与顾祠生日祭，民国十年张一麟创议集资重修顾祠，吴昌绶积极响应并捐赠祭器。民国十一年，吴昌绶刊《顾祠小志》，董康为之序。

结语

顾祠会祭是中国近现代史上以纪念顾炎武为主旨的公祭活动。活动持续了80年。本文对80年的会祭做了初步考察，总结如下。

一，著名学者张穆与何绍基于鸦片战争之后在顾炎武曾潜心研读的北京报国寺旁倡建顾氏祠堂，定期祭祀，顺乎中华儿女之心，符合中华士人之意，不仅有直接的现实意义，而且有深远的历史意义。

二，长江以南之徽州，自古为华夏名区，自唐宋以降儒风独茂，有理想有志向的爱国士子，代不乏人，比肩接踵，他们中的很多人都为培育、继承和弘扬徽州文化，创造传统文明，做过贡献，他们都自觉地不间断地参与顾祠会祭。长江以北之桐城，接江趋淮，七省通衢，是桐城文化的发祥地，素有"文都"之称。清末安徽省参与顾祠会祭的士人,以徽州籍和桐城籍为多,这是必然的。

三,中国近代史是一部屈辱史,很多仁人志士在顾氏"天下兴亡,匹夫有责"精神的感召下,利用会祭平台,相互砥砺,共同奋进,这反映了人心所向。在实现中华民族伟大复兴和建设人类命运共同体的进程中,我们应当继续弘扬"天下兴亡,匹夫有责"的历史使命感与爱国担当精神。

论两代人的家国认同与救亡图存

——以《吴宓评顾亭林诗集》为例

姚伟宸

在谈顾炎武与吴宓各自受何种思想影响以及其思想流变过程之前,有必要明确一个观点,何谓中国,这是需要一个明确的认知的,否则史料本身就会如同一堆废纸,变得无处安放。长期以来中国这个概念,受三种认知框架所构建的图景所框定:汉族中心史观、一元实体的中国史观、革命史观。从观念塑造的角度讲,前两者是有一定递进关系的,其源头可以追溯到孔子所推崇的二帝三王时代。著名历史学家钱穆在其著作《中国历史研究法》中提出:"西洋史是可分割的,可以把历史上每一时期划断。如希腊史和罗马史,两者间就显可划分。此下是他们的中古时期,这又是一个全新的时期,与以前不同。此下是他们的近代史,现代国家兴起,又是另一段落了,如此分开来,各有起讫。而中国史则是先后相承不可分割的,五千年一贯下来,永远是一部中国史,通体是一部中国史。战国以后有秦汉,决不能和西方之希腊以后有罗马相比。这显然见得双方历史互有不同,此即我们上面所指述的历史的特殊性。"钱穆所描述的特殊性正是前两种史观叠加起来的结果。各类史实被按一定的观念塑造,而塑造中国历史的群体正是我们所熟悉的儒家,儒家以各种各样的规范,来整肃社会上大大小小的事务,大到天子登基,小到家族子弟分遗产之类,当然也包括以一种"剪刀手"的模式修去历史的枝杈,使得历史看起来规整而连贯。事实上不只儒家一家这么做,伊斯兰教、基督教都会有意无意地塑造自己所服务政治实体的历史。起到相似作用的有时候也可能是神话,放在中国是夸父追日、女娲补天,放在西方是荷马史诗中的神话故事。按古史辨派的观点这些都是层累结构的。这些东西真假显得不那么重要,这和近现代以来注重实证考据的历史学流派是不同的,其最终结果是塑造了民族,在一定意义上圈定了前现代国家模糊的疆域边界,这才是关键点,或者说这是历史的实际用途之一,毋庸置疑吴宓和顾炎武是上文所提到的前两种史观的塑造者,同时也是接受者,这两种观念严格来说是有其多义性的,可以当作史学观念来看,也可以当作道德观念和伦理观念来看。当作史学观念,即钱穆所说五千年来一以贯之,当作道德观念即忠孝礼义廉,温良恭俭让。当作伦理观念即三纲五常。这是吴宓和顾炎武的基本认知图景和塑造,无论何种材料都会按照固定的方式排列,这基本认知最初就表现为华夷之辨。

一、华夷之辨与忠君爱国

顾炎武(1613—1682),明末清初杰出的思想家,首先我们要注意顾炎武生活的时代明朝,作为一个汉人王朝,这个王朝是一个对华夷之辨非常看重的朝代,这里必须提到上文有所论述的先秦时代,儒家传统要求君子修身、齐家、治国、平天下,可见天下的概念远比国大得多,所谓普天之下,莫非王土,率土之滨,莫非王臣,那么反过来说,这个天下观里生不臣之心者为蛮夷,《春秋左传正义·定公十年》里写道:"中国有礼仪之大,故称夏;有服章之美,谓之华。"《周易·系辞下》记载:"黄帝、尧、舜垂衣裳而天下治。"这说明自先秦以来,天下是文化的天下,顾炎武显然是受先秦以来儒家传统的影响,王朝交替的时刻需要一种思想作为武器去对抗入侵者,拿出华夷之辨的思想对于明朝人而言几乎是一种下意识的动作,所谓内华夏而外夷狄。《日知录》的《正始》篇写道,"亡国与亡天下奚辨?曰:易姓改号,谓之亡国;仁义充塞,而至于率兽食人,人将相食,谓之亡天下。"顾炎武的阐发较先秦诸典籍又进一步,这里的含义不光有作为文化内涵的仁义二字,更代表一种世风,有一种道德上对于社会风气的期许,这是典型的传统士大夫的思路,孔子一心恢复三代以来的先王风气,而顾炎武认为东汉的风气好于魏晋,当然也好于他所处的时代。不得不说华夷之辨所塑造的天下观,实际上困住了明朝士大夫的手脚,直到南明小王朝日薄西山,奋力抗清的明朝官员张煌言告诫郑成功的依然是不要放弃江南,而去和红毛夷争夺海外之地。

其时炎武奉母侨居常熟之语濂泾,介两县之间。"而七月乙卯,昆山陷;癸亥,常熟陷。吾母闻之,遂不食,绝粒者十有五日,至己卯晦而吾母卒。八月庚辰朔,大敛。又明日而兵至矣。呜呼痛哉!遗言曰:'我虽妇人,身受国恩,与国俱亡,义也。汝无为异国臣子,无负世世国恩,无忘先祖遗训,则吾可以瞑于地下!'呜呼痛哉!"这段母亲对顾炎武的叮嘱,可以算作一种约定,虽然顾炎武本人提出了亡国和亡天下是有本质区别的,但其母亲的观念在于食君之禄,忠君之事,顾炎武的思想是超前的,其母的思想却和当时的时代背景深度嵌套,这里有一个原因,即在反清的大方向,两人是一致的,但在细节上出现了偏差,如若不按照母亲的观念行事,则为不孝,可以想见一个人如果超越时代太多,不免为一种痛苦。

综上所述顾炎武的天下观作为一种思想,既有超越,也有其局限,值得注意的是他的天下观与近代以来的民族国家概念大体上是不同的,但近代以来以吴宓为代表的民国知识分子,其国家观念或多或少受顾炎武的天下观影响。

二、四种思想对吴宓家国认同的影响

先秦典籍对吴宓思想观念和家国认同,无疑也是存在影响的,作为从传统社会走向近代社会的一代,这一时期的学人,面临着身份转换,从士大夫走向西方语境下的知识分子,这是新旧交替,路径转换,在此不过多赘述,这里我们只谈较为直接的四种思想对吴宓的影响。

1. 吴宓(1894—1978),陕西省泾阳县人,1917年赴美留学,获比较文学硕士学位,著名的诗人、学者,我国近代杰出知识分子的代表人物。由近及远地说,他首先受到的是以刘古愚(1843—1903)为首的新关学思想的熏陶。新关学的思想与顾炎武的学说与思想可说是一脉相承,同样主张积极入世,值得一提的是吴宓的父亲是刘古愚的学生,吴宓称刘古愚为太老师,吴宓归国之后续办《学衡》,仰赖的是《大公报》主编张季鸾的帮助。张季鸾为刘古愚的及门弟子,相当于与吴宓有同门渊源。刘古愚无论从思想上还是实践上都对吴宓产生了影响。

2. 吴宓在1937年的日记中有如下记载:7月18日,"读《顾亭林集》。"7月20日,"仍读《顾亭林集》。"7月21日,"仍读《顾亭林集》。"7月23日,"仍读《顾亭林集》。"7月25日,"读《顾亭林集》。"7月26日,"读《顾亭林集》。"这与他前面所讲的"至七月初,学校放暑假,宓乃借取山阳徐嘉(遁庵)注本,逐首细读,并录其要点于书眉。日夜为之,至七月二十二日卒业"的情是基本相符的。当日读完以后,作者曾写了《读顾亭林诗集》七律二首,该诗题注云:"一九三七年七月二十二日,在清华作。时卢沟桥变起已半月。"当月28日,北京抗战开始,所以,吴宓真正开始认真阅读顾亭林诗,是在国难当头的背景下,从文化救亡的目的出发,试图寻求一种立身行事的准则。这在某种程度上又强化了他对中国文化所持有的自信和认同。他说:"九一八国难起后,一时名作极多,此诚不幸中之幸。以诗而论,吾中国之人心实未死,而文化尚未亡也。"(《空轩诗话》之四十《吴宓诗话》)在吴宓看来,只要文化不亡,中国就不会亡,文化亡则中国亡。很显然,1914年4月6日朋友的一番谈话曾给他留下了深刻的印象,使他对中国的未来做了深入的文化思考。当日的日记中说:

晚,与锡予谈,言国亡则吾辈将何作? 余曰:上则杀身成仁,轰轰烈烈为节义死,下则削发空门遁迹山林,以诗味禅理了此余生。如是而已。锡予则谓,国亡之后不必死,而有二事可为:其小者,则以武力图恢复;其大者,则肆力学问,以绝大之魄力,用我国五千年之精神文明,创出一种极有势力之新宗教或新学说,使中国之形式虽亡,而中国之精神、之灵魂永久长存宇宙,则中国不幸后之大幸也。

从这一段中能明显感觉到顾炎武诗词对吴宓的影响。另有《吴宓日记》中提到的汤用彤大体也抱持此观点,结合抗日战争的背景,吴宓、汤用彤对旷日持久的抗战持有一种悲观态度,情有可原。所谓诗言志,顾炎武的诗成为抒发一代人爱国精神的载体,可以说是老树开了新花,吴宓借鸡生蛋,而《吴宓评注顾亭林诗集》就是那颗蛋,一颗充满爱国精神的蛋。此处引用一首顾炎武的诗:

拟唐人五言八韵其二高渐离击筑

神州移水德,故鼎去山东。断霓夫人剑,残烟郭隗宫。
身留烈士后,迹混市儿中。改服心弥苦,知音耳自通。
沉沦余技艺,慷慨本英雄。壮节悲迟晚,羁魂迫固穷。
一吟辽海怨,再奏蓟丘风。不复荆卿和,哀哉六国空。

吴宓、汤用彤一辈人显然已经不计个人得失,他们此时此刻,想的是守先待后,想的是风萧萧兮易水寒,即实质的疆域可能沦亡,文化种子要洒向八方。

3. 1904年11月蔡元培等人组织了光复会,其口号是:"光复汉族,还我山河,以身许国功成身退。"注意这个时间点1904年,1907年杨度于《金铁主义说》中提出了五族一家等概念,然而从宪法层面说要等到1912年《中华民国临时大总统宣言》才把五族共和写进了正式文件。其间不过数年,思想界已经是180度的大转弯,吴宓1917年赴美留学。在此之前,其必然受五族共和思想之影响。《吴宓与陈寅恪》一书记载如下:"若耶教专行于中国,则中国立国之精神亡。且他教可容耶教,而耶教决不能容他教。必至牵入政治,则中国之统一愈难,而召亡益速。"这里吴宓提到了中国统一的问题,这已经不仅仅是文化观的问题,而且从文化过渡到政治。鉴于无论康有为、梁启超还是杨度、孙中山,从实际出发,本着中华民国法理上继承清朝疆土这一事实,政治主张都经历从驱除鞑虏到五族共和的变化,以1912年的宣言推断,吴宓很可能接受了五族共和思想的影响,至此吴宓的家国认同,有了一个完整的脉络。

4. 吴宓的思想是对其恩师白壁德的新人文主义的继承,实际上是可以不在本文提及的,因为新人文主义可以算作吴宓救国的方法论,而不是影响其家国认同的思想来源,然新人文主义反思了浪漫主义的弊病,抨击了过度放纵的道德,其本身可以说与顾炎武的思想有相同之处,即文化上的保守主义,吴宓本身就有这样的思想基础,拜在白壁德门下,可说是自身兴趣所致,也可说是为自身的思想演化铺平了道路。

三、吴宓救亡图存的路径及其失败

吴宓从传统儒家那里继承的是士大夫的遗风,以新人文主义为内核,主办《学衡》杂志,实际上靠的是笔墨,然而世易时移,他的那套保守主义价值观,在以胡适、陈独秀为首的新文化运动的一干悍将冲击之下,很快就走了下坡路,鲁迅、沈从文等人引领一时风气,而此时的吴宓,显得格格不入,究其原因,是时代,也是时间的问题,在那个时代,前有鸦片战争,甲午战争的失败,后有我方在抗日战场的连连失利。人们对孔孟老庄之流已是不信任了,人们无法容忍一种慢吞吞的改革方式,一切渐进式的东西,都被时代的漩涡所吞没,吴宓也随之失败了。

四、顾炎武的救亡图存及其对后世的影响

顾炎武曾参加过南明小朝廷,然而兵部司农的职位无法一展其抱负,他自己对标的人物是岳飞、文天祥一类人,这是有别于吴宓的人生态度,而他的职权和实际影响力,显然比吴宓要大得多,参加义军,进入南明小朝廷,一生可说是屡败屡战,百折不挠,今人觉得他是伟大思想家,著述颇丰,是一座精神宝库,但别忘了面对破碎的神州,他的愿望是想重整山河,然而这是近乎不可能完成的任务,其原因有两点:顾炎武其人,太过爱惜羽毛,友人为救他,让他假装拜在钱谦益门下,他不屑钱谦益的为人,散布告示说,一切都是假的,钱谦益面上就很过不去。仅此一例,足见顾炎武重名节,然而如若只是保证自己的一亩三分地,完全可以如此,但要像他诗中所说恢复神州,那是无望的,他对自己的定位也始终是为王

师报效,报效无门,著书立说,以影响后世,永垂千古。

以上所说的正是顾炎武、吴宓他们在不同时代中的挣扎,挣扎是什么呢?挣扎是明知不可为,而为之。是明知山有虎,偏向虎山行。顾炎武不会知道数百年后有一个叫吴宓的后辈会不遗余力的批注自己的诗,也不会想到,他影响的不只是一辈人,而是一代又一代人。他们两代人,时隔数百年而神交,时也命也。愿我们这一代的读书人,依然有前辈们的勇气,也愿天下太平,不再有那么多风波,让无数人在两难之间抉择。

【参考文献】

[1] 钱穆著.中国历史研究法中国历史研究法[M].北京:生活·读书·新知三联书店,2013.

[2] 司徒琳.南明史[M].上海:上海人民出版社,2015.

[3] 顾炎武.顾亭林诗集汇注[M].上海:上海古籍出版社,2006.

[4] 张世民.论吴宓和顾炎武:关于吴宓《顾亭林诗集》批注本[J].咸阳师范专科学校学报,1995(1):26-30.

[5] 史明元.好德好色:吴宓的坎坷人生[M].北京:东方出版社,2011.

[6] 周绚隆.中国文化的殉道者:吴宓与顾亭林[N].中华读书报,2011-12-28(015).

[7] 顾炎武.吴宓评注顾亭林诗集[M].吴宓,评注.北京:人民文学出版社,2010.

[8] 吴学昭.吴宓与陈寅恪[M].北京:生活·读书·新知三联书店,2014.

下 编

核心价值论

优秀传统文化与社会主义核心价值观辩证关系略论

高志罡　李远延

党的十八大报告提出,倡导富强、民主、文明、和谐,倡导自由、平等、公正、法治,倡导爱国、敬业、诚信、友善,积极培育和践行社会主义核心价值观。分别从国家、社会、公民三个层面阐述了社会主义核心价值观的内涵,是社会主义核心价值体系的高度凝练和集中表达。习近平总书记明确指出,社会主义核心价值观充分体现了对中华优秀传统文化的传承和升华,弘扬中华优秀传统文化对培育和践行社会主义核心价值观具有重要作用。深入学习习近平总书记讲话精神,对于正确认识和准确把握中华优秀传统文化与社会主义核心价值观的关系,促进中华民族伟大复兴中国梦的实现具有重要意义。

一、中国传统文化博大精深、源远流长,其中闪耀的思想精华和道德精髓是社会主义核心价值观的重要思想源泉

社会主义核心价值观是一个民族、一个国家的精神追求,凝结着中国优秀传统文化、社会主义先进文化、世界文明有益成果的精

髓。其文化根源来自中华优秀传统文化。国家层面倡导"富强、民主、文明、和谐",借鉴了传统文化中"自强不息""以和为贵"等思想。社会层面倡导"自由、平等、公正、法治",借鉴了儒家"天人合一""允执厥中""隆礼重法"等思想。"自由"在古代多指人通过发扬善心,进而知性、知天,"参天地之化育",最终实现天道与人道交融互通,达到物我为一、天人合一的境界。"中则正",一个人如果能守护善性,言行不偏不倚,就会保持公心,体现公正。"法治"在传统文化中作为德治的重要补充,受到不少思想家的推崇。个人层面倡导"爱国、敬业、诚信、友善",传承了中华民族几千年的传统美德。"爱国"是中华儿女矢志不渝的信念,是我们弥足珍贵的精神财富。"诚信"思想最早来自儒家,《中庸》讲:"诚者,天之道。"天道至诚、真实,所以,人道也应如此,人性真诚善良。"信"为人言,人要言必信,行必果。由"诚"到"信",是做人的基本要求。儒家认为,仁义礼智信是每个人都应遵守的道德规范。"仁"的推行表现为善待他人,推己及人,即"友善"。"义"的推行表现为处事得体,办事尽心,即"敬业"。

我国的优秀传统文化源远流长,只有把握中国传统文化的精髓,才能把握中国传统文化的真貌。早在两千多年前,就产生了以孔孟为代表的儒家学说和以老庄为代表的道家学说,出现了百家争鸣的文化盛世。特别是以孔子为代表的儒家文化,可以说是东方文明的源头之一,它不仅在历史上产生过巨大影响,在今天仍发挥着作用。面对博大精深的中国传统文化,我们吸取什么,提倡什么,弘扬什么,发展什么,直接决定着中国现代文化的未来走向。中国传统文化的现代价值要从传统文化的精髓中去寻找。进一步发掘并弘扬中国传统文化的精髓,经世致用,必将有力地促进社会主义核心价值观建设。

中华优秀传统文化已经成为中华民族的基因,植根在中国人内心,潜移默化影响着中国人的思想方式和行为方式。今天,我们提倡和弘扬社会主义核心价值观,必须从中汲取丰富营养。传统文化是文化在历史的发展中一代代积累起来的,是文化的"活灵魂"。中国传统文化为社会主义核心价值观建设提供了文化基础和思想传统。社会主义核心价值观作为中国特色社会主义的主流价值观,其各个方面都必然贯穿着中国传统文化。而社会主义核心价值观正是植根于中国传统文化的沃土中,吸收了其精髓,才形成和发展起来的。社会主义核心价值观纳入了中国传统文化的核心价值观的一些要素,也就具备了中国文化特色。

培育和弘扬社会主义核心价值观必须立足中华优秀传统文化。牢固的核心价值观,都有其固有的根本。抛弃传统、丢掉根本,就等于割断了自己的精神命脉。价值观属于文化范畴,它的形成、发展,一刻也离不开历史文化传统。核心价值观是在一个国家、民族的长期发展中孕育形成的,反映这个国家、民族的文化积淀和精神基因。社会主义核心价值观作为中国特色社会主义核心价值体系的高度凝练和集中表达,必然根植于中国传统文化的深厚土壤。社会主义核心价值观充分体现了对中华优秀传统文化的继承和升华,是在吸收中华优秀传统文化丰富营养的基础上逐步发展和完善的,是中华优秀传统文化在现代社会的延续,二者在内在联系上是统一的。中华优秀传统文化是社会主义核心价值观的沃土,离开优秀传统文化的滋养,社会主义核心价值观将变成无源之水、无本之木。

价值观,指人们在处理普遍性价值问题上所持的立场、观点和态度的总和。一个社会的核心价值观是该社会所特有的文化、文明的精神实质和显著标志,是其赖以维系的精神支柱,也是社会决策的动机和目的之所在。正因如此,价值观在思想文化建设中必然占有核心和基础的地位。作为社会主义制度的内在精神,社会主义核心价值观是引领社会思想道德建设的一面旗帜,是全民族团结和睦、奋发向上的精神纽带。它的基本内容是:马克思主义指导思想、中国特色社会主义共同理想、以爱国主义为核心的民族精神和以改革创新为核心的时代精神、社会主义荣辱观。

社会主义核心价值体系和社会主义核心价值观本质上是一致的,其四个方面的主要内容,是相互联系、相互贯通有机统一的整体。坚持马克思主义的指导地位,就抓住了社会主义核心价值观的灵魂;树立中国特色社会主义共同理想,就突出了社会主义核心价值观的主题;培育和弘扬民族精神和时代精神,就把握了社会主义核心价值观的精髓;树立和践行社会主义荣辱观,就打牢了社会主义核心价值观的基础。社会主义核心价值观在我国整体社会价值体系中居于核心地位,发挥着主导作用,决定着整个价值体系的基本特征和基本方向,是建设社会主义先进文化的根本。

立足于中国优秀的传统文化,根植于中国优秀的传统文化,并不是照搬过去哪一个先哲原话或者哪一部经典著作,我们要把握它的精神实质。社会主义核心价值观并非是对中国传统文化的全盘继承,而是取其精华去其糟粕,对中国传统文化进行升华和再创新。既不搞历史虚无主义,也不搞文化虚无主义。对于弘扬传统文化,要把握好创造性转换和创造性发展的关系,即要找到共性的价值理念。习近平总书记指出,改革开放以来,我们对传统文化优秀的价值理念、优秀的成果进行了非常系统的概括。我们把这些东西找到以后,再结合着实际,进行一些创造性的阐释,这才是创造性的发展、创造性的转换。因此,弘扬传统文化,对于我们目前积极培育社会主义核心价值观是一个重大的理论课题,是一个需要我们深入探索的关键性问题,也是我们当前培育和践行社会主义核心价值观所要抓住的一个关键点。

二、社会主义核心价值观作为一种社会意识形态,来源于诸多方面,而中国优秀传统文化正是中国特色社会主义核心价值观建构的精神内核

中华传统文化源远流长、博大精深,中华民族形成和发展过程中产生的各种思想文化,记载了中华民族在长期奋斗中开展的精神活动、进行的理性思维、创造的文化成果,反映了中华民族的精神追求,其中最核心的内容已经成为中华民族最基本的文化基因。

因此,中国特色社会主义核心价值观必须以中国优秀传统文化为基础。要建立健全新的思想价值体系,重点在于创新和发展。任何时代的社会意识,都与前一时代的社会意识存在联系,新的社会意识要建立在前人所积累的思想材料基础上,在特定的民族文化环境中产生和发展起来。

从国家层面来看,中华文化历来强调"民本"。《尚书·五子之歌》中讲:"民惟邦本,本固邦宁。"指的就是百姓是国家的根本和基础,唯有百姓富足安康,国家才能和谐稳定。社会主义核心价值观所倡导的"富强""民主"要求一切从人民群众的利益出发,关注民生,唯有人民安居乐业,国家才能富强昌盛,这是民本思想在当今时代的升华。中华文化强调"天人合一""和而不同","天人合一"意指人类活动应顺应自然规律,维护人与自然的和谐;"和而不同"则强调在与人交往之中既能与之保持和谐友善关系,又能坚守自己的立场,不完全附和对方。这种理念要求人们在与人相处时应"求同存异",保持人与人之间自由、民主、平等的关系,在与自然的相处中尊重自然,实现人与人、人与自然的和谐相处以及可持续发展。这反映在社会主义核心价值观中,即"和谐"思想的体现。

从社会层面来看,《论语·卫灵公》中讲:"己所不欲,勿施于人。"指要顾及他人感受,不能将自己不愿做的事情强加到别人身上。《孟子·滕文公上》中讲:"出入相友,守望相助。"教导人们要彼此关心、互相扶助。《孟子·梁惠王上》中讲:"老吾老以及人之老,幼吾幼以及人之幼。"指在赡养老人、抚育孩子时,也应顾及与自己无血缘关系的老人及小孩。这些强调博爱的论述都是以"和谐"为特色的中华优秀传统文化的反映。体现在当代,就是致力于构建民主法治、公平正义、诚信友爱、充满活力、安定有序、人与自然和谐相处的社会主义和谐社会。

从公民层面来看。《周易·乾》中讲:"天行健,君子以自强不息。"意指君子应发奋图强、勇于拼搏、永不停息。顾炎武在《日知录》中谈道:"天下兴亡,匹夫有责。"意指国家存亡与每个人都息息相关,要求人们以国家兴亡为己任。《论语·里仁》中讲:"君子喻于义,小人喻于利。"要求人们加强自身道德修养,以德修身。《论语·述而》中讲:"君子坦荡荡,小人长戚戚。"要求人们待人接物懂得包容,以宽厚胸怀承载万物。《论语·子路》中讲:"言必信,行必果。"强调做人讲求信用,答应别人的事要办到。《论语·为政》中讲:"人而无信,不知其可也。大车无𫐐,小车无𫐄,其何以行之哉?"论证了"诚信"的重要性。《孟子·离娄下》中讲:"仁者爱人,有礼者敬人。"指仁者是充满慈爱之心,满怀爱意的人。《孟子·公孙丑上》中讲:"取诸人以为善,是与人为善者也。故君子莫大乎与人为善。"指要待人善良、乐于助人。这些优秀传统文化在社会主义核心价值观有关公民层面的论述中得到了充分的体现。

社会主义核心价值观汲取了中国优秀传统文化的精华,例如,将优秀传统文化中所蕴含的爱国主义观念发展成为全球化背景下的、具有国际主义精神的当代爱国主义精神。毛泽东思想不仅是中国革命经验的总结,而且也继承和发展了包括儒学在内的中国传统文化,是中国民族智慧的结晶。改革开放以来,党中央提出的"构建社会主义和谐社会"和"建设社会主义和谐文化"的主张,也吸收和改造了中国传统文化中的"贵和尚中"思想。充分认识中国优秀传统文化中的现代价值,提炼出适合当代社会发展的"和谐文化",是社会主义核心价值观结合中国传统文化精髓的创造性代表。

我国目前的社会形态是一种多元文化的形态。在这种多元文化中,必须保证指导思想的一元化,决不能搞指导思想的多元化,这个指导思想就是马克思主义。核心价值观是一个国家、民族的思维、精神的核心内容和精华部分,是一个国家和民族在发展中不可或缺的内核。我国改革开放以来社会主义事业的迅速发展,与我们弘扬和培育中国民族精神,发扬以改革创新为核心的时代精神是密不可分的。这是我们在政治建设和思想道德建设上的优势,也是我国改革开放和现代化建设事业迅速发展的宝贵经验。社会主义核心价值观是我国改革开放和现代化建设朝着正确方向发展的有力保证,也是全国各族人民团结和睦的精神纽带。

三、在新的历史时期,要不断赋予优秀传统文化中有益于促进社会主义核心价值观建设的成分新的时代内涵

核心价值观为国家民族的发展提供了价值的支撑,同时也为国民自身素质的提高提供了价值的力量。习近平总书记在谈到社会主义核心价值观时指出,它是一种德,这种德,是大德,是国家的德,同时也是社会的德,还是个人的德。国家没有德是不能兴的,一个人没有德,是不能立的。我们国家强调核心价值观,提出社会主义核心价值观,这是我们国家实现"两个一百年"奋斗目标的迫切需要,也是我们国家繁荣发展以及国民自身全面发展的迫切需要。习近平总书记在中央政治局第13次集体学习时强调,要把培育和弘扬社会主义核心价值观作为凝魂聚气、强基固本的基础工程,继承和发扬中华优秀传统文化和传统美德,广泛开展社会主义核心价值观宣传教育,积极引导人们讲道德、尊道德、守道德,追求高尚的道德理想,不断夯实中国特色社会主义的思想道德基础。在全社会形成健康向上、崇德向善的精神力量,必须从中国优秀传统文化中汲取营养,充分发挥优秀传统文化怡情养志、涵育文明的重要作用。当前,我国正处于全面深化改革的关键时期,社会上存在着诸多矛盾与问题,教育引导广大群众树立正确的价值观关乎国家的命运和人民的切身利益。中华优秀传统文化所反映的民族精神、文化理念和价值追求,如顾炎武的"天下兴亡,匹夫有责""不廉则无所不取,不耻则无所不为""生无一锥土,常有四海心"等思想在当今仍有借鉴意义。新的时代,必须正确认识中华优秀传统文化与社会主义核心价值观的关系,大力弘扬中华优秀传统文化,推进社会主义核心价值观的培育和践行。

我们党始终强调要正确对待传统,弘扬优秀传统文化。毛泽东曾说:"从孔夫子到孙中山,我们应当给予总结,继承这一份珍贵的遗产。"改革开放以来,党对传统文化的认识更加深刻,对优秀传统文化的弘扬也更加自觉。党的十六大提出要发扬民族文化的优良传统,党的十七大指出中华文化是中华民族生生不息、团结奋进的不竭动力,党的十八大强调建设优秀传统文化传承体系,弘扬中华优秀传统文化。博大精深的中华优秀传统文化是我们在世界文化激荡中站稳脚跟的根基。中华传统美德是中华文化精髓,蕴含着丰富的思想道德资源。不忘本来才能开辟未来,善于继承才能更好创新。培育社会主义核心价值观,必须大力弘扬优秀传统文化。

对待传统文化,我们一直强调"取其精华,去其糟粕",但何为精华?何为糟粕?这个问题弄不清楚,"取"和"去"的说法就毫无意义。面对博大精深的传统文化,我们吸取什么,扬弃什么,直接决定着民族精神的延续和社会主义核心价值观的价值取向。当务之急是要像习近平总书记提出的那样,讲清楚中华优秀传统文化的历史渊源、发展脉络、基本走向,讲清楚中华文化的独特创造、价值理念、鲜明特色,增强文化自信和价值观自信。要认真汲取中华优秀传统文化的思想精华和道德精髓,大力弘扬以爱国主义为核心的民族精神和以改革创新为核心的时代精神,深入挖掘和阐发中华优秀传统文化讲仁爱、重民本、守诚信、崇正义、尚和合、求大同的时代价值,使中华优秀传统文化成为涵养社会主义核心价值观的重要源泉。坚持古为今用、推陈出新,对传统文化有选择地加以继承。

面对当前社会存在的道德滑坡、诚信缺失等现象,弘扬优秀传统文化必须紧密结合时代特点,讲究方式方法,也就是要关注"怎样取"的问题。传统文化中的思想精华如何能更好地得到传承?比如,引发热议的老人摔倒扶不扶的争论,答案当然是肯定的——必须扶!因为尊老爱幼、互帮互助是中华民族的传统美德,但是,怎么扶,如何在助人的前提下更好地保护自己不受伤害,这也是今天不容回避的现实问题。所以,我们要努力寻求切实可行的途径和方法。传统文化是特定时代的产物,即使是其中的精华,也要根据时代需要合理取舍,与时俱进。这样,才能在时代变迁中弘扬主旋律,传播正能量,优秀传统文化也才能在培育社会主义核心价值观的过程中真正起到精神导航的功能和助推剂的作用。

要加强优秀传统文化传承体系建设,对传统文化的思想精华作出通俗易懂的表达,赋予其新的时代内涵,使传统文化的优秀基因与当代文化相适应,与现代社会相协调。从国家、社会、家庭、个人等多个层面和维度,着力构建弘扬优秀传统文化的机制和氛围。采取行政推动与群众参与相结合的方式,依托各类场馆、讲堂、社会团体,借助重要节庆日、纪念日、民族传统节日,运用新兴媒体、公益广告,以灵活多样、品位高雅、创意新颖的形式,组织开展丰富多彩的活动,用人们喜闻乐见的方式传播社会主流价值,培育文明风尚。要利用各种时机和场合,形成有利于培育和弘扬社会主义核心价值观的生动生活情景和良好社会氛围,把社会主义核心价值观真正融入人们的日常生活中,让人们在实践和生活中感知它、领悟它,使核心价值观的影响和力量"像空气一样无所不在、无时不有"。

曾子孝道思想三境界及其现实意义

李金坤

一、曾子及《孝经》述略

曾子(前505—前435),名参,字子舆。春秋末期著名思想家、教育家,鲁国南武城人(山东省济宁市嘉祥县纸坊镇南武山)。16岁拜孔子为师,与其父曾点同是孔子的晚年弟子。他比孔子小46岁,孔子73岁去世,曾子跟随孔子亲受教益10多年,勤奋好学,颇得孔子真传,是儒家正统思想的正宗传人、儒家学派的重要代表人物。孔子临终之际,曾将其孙(孔鲤之遗孤)子思托付于曾参,希望他将自己开创的儒家思想体系让子思继承并发扬光大。曾子真不愧为孔子嫡传的出类拔萃的优秀弟子,不仅把孔子的思想和学问授给子思等弟子,又与其他弟子一起将孔子的言行整理编撰为《论语》。他精心培养的子思,后来又成了亚圣孟子的老师。因此,曾子上承孔子之道,下开思孟学派,无疑成为孔子文化思想长河中重要的桥梁和里程碑,在儒学发展史乃至中华文化史上具有承前启后的重要作用与不朽地位。

曾子一生积极实践和推行以仁孝为核心的儒家主张,传播儒家思想。他主张以孝恕忠信为核心的儒家思想,其修齐治平的政治观、内省慎独的修养观、以孝为本的孝道观,至今仍具有极其宝贵的社会意义和实用价值。这些宝贵的思想与观念都体现在他参与编写的《论语》与他自己撰写的《大学》《孝经》《曾子十篇》以及后人的著作《大戴礼记·曾子大孝》等论著中。曾子一生追随孔子,不仅努力践行孝道,而且创造了孝道思想理论体系,是中华孝子的杰出代表。《二十四孝》一书将他"啮指痛心"的孝母故事排在帝舜、汉文帝之后,曾子是"二十四孝"中的第三大孝子。鉴于曾子对传承与弘扬儒家文化做出的杰出贡献,后世尊奉其为"宗圣",是配享孔庙的"四配",在山东省济宁市嘉祥县南建有曾子庙、曾林(曾子墓)。曾姓后裔把曾参作为自己的始祖。

曾子传世影响最大的自撰著作是《孝经》,它是"十三经"之一。十三经,即《易》《书》《诗》《周礼》《仪礼》《礼记》《春秋左传》《春秋公羊传》《春秋谷梁传》《论语》《孝经》《尔雅》《孟子》,是由汉朝的五经逐渐发展而来的,最终形成于南宋。"十三经"是传世文献的始祖,是儒家思想文化的源头、主干。它的内容博大精深,囊括了传统文化的诸多方面,例如,天人合一的思维模式、天下为公的大同理想、以民为本的治国原则、和谐人际的伦理主张、自强不息的奋斗精神以及风俗民情的文化观念,等等。这些思想、精神与文化中的精华无不渗透于民族性格与心理之中,具有强大的凝聚力,至今仍有积极的影响。要了解和研究中国封建社会的方方面面,不能不阅读"十三经"。可见,《孝经》能被纳入其中,是十分荣耀而值得骄傲与自豪的事。

在"十三经"中,《孝经》是一部字数最少、内容最浅、影响最大、争议最多的经典。全书仅1 800余字,可是,两千多年来,这本书广为传习,上至帝王将相,下至黎民百姓,都对其倍加尊崇,影响所及,远至异族他国,如东亚的朝鲜、日本、欧洲的比利时等国家。《孝经》是中国古代儒家的伦理学著作,集中地阐发了以"孝"为中心的儒家伦理思想。认为"夫孝,天之经也,地之义也,人之行也"。孝是诸德之本,"人之行,莫大于孝"。(《孝经·圣治章第九》)"子曰:'夫孝,德之本也,教之所由生也。'"(《孝经·开宗明义章第一》)在孔子创立并倡导的"孔子八德"中,"孝"居首位,其他七德皆由其率之而紧随其后。"孔子八德"是孔子德育内容的全部精髓,是做人的根本。清人王永彬《围炉夜话》云:"百善孝为先,万恶淫为源。常存仁孝心,则天下凡不可为者,皆不忍为。"白水老人《百孝篇》开篇云:"天地重孝孝当先,一个孝字全家安。孝是人道第一步,孝顺子弟必明贤。"广东省化州市南山寺住持释仁焕法师说得好:"孝是根,爱是本。生命就是一棵树,父母是根,我们是枝干,孩子是果。"因此,在人生的所有事情、所有善事中,行孝是无与伦比的头等大事、头等善事。上至君王、下至百姓,一概都离不开孝。国君可以用孝治理国家、安抚民众,臣民能够用孝立身理家、保持爵禄。《孝经》在中国伦理思想中,首次将孝亲与忠君联系起来,认为"忠"是"孝"的发展和扩大,并把"孝"的社会作用绝对化、神秘化,认为孝悌之至就能够"通于神明,光于四海,无所不通"。(《孝经·感应章第十六》)总而言之,《孝经》是中华文化史上塑造中华美德、和谐社会关系的最全面、深刻、行之有效的经典杰作之一,它是和谐之源,太平之本,与《论语》并行不悖,仁孝并茂,堪称双璧。

二、曾子孝道思想三境界及孝行之美

我们欲了解曾子孝道思想的博大精深之意蕴,首先得从字义角度理解它的深刻内涵。古代最早辞书《尔雅》,释"孝"云:"善事父母为孝。"汉代贾谊《新书》解释为:"子爱利亲谓之孝(子女敬爱并有利于父母就是孝)。"东汉许慎《说文解字》释为:"善事父母者,从'老'省、从'子',子承老也。"许慎认为,"孝"字是由"老"字省去右下角的形体,和"子"字组合而成的一个会意字。老在上,子在下。这是长幼尊卑的次序、礼节。也可以视为子承老,儿子背着老父母,更是直观的孝行。从这里我们可以看出,"孝"的古文字形与"善事父母"之义是吻合的,因而孝就是子女对父母的一种善行和美德,是家庭中晚辈在处理与长辈的关系时应该具有的道德品质和必须遵守的行为规范。试看金文"孝"字与朱熹亲书"孝"字,就更具有直观美感与启迪意义。

"孝"字演变图

朱熹书安徽黟县西递古村胡氏宗祠"敬爱堂"之"孝"字

曾子的孝道思想主要集中于《孝经》与由他参与编写的《论语》、自撰的《大学》《曾子十篇》及后人所著《大戴礼记·曾子大孝》等论著中。曾子十分推崇并强调孝德感化的作用,突出孝道的广大。在《孝经·三才章第七》中,"曾子曰:'甚哉!孝之大也。'子曰:'夫孝,天之经也,地之义也,民之行也。天地之经,而民是则之,则天之明,因地之利,以顺天下。是以其教不肃而成,其政不严而治。先王见教之可以化民也,是故先之以博爱,而民莫遗其亲;陈之以德义,而民兴行;先之以敬让,而民不争;导之以礼乐,而民和睦;示之以好恶,而民和禁。'《诗》云:'赫赫师尹,民具尔瞻。'"此一章,是因为曾子赞美孝道的广大,作为老师的孔子,就更进一步给他说明,孝道的本源是取法于天地的,当立为政教,以教化世人。在《孝经·感应章第十六》中,曾子借助孔子的话再一次强调行孝的无比神通广大的作用。例如,"子曰:'昔者明王事父孝,故事天明;事母孝,故事地察;长幼顺,故上下治,天地明察,神明彰矣。故虽天子必有尊也,言有父也必有先也。言有兄也,宗庙致敬,不忘亲也。修身慎行,恐辱先也。宗庙致敬,鬼神着矣。孝悌之至,通于神明,光于四海,无所不通。'《诗》云:'自西自东,自南自北,无思不服。'"此章说明孝悌之道,不但可以感人,而且可以感动天地神明。中国古代哲学讲求天人合一,故以天为父,以地为母。人为父母所生,即天地所生,所以说有感即有应。以证明孝悌之道无所不通的意思。正因为孝道的本然性、必要性与重要性诸元素是如此鲜明,所以,曾子在吸收恩师孔子关于孝道思想精髓的同时,创立了自己一套独立的孝道思想理论体系。在这套独放异彩的思想理论体系中,尤其值得注意的是孝道思想的三境界,这是很值得探讨研究的一个重要课题。

曾子孝道思想的三境界,主要体现在养亲、敬亲、贵生三个层面。

第一,养亲,使其物质生活有保障。父母为养育儿女成人,历尽艰辛,备尝酸咸苦辣;子女成人后则当尽其所能供养双亲,使父母在物质生活上得到满足,这是曾子孝论最低限度的要求。民间流传很广的关于"羔羊跪乳""乌鸦反哺"的动物孝亲故事,正是人们借以倡导社会行孝的寓言。"曾子孝于父母,昏定晨省,调寒温,适轻重,勉之于麋粥之间,行之于衽席之上,而德美重于后世。"(汉人陆贾《新语·慎微》)曾子对待后母,像对待自己的亲生母亲一样关爱与呵护。《孔子家语》云:"参后母遇之无恩,而供养不衰。"曾子的后母对曾子没有慈爱之恩情,但是曾子照样供养,丝毫不马虎懈怠。为了照顾好双亲,他宁可辞官,也不忍撇开父母而远走高飞。《孔子家语》记载,"齐尝聘,欲与为卿,而不就,曰:'吾父母老,食人之禄,则忧人之事,故吾不忍远亲而为人役。'"齐国曾经要聘请曾子为卿之官员,他没有应聘,是因为不忍心远离亲人,要照顾年迈的父母。这种以父母为重的可贵精神,与孔子"父母在,不远游"(《论语·里仁》)的思想是一脉相承的,但曾子对于出仕养亲的问题,有他自己的行事尺度。对于出仕地点离家太远而难以照顾父母的,他是不去的;而对于离家较近比较方便照顾双亲的,他还是乐意赴就的。《韩诗外传》卷七载,曾子曰:"椎牛而祭墓,不如鸡豚逮亲存也。故吾尝仕齐为吏,禄不过钟釜,尚犹欣欣而喜者,非以为多也,乐其逮亲也。"因为为孔子守孝三年,曾子的家境已经很贫穷了。为了赡养好父母,他屈身到齐国莒邑做了个小官。俸禄尽管很少,但毕竟能在父母在世时尽点孝,多多少少能让父母得到些许安慰。这样总比做了大官赚了大钱,然后杀条大牛到父母坟上去祭奠更有价值与意义。曾子对亲人的关爱是全方位而全身心的、毫无保留的。他的母亲年老时因眼疾时常感觉不适，视力模糊。曾子为人至孝，经孔子指点，于寒露上候（寒露节的前5天）单日单时，采阳面菊花若干，晾干后，用山泉水冲泡，让其内服外用，不久其母眼疾痊愈。汉人蔡邕所著《琴操》卷下载："《梁山操》者，曾子之所作也。曾子幼少，慈仁质孝，在孔子门有令誉。居贫无业，以事父母，躬耕力作，随五土之行，四时惟宜，以进甘脆。"曾子年少的时候就对父母十分敬爱，秉性孝顺，在孔子的学生中有美好的声誉。他家贫没有固定职业，靠竭力耕作奉养父母。从农田上求取收益，根据春夏秋冬四时气候的变化调节饮食，适时给父母送上可口的食品。总之，为了能使双亲过上较为安稳、舒适的生活，曾子必定是要想方设法、拼尽全力来基本满足父母需求的。这就是实实在在、真真切切、勤勤恳恳、任劳任怨的养亲。

此外，值得重视的是，曾子还较早提出了"厚养薄葬"的思想与"尽孝要早"的观念。所谓"厚养薄葬"，一般常指长辈健在的时候要多多孝顺，给他们好的生活使他们安度晚年，让老人在晚年吃好穿好，有病者得到很好的治疗，使其居安食美，心畅神爽，颐养天年，当他们去世后下葬的时候就简约一点。所谓"尽孝趁早"，就是子女在父母健在时即使自己经济条件虽然不太好，也要及早尽力报答父母，不能总以为自己经济能力较弱、父母年纪尚轻，可以待自己经济条件好了再去好好孝顺父母，到那时父母老了、病了、去世了，再表孝顺就为时已晚、后悔莫及了。《韩诗外传》卷七中记载了曾子一段感人至深的肺腑之言。

曾子曰："往而不可还者亲也，至而不可加者年也。是故孝子欲养而亲不待也，木欲直而时不待也……既没之后，吾尝南游于楚，得尊官焉，堂高九仞，榱题（提）三围，转毂百乘，犹北乡而泣涕者，非为贱也，悲不逮吾亲也。故家贫亲老，不择官而仕；若夫信其志、约其亲者，非孝也。"《诗》曰："有母之尸饔。"在这段话中，曾子从亲人去世不可复生、时间流逝无法挽回以及子欲养而亲不在的客观事实出发,警示人们应该在父母生前尽己所能好好侍养他们,而在他们死后简单下葬即可。他又列举自己后来虽然做了大官、排场豪华、好不威风,但北向家乡父母的墓地,顿时泪流满面,不能自已,因为父母已享受不到儿子的报恩了。他认为那些只顾自己埋头奋斗而淡忘了父母,不能赡养父母的人,是不孝的。曾子还指出:"故人之生也……故孝有不及,弟有不时,其此之谓与?"(《大戴礼记·疾病》)曾子告诫人们孝敬父母要及时,友爱兄弟也要及时,否则是要后悔的。两千多年的曾子,就提倡"厚养薄葬"与"尽孝趁早"的思想观念,委实是难能可贵。这种思想直至今天,仍然具有现实意义。

第二,敬亲,使其精神愉悦增荣光。何谓"敬"?曾子自释:"君子之孝也,忠爱以敬,反是乱也。"(《大戴礼记解诂》卷四《曾子立孝》)敬亲是指建立在自然情感基础上的敬爱之心。孔子说得好,"今之孝者,是谓能养;至于犬马,皆能有养。不敬,何以别乎?"(《论语·为政第二》)强调了"敬养"的重要性与特殊性。曾子有一位学生问他:"事父母有道乎?"曾子答:"有,爱而敬。"(《大戴礼记解诂》卷四《曾子事父母》)敬亲是养亲的伦理尺度,在敬亲前提下的养亲才合乎人伦之孝。敬亲,强调的是子女除了尽己所能从衣食住行等物质方面满足老人需求外,还必须帮助他们消除孤独等精神层面的问题。正如《吕氏春秋·孝行览》说的那样,养亲之道有五条:"修宫室,安床笫,节饮食,养体之道也;树五色,施五彩,列文章,养目之道也;正六律,和五声,杂八音,养耳之道也;熟五谷,烹六畜,和煎调,养口之道也;和颜色,说言语,敬进退,养志之道也。此五者代进而厚用之,可谓善养矣。"养体、养目、养耳、养口是满足父母的衣、食、住、行等基本物质需求和视、听等精神需求,让父母生活安康,身心愉悦;养志强调的则是子女对父母务必保持尊重、礼敬的态度。假如对父母言辞不逊、举止不恭,做不到"居则致其敬,养则致其乐,病则致其忧",即使能够供养父母衣食之需,也称不上孝,更不用说那些好吃懒做、酗酒贪赌、爱财如命,毫不顾及父母的人了。一个人能做到全心全意、始终如一地关爱父母,努力供养父母而忘记自身的劳苦,当然值得赞赏,但这仅仅是《礼记》所言"小孝用力"的层面,是孝道的起始阶段。

在《孟子·离娄上》中,孟子讲了一个故事,意蕴深厚,耐人寻味。曾子奉养父亲曾皙,每餐必有酒肉;将撤除的时候,曾子必定要问剩下的给谁。如果曾皙问厨房里是否还有剩余,曾子一定会回答说"有"。曾皙死后,曾元奉养父亲曾参时,每餐也有酒肉;将撤除的时候,曾元没有问剩下的给谁。曾子问厨房里是否还有剩余,曾元回答说"没有了"。对此孟子议论道:"此所谓养口体者也。若曾子,则可谓养志也。事亲若曾子者,可也。"这个故事很有趣,将曾皙、曾参、曾元三代人侍奉父亲的行为作了对比,曾参对其父不仅"养口体",而且是"养志"。他孝而顺、孝而敬,考虑周全,一切询问清楚,按照父亲的意思去办。然而下一代曾元对其父则只是"养口体",没有"养志"了。有些事情只是按自己的意图去办,而不管其父的意愿了,那么虽养而不顺不敬了。所谓"养口体",就是侍养亲人的口腹、身体;"养志"则是养亲人的心志、精神,即除了"口体"之养,还得让父母精神愉悦。孟子提出的"养志",是比"养口体"更进一层的"养亲"态度,实际上就是"敬亲"。

现实生活中不少人对"孝"的认识多有模糊,认为只要满足了父母衣、食、住、行等方面的需要,便是孝了。殊不知在"养亲"之外,"孝"还有更高的境界和层次。按照《礼记》的说法,"孝有三:大孝尊亲,其次弗辱,其下能养"。意思是说,孝的最高层次是立德立功,为广大民众谋福利,使父母因自己的行为而得到他人、社会的颂扬和尊重;中间层次是守规矩,明礼法,避免让父母因自己的不当行为而蒙羞受辱;最低层次才是供养,满足父母的衣、食、住、行之需。

就曾子孝道思想境界观之,其"敬亲"之"敬"字,当包涵四个方面的意蕴:一是耀亲,二是谏亲,三是护亲,四是祭亲。

所谓"耀亲",就是耀祖光宗之意。《孝经·开宗明义章第一》云:"立身行道,扬名于后世,以显父母,孝之终也。"何谓"立身"?

一方面指个人事业的成功,即勤勉自励,建功立业。另一方面就是道德修养的提升。《周易》云:"君子以进德、修业。"进德与修业的完美结合,方能称得上"立身"。也就是"太上有立德,其次有立功,其次有立言,虽久不废,此之谓不朽"(《左传·襄公二十四年》)的"三不朽"功业。如此,自是耀祖光宗的家门幸事!显然,把事亲敬养之孝扩充为修身、齐家之德和治国、平天下之道,才是"大孝尊亲"所要达到的"立身行道"的道德境界,这就是《礼记》所说"大孝不匮"的层面,也是孝道的最高阶段。正是由于曾子奠定了以孝为本的家风,曾氏后人继承曾子的孝悌美德和良好的家族文化传统,进德修业,勤勉自励。曾氏后人不仅有光耀千秋的"唐宋八大家"之一的曾巩,而且有号称清代"中兴第一名臣"的曾国藩。他们都是后人敬仰的立德、立功、立言的不朽人物。其优良的为官作风和高尚的道义人格,不仅得到世人的尊重与仰慕,也为他们的父母、祖先赢得了良好名声。

所谓"谏亲",就是不掩饰父母的不当及错误之处,及时规劝,加以纠正,使父母保持应有的良好形象。在《孝经·谏诤章第十五》中,"曾子曰:若夫慈爱恭敬,安亲扬名,则闻命矣。敢问子从父之令,可谓孝乎?子曰:是何言与?是何言与?昔者天子有争臣三人,虽无道不失其天下。诸侯有争臣三人,虽无道不失其国。大夫有争臣三人,虽无道不失其家。士有争友,则身不离于令名。父有争子,则身不陷于不义。故当不义,则子不可以不争于父,臣不可以不争于君,故当不义则争之,从父之令,又焉得为孝乎?"这段曾子与老师孔子的对话说的是,天子、诸侯、大夫、士以及父等各种不同身份的人,都难免会犯错误,而为大臣、儿子或朋友者,都有义务、责任主动及时加以规谏与劝说,使得他们迷途知返,保持雅正的形象。如果不分青红皂白一味听从父亲之令,那是算不得孝顺的。在《孝经·事君章第十七》中,"子曰:君子之事上也。进思尽忠,退思补过,将顺其美,匡救其德,故上下能相亲也。《诗》云:'心乎爱矣,遐不谓矣,中心藏之,何日忘之。'"意思是说,作为君子侍奉国君,在朝廷要尽献忠心,退朝后要思考如何补救国君的过错,弘扬其美德,补救他的德行,这样君臣之间关系就甚为融洽。正如《诗经·小雅·鱼藻之什》所说的那样,如此规谏而归正的诚爱之心是可以永远流传的。推而言之,作为儿子,在对待父亲时应当"尽忠""补过""匡救其德",这样,父子之间才能达到"相亲"的和谐境界。

所谓"护亲",就是维护父母的尊严与名声,使其不受他人侮辱,使他们活得自尊、自在与自豪。按照《礼记》的说法,"孝有三:大孝尊亲,其次弗辱,其下能养。""不辱为孝"是中孝,即不要因自己不合乎礼的言行而连累父母受到侮辱。不辱,包括两方面内容:一是保其身,不辱父母之遗体;一是慎其行,不辱父母之人格。就"保其身"而言,就是要维护好父母的墓地,不能让它被水淹,或遭野生动物任意破坏,更要防止盗墓者的恶意破坏,如果让父母尸骨曝于荒野让鸟兽啃噬,那简直是大逆不道、有辱双亲的大事。所以,决不能让父母遗体受到任何的伤害。就"慎其行"而言,就是要保持好自己清廉正派的品格,不让父母的人格遭受侮辱。俗话说,"贪官无孝子"。贪官不但使自己身负骂名,也让父母、亲人蒙受痛苦,辱己又辱亲。罗氏《训世编》中说:"孝子事亲,不可使吾亲生冷淡心,不可使吾亲生烦恼心,不可使吾亲生惊怖心,不可使吾亲有愁闷心,不可使吾亲有愧恨心。"贪官即使也曾精心服侍过父母,也曾给父母供养过衣食,也曾尽到儿女应尽的义务,也曾给父母带来过骄傲和荣耀,但对于他们的亲人来说,这何尝不是彻彻底底的欺骗,地地道道的伪孝!如果他们真有孝心,又何以使得父母承受如此的耻辱呢?一个人如果不能摒除"居上而骄、为下而乱、在丑而争"(《孝经·纪孝行章第十》)的坏习气,无论地位多高、权力多大,最后都只能是滑向罪恶的深渊,不但给自己带来灾祸,同样会祸及父母。《礼记》所说的"其次弗辱",要求为人子女者做到尊仁安义,谨守礼法,不给父母带来耻辱。清人王永彬说得好,"守身不敢妄为,恐贻羞于父母;创业还需深虑,恐贻害于子孙"。

清人李毓秀《弟子规》（原名《训蒙文》）说："身有伤,贻亲忧;德有伤,贻亲羞。"清代学者石成金在其《传家宝·后事十条》中也说,对他本人最好的悼念就是"凡出言行事,俱守我之仁厚勤俭,不堕家声,是即孝道矣"。《诗经·小雅·小宛》说得好："夙兴夜寐,无忝尔所生",意思是说,你早起晚睡,勤劳不息,就为了不羞辱生育你的父母。因此,父母的人格是绝对不能受到侮辱的,若遭受侮辱,这就是不孝。这实际上是"中孝用劳"的层面,是孝道的中间阶段。

所谓"祭亲",就是时时祭祀悼念父母,铭记他们的恩德,承继传统,使家和事顺。《孝经·丧亲章第十八章》就是专门讲如何悼怀父母的一篇专文。其中有一段,"子曰:孝子之丧亲也,闻乐不乐,食旨不甘,此哀戚之情也。三日而食,教民无以死伤生,毁不灭性,此圣人之政也。丧不过三年示民有终也。为之棺椁衣衾而举之,陈其簠簋而哀戚之。擗踊哭泣,哀以送之,卜其宅兆,而安厝之。为之宗庙,以鬼享之。春秋祭祀,以时思之。生事爱敬,死事哀戚,生民之本尽矣,死生之义备矣,孝子之事亲终矣。"曾子所记录的孔子这段话,对于丧亲的哭泣、语言、服饰、闻乐、食旨等"哀戚之情"都有详细要求。至于守丧的时间、棺椁的安厝等,都是应当值得注意的。这样,最终才能做到"春秋祭祀,以时思之。生事爱敬,死事哀戚,生民之本尽矣,死生之义备矣,孝子之事亲终矣"。只有对父母适时祭祀、经常怀念,才能真正做到父母健在时处处孝顺敬爱、父母去世后记得纪念悼怀,对父母生前、身后之事都尽心、尽责、尽力,那么,作为子女就尽了孝之本分了。

曾子在这方面委实是绝佳的楷模。在《论语·学而》中,"曾子曰:'慎终,追远,民德归厚矣。'"意谓,要谨慎而郑重地对待父母的死亡,办好丧事,符合礼仪但不必追求排场;要追思怀念先人的恩情功德。这样就能使天下百姓保持一颗善良诚厚的心。"慎终追远"一词,已成为善待父母、追念先贤的优秀文化传统的标志。

据《孝子传》载,"曾子食生鱼甚美,因吐之。人问其故,曾子曰:'母在之日,不知生鱼味,今我食美,故吐之。'遂终身不食。"母亲虽然去世多年了,但曾子始终不忘母亲生前的一切事情。就因为母亲生前没有尝过生鱼味,即便曾子觉得生鱼味道极佳,然而一想到母亲,他就即刻吐了出来。事情似乎有点荒诞,但却体现了曾子确实是一个善于"追远"的难得孝子。《淮南子·说山训》也载有类似的故事。其云:"曾子立孝,不过胜母之间。"正因为巷子的名字叫"胜母",曾子就不肯走过去。这说明了两个问题:一是母亲的地位在曾子心中重于泰山,无人能比;第二,母亲的形象时刻铭记心中,须臾不忘。

第三,贵生,身体自母倍珍惜。《孝经·开宗明义章第一》云:"身体发肤,受之父母,不敢毁伤,孝之始也。"曾子云:"父母全而生之,子全而归之,可谓孝矣。"(《大戴礼记·曾子大孝篇》)曾子又云:"身者,父母之遗体也。行父母之遗体,敢不敬乎?"(《吕氏春秋·孝行览第二》)曾子还说:"大辱加于身,肢体毁伤,即君不臣,士不交,祭不得为昭穆之尸,食不得昭穆之牲,死不得昭穆之域也。"(《白虎通义·丧服篇》引《礼记·曾子记》)曾子此类有关"贵生""全生"的说法较多,概而言之,就是一句话:我们的身体全部来自父母,我们不能轻易损坏父母所给身体的任何部分,哪怕是一根头发、一块皮肤,都要尽量保护好。保护得好,就是基本的孝,轻易损坏了,就是不孝。对此,曾子确实是做得很好的。在《论语·泰伯篇》中,"曾子有疾,召门弟子曰:'启予足!启予手!《诗》云,战战兢兢,如临深渊,如履薄冰。而今而后,吾知免夫!小子'!""启"是显露的意思。这段话的意思说,曾子病了便召集弟子们说:"看看我的脚,看看我的手,都完好无缺。为何会保护得这么完好?是因为我像《诗经·小雅·小旻》所说的那样,平素行事,就如面临深渊与行走在薄冰上一样,非常小心谨慎,不敢有半点差错。从此以后,我知道可以免除灾祸了。学生们啊。"这件事充分说明了曾子是极其爱护母亲所给的"身体发肤"的,这正是其孝道思想的真实体现。

曾子将孝划分为三类:"大孝尊亲,其次弗辱,其下能养。"

(《礼记·祭义》)其实,我们换一种说法就是:大孝尊亲,中孝弗辱,小孝能养。对照上文论述的"养亲""敬亲""贵生"三境界来衡量,"尊亲"与"弗辱"属于"敬亲"一类,"能养"属于"养亲"一类。这"养亲""敬亲""贵生"的孝道思想三境界,贯穿于儿女孝顺父母的生前与身后,作为子女必须始终怀有一颗真诚而善良的孝心,这样才能达到理想的孝的理想境界。正如《孝经·丧亲章第十八章》所说的那样:"故自天子至于庶人,孝无终始,而患不及者,未之有也。"无论帝王还是百姓,只要你能始终坚持孝德,就不用担心达不到孝的理想境界。如果说"养亲"是侧重于在物质层面孝敬父母,"敬亲"是侧重于在精神层面孝敬父母的话,那么,"贵生"则侧重于在自爱层面孝敬父母。而"养亲""敬亲""贵生"的孝道思想三境界,皆统领于一个"孝"字之下。一个"孝"字美天下,两千年来对中国家庭伦理道德思想的浸润,对和谐文化的弘扬、对社会主义大家庭凝聚力的加强,都起到了不可低估的重要作用!

三、曾子孝道思想之现实意义

在《孝经·广扬名章第十四》中,"子曰:'君子之事亲孝,故忠可移于君。事兄悌,故顺可移于长。居家理,故治可移于官。是以行成于内,而名立于后世矣。'"孔子既把至德要道,分解得明明白白,又将家中儿女对父母之敬爱、弟弟对兄长之友好情义扩展到对于社会、国家之忠诚及对家庭之外的人的友爱,而将处理家务有条不紊的经验运用于政府治理方面来。这样,在家庭中养成的孝悌之美德,必将流传后世。可见,在家行"孝",扩而言之,在社会、国家层面就是尽"忠",这是"孝"之内涵与外延的扩大。中华文化素有"家国"概念,曾子在《大学》中开宗明义便云:"格物、致知、诚意、正心、修身、齐家、治国、平天下。"在这完善人格精神、成就人生事业的"八目"中,"修身""齐家"是实现"治国""平天下"的重要基础。而"修身""齐家"的关键就在于做到"孝""悌"。由此观之,曾子堪称是最早将"家国"概念明确化的第一人。明代东林党领袖顾宪成为无锡东林书院所撰对联云:" 风声雨声读书声声声入耳;家事国事天下事事事关心。"则更强调了家国一体思想观念的重要性。正如《国家》歌词所唱的那样,"一玉口中国,一瓦顶成家 。都说国很大,其实一个家 。一心装满国 一手撑起家 。家是最小国,国是千万家。"我们常说,家庭是社会与国家的细胞,这正是"家国一体"形象生动的比喻。社会主义核心价值观24个字,涉及国家、社会、公民三个层面,其中公民层面的修为要求是"爱国""敬业""诚信""友善"八个字,实则是曾子所倡导的"孝""悌"思想由家而国推衍出的现代解读。由公民层面,到社会层面,再到国家层面,正好构成了"家国一体"金字塔式的模型。因此,为了"修身""齐家"必须具有的"孝""悌"美德,而这对于"治国""平天下"的伟业,其作用也是非常大的。

唐代诗人方愚《读孝经》云:"星彩满天朝北极,源流是处赴东溟。为臣为子不忠孝,辜负宣尼一卷经。"中国被称为"礼仪之邦",是因为有着孝道思想等优秀文化。在社会主义制度下,尤其是在改革开放,建设有中国特色的社会主义市场经济的新的历史条件下,继承和弘扬曾子孝道思想的传统美德,具有十分重要的现实意义。

第一,提倡孝道,是我国法治的要求。我国宪法第49条的明文规定:"父母有抚养教育未成年子女的义务,成年子女有赡养扶助父母的义务。"这条宪法规定及《老年人权益保障法》的规定正是对中华民族传统"孝道"的改造、继承和弘扬。社会主义核心价值观要求公民"爱国""敬业""诚信""友善",其最核心的基本精神就是"孝""悌"。这些都为弘扬孝道思想这一传统美德提供了法制根据。

第二,提倡孝道,是建立和谐社会的必由之路。孝是一种扩展性和开放性的伦理规范,它体现出中国传统伦理始于家庭而向社会延伸、始于私德而扩展为公德的特点。孝是最基本的伦理道德,是人自幼就有的一种朴素感情。作为人们调整家庭关系的重要规范,有利于建立民主和睦的家庭,如果孝由小到大,由爱家推而广之到爱社会、爱天下、爱世界万物,则孝文化有助于培养良好的社会氛围,整个世界就会少了许多战乱、冲突和纷争,而多了团结、和谐与温情。

第三,提倡孝道,是推进文明进步、经济发展的重要途径。尽管党中央、国务院以及有关部门颁布了一系列敬老养老的文件,但由于全国各地经济发展不平衡的客观因素,加之部分年轻人对于优秀传统文化的冷漠及其受到个性张扬、自私自利、贪图享受等思想的侵蚀,年轻人只顾自己,不顾父母,冷落父母,甚至抛弃父母的可悲可怜现象依然存在,要解决这些严重的社会问题,就必须提倡曾子孝道思想。使子女有孝心,有担当,这样,才能使父母老有所养,老有所安,老有所乐,老有所终。只有在物质与精神层面真正履行孝道,才能使亿万家庭全家老少乐、家和万事兴。家庭和睦了,社会和谐了,国家和美了,世界和平了,那么,我国社会主义精神文明建设的面貌必定焕然一新,祖国经济建设必定繁荣昌盛!

张岱年、程宜山指出:"中国文化以家族为本位,注意个人的职责与义务。"李树杰认为:"历史也是一位长者,从与它的对话切磋中,我们才能活跃思维,深邃思想,试炼精神,发现新图景。"曾子是两千年前的历史人物,他的孝道思想三境界就是强调子女必须担当孝敬父母的"职责与义务",如此天经地义的思想光辉,至今仍有其温情脉脉而永垂不朽的精神魅力。行文至此,唐代诗人孟郊《游子吟》又在耳畔响起:"慈母手中线,游子身上衣。临行密密缝,意恐迟迟归。谁言寸草心,报得三春晖。"寥寥30字,诗人以简朴纯正的语言,抓住慈母为远行游子缝补衣裳的细节与担忧游子迟归的心理描写,突出了深切的母爱,同时表达了游子难报母恩的愧疚之意,将慈母的一片爱心与游子的满腹愧意淋漓尽致地表达了出来,不愧是一首歌颂母爱的千古绝唱,历来为人们所喜爱!让我们沐浴着曾子孝道思想的光辉,吟诵着《游子吟》的深情诗句,深入体会孝道思想文化的精髓,从我做起,努力践行,为营造和睦家庭、和谐社会、和美中华、和平世界做出自己应有的贡献!

简论《韩非子》与韩非

陆承曜

在系列《传统文化研究》的前 25 辑中,有笔者先后所写的,有关《韩非子》法治研究的 6 篇拙文,仅属刍议之类。现试拟以 6 篇法治小文为基础,取其要点,再综合一文,作为小结。

《韩非子》全书,据《汉书艺文志》中的"法家韩子五十五篇""《隋唐书.经籍志法家韩子》二十卷"可知,《韩非子》全书共 20 卷,55 篇,作者韩非。这是一部战国以来集古法大成的经典巨著。

一

《韩非子》一书作于战国时期,至今还有它的现实意义。例如,"奉法者强,则国强,奉法者弱,则国弱"[1]这是一条颠扑不破的真理,也是古今奉行的法理。又如"明主使其群臣不游意于法之外,不为惠于法之内,动无非法。"[2]所谓法之外,即行私于法外;所谓法之内,即施私惠于法内。一切行为"动无非法",应以法为准则。这真是古今中外的普遍法理。

有人说"法家惨礉少恩",是否是这样?我们就以韩非的理念来说,韩非主张:"圣人者审于是非之实,察于治乱之情也。故其治国也,正明法,陈严刑,救群生之乱,去天下之祸,使强不凌弱,众不暴寡,耆老得遂,幼孤得长,边境不侵,君臣相亲,父子相保而无死亡系虏之患。"[3]这些理念正是除霸扶良,尊老爱幼的最鲜明的法家理念。至于为了救群生之乱,对一切奸邪必须要正明法,陈严刑。韩非又认为:"闻有吏虽乱,而有独善之民;不闻有乱民,而有独治之吏。"[4]这正说明了当时的有些官吏既不作为,而又贪婪。至于民,大多是良民,但也有一些作奸犯科,怙恶不悛的奸民,然而不闻有站在最前哨的独治官吏。所以韩非认为:"明主治吏不治民。"[1]不过奸民同样要治。这正是古代朴素辩证法的体现。

要说"惨覈",那是出之于《商君书》内的,甚是残忍。例如,"商君之法曰:'斩一首者爵一级,欲为官者为五十石之官;斩二首者爵二级,欲为官者为百石之官。官爵之迁与斩首之功相称也。'""今有法曰:'斩首者令为医匠(相当于今之护工。),病不已,夫匠者手巧也;而医者齐(剂,药剂)药也。"[5]这正说明商君之法和韩法理念是相悖的,商鞅以斩首记功为法,韩非以"治病救人"为法。"商鞅作法自毙",后人已有所评论。而《韩非子》是一部集优秀古法大成的法学理念著作,我们不能以偏概全。

韩非更主张明主应"适其时事以致财物,论其税赋以均贫富,厚其爵禄以尽才能,重其刑法以禁奸邪"。论赋税应注意贫富均等,厚封爵禄应以引进有才能者并发挥他们的智慧能量为准则,对一切奸邪就要用严刑禁止。其中蕴含着当时人民的一些权益因素,并劝诫世人:"以力得富,以事致贵。以过受罪,以功致赏。"[6]不过在战国时代,这也是为了维护君主政权,笼络人心的一种手段,韩非也不可能例外,这是时代的局限性。

不过其优秀部分的精神,仍是可以传承的。

二

韩非谈"法"是依据历史的进程说起的:

上古之世,人民少而禽兽众,人民不胜禽兽虫蛇,有圣人作,构木为巢,民悦之,使王天下,号之曰有巢氏;民食果瓜蚌蛤,腥臊恶臭而伤害腹胃,民多疾病,有圣人作,钻燧取火以化腥臊而民说(悦)之,使王天下,号之曰燧人氏;中古之世,天下大水,而鲧、禹决渎;近古之世,桀、纣暴乱,而汤、武征伐……是以圣人不期修古,不法常可[7]。

这就就是说从上古、中古、近古、尧、舜、鲧、禹、汤、武时期,其中多有变化,因此圣人认为"不期修古",不一定要遵循古人的做法,韩非就主张变古。所以说"不法常可",即不会永远不变。由此,韩非还讲了一则寓言:宋国有一个农夫正在田中耕耘,突然有一只兔子从远处疾奔而来,头触田中断树,折颈而死,农夫喜得死兔,认为可抵他一天的劳动价值。第二天,他就不下田耕耘,靠着断树等待兔子再来,谁知白白等了一天,不见兔子的影子。第三天仍然如此,平白荒废了两天的时间。这则"守株待兔"的寓言已是家喻户晓,这说明了农夫第一天得到死兔是偶然的,这样的事不可能天天都有,因为任何事物都不是一成不变的,今、明也有不同。因而韩非认为以先王之政来治当世之民,那就像守株待兔一样,忽视了古、今不同。

古者文王处于丰镐之间,地方百里,行仁义而怀西戎,遂王天下;徐偃王(西周徐国国君)处汉东,地方五百里,也行仁义,割地而朝者三十有六国。荆文王(楚国的国君)恐其害己也,举兵伐徐,遂灭之。文王行仁义而王天下,偃王行仁义而丧其国,是仁义用于古,不用于今[8]。

韩非又进一步提出:"古今异俗,新故异备","如欲以宽缓之政,治急世之民,犹无辔策而御悍马,此不知(智)之患也。"这就是说如果想以宽缓政策来治理乱世,那就等于去驾驭一匹没有缰绳的悍马,必然是人仰马翻,会因不智之举招致祸害。

这就是说时代不同了,生产力有所发展,人口也有所增长"人民众而货财寡,事力劳而供养薄,故民争。虽倍赏累罚而不免于乱"。"今先王之爱民,不过父母之爱子,子未必不乱也。"那么如何治乱?"夫垂泣不欲刑者仁也。然而不可不刑者法也。"[9]

如果以法行刑,君主流泪,而想赦免,但又不可不刑,那才是以法治罪,执法如山。才能对治乱有所效用。例如,《韩非子·守道》云:"圣王之立法也,其赏足以劝善,其威足以胜暴,其备足以完法……守道者皆怀有金石之心,则君人者高枕而守己完矣。"完成以上立法,那君主就可高枕无忧了。

《韩非子·孤愤第十一》有言:"智术之士必远见而明察,不明察不能烛私;能法之士必强毅而劲直,不劲直不能矫奸。"

韩非的理念是正确的,只有智术之士,才能洞察奸人的奸私,只有刚劲能法之士，才能矫除奸人的阴谋。所以韩非首先在《孤愤》开端，提出了"重人"一词。认为一个大臣，能遵循命令来办事，按法来治理各级官员，就不是"重人"。"重人言者，无令而擅为，亏法以利私，耗国以便家，力能得其君，此所谓重人也。"[10]重人是不遵照命令擅自作为，不按法律行事而贪图私利，耗费国库财富以充实自家仓库的人。以今天的说法，他们就是君主身边的佞臣。他们凭阿谀献媚，长袖善舞，博得了君主的欢心，例如"上官大夫"之类（《史记·屈原列传》）。对于这些佞臣必须要依法严处。

韩非所悲的是劲直的人不容于奸佞之臣，国家有变乱，就这些原因引起的。在《说难第十二》中，韩非认为：

> 凡说之难，非吾知之，有以说之难也；又非吾辩之，能明吾意之难也；又非吾敢横失，而能尽之难也。凡说之难，在知所说之心，可以吾说当之。

韩非深知，应在君主面前真心实意地直谏，又恐君主是非不分，喜怒无常，不明他的心意，加罪于他，所以不敢无所顾忌地直言相谏。因而只能将满腔孤愤和合理的法治理念，以及以前的法家著作中的优秀部分，集其大成，从而形成了《韩非子》这部古代法学经典著作。

三

韩非出身韩国宗室。生于公元前234年，韩王安五年。他爱好刑名法术之学，生来有些口吃，不善于侃侃而谈，但擅长著作。他和李斯同是儒家孔子门下荀卿的弟子。

当韩非看到韩国日衰，国土沦丧时，他上书韩王直陈救国之策，韩王不用。直至秦始皇十三年，秦急攻韩国，韩王才派韩非入秦调停。

当秦王看到《韩非子》中的《孤愤》《五蠹》《内外储》《说难》等55篇时说："嗟乎，寡人得见此人与游，死不恨矣！"问他的近臣李斯，此人是谁，李斯嫉妒韩非的才能，乘机进谗：

此韩非所著书。韩非韩之诸公子也,今欲并诸侯,非(韩非)终为韩,不为秦,此人情也。今王不用,久留而归之,此自遗患也,不如过(通过)法诛之。

于是秦王将韩非关入狱中,李斯还派人给他送去毒药,命他服毒自杀。韩非要求亲见秦王,自陈来秦的原委,秦王不见。后来秦王自悔,下令赦免韩非,然韩非已死。写到这里,令几千年后的人们,也要咏叹一声:"嗟乎!"韩非满腔孤愤终于没有逃脱无妄之灾。

在两千余年的中华法文化中,《韩非子》与韩非法学理念最为突出,也最为厚重。虽汉、唐、宋、元、明、清各朝学者对其褒贬不一,总的说来是肯定的。例如,《汉书诸子略》凡十类,法家居第四,唐《六典》,法家居子类十四,《艺文志》子类十七,六百零九家,法家居第三。

《史记·老子韩非列传》一文中太史公对韩非下的是同情之笔,赞扬之笔。他在《列传》后评论:"老子所贵道,虚无应因,变化于无为,故著书辞称微妙难识。庄子散道德,要亦归之自然。申子卑卑,施之于名实。"太史公以老、庄二人来对比韩子,认为:"韩子引绳墨,切事情,明是非,其极惨礉少恩。"这是对韩非的法学理念的赞扬。办案就是应该根据法律条款要求,进行调查研究,以获得的事实对照法律条款得出正确的判断,这就是韩非和申子所主张的"名实"。至于"惨礉少恩",笔者认为那是针对那些佞臣、奸民的从严处置。"正明法,陈严刑",似乎严礉,其实也是合法的。在《商君书》中的某些"惨"与"礉"才是超越于法外的"惨礉"。

在《史纪·老子韩非子列传》中,太史公在文末说老子"虚无、无为",庄子"空语无事,著书诋訿(诋毁)孔子之徒,以明老子之术",又指出申子、韩子都有著作传于后世,但太史公突出法家韩子:"余独悲韩子为《说难》不能自脱耳。"太史公的一句"独悲韩子"同情之谊,是多么的深沉!

《唐律疏义》沿袭了《韩非子》的法家理念。例如,《韩非子·

奸劫弑臣第十四》篇中就出现了"劫杀"这一个词语,凡"弑"和"杀"与"劫"相关,其意义基本相同(弑的本意是臣杀君)这在《韩非子》一书中已成固定含义,在《劫弑》篇中出现了多次。《唐律疏义中》沿用了这个词语,凡叛乱、谋杀、劫财杀人等都属"劫杀"范畴,并扩大了"劫弑"篇的范围。

《唐律疏义》第三篇《职制律》,主要是关于国家机关官员的设置、选任、职守以及惩治贪官的办法等,这正与《韩非子·外储说右下》中,"故明主治吏不治民"论说相类似。

以上所论,言语中虽没有褒扬之词,但《唐律疏议》所沿用的一些词语却是《韩非子》中的理念,同样显示了赞同的意蕴。元代奎章阁侍书学士何犿上书元帝:"今天下所急者法度之废,所少者韩子之臣。"显示了何犿对韩非刑名之学的推崇。

明杨慎在《升庵集孔明写申韩书》中说,宋儒论孔明为后主写申韩、管子、六韬曰:"孔明不以经子辅导少主,而乃以刑名法术,何也?"唐子西(唐子西,北宋诗人,篆刻名手,著有唐子西文录20卷)云:"后主宽厚,襟量有余而权略智谋不足,识者咸以为忧。六韬述兵权,多奇计,管子贵轻重,申子覈名实,韩子切事情,施之后主,正中其病……"《韩非子》一书切事情,明是非,故能起到"法"的作用。

明代学者王道焜将文章中的喜快之言比喻为阳,哀怨之言比喻为阴。屈原怨而哀,韩非怨而愤,马迁怨而悲。韩非著书十余万言,皆成发愤感怨,"贱虚名,贵实用,明赏罚,破浮淫。极法术之变诡而不失其正者也"。

韩非出生在弱韩危极的时代,他虽出身韩国宗室子,但因宗属疏远,上书直谏韩国的安危,韩王不用。因而著书以明志。

清代著名学者王先谦评论《韩非子》:"故其情迫,其言覈,不与战国文学诸子等(指儒家诸子)。"王先谦又评:"非(韩非)论说固有偏激,然其云,明法严刑,救群生之乱,使强不凌辱,众不暴寡,耆老得遂,幼孤得长,此则重典之用。而张弛之宜,与孟子所称:

'及闲暇明政刑',用意岂异也?'"这就是说韩非谈法"明法严刑"是"除暴安良"的"重典之用。""张弛之宜"与孟子"及闲暇明政刑"有相似之处。

以上所述是选取了不同时代学者对韩非与《韩非子》的褒扬之词,但有褒也有贬,对韩非也不例外,例如,汉王充《论衡·非韩篇》:"治国之道,所养有二,一曰养德,二曰养力。养力者,养气力之士,以明能用兵。此所谓文武张设,德力自足者也……韩子之术不养德。"这是对韩非的批评。但也有肯定的一点,例如,"郑子产晨出,过东匠之宫,闻妇人之哭也,抚其仆之手而听之,有间,使吏执而问之,手杀其夫者也。翌日,其仆问之:'夫子何以知之?'子产曰:'其声不恸,凡人与其所亲爱也,治病而忧,临死而惧,已死而哀。今哭夫已死,不哀而惧,是以知其有奸也。'韩子闻而非之曰:'子产不亦多事乎?奸必待耳目之所及而后知之,而郑国之得奸寡矣。不任典城之吏,察参伍(错综比验)之正,不明度量,待尽聪明,劳知虑以知奸,不亦无术乎?'"

韩非认为破案仅凭自己的耳目所及而后知,那郑国的破案必定很少。不命有经验的法吏通过调查研究,错综比验得出案件的真相,不衡量案件的起始内涵,只凭聪明,劳智竭虑,不是无术吗?韩非否定了子产的破案理念,因而王充认为"韩子非(否定)子产,是也"。

汉刘安《淮南子·泰族训》:"仁义者,治之本也,今不知事修其本,而务治其末。是释其根而灌其枝也。且法之生也以辅仁义,今重法而弃义,是贵其冠履,而忘其头足。商鞅之《启基》、申子之《三符》、韩非之《孤愤》……非治之大本。"刘安的批评,当然是站在儒家的一方,以仁义为本。他以仁义比喻人的头足,认为法不是本而是末,是冠、履,只起辅助仁义的作用。

宋苏轼《东坡集·韩非论》:"圣人之所为恶夫异端,尽力而排之者,非异端之能乱天下,而天下之乱所由出也……商鞅、韩非著书,言治天下,无若刑名之贤。及秦用之,终于胜(陈胜)广(吴广)

之乱,教化不足而法有余。……其祸为申韩,由三代之衰至于今。凡所以乱圣人之道者,其弊固已多矣。"圣人之所以厌恶异端,尽力而排斥它,苏轼认为并不是因为异端能乱天下,而是天下之乱出之于异端。商鞅、韩非都著书,认为治天下,以刑名为最。待秦采用了,却发生了陈胜吴广之"乱"。所以苏轼认为申、韩乱圣人之道的祸害太大。

苏轼弟苏辙《栾城文集·韩非论》:"韩非之学,并取申、商,而兼任法术……然秦、韩之治,行于一时,而其害见于久远。使(韩)非不幸或用于世,其害将有不可胜言者矣。"就是说申子、商鞅、韩非都著书,申子为韩王所用,商鞅为秦王所用,其说行于一时,而为害却是久远的。假如韩非为秦所用,其说为害将不堪设想。

以上为不同时代学者对韩非的批评。

韩非身处战国时代,据宋代黄震《黄氏日钞》云:"方是时,先王道息,处士横议,往往故为无稽语言以相戏。"《黄氏日钞》指出:"彼其为是言者,亦未尝自谓真有是事也。后世袭取其余而神之。流俗亦信以为真。"这些"戏言"者连作者自己也不相信真有其事,却被后世拿来加工,流俗也就信以为真了。所以《黄氏日钞》又举韩非的例子说:"韩非尽斥尧、舜、汤、武、孔子。然观其书,犹有足警后世之惑者。"这正是说,《韩非子》并无戏言,而有足为后人解惑的警句。何况韩非只是说明尧、舜、汤、武等"仁治"是适用于古,不适用于今。并无"尽斥"含义。

四

在战国时期,百家争鸣,却极少著作,甚至孔子也表示述而不作。像《韩非子》那样十余万字的"大书"是难能可贵的。当时各家争论不休,儒家与法家的争论尤为激烈。他们在学术上各执一端,互不相让。汉王充《论衡·非韩篇》中提到当时法家谓儒家:"不耕而食,比之为一蠹。"在论有益无益这个主题时,又将鹿马相比:"马之似鹿者千金,天下有千金之马,无千金之鹿,鹿无益,马有用也。儒者犹鹿,有用之吏犹马也。"这里的"有用之吏",即法家。

儒家的对答是:"夫儒生礼仪也,耕战饮食也,贵耕战而贱儒生,是弃礼仪而求饮食也。使礼仪废,纲纪败,上下乱,而阴阳谬,水旱失时,五谷不登,万民饥死,农不得耕,士不得战也。"唇枪舌剑,持续不休。

其实儒家和法家有一定的渊源。首先韩非是荀卿的学生,韩非必然具有儒家学术的基因;其次,两家从学术的表象看,确实是矛盾对立、水火不容的,但实质上,从儒法两家治国目的的角度来分析,两者之间有深层的内在联系,无论是"法治"与"德治"都是为了追求一个理想的和谐社会。《孔子家语·正论》认为:"宽以济猛,猛以济宽,宽猛相济,政是以和。"孔子又认为:"礼乐不兴,则刑罚不中。刑罚不中,则民无措手足。"以上所论体现了法治与德治相辅,以构建和谐社会的内涵。孔子指出若没有法治,人民就要显得手足无措了。韩非也主张"道""德""义""礼"相结合,他认为"失道而后失德,失德而后失仁,失仁而后失义,失义而后失礼"。虽然他认为"儒以文乱法",但他仍认为道德礼义是一套完整、完美的体系,不可或缺。而且,《韩非子》仅是一部法学理念书,并非一部可执行的法典,韩非在秦始皇十三年入秦,秦始皇十四年韩非就被害。《韩非子》的思想在韩、在秦,都没有被贯彻过,怎能假设韩非为秦所用则"其害将有不可胜言者矣"。这可说是欲加之罪,何患无辞了。时至宋代,儒法两家的鸿沟还是如此之深。

时代毕竟在不断前进,大浪淘沙,是金子总会发光。时代的巨轮已飞驰到元明清三代,当时元有奎章阁侍书学士何犿上书元帝:"今天下所急者,法度之废,所少者韩子之臣,伏唯万机之暇,取其书少留意也。则聪明益而治功起,天下大幸。"

因当时法律不健全,又缺少韩非这样的人才,何犿认为如果元帝着意《韩非子》一书,那么人就会更为聪明,而功绩也就会凸显出来了,于是天下安定。何犿为《韩非子》旧刻本的序写了《校韩子序》。

门无子,明吴郡人,人称国校,他为《韩非子》整理校勘,并为之作《韩子迂评序》与《韩子迂评跋》。门无子在《韩子迂评序》中写道:"先秦之文当不使遂湮也。顾无副本……窃不自量,而肆笔于是,句为之读,字为之品,间取何氏(何犿)注而折中之,以授之梓人(排版刻印的工人)而号之曰《韩子迂评》。"门无子为了不使先秦文章湮没,就自认为不自量力地挥笔为《韩非子》一书整理校勘。书成,称之为《韩子迂评》。

门无子又在《韩子迂评跋》中说:"余晚年最爱韩子,论事入髓,为文刺心,求之战国之后,楚汉之前,体裁特异。"就是说韩非的文章不但内容深刻,而且体裁特异。遗憾的是,世本讹谬,每至脱字漏句,断文错简,鲁鱼亥豕,辄为废卷。由于《韩非子》一书流传坊间久长,断片残章,脱字漏句,存在如将鲁误作鱼,将亥误作豕一样的错误。

其后,门无子获得何氏本(《校韩子序》,后附于《韩子迂评》内),读后才"畅然无碍,神骨俱轻。"由此整理、校勘形成了《韩子迂评》。

清王先慎以《宋乾道本》为主,和明近儒一起,再从其他方面增补资料,偶尔还附添一些王先慎自己的意见,辑成《韩非子集解》一书。自此儒法两家的鸿沟也就逐渐消弭。直到现代文化界,研究《韩非子》的也不乏其人。其中有研究《韩非子》的专家陈奇猷师著《韩非子集释》,由中华书局于1958年出版。21世纪初,陈师《韩非子新校注》入选《中华要籍集释丛书》,据《中华要籍集释丛书》出版说明:

中华文化博大深远,源远流长。在中华民族发展的历史长河中,代有英杰,人才辈出,曾经出现过许多堪称经典的著作,涉及传统文化的各个方面……这些著作不仅在当时产生过巨大的作用,而且对后世产生了深远的影响……其中蕴含的思想智慧已经成为中华民族文化精神的体现……

由于年代久远,现代读者与这些经典连同历朝历代积累下来的注释,在时代背景、语言叙说方面,都有着不小的距离。随着时代的发展,现代学人也有义务为这些经典及其注释加以整理总结,使其能为新时期的读者所理解。为此,经王元化先生倡议策划,上海市古籍整理出版规划小组特主持并资助出版《中华要籍集释丛书》,以总结20世纪之前的学术成果,为新千年的文化事业做出贡献。

上述出版说明正是告知传统文化研究工作者,不仅要总结历朝历代的研究成果,而且要为新时代的文化事业做出新贡献。

也就是说,研究中华文化要研究其优秀部分,以适应新时代的需要。陈奇猷师是现代人,接受的是近现代的教育,所以他具有新的逻辑思维,新的哲学理念,新的东西方的社会科学、自然科学知识。因为校释这一门学问,并不是夸夸其谈,或是洋洋洒洒地大做文章,而是必须从书山、文海中去觅取信息,然后由表及里地研究,才能得出点滴的真意。《韩非子新校注》就是通过奇猷师广搜前贤名家的校注校释,再潜心研核,凡有一注,就罗列历朝历代各家之说,然后以"奇猷按"指出他人所注的是与非,"指明其非者,皆予以证明,而指明其是者,亦都为之疏证",从而再道出自己的见解。例如,《韩非子新校注·解老第二十》有句:"上德不德",对于一个"德"字就有不同的解释,杨树达说:"上德不德,当作上德不得。"奇猷师按:"杨说非也。庆赏之谓德,执庆赏者为君主。《韩非子·外储说左下篇》云'以功受赏,臣不德君',赏是君之德(赏),但以功受赏,则不德(感谢)君主的德(庆赏),所以'上德不德'。"孙蜀丞说:"上二'德'字当从各本作'德',不当从《御览》(太平御览)改作'得'也。"奇猷师按:"孙师说是。"王先慎说:"'德则无德'文不成义,德上当有'生有'二字。"奇猷师按:"王说谓'德'上当有'生有'二字,谓无功所生之德则是无德。无功所生之德即无功而得之庆赏,是君主不合法的庆赏,不可为德(庆赏),故曰无德。"

仅是一个德字,在以上语言环境中就有三种解释:一是作得到与否的"得"解;二是作庆赏解;三是作感谢解。除此以外,"德"更可作"道德"解。

"德"在今天来说是个常见字,但在先秦古籍的语言环境中,却令后人"生畏",所以要读懂优秀的传统文化,尤其是先秦文化,现代学人就必须要担当起这一项艰巨的任务。《中华要籍集释丛书》应该会起到这样一个作用。《韩非子新校注》就是其中的一册,这一部《韩非子新校注》使人感到了"今意。"《韩非子》与韩非,通过历朝历代的评论、注释、校勘,真可谓大浪淘沙。例如,凡是在研究《韩非子》的论文中,总会出现:"法不阿贵,绳不挠曲。刑过不避大臣,赏善不遗匹夫。"令人感到很熟悉,似乎不觉其来自遥远的两千年以前。这是古意与今意牵上了手,化古为今了。又如《韩非子·六反》:"论其税赋以均贫富,厚其爵禄以尽才能,重其刑法以禁奸邪。"这又与今法有所传承联系了。

再如《韩非子·有度》:"明主使法择人,不自举也,使法量功,不自度也。能者不可敝,败者不可饰,誉者不能进,非者不能退。"即明主推举人才,不自举,要让法来量功,但也不能隐藏能力而不立功;败事的人,不能掩饰他的失败而避罚;为朋党所称誉的人不能进用;为朋党所毁谤的人不致退废。因为为朋党所称誉,为朋党所毁谤的人,其中都有一个"私意"在,不可全信。这些理念虽然都来自先秦,却已有超前的公正而鲜明的法治意识。

在今天看来,韩非的法治思维与《韩非子》的法治理念有着深远影响与现实意义,尤其在我国实现民族复兴的大业中,我们更应该"正明法,陈严刑",使法治与德治相结合,在社会主义核心价值观的 引领下,我们深信"法"的威力定能使中华民族精神之光辉照全中国,辉映全世界。

韩非的遭遇是千古冤案,《韩非子》一书却千古传承。可见时代的法庭是最为公正的,韩子可以无憾了。

【参考文献】

[1] 韩非.韩非子新校注:有度第六[M].陈奇猷,校注.上海:上海古籍出版社,2000:84.

[2] 韩非. 韩非子新校注:有度第六[M]. 陈奇猷,校注. 上海:上海古籍出版社,2000:111.

[3] 韩非. 韩非子新校注:奸劫弑臣第十四[M]. 陈奇猷,校注. 上海:上海古籍出版社,2000:287.

[4] 韩非. 韩非子新校注:外储说右下第三十五[M]. 陈奇猷,校注. 上海:上海古籍出版社,2000:805,806.

[5] 韩非. 韩非子新校注:定法第四十三[M]. 陈奇猷,校注. 上海:上海古籍出版社,2000:963.

[6] 韩非. 韩非子新校注:六反第四十六[M]. 陈奇猷,校注. 上海:上海古籍出版社,2000:1017.

[7] 韩非. 韩非子新校注:王蠹第四十九[M]. 陈奇猷,校注. 上海:上海古籍出版社,2000:1085.

[8] 韩非. 韩非子新校注:王蠹第四十九[M]. 陈奇猷,校注. 上海:上海古籍出版社,2000:1092.

[9] 韩非. 韩非子新校注:王蠹第四十九[M]. 陈奇猷,校注. 上海:上海古籍出版社,2000:1096.

[10] 韩非. 韩非子新校注:孤愤第十一[M]. 陈奇猷,校注. 上海:上海古籍出版社,2000:239.

龚自珍对庄子人性论的继承

孟觉之

李泽厚先生称龚自珍为中国近代思潮奏出了一首浪漫主义前奏曲。在这个"日之将夕,悲风骤至"的衰世,性情孤傲不羁的龚自珍与中国浪漫主义源头庄、屈产生了思想情感的共鸣,所以他说:"庄骚两灵鬼,盘踞肝肠深。"本文主要考察在中国近代民族危机和文化困境的历史背景下,龚自珍欲寻求救亡图存之法、经世致用之道而从古老的庄子哲学,尤其是人性论、心论部分获得的精神启迪,并在时代变革与民主启蒙思潮的影响下对庄子哲学所进行的创造性转化。

一

19世纪上半叶是中国封建社会走向穷途末路的时期。康乾盛世一去不返,在频繁的农民起义打击下,清王朝腐朽的统治摇摇欲坠。商品经济的萌芽潜滋暗长,侵蚀着封建经济基础。外国商品和走私鸦片的大量输入,纹银的外流,加速了社会经济的枯竭。此时,"自京师始,概乎四方,大抵富户变贫户,贫户变饿者,四民之首,奔走下贱,各省大局,岌岌乎皆不可以支月日"[1]529。就在人民挣扎在"国赋三升民一斗,屠牛那不胜载禾"沉重封建剥削的负轭之下时,官员们要么汲汲势位厚禄、结党营私,要么尸位素餐、无所闻问。"今政要之官,知车马、服饰、言词捷给而已,外此非所知也。清暇之官,知作书法、赓诗而已,外此非所问也。"封建帝王的专制淫威使他们成为腐化堕落的寄生虫,"治国平天下"的理想荡然无存,取而代之的是无耻的混世思想。正如李泽厚先生所说的,"这的确是一个暴风雨前异常沉闷昏热的时刻,一切都在无声无息地腐烂,一切都走向无可救药的崩毁,这里充满着贪污、腐化、卑劣、无耻,同时也迅速成长着无可遏止的愤怒和仇恨。"[2]龚自珍却敏锐地觉察到浮华背后即将爆发的灾难,他形象描述了当时社会的真实景象:"履霜之屦,寒于坚冰,未雨之鸟,戚于飘摇,痹痨之疾,殆于痈疽,将萎之华,惨于槁木。"面对世人的麻木无知,龚自珍深切地体会到了庄子那"今也以天下惑"的悲凉,无奈地感叹"一虫惊警谁独醒",还将自己的文集命名为"伫泣亭文",巨大的孤独感浸彻他的身心。

在社会矛盾日趋尖锐的时代条件下,学者们埋首故纸堆,严重脱离实际,而且考据学研究愈来愈支离破碎,正如方东树所批评的那样:"汉学诸人,言言有据,字字有考,只向纸上与古人争训诂形声,传注驳杂,援据群籍,证佐数百千条,反之身己心行,推之民人家国,了无益处,徒使人狂惑失守,不得所用。"[3]统治了中国思想界数千年的经学走向崩溃,中国陷于空前的文化困境。

于是清初重视实证与博学,倡导具有批判求实精神的经世致用之学被重新提起,龚自珍就是众多学者中的杰出代表。"近数十年来,士大夫诵史鉴、考掌故,慷慨论天下事,其风气实定公开之。"[4]而经世思想的抬头是鸦片战争前夕诸子学复兴的一个重要契机。自从明代中后期西洋传教士进入中国后,在两三个世纪里,各种西洋新知不断输入中国,并开始慢慢渗透到中国的知识系统中,而此时西洋知识的影响力度还不足以撼动整个中国思想文化体系的根基,但到了19世纪,当殖民侵略者用坚船利炮打开古老中国的大门后,其以实用理性为中心的思想文化也如潮水般汹涌而至。旧的经验与新的知识、古代经典和现代知识完全脱节,中国文人那点儿钻故纸堆的考据功夫在面对社会重重危机之时,已无力作出回应。好在中国还有少数的文化精英,开辟出了另一条途径。他们认为要理解西洋思想,就要有一套相应的知识资源,即用中国的语言文化思维模式来阐释西洋新知。如此,西学的本质没变,只不过经过重新阐释之后更加符合中国国情,更易于被人们理解和接受。所以在试图寻找新资源的时候,"药方只贩古时丹"

的中国文人又会回到过去所有的古典中寻找,这似乎已成了一种约定俗成的做法。在重新诠释古典的过程中,人们开始也面临着这样一种困境:儒家经典在历史的重负与现实的挑战下,似乎已经枯竭,再也没有什么可被挖掘的东西了,逐渐暴露了它欠缺实效的弊端。然而,这却给儒家以外的各家思想学说一个重获新生的机会,"原来就处于边缘的,其诠释的边界并不严格的其他古典资源,却很快可以进入新的语境,得到新的理解而转化为新知识,比如诸子学和佛学"[5]。其中的原因固然很复杂,但主要的背景正如一些研究者指出的:"许多原来散在边缘或被当作异端的文献,此时也突然得到重视,这代表了传统思想内部资源的重估,中心与边陲的重组,而促成重估与重组的一个重要动因,是思想与社会的互相激荡。"因此,在鸦片战争前夕这一风云变幻的时代背景下,庄子学说作为诸子学的重要组成部分被越来越多的文人学者所关注。

二

龚自珍对封建末世的批判,归结到一点,就是文化专制主义对人性的扭曲和扼杀。要将人的个性从封建宗法关系中解放出来,就必须冲破程朱理学"性善欲恶"的牢笼,重新确立合理的人性观念。程朱人性论的思想渊源来自孟子的性善论,荀子的性恶论与孟子的性善论虽有对立的一面,但在本质上它们都是为了维护封建专制统治和名教制度。唯有庄子"无善无不善"的人性论,才能为龚自珍倡导个性自由、反对封建专制的观点提供理论上的依据。

龚自珍改革弊政的政治主张和追求个性解放的人生理想就是建立在"无善无不善"自然人性论的基础之上。他在《阐告子》一文中指出:"龚氏之言性,则宗无善无不善而已矣,善恶皆后起者。夫无善也,则可以为桀矣;无不善也,则可以为尧矣……为尧矣,性不加菀;为桀矣,性不加枯。为尧矣,性之桀不亡走;为桀矣,性之尧不亡走;不加菀,不加枯,亦不亡以走。是故尧与桀互为主客,互相伏也,而莫相偏绝。"[6]250故在龚自珍看来,人性即人的自然禀赋,它谈不上善还是恶,善恶与人的自然本性无关。人可以成为善人,也可以成为恶人,那是后天人为的结果,而不是人的本性使然。龚自珍力图说明人的本性是自然的,后天的善恶无损也无益于人的天性,故言:"古圣帝明王,立五礼,制五刑,皦皦然欲民之背不善而向善。攻劓彼为不善者耳,曾不能攻劓性;崇为善者耳,曾不能崇性;治人耳,曾不治人之性;有功于教耳,无功于性;进退卑亢百姓万邦之丑类,曾不能进退卑亢性。"[6]250-251 就是说,对于人性只能顺适,不可改变。

人性是超越善恶、永恒不变的自然本质,统治者煞费苦心制定种种礼法制度以崇善抑恶,这也只能改变人的后天行为,而对人的自然本性却无所增益或减损。这里龚自珍对人性的看法虽然是宗告子的"无善无不善"论,但他对人性的态度却是继承庄子"不以人灭天""常因自然而不益生"的自然主义观点。实际上,把"性"理解为事物的本然状态,把人性理解为无善无恶的自然状态,这种观点正是发轫于老庄思想。告子说"生之谓性",其理论根源就是庄子的"道者,德之钦也;生者,德之光也;性者,生之质也"[7]227。"性者生之质",成玄英曰:"质,本也。自然之性者,是禀生之本也。"[8]即性是与生俱来、圆满自足的,无须附加任何外在的条件或形式。庄子还认为性之本然是天然合理的,任何约束或匡正都会造成对身心的损伤。因此,最大的善莫过于"任其性命之情",也就是摒弃和剥离掉礼教所强加在个人身上的虚伪矫饰,倡导个体生命的自我释放和超越能力,来达到对异化的现存秩序的否定。正如陈鼓应先生所说:"庄子的个性解放,则是要把人从宗法制度和礼教文化的束缚下,从人的世俗价值和工具价值中解放出来。"[9]庄子这种以个性为中心、强调人性自然发展的思想启示了具有叛逆精神的龚自珍。在他看来,人的本性是自然的、自足的,对人性的任何干预控制,都是对它的压抑、束缚和扭曲。相反,只有顺适人的自由精神和真实个性,才能造就健全的人格。龚自珍在《病梅馆记》中对文人画士以"曲""欹""疏"的标准来"绳天下之美"的做法进行了严厉批判,揭露了封建文化专制主义对自由人性的戕害。《庄子》曰:"常然者,曲者不以钩,直者不以绳,圆者不以规,方者不以矩,附离不以胶漆,约束不以纆索。"[7]84可见,龚自珍是借庄子的自然人性观,来阐扬自己的个性主义理论。

庄子肯定人性之自然,是为了将人从封建礼教的束缚中解放出来,最终实现人性的自由。而实现人性自由的根本途径就是实现人心的自由[10]。因为"性"是指人先天的、本然的方面,"心"是指人后天的、实然的方面,人性是通过人心显示出来的。庄子认为:"趣舍滑心,使性飞扬。"[7]111如果迷乱人心,那么人的自然本性就会遭到破坏。他批判人们恶化的生存状态:"大知闲闲,小知间间;大言炎炎,小言詹詹。其寐也魂交,其觉也形开。与接为构,日以心斗。缦者,窖者,密者。小恐惴惴,大恐缦缦。"[11]大知广博,小知精细,大言气势凌人,小言喋喋不休。睡觉时神魂颠倒,醒着时又身心不宁。与外物发生感应,整日里钩心斗角。人的心灵时刻遭受着强烈的压制而不自由,这是人类的悲哀。那么,如何解脱这种悲哀呢?庄子提出的办法就是外要"无撄人心",内要"游心适性"。《庄子·在宥》篇中有这样一段对话,崔瞿问于老聃曰:"不治天下,安藏人心?"老聃曰:"女慎无撄人心。人心排下而进上,上下囚杀,淖约柔乎刚强……偾骄而不同系者,其唯人心乎!昔者黄帝始以仁义撄人之心,尧、舜于是乎股无胈,胫无毛,以养天下之形,愁其五藏以为仁义,矜其血气以规法度。然犹有不胜也,尧于是放讙兜于崇山,投三苗于三峗,流共工于幽都,此不胜天下也。夫施及三王而天下大骇矣。下有桀、跖,上有曾、史,而儒墨毕起。于是乎喜怒相疑,愚知相欺,善否相非,诞信相讥,而天下衰矣;大德不同,而性命烂漫矣;天下好知,而百姓求竭矣。于是乎釿锯制焉,绳墨杀焉,椎凿决焉。天下脊脊大乱,罪在撄人心。"[12]

庄子说人心本是强傲放恣不可系缚的,而不明治国之道君主却以仁义礼法"撄"(干扰)人心,使百姓的心灵受到囚禁与伤害,最终导致天下大乱,国家灭亡。相反,只有"无撄人心",使人心处于虚静自由的状态,人与人之间没有利益之争,国家才会长治久安,天下太平。庄子认为人心与国家的兴亡是休戚相关的。庄子把心灵的自由自在称为"游",所谓"游心适性"就是要顺适人性的本然状态,让心灵不受任何羁缚地遨游在宇宙大化之中。庄子在文中多次提到"游心"一词,"吾游心于物之初""知游心于无穷""且夫乘物以游心,托不得已以养中""游心于淡,合气于漠",等等。庄子所谓"游心"的条件是人不以物欲充塞其心,不能为外在名利所役使,即不能"役于物"。如此,人心才不会因外物的变化而波动,心灵处于虚静清明的境界,才能真正实现心灵与精神的解放和自由。但庄子所说的虚静恬淡,并不是要人心死寂无感,死与静是人心的两种状态。南郭子綦的"心如死灰"并不等于人心的死亡,而是一种不追求外物、圆满自足的内心感受。两者的根本区别在于是否存在着灵魂与血性。没有灵魂与血性的人心,就是庄子所说的"夫哀莫大于心死,而人死亦次之"[7]203。林云铭解释为:"心死,即《齐物论》所谓'其形化,其心与之然,可不谓大哀乎'之说也。心存则人存,心亡则人亡。人死虽可哀,不如心死尚为哀之大也。"[3]人之为人,正在于人有心,如果心死,那么人只剩一副躯壳,如同死人一样,还有什么自由和快乐可言呢?因此,庄子所宣扬的"心"论是有着主体意识而又虚静澄明的自由心灵。

三

龚自珍在继承庄子自然人性论的同时,也关注了庄子的人心论。他呼唤人的觉醒,高扬具有主观精神的"人心"思想,首先是由庄子的"哀莫大于心死"这一重要命题开启的。龚自珍认为人才是国家强盛的决定性因素,他说:"书契以降,世有三等,三等之世,皆观其才;才之差,治世为一等,乱世为一等,衰世别为一等。"[6]在谈到将衰之世无才相、才史、才将,无才士、才民、才工、才商,甚至连才偷、才盗都没有时指出,造成这种人才荒芜的根本原因是社会对人心的摧残:

"当彼其世也,而才士与才民出,则百不才督之缚之,以至于戮之。戮之非刀、非锯、非水火;文亦戮之,名亦戮之,声音笑貌亦戮之……其法亦不及要领,徒戮其心,戮其能忧心、能愤心、能思虑心、能作为心、能有廉耻心、能无渣滓心。"[6]86

当社会出现能兴邦治国的人才时,他们却受到了不才之人的嫉妒和排挤,甚至是迫害。迫害又并非以武力致死,而是用封建虚伪道德这把软刀子去扼杀人心,磨蚀人的意志力量,摧毁他们的独立人格。龚自珍在批判造成这种"戮心"现象的社会文化原因时,首先将矛头指向君主专制统治。他斥责封建帝王为树立自己至高无上的绝对权威,不惜摧毁臣民的独立人格,"仇天下之士,去人之廉,以快号令,去人之耻,以嵩高其身;一人为刚,万夫为柔,以大便其有力强武"[6]107,甚至不惜"积百年之力,以震荡摧锄天下之廉耻;既彰、既狝、既夷"[6]107。这里所谓的"廉耻"即是廉耻之心。失去廉耻心的大小官员"不能行一谋,专一事",丝毫不敢有所作为,"心奄然而无生气",普遍丧失了肩负天下的责任意识和务实精神。朝廷上下,一片死寂。统治阶级对"留心古今而好议论"的读书人采取了更为卑劣的手段:

"是故募招女子千余户入乐籍。乐籍既棋布于京师,其中必有资质端丽、桀黠辨慧者出焉。目挑心招、捭阖以为术焉,则可以箝塞天下之游士。乌在其可以箝塞也? 曰:使之耗其资财,则谋一身且不暇,无谋人国之心矣。使之耗其日力,则无暇以读二帝三王之书,又不读史,而不知古今矣。使之缠绵歌泣于床笫之间,耗其壮年之雄才伟略,则思乱之志息,而议论图度,上指天、下划地之态益息矣。使之春晨秋夜为袨体词赋、游戏不急之言,以耗其才华,则论议军国、臧否政事之文章可以无作矣。"[14]

统治者设置"乐籍"来以色情腐蚀和泯灭知识分子的良知,使其无财、无力、无心、无时去过问政治,使其成为醉心声色犬马的行尸走肉。庄子认为这正是人最大的悲哀——形存而心死。统治者如此处心积虑地屠戮人心,表面上是为更好地巩固专制政权,实则是在自掘坟墓。龚自珍一针见血地指出,末世的症结就在于"心死"。为了激活人们已经衰亡的生命斗志,龚自珍又提出了"心力"一词。他认为,一个真正的人不仅要拥有自由的心灵,而且还要有实现自我价值的生命力和创造力。而那个生命力和创造力的支点就是"心力"。龚自珍用"心力"来表达自由意志、情感力量以及内在动力。依靠"心力",就可以成就一切,他说:"心无力者,谓之庸人。报大仇,医大病,解大难,谋大事,学大道,皆以心之力。"[6]100-101人的一切活动几乎都靠"心力"完成,这充分肯定了人的主体性能创造价值,也说明近代思想家已开始自觉走上恢复人性尊严和自由的道路。有学者指出,正是在对"心力"——自由意志的高度推崇下,龚自珍在近代率先恢复起道德自律的尊严。

龚自珍的人性论思想和对于"心力"的论述无疑是受到了庄子哲学的启发。他们都看到自由人性和人心对于社会和国家所起到的重要作用,认为"心死"是人最大的悲哀,有力抨击了封建社会对于人性的压制和对人心的屠戮;他们都主张挣脱礼教物欲的枷锁,恢复心灵自由,实现人格精神的独立。不同之处在于,庄子所追求的心灵自由,是使人心处于一种虚静无为的自由境界,体现了一种消极的意志。而龚自珍高扬"心力"的旗帜,目的则是要唤醒人们沉睡的心灵,使其更加积极地发挥人的主体能动力量,从而挽救中国社会的危亡,是一种积极的自由意志。概括地说,庄子哲学重在超越,而龚自珍则重在救世。救亡图存是近代中国的历史主题。龚自珍推重"心力",呼唤个性解放的启蒙思想在当时闪耀着异常夺目的光彩。后来一些近代社会思潮运动的中坚力量,如康有为、梁启超、谭嗣同等都受到了龚自珍"心力"的影响,如:

"盖心力涣散,勇者变怯;心力专凝,弱者亦强报大仇,雪大耻,革大难,定大计,任大事,志士所不能谋,鬼神所不能通者,莫不成于至人之心力。"[15]2

"心之力量虽天地不能比拟,虽天地之大,可以由心成之、毁之、改造之,无不如意。"[13]

古老的庄子哲学在龚自珍等有识之士手中焕发了新的生气,

龚自珍对其有继承,更有革新,从中我们可以窥见中国思想史不断向前发展的历史脉络。

【参考文献】

[1] 龚自珍.龚自珍诗集编年校注[M].上海:上海古籍出版社,2013.

[2] 李泽厚.中国近代思想史论[M].合肥:安徽文艺出版社,1994.

[3] 邹进先.龚自珍论稿[M].哈尔滨:黑龙江人民出版社,2013:17-18.

[4] 张维屏.国朝诗人征略[M]//王俊义.清代学术探研录.北京:中国社会科学出版社,2002,340.

[5] 葛兆光.中国思想史[M].上海:复旦大学出版社,2001.

[6] 曹志敏.《龚自珍集》简注[M].郑州:河南大学出版社,2016.

[7] 韩忠.庄子读解[M].上海:上海书店出版社,2018.

[8] 吴林伯.庄子新解[M].北京:京华出版社,1998:130.

[9] 田刚.《庄子》与鲁迅早期思想[J].鲁迅研究月刊,2003(4):20-28.

[10] 蒙培元.心灵超越与境界[M].北京:人民出版社,1998:208.

[11] 魏雯.国家必读哲学经典[M].北京:西苑出版社,2011:63.

[12] 庄周.庄子[M].昆明:云南人民出版社,2011:120.

[13] 欧阳景贤,欧阳超.庄子释译[M].武汉:湖北人民出版社,1986.

[14] 董乃斌.中国文化读本[M].上海:上海大学出版社,2007:492-493.

[15] 梁启超.饮冰室合集[M].北京:中华书局,1989:15.

[16] 蔡尚思,方行.谭嗣同全集增订本[M].北京:中华书局,1981:460.

刍议优秀传统文化传承中的辩证法思维

李 直

我们伟大的中华民族,在上下5 000多年的伟大实践中,创造了内涵丰富、形式多样的优秀传统文化。这是凝聚人心、鼓舞斗志、战胜各种困难的强大精神力量,是我们的传家宝。在传承过程中,经过一代又一代人的努力,形成了丰富的辩证法思想,值得我们很好地体味、学习、研究和探讨。它的实质是要我们用历史的观点、辩证的观点看问题。这不仅关系到优秀传统文化本身的发展,更关系到中华民族的未来,需要我们高度重视。下面围绕这个主题,谈几对辩证关系。

一、不同族群与文化认同

我们的祖先,在世界东方这片古老的土地上,筚路蓝缕,生生不息,留下了薪火相传、绵延不绝的文化轨迹,创造了独特的、与西方不同的文化。据《史记·五帝本纪》记载,早在炎黄时代,我国境内就分布着华夏、东夷和苗蛮三大族群,相互既有矛盾、冲突,又有交流、互进。在我国北方,黄帝族群先与炎帝族群发生阪泉之战,又与蚩尤发生涿鹿之战。黄帝打败炎帝、擒杀蚩尤后,成了"天下共主","诸侯咸尊轩辕为天子"。轩辕伟大在哪里?伟大在对战败者不是赶尽杀绝,而是设法安抚,化解积怨,消除隔阂,视对方为同族,以战促和,以德报怨。他在华夏地区成功地推动了中国历史上第一次族群大融合。后来华夏族群向东、向南发展,分别与东夷族、苗蛮族再度融合。到了距今4 000~4 300年的尧舜禹时代,逐渐形成了华夏民族和华夏文化。到了夏朝就有了国家。由此可见,华夏民族是以炎黄为主干、又融合了众多族群而形成的民族。华夏文化是由华夏地区不同血缘关系的祖先共同创造的文化共同体。从文化传承的角度看,华夏民族在其形成的开始就是一个多文化的民族,有其文化传承,这就是我们的文化认同。这种文化认同,就是我们民族的凝聚力、战斗力!这对民族的发展、国家的巩固和繁荣昌盛起着十分重要的作用。据《淮南子·主术训》记载,炎帝神农治天下时,"怀其仁诚之心""养民以公""因天地之资而之和同";《淮南子·修务训》中又说:"一日而遇七十毒",为寻药而尝百草。据《韩诗外传》记载,黄帝轩辕治天下,"施惠承天,一道修德,惟仁是行,宇内和平";《白虎通义》说黄帝"始作制度,得其中和,万事长存"。这些炎黄二帝所体现出的修道德、行仁义、定制度、讲奉献、协和万邦、创造发展等精神,是我们民族精神的源头,是形成当代中国精神的基因。它承载着中国智慧,孕育和释放着中国力量。在中华文化5 000多年的发展过程中,经过一代又一代中华儿女的传承与弘扬,至今已升华为中华民族特有的文化传统和民族精神,已渗透到每个中国人血液中、脑海里。

苏州是中华文化的发祥地之一,早在1万多年前就有了三山岛旧石器文化;4 000多年前大禹治水过家门而不入的故事,至今还在吴江震泽一带流传;3 000多年前泰伯仲雍南来,带来了"礼让精神",他们在吴地建立了勾吴小国,创造了吴文化;2 000多年前,孙武奔吴,在这里写成了世界第一兵书《孙子兵法》;到宋代有范仲淹"先忧后乐"精神;明代出现了"吴门画派";清初有顾炎武"天下兴亡,匹夫有责"的精神……这些都是中华优秀传统文化的重要组成部分,已得到大家的认同,成为大家的共识。当前,我们56个民族所讲的中华文化和以社会主义核心价值观为集中体现的中国精神,已经成为大家共同的价值追求。我们要传承的就是这些文化的共同点,就是这些同族、同魂、同文的中华优秀传统文化。习近平同志对中华优秀传统文化有深刻的理解,在他多次的谈话、文章和会议讲话中,多次围绕"为民""立志""明德""孝道"等不同主题,多次引用传统文化的名言名句和历史故事,讲得精彩、感人,得到大家一致认同,深受大家喜爱,是我们学习的榜样。

二、静态保护与活态传承

对优秀传统文化,包括文化遗产、遗址、遗迹、文物等,都要做到像保护眼睛一样进行保护。这是绝对的保护、不能有丝毫变动的静态保护。这件大事做好了,功在当代,利在千秋!怎么才能做好这件大事呢?一定要贯彻"保护为主、抢救第一、合理利用、加强管理"的方针。从文物保护法角度看,对可移动的和不可移动的、野外露天的和室内保存的,要分别进行管理,要根据文物的历史、艺术、科学价值等不同,确定保护等级和保护单位。从保护的内容看,有的要进行抢救式的保护。苏州的草鞋山遗址、古城内的轩辕宫、蒋墩的孙武练兵场、二妃墓以及香山邦古代建筑技艺、苏式汤面饮食文化、大运河沿线站点等,再不抢救,就见不到、吃不到了。从保护的方法来看,要发动群众共同保护。苏州古城甲辰巷砖塔,有千年历史,是全国重点文物保护单位,近来砖塔的围墙、护栏破损严重,苏州日报报业集团的领导同志知情后,主动派出党员志愿者与双塔街道唐家巷社区居民志愿者一起出主意、想办法进行修复,粉刷围墙,喷涂保护漆,塔院内还配备了消防设施,加强对砖塔的看管和维护工作,共同保护好这珍贵的文物。凡是文物都要加以保护,原封不动地保护,如果有部分损坏也要"修旧如旧"。这种保护的要义是,使被保护的对象永远停留在产生它的那个年代、那个状态。然而,从传承的角度看,文物是"死"的,传承是"活"的,对文化遗产不仅要保护好,还要利用好,要搞好活态传承。这是在传承实践中总结出来的一条重经验,也是优秀传统文化未来发展的一条必由之路。让收藏在禁宫里的文物、陈列在广阔大地上的遗产、书写在古籍里的文字都活起来。为了搞好活态传承,必须树立正确的、科学的文化发展观,做到创造性转化、创新性发展;必须树立高度的文化自信,充分认识优秀传统文化的意义、作用、价值;必须全面深入地学习、研究优秀传统文化,把握其中的精髓,善于守正、创新;必须建立健全有利于活态传承的体制机制,逐步形成全民参与的社会文化氛围,促进活态传承。例如,不断修订和完善《文物保护法》《非物质文化遗产法》,设立全国性的"文化和自然遗产日",将春节、清明、端午、中秋四大传统节日纳入国家假日制度等。又如苏州的园林申遗、水乡古镇的旅游开发、昆曲和评弹的青春版改革以及"轧神仙""抬猛将"等习俗的传承等。这些都有力地强化了全民热爱、保护、利用和永续我国优秀传统文化的感情和热情,提升了文化传承的质量,确保了传统文化的内涵和生态活性。这些都是文化传承中推陈出新的重大举措,反映了全民各界对其在认识上的提高。只要能让文化活在当下,让文物走出禁宫活在生活里,非物质文化遗产能在传承人中传承,优秀传统文化就一定能在静态保护和活态传承中呈现百花齐放、万象更新的大好局面。

三、关注个性与尊重多样性

大千世界,充满了各具个性的事物。我们生活在这样的世界里,随时都能体会到事物的个性和多样性。据统计,目前世界上有200多个国家和地区,有2 500多个民族和多种多样的宗教、文化。各种优秀传统文化之所以能长期存在,就是因为它们各有各的个性,各有各的作用,能各显其能,各美其美。对各种独具特色的文化,都应做到坚守本质不改其性,加以保护。其实,这里蕴含着一种辩证关系——关注了文化个性,使其长期存在,也就是尊重了文化的多样性。因为多样性存在于个性之中,多种多样的优秀传统文化本来就有着千丝万缕的联系。它们能在历史发展的长河中、人类的伟大实践中,和而不同,美美与共,使世界多姿多彩。大海因为能"海纳百川",所以能成为大海。文化的多样性是客观存在,是人类文明最本质、最重要的属性,是推动人类文明进步的重要动力。文明因交流而丰富多彩。一切鼓吹"文明冲突"的言论都是错误的。搞好多元文化交流是大家的共同愿望,也是大势所趋。交流互学,共存共荣,可以超越隔阂,超越冲突,使各种优秀传统文化更加优秀。我们在思想认识上,既要关注优秀传统文化的个性,又要尊重优秀传统文化的多样性,这是传统文化发展的正道,也是各种优秀传统文化长盛不衰的秘诀。扩大一点说,这也是国家、民族长盛不衰的秘诀。随着现代化和全球化的深入发展,多样的文化承担着共同的使命,共同构建人类的美丽家园,共同创造世界的美好未来。

四、开放包容与比照鉴别

文化在创造美好未来的过程中,需要互相包容、互相鉴别、"请进来、走出去",还需要自身生存的土壤和发挥作用的条件。解决这些问题,必须搞清楚开放包容与比照鉴别的辩证关系。首先要提高对学什么、为什么学的认识。我们不妨反思一下,在我国千年的农耕文明中,一直延续着重农轻商思想,束缚了商品经济的发展,统治者盲目自大,极度腐败,"闭关锁国"的结果造成了"落后挨打"的局面,不改革不开放不行!1978年以来建设中国特色社会主义的历史充分证明,改革开放是必由之路,是决定当代中国命运的关键一招。40多年了,我国打开大门,欢迎一切好的外来文化进入,一方面促进了我国文化的发展,另一方面也为世界文化繁荣做出了贡献。然而,还需要进一步搞清楚的是,对外开放不是盲目崇外,交流互学也不是照抄照搬。开放包容是讲条件、讲环境的。学习优秀传统文化,离不开一定的历史条件和社会环境。如果离开了,它的价值和作用就会发生变化。开放包容一定要有分析、有比照、有鉴别,做到辩证取舍,择善而从,合情而用。经过多年的开放实践,我们逐步明确了对外开放要从中华民族的发展实际出发,有针对性地学习、借鉴西方国家先进的科学技术、管理经验和优秀文化,促进我国国力的提升。这是一方面,另一方面,打开门窗后,也有"苍蝇蚊子"飞进来,也会有拜金主义、享乐主义等不良文化影响我们的事业。如果不进行鉴别,不分好坏,甚至把糟粕和垃圾当成宝贝加以引进,就会贻害无穷。学习不是简单的模仿,需要合理的扬弃。有些人对"西学中用"存在着"全面排斥"或"照单全收"的想法,这些都是错误的。学习外来文化,贵在为我所用,重在实现中国化、本土化,使外来文化融入中国文化元素,以中国人民喜闻乐见的形式呈现,形成中国气派、中国风格,打破西方的文化霸权。同样,在"中学西传"中,也要发挥中国文化的独特优势,彰显中国元素,帮助外国人认识中国,了解中国人的精神世界,从而进一步促进相互理解,由理解而增强信任,由信任而达致和谐。否则,我们"请进来"的和"走出去"的,就走样变味了。中华文化博大包容,兼收并蓄,随着中国日益走向世界舞台的中央,今后我们在"请进来""走出去"的过程中,要展示好中国形象,讲好中国故事,传播好中国声音,向世界展现真实、立体、全面的中国,提高中华文化的影响力。要在总结成功经验的基础上,改进传播方式,采用"互联网+中国元素"的模式,扩大传播效果,为提升全球治理能力、打造人类命运共同体,贡献中国智慧和中国方案。

五、立足传统与拥抱时代

历史在不断发展,时代潮流在滚滚向前。我们自当立足于积蕴 5 000 多年的文化传统,同时也应当拥抱当今时代,顺应时代潮流。我们已经进入新时代,伟大祖国正处于伟大复兴的晨曦之中,一切都蒸蒸日上。2019 年 6 月 7 日是中国农历五月初五端午节。这个节日在中国传统节日中,是民俗内涵最为丰富的节日之一。这一天,全国各地都推出了各种具有本地特色的传统民俗活动。在北京,龙潭公园有龙舟赛,圆明园有龙舟拔河展演;在武汉,有汉绣旗袍走秀等数十种文化遗产宣传活动;在广州,有品尝美食、看醒狮舞、唱"男儿当自强"等歌曲的活动;在苏州,有盘门城楼包粽子、胥门集会纪念伍子胥等活动。尽管各地的习俗差异很大,尽管纪念的对象有所不同,有纪念屈原的,也有纪念伍子胥、介子推和曹娥的,但人们的爱国情怀、价值取向是同一的,都在立足传统、与时俱进,顺应时代的发展而发展。在当今时代,优秀传统文化必须紧跟时代的脚步前进。我们在思想上要多点辩证思维,不要将传统文化与时代对立起来。事实上优秀传统文化都是因为在不同时代有过适当的调节和创新,才发展到今天的。如今,世界正处于百年未有的大变局之中,但时代潮流没有变,仍然以和平、发展、合作、共赢为主流。面对这个主流,顺之则昌,逆之则亡,和之则安,斗之则伤。中华优秀传统文化历来提倡"和为贵""以和邦国",国家无论大小,一律平等。在新时代,我们要继承优秀传统文化,更要发展优秀传统文化,做到古为今用、推陈出新。24个字的社会主义核心价值观是对我国优秀传统文化的继承,更是对我国优秀传统文化的新发展。我们把优秀传统文化的传承工作做好了,才有吸引力;做实了,才有竞争力;做强了,才有影响力! 优秀传统文化只有拥抱新时代,才有生命力!

"长风破浪会有时,直挂云帆济沧海。"我们有信心把优秀传统文化传承中的辩证思想融入实际、融入生活、融入内心,化为自觉的感情认同和行为习惯。让我们在习近平新时代中国特色社会主义思想指引下,用行动使古老而睿智的中华优秀传统文化在新时代焕发出勃勃生机。

【参考文献】

[1] 司马迁.史记[M].北京:中华书局,2006.

[2] 赵宗乙,孟庆祥.淮南子译注[M].哈尔滨:黑龙江人民出版社,2003.

[3] 中共中央宣传部:习近平新时代中国特色社会主义思想三十讲[M].中共中央宣传部.北京:学习出版社,2018.

生态综议

陶渊明诗中农耕文明的生态美

金学智

在生态文明建设成为时代潮流的今天,相关的哲学"反思"成为刻不容缓的世界性的议题。人们在深感近几个世纪工业文明带给人类物质生活极大丰富的同时,又深感它给人类带来了巨大的负面影响和不容忽视的灾难,即对人类生存环境的严重破坏,例如,空气的污染、极端天气的出现,等等,人类在自食苦果和恶果。据此,笔者曾在一本著作中取另一角度,从反面切入,从西方近代思想史上选出三位哲学家、美学家的言论作为谬误认识的代表,并略加点评:

在这之前,生活于16、17世纪之交的著名英国哲学家培根就提出,必须"靠科学技术建立人类对世界万物统治的帝国,实行对自然的支配"。这种人类中心主义,是倡导天人对立的错误思想的一个出发点。而处于17、18世纪之交的英国哲学家洛克,则进一步宣布:"对自然的否定,就是通往幸福之路。"接着,同样极端的话语也出现在19—20世纪意大利美学著作之中,这就是:"自然,这个可恶的敌人。"……这都是把人和天、工业科技和自然尖锐地对立起来了。

三位著名思想家,对哲学、美学做出了杰出的贡献,然而,遗憾的是,他们在对人与自然关系的思想认识上却失误了(除三位之外,还有一些,不赘举)。他们殊不知,否定自然,与自然为敌,并不是通往幸福之路,而是通往灾难之路,通往人类自我毁灭之路。这类错误的认识,归根结底是为近代社会历史进程的偏差所决定的。

对于人类历史进程已经出现的这种偏差,我国当代画家、文化

哲学家范曾,在联合国教科文组织所作的、题为《回归自然,回归古典》的演讲中精辟地指出:

自然对人类恩宠有加,它不仅提供了一切生命赖以生存的条件,譬如空气、水、土地;而且提供了日月随旋、风雨博施的适时变幻,天地万有"合目的性"的生息繁衍,得以从玄古、太古以至今天延绵不断,永无尽期。

人类有些迫不及待、恩将仇报了……就像一个狂悖无度的儿子,向他慈爱的母亲伸出了欲望之手……

远古、中古、近古的人类,基本上生活于农耕与畜牧之中,人类贴近自然、信赖自然,在自然前心存敬畏和挚爱,人类不会对自然傲慢。然而工业化却使人类的欲望逐步膨胀,至后工业化时代来临,贪婪渐渐吞食人类质朴的灵魂。

……当科技的日新月异与人类的不可餍足的消费欲并驾齐驱的时候,地球和人类危险的日子也就渐闻足音了。……

对人类迫不及待地要统治自然的这种倒行逆施,概括为"恩将仇报",是最恰当不过了。然而,其结果则如 U. 梅勒所发出的惊人控诉:"大地母亲已躺在特护病区的病床上!"并引一位专家的慨叹:"人已经失去了预见和预防能力,他将毁灭在他自己对地球的毁灭之中!"这都是向全人类敲响的警钟!

因此必须把颠倒了的认识再颠倒过来。人类对于自然,对于"坤厚载物,德合无疆,含弘光大,品物咸亨"(《易·坤卦·象辞》)的大地,必须反思,必须检讨,必须感恩,必须回归,用范曾的话说,必须"回归自然,回归古典"。对于回归自然,这是易于理解的;对于回归古典,其内涵则比较复杂,可先借葛兆光的话来概括:"当追忆者对现实不那么满意的时候,对古代的追忆就成了他们针砭现实的一面镜子,这面镜子中显现出来的总是温馨的历史背影。"确实如此,这是对历史经验的深刻总结。笔者据此延伸:回归古典,也就是追忆或重温中华民族优秀的传统文化,发掘思想宝藏,汲取精神营养,接受哲理警示,同时针砭走向错误的现实。

说到回归古典,追忆历史背影,就令人想起我国中古时代著名的田园诗人陶渊明,他在《归去来兮辞·序》中,就写到自己"眷然有'归与(欤)'之情"。"归与",典出《论语·公冶长》:"子在陈曰:'归与!归与!……'"陶渊明借以表达眷念温馨的田园之思。对于《归去来兮辞》这篇著名散文,人们只要既入乎其中,又出乎其外,不拘泥于具体事实,撇开某些因素,就能发现其中意味深长的一系列既深刻又温馨的优美词句,足以给今人多方面的回味和启迪:

归去来兮,田园将芜胡不归?……悟已往之不谏,知来者之可追。实迷途其未远,觉今是而昨非。舟遥遥以轻飏,风飘飘而吹衣……乃瞻衡宇,载欣载奔……引壶觞以自酌,眄庭柯以怡颜……悦亲戚之情话,乐琴书以消忧……云无心以出岫,鸟倦飞而知还……农人告余以春及,将有事于西畴……木欣欣以向荣,泉涓涓而始流。善万物之得时……

在追忆、解读这篇名作之前,有必要进一步先引进西方的接受美学观点:"历史的视野同时包含在现时视野之中,'理解总是视野的交融过程'。"这也就是说,一方面,研究者必须以历史主义态度看问题,对以往历史的真实做深入的理解,这就是所谓"历史的视野";另一方面,又必须和必然会从今天的立场观点出发来看问题,来理解和评价历史,这就是所谓"现时的视野"。这两种理解总是交融在一起的,而且历史的视野同时是包含在现时视野之中的。

以接受美学来"引而申之,触类而长之"(《易·系辞上》),联系近代的工业文明的偏差来思考,确实可说是"悟已往之不谏"——觉悟到已往已不可挽回。早在19世纪,马克思就敏锐地论及人和自然的关系问题,提出了"自然界是人为了不致死亡而必须与之形影不离的身体""人是自然界的一部分"等重要命题,恩格斯也在《自然辩证法》中,针对任意砍伐森林、破坏生态环境的短视行为严正指出:"我们必须在每一步都记住……我们连同我们的肉、血和脑都是属于自然界并存在于其中的……我们不要过分陶醉于我们人类对自然界的胜利。对于每一次这样的胜利,自然界都对我们进行报复……它常常把第一个结果重新消除。"这一尖锐的生态批评,不但对当时把人和自然谬误地对立起来的思想、行为具有普遍的批判意义,而且从未来学的视角来看,它已颇具前瞻性地考虑到了人类的可持续发展。今天想来,确实是"悟已往之不谏",然而,来者犹可追,人类虽然迷失了方向,但还是可以紧急刹车,勠力同心,挽回一切。回顾这三百多年来的文明史,真可借陶渊明的话说:"实迷途其未远,觉今是而昨非。"

陶渊明的《归去来兮辞》写回归,其中自己的情、周围的景,无不洋溢着温馨感、欣悦感,洋溢着一派盎然生意:舟遥遥轻飏,风飘飘吹衣,木欣欣向荣,泉涓涓始流,亲戚情话,琴书消忧,云自由自在地出岫,鸟飞倦了就知道投林归巢,人们企羡着万物之得时……环境里一切的一切,都自然而然,一派宁静和谐。陶渊明欣然回归的,就是"农人告余以春及,将有事于西畴"的田园。读《归去来兮辞》,给人最主要的感受,就是如释重负的轻松感,家园温馨的亲切感。陈望衡在《环境美学》中指出:"对环境的认同感的最高层次是家园感。"陶渊明怀着一颗赤子之心,带着如愿以偿地回乡、返家,"载欣载奔"地吟唱"归去来兮",这实际上是从最高层次上抒发了自己对环境的认同感。

诗人陶渊明在他的作品里,大量地歌颂了田园生活之美和农业耕作之乐,集录一些如下:

少无适俗韵,性本爱丘山。……开荒南野际,守拙归园田。方宅十余亩,草屋八九间。榆柳荫后檐,桃李罗堂前。暧暧远人村,依依墟里烟。狗吠深巷中,鸡鸣桑树颠。户庭无尘杂,虚室有余闲。久在樊笼里,复得返自然。(《归园田居五首》其一)

相见无杂言,但道桑麻长。桑麻日已长,我土日已广。常恐霜霰至,零落同草莽。(《归园田居五首》其二)

种豆南山下,草盛豆苗稀。晨兴理荒秽,带月荷锄归。道狭草

木长,夕露沾我衣。……(《归园田居五首》其三)

开春理常业,岁功聊可观。晨出肆微勤,日入负耒还。……田家岂不苦,弗获辞此难。……但愿常如此,躬耕非所叹。(《庚戌岁九月中于西田获早稻》)

贫居依稼穑,戮力东林隈。不言春作苦,常恐负所怀。……(《丙辰岁八月中于下潠田舍获》)

榆柳、桃李、桑麻、豆苗、早稻……都是农村的普通树种、平凡的田园作物;荷锄、负耒、躬耕、稼穑……都是农耕时代常见的行为动作,然而,在陶渊明的笔下,都以诗意的光辉对人发出温馨的微笑。在这样的环境里,"方宅十余亩,草屋八九间""户庭无尘杂,虚室有余闲",就是今人所艳羡的"诗意地栖居"了。而"少无适俗韵""带月荷锄归",在精神文化领域里,更富于诗意的蕴藉,试看在今天作为世界文化遗产的苏州耦园,还有脱然不凡的"无俗韵轩";在苏州网师园,进门的蟹眼天井里仍留有"鉏(锄)月"的砖额;在苏州怡园,仍有厅堂曰"锄月轩",尽管这里种的不是豆苗,而是梅花,但同样富有诗意,令人神往,它洗涤着人们的尘襟……

陶渊明还问道:"田家岂不苦?"但诗人却可贵地"不言春作苦",而以终于"复得返自然"为人生的至乐。他十分重视农耕,写有《劝农》诗:"悠悠上古,厥初生民。……"从远古开始追忆,列举了后稷注重"播殖","舜既躬耕,禹亦稼穑"……直至"纷纷士女,趋时竞逐。桑妇宵兴,农夫野宿",他梳理了历史上的农耕传统,以"哲人"为高标、先例,激励自我以躬耕为乐,即使"箪瓢屡罄,绤绤冬陈"(《自祭文》)而不言苦,这在古今诗人中是罕见的、难能可贵的。

陶渊明的田园诗,展现出一幅幅天人合一的农耕文明的和谐图画。有人或许会问,耕稼从本质上看,不也是对自然的支配、向自然的索取吗?是的,试看,由于南亩"开荒",故而"我土日已广",但这种支配、索取,是适度的、合时的,借汉张衡的话说,是"取之以道,用之以时"(《东京赋》),并不影响物种生存的可持续性,更不影响作为整体的自然,何况诗人同时已全身心投入大自然中,实现了情与景、主体与客体的融合无间。例如,他对风吹新苗的深情咏唱,"平畴交远风,良苗亦怀新。"(《癸卯岁始春怀古田舍》其二)字里行间,跳动着诗人欣赏远风吹拂农田时的喜悦之情,融和着农人对新苗长势良好的欣慰,真可谓"情往似赠,兴来如答"(刘勰《文心雕龙·物色》)。这里采前人对此两句的两条诗评:

> 东坡称陶靖节诗云:"'平畴交远风,良苗亦怀新。'非古之耦耕植杖者,不能识此语之妙也。"仆居中陶,稼穑是力。秋夏之交,稍旱得雨,雨余徐步,清风猎猎,禾黍竞秀,濯尘埃而泛新绿,乃悟渊明之句之善体物也。(宋张表臣《珊瑚钩诗话》)

> 昔人问《诗经》何句最佳,或答曰"杨柳依依"。此一时兴到之言,然亦实是名句。若有人问陶公何句最佳。愚答云:"平畴交远风,良苗亦怀新。"亦一时兴到也。(清沈德潜《古诗源》)

这两句确实是陶诗最佳名句,而未曾亲自稼穑的人,是写不出此类妙语的。梁启超的《陶渊明》说得最明白彻底:"老实说,他不过庐山底下一位赤贫的农民,耕田便是他唯一的事业。……渊明是'农村美'的化身,所以他写农村生活,真是入妙。"更应指出的是,甘为"陇亩民"的陶渊明,他辞官归田,躬耕乡里,结交农夫田父,和他们一起体验过"四体诚乃疲"(《庚戌岁九月中于西田获早稻》)的辛苦,这样才能写出这类平远而清新的千古名句,其中隐约可窥见诗人感恩自然的质朴灵魂。

诗人还在其诗歌中表达了他对农耕生活规律性的认识。《劝农》诗还有"民生在勤,勤则不匮"的警语,这是建立在"贫居依稼穑"的基础之上的。民生在于勤俭,勤俭就不会匮乏,这是他对自己清贫的农家生活实实在在的切身体会。《庚戌岁九月中于西田获早稻》一诗开头还写道:"人生归有道,衣食固其端。孰是都不营,而以求自安?"人生必须遵从一条规律:衣食是生活之开端、生存之首要前提,如果对耕田、织布、桑麻、稻菽都不加考虑,那么,怎能求得自安呢？还如，《移居二首》其二："衣食当须纪，力耕不吾欺。"《杂诗十二首》其八："所业在田桑，躬亲未曾替。"所有这些，从现代生态哲学的角度来剖析，隐藏着"从实践方面来说……人在肉体上只有依靠这些自然物——不管是表现为食物、燃料、衣着还是居室，等等——才能生活"这一哲理的密码。正因为如此，诗人才选择了为一般远离"力田"的士人所忽视、鄙视的作物、农活等主题来加以咏唱："有风自南，翼彼新苗""平畴交远风，良苗亦怀新"；"晨兴理荒秽，带月荷锄归"……诗中感情是那么纯真素朴，风格是那么自然平和，画面是那么清新而气韵生动！这些诗句因而均成为陶诗"善于体物"而兴到神随的最佳名句。陶渊明这种对生态哲学的诗意体悟，这种"接地气"的文人诗咏，在古代文坛可谓凤毛麟角、卓然杰出。

陶渊明《庚戌岁九月中于西田获早稻》一诗，不但提出了"人生归有道，衣食固其端"的清醒认识，而且紧接着写道："开春理常业，岁功聊可观……""理常业"就是从事农业；"开春"，和《归去来兮辞》中的"农人告余以春及，将有事于西畴"一样，都主张不违农时，或者说，主张顺天时而行耕作。这也值得今人深思，回眸历史，如范曾所说："远古、中古、近古的人类，基本上生活于农耕与畜牧之中，人类贴近自然、信赖自然，在自然前心存敬畏和挚爱，人类不会对自然傲慢。"是的，农耕社会是"靠天吃饭"的，人依顺自然，信任自然，敬畏自然，热爱自然，而不会傲慢地向自然宣战，否则就会如《劝农》诗所说的那样"饥寒交至"……

然而，历史进入工业文明以来，如曾繁仁所指出的，"随着大规模的工业化与城市化，在推土机的隆隆声中，昔日美丽的自然早已不复存在，面目全非。表面上我们剥夺的是自然，实际上我们剥夺的是人类赖以生存的血脉家园，是人类自己的生命之根。"在这种意义上，人们再读陶渊明的田园诗，能激活历史记忆，唤起人们追忆"人类赖以生存的血脉家园"，增强家园意识，以进一步追寻安身立命之根。也正因为如此，有人指出了旅游中的一种普遍的现象:"近年来审美领域发生了重大转折……也许,我们可以将这变化称为审美的乡野化。……于是,农业社会、农业生产和农业景观成了审美注意的焦点,生态旅游、乡村旅游、'农家乐'登上了大众审美的舞台。农村、农舍乃至野外日益……成为人们旅游的目的地。"从本质上分析,这可看作是一种"回归",一种"寻根"。

或许有人会问,那么,工业文明和农业文明相比,究竟是哪个进步呢?人们无疑都会回答,从农业文明发展到工业文明,这肯定是社会进步的表现,这是符合历史发展规律的。既然如此,现代人还要再回归到陶渊明式的田园,去"荷锄",去"负耒",而丢开机械不用吗?这岂不是让社会"复古",使历史"倒退"?应该说,这是只知其一,不知其二。《道德经》有言:"明道若昧,进道若退。"(第四十一章)意思是,明晰确切的,好像是暗昧糊涂的;进步往前的,好像是在往后倒退。从今天辩证的认识来接受,也可以推出一系列判断,即一种倾向会掩盖另一种倾向;肯定之中潜藏着它的对立面——否定;人们认识的"明",其实可能是"昧";社会科技发展的"进",其负面影响恰恰是"退";工业文明日新月异的飞速前进,给人类带来了巨大福祉,但同时潜伏着巨大的灾祸,就如《道德经》之所言:"福兮,祸之所伏。"(第五十八章)

那么,今天重读陶渊明,除了认识种种古代社会现象,领略古典文学之美外,还能汲取什么精神营养,接受什么哲理警示呢?鲁枢元的《生态文艺学》写道:

> 海德格尔曾明确指出:当代人"不能退回到那个时期的未受伤害的乡村风貌,也不能退回到那个时期的有限的自然知识"……在海德格尔看来,"回归"完全与"倒退"无涉,而只是希望通过与古代希腊人、古代中国人的"对话",为已经走进极致的现代工业社会寻获一个新的开端。"回归"实际上是端正人的生存态度,发掘人的生存智慧,调整人与自然的关系,纠正人在天地间被错置的位置。

说得非常好!完全适用于本文。总览陶渊明的一生,他的生存智慧是顺天行事,知足而不妄求,从接受美学的视角看,这正是今天人面对自然所最需要的态度,迥然不同于工业文明以来那种与科技飞速发展并驾齐驱的"人类不可餍足的消费欲"。陶渊明感恩自然,看到"良苗亦怀新",心田就萌生出无限的喜悦;他敬畏自然,说"常恐霜霰至,零落同草莽",唯恐自然不肯赐予;他尊重劳作,主张自食其力,教育后代"载耘载耔,乃育乃繁"(《自祭文》),意谓只要好好劳动,总会有收获的,这就是"民生在勤"的哲理;而他那"归去"的断然行动,从美学意义上高度肯定了山水田园生活和农耕劳作的意义,这就不像唐代诗人王维那样,对其"解印绶弃官去"的行为不无微词,言其"后贫……而屡乞而惭也……"(《与魏居士书》)。

读陶渊明的诗文,除了有了解古代社会等作用外,还能获得美的享受,这更不应忽略。这里仅论其鸟以及鱼的形象。对于自然美的欣赏,黑格尔曾说:

我们只有在自然形象的符合概念的客体形象之中,见出受到生气贯注的互相依存的关系时,才可以见出自然的美。……自然美还由于感发心情和契合心情而得到一种特性……这里的意蕴并不属于对象本身,而是在于所唤起的心情……这种表现却联系到人的观念和人所特有的心情。

此话有其合理内核,它强调了对自然形象的感发心情和契合心情,以下品赏陶诗数例:

"翩翩飞鸟,息我庭柯。敛翮闲止,好声相和。岂无他人,念子实多……"(《停云》)咏唱思念亲友,用起兴和反衬手法,以飞鸟的从容地翔息于庭,和鸣相亲,以感发自己思念之情,抒发自己孤寂之憾,一片深情,溢于言表!清代名家王夫之《古诗评选》评道:"四言之佳唱,亦柴桑之绝调也。"

"羁鸟恋旧林,池鱼思故渊。久在樊笼里,复得返自然。"(《归园田居五首》其一)陶渊明诗中往往鱼鸟并举,以喻自己在特定环境中的特定心情,如误落尘网时,则"望云惭高鸟,临水愧游鱼"

(《始作镇军参军经曲阿》),羡慕自由自在的鱼鸟而自愧弗如;一旦辞官归田,则放飞心灵,以笼鸟投林,池鱼归渊为譬,使人从自然形象中见出审美主体的"人的观念和人所特有的心情",这种让客观物象契合心境的手法,具有极佳的审美效果。

沈德潜《说诗晬语》指出:"事难显陈,理难言罄……每借物引怀以抒之。比兴互成,反复咏唱,而中藏之欢愉惨戚,隐跃欲传,其言浅,其情深也。"陶渊明正是如此,其《归鸟》就分四章按春夏秋冬四时反复咏唱。此外,如袁行霈所概括:

陶诗中屡次出现归鸟意象,如《饮酒》:"因植孤生松,敛翮遥来归。""山气日夕佳,飞鸟相与还。""日入群动息,归鸟趣林鸣。"《咏贫士》:"迟迟出林翮,未夕复来归。"《读山海经》:"众鸟欣有托,吾亦爱吾庐。"《归去来兮辞》:"云无心以出岫,鸟倦飞而知还。"此皆渊明自身归隐之象征。

其中生气贯注的意象、意在言外的象征,均值得深味。此类例子,陶诗中还有很多,不赘举。特别应指出,"山气日夕佳,飞鸟相与还。此中有真意,欲辨已忘言"(《饮酒二十首》其五),是一幅气韵生动的淡远山水画,傍晚,烟岚浮动间,飞鸟相与还巢,陶渊明见此顿有所悟,得意而忘言。此"真意"即是"道",也就是《道德经》中所说的,"道可道,非常'道'"(第一章)之"道"。

陶渊明和鸟,真是忧喜相关,命运与共,如《归鸟》第四章:"晨风清兴,好音时交。矰缴(一种射鸟的工具)奚施,已卷(倦)安劳?"前二句热情赞美鸟儿歌唱,好音和鸣;后二句庆幸其归——归巢后人们无法射杀……对于今人来说,其中难道没有生态学的启示吗?

再回到生态美学的主题。张明为《美丽中国与环境美学》一书所作的序,在概括了工业文明的得与失后写道:

1962年,在美国,一本具有科技性质的书《寂静的春天》出版。翻开书页,目录竟然是如此让人触目惊心:"死神的特效药""不要的大破坏""再也没有鸟儿歌唱""死亡的河流""自天而降的灾难""人类的代价""通过一扇狭小的窗户""大自然在反抗""崩溃声隆隆"……人们误以为这是写战争或者想象地球的毁灭,都不是,这是写农药的使用带给人类的灾难。

  书中"再也没有鸟儿歌唱"一章,令人触目惊心,对照陶渊明笔下生气贯注、群鸟"欣有托"的境界,难道不发人深省吗?最近几年,中国突然发现《寂静的春天》一书的价值,十几家出版社先后竞相出版,掀起阅读的热潮,使之成为一本普及型的畅销书,拥有了越来越广大的读者群。这一现象反映了我们的时代广域性生态意识的觉醒。重读陶渊明的诗,从中悟到农耕文明的生态美,是有价值的。

苏州古典园林隐逸文化生态漫谈

施伟萍

苏州古典园林是文人寄情山水的产物,是隐逸文化的载体。隐逸文化促进了苏州古典园林的发展,文人的隐逸思想深深地植入了苏州古典园林的营造之中,主要渗透在古典园林的造园立意、意境营造、空间布局等方面,体现了隐逸的思想情怀和文化精神,园林和隐逸两者息息相关。生态指生物在一定的自然环境下生存和发展的状态。关键点就是对人与自然关系的正确思考,懂得亲近并学习自然、顺应自然发展规律。而苏州古典园林"模山范水"的造型艺术与生态观念完全一致。

一、苏州古典园林的隐逸文化背景

1. 苏州古典园林的发展历史

苏州是举世瞩目的历史文化名城,具有 2 500 余年的历史文化底蕴,苏州古典园林是文人之园,是"士"文化的艺术载体。园林本质上是人居境域,与中国自古以来的自然生态意识密切相连。苏州古典私家园林最早见于记载的是东晋的辟疆园,顾辟疆是东晋时代人,官至郡功曹、平北参军。相传他性情高洁,家中建有园林一座,其林泉池馆之胜,号称吴中第一。因此,当时的文人雅士都纷纷前往游览。

在《晋书·王献之传》和《世说新语》等书中,记载了两则有趣的故事:王子猷尝行过吴中,见一士大夫家极有好竹。主已知子猷当往,乃洒扫施设,在厅事坐相待。王肩舆径造竹下,讽啸良久。主已失望,犹冀还当通。遂直欲出门。主人大不堪,便令左右闭门不听出。王更以此赏主人,乃留坐尽欢而去。

王子敬自会稽经吴,闻顾辟疆有名园。先不识主人,径往其家。值顾方集宾友酬燕,而王游历既毕,指麾好恶,旁若无人。顾勃然不堪曰:"傲主人,非礼也! 以贵骄人,非道也! 失此二者,不足齿人,伧耳!"便驱其左右出门。王独坐舆上,回转顾望,左右移时不至,然后令送箸门外,怡然不屑。

王徽之(子猷)和王献之(子敬)同是一家人。这里记载的两件事,情节大同小异,人物都因为急于游园,行动有点冒失,只是结果稍有不同,一个尽欢而散,一个被赶出园外,读来令人发笑,却也证明了当时的辟疆园,确为一座有名的江南名园,优美的园林山水景观雅致而不俗,带有一种文人崇尚自然的精神追求。

明清时期,苏州成为繁华之地,私家园林遍布古城内外。苏州在古典园林全盛时期有园林200余处,闻名遐迩的有拙政园、沧浪亭、狮子林、留园等。因此,苏州享有"人间天堂"的美誉。苏州古典园林以意境见长,以独具匠心的艺术手法在有限的空间内点缀安排,移步换景,变化无穷。1997年12月4日联合国世界遗产委员会第21届全体会议批准了以拙政园、留园、网师园、环秀山庄为典型例证的苏州古典园林列入《世界遗产名录》;2000年11月30日,联合国教科文组织世界遗产委员会第24届会议批准沧浪亭、狮子林、艺圃、耦园、退思园增补列入《世界遗产名录》。这些园林中都隐含着造园主人淡然处世、与世无争的老庄哲学思想。

2. 苏州古典园林的隐逸文化背景

老庄的道家思想精髓是"道法自然",即人与自然和谐共生;"天人合一",即人与宇宙的和谐统一;"致虚守静",即身与心和谐的生命超越精神。提倡"见素抱朴""粗茶淡饭"的节俭生活方式,主张"知足常乐",保持内心的安宁平静。"无为而治"的社会生态观,其基本含义一是因任自然,二是不恣意妄为。人人各尽其性,各安其事,各得其所,整个社会安泰和美,其乐融融。

魏晋南北朝时期是我国传统文化承前启后的转折时期,山水田园诗、山水画、山水园林等都在这一时期兴起。魏晋南北朝时期的名士和文学家身逢乱世,林泉之隐和山水田园之乐就成为他们生活和情感的寄托,陶渊明不为五斗米折腰,欣然归隐,以其生命实践,构建了林泉之隐的典型。其笔下的田园之乐,平淡、自然、纯真、质朴,成为古代文人士大夫的心灵家园。在这种隐逸文化的精神气候下,士人啸傲行吟于山际泽畔,体会自然真谛,讲究艺术的人生和人生的艺术,诗、书、画、乐、饮食、服饰、居室和园林,融入人们的生活领域,普遍追求"五亩之宅,带长阜,倚茂林"的高品位精神生活。不过,这种深处乱世的洒脱不羁、闲适自然也体现出了当时社会的动乱不安,以及人民对安定生活的向往。

唐朝是我国封建社会的全盛时期,古典园林艺术从自然山水园向写意山水园过渡。白居易提出"中隐"思想,将传统的隐逸理论大大推进了一步,诗人白居易在《中隐》诗中写道"大隐在朝市,小隐入丘樊。丘樊太冷落,朝市太喧嚣"。真正的大隐者是那些隐身于朝野之中的人,小隐者是依赖沉湎于桃源世外。而"中隐"这种以人处朝市,于园林、盆栽、拳石之中获得心灵自由和放达的观念在苏州园林中得到了体现。中唐文人以片山拳石寓情游心,体味山林野趣,将大千世界中的宏观景物微缩到小巧玲珑的壶中天地,去体验和感悟人生的真谛。这种思维方式和审美意识,是中国古代士大夫文人文化艺术方法和情思意趣趋向内心世界发展的表现,而两宋理学的兴起,又进一步推动了这一文化思维与哲学意识。

明清时期资本主义幼芽在苏州萌发,手工业发展极快,市场繁荣,文化艺术大发展。文人参与造园,不仅在精神内涵方面赋予了园林深层的内容,同时,不少诗人、画家也参与园林设计,将中国山水诗、山水画的独特的美学追求融汇于园林之中,使苏州园林别具风格,疏野淡然、清新超脱、典雅精致。苏州园林空间不大,但是各种景观分割与通达设计非常巧妙,分割造就了园林景物的丰富与空间的幽深,通达带来了游园时的移步换景与柳暗花明。如园林中的复廊、花窗、天井等,特别注重生态的层次、纵深及通风采光。

二、古典园林与隐逸文化生态的关系

1. 隐逸文化的流行

入仕与归隐是中国古代文人一种矛盾心理的体现,他们一方面期待清明政治时的入仕,另一方面又陷入混沌政治时的归隐。隐逸是中国古代的一种独特的文化现象。隐逸文化以老庄的道家思想为哲学基础,是古代士人保持人格独立的一种处世哲学。在几千年的封建社会里,中国古代独特的知识阶层——士,是处于皇家贵族和平民百姓之间的中间阶层。他们来自民间,通过官学一体的科举之路走上仕途,在不同的社会层面形成了一个松散不定而又内在统一的文化人群。文人具有强烈的历史使命感和社会责任感,有一种批判现实的理想和热情。他们重视精神生活,研习琴棋书画等技艺,具有较高的文化修养,代表着所处时代的最高文化水平。"达则兼济天下,穷则独善其身"为士大夫的处世哲学。兼济天下者以儒学为思想武器,乐观进取;独善其身时消极退隐,为途穷之策。但无论得意失意、在朝在野,士大夫们皆以喜好山水田园之乐为名士风尚。

隐逸从行为上表现为短暂或长久的隐藏行迹,其中包含着疏离、逃避社会现实的人生态度;但隐士们在精神上保持着清逸脱俗的人格和淡泊的情怀,同时,也显示着人们对自然审美意识的思考。文人因其生活意志的不同,采取的隐逸方式也各异,有寄居林泉岩壑,远离尘嚣之隐;有任散官、闲官、地方官之隐;还有身仕心隐,所谓"小隐隐于野,中隐隐于市,大隐隐于朝"。这种隐逸思想充满着矛盾,以吟诗作文为好的中国古代文人都向往仕途,自古文人绝少从来没有入仕、涉足政坛的,他们崇尚"学而优则仕"。可是古代文人普遍有率直任性的特点,这恰恰是官场规则之大忌。文人的矛盾之处在于希望入仕后不断升迁,但又常常率性而为破坏了官场秩序,不断遭受挫折,于是文人们大叹"怀才不遇"。只能离开官场隐藏行迹,有的隐居是短暂的,有的是长久的,陶渊明厌倦官场,归隐田园,他是中国文化史上第一个最伟大的有名有姓的隐居诗人。其《饮酒》诗曰:"结庐在人境,而无车马喧。问君何能尔,心远地自偏。"而隐于山林中的高士们,心理上却忍受着巨大的煎熬和矛盾冲突,辩证地分析,他们的隐逸行为更强烈地指向了"入世"。因为其"隐"本身就是对社会的一种反抗和逃避,遮蔽在超凡脱俗外壳之下的更多的是对社会的关心。

2. 园林的社会隐逸功能

苏州园林的主人大多数是因贬谪退隐的文人,他们经历了宦海沉浮,心中建功立业的信念开始动摇,代之而起的是清净淡泊、自然恬淡的人生哲学和生活情趣,慢慢地这些文人的隐逸心态逐渐成为一种稳定的理想。于是,他们就将自己的内心构建的精神绿洲倾心外化,建起了一方方小园。他们学习陶渊明的归隐,在城市营建一隅远离尘嚣的净土——园林。

"园林"一词,是随着魏晋南北朝士人园林的出现而出现的。作为中国古典园林艺术典型代表的士人园林,就是在隐逸文化的直接影响下萌生、发展的,体现出一种潇洒、淡泊、自然的隐逸色彩。士大夫阶层是隐逸文化的传播者和实践者,他们寄情一园山水,寻求精神自由,婉约的苏州古典园林就成为他们净化心灵、保持独立人格的小天地。他们需要在游山玩水时表达洁身自好的态度,在园林经营中表现自己萧然高寄的胸怀,他们将人格价值和山水审美交融,与园林产生情感上的交流。他们的隐逸理想便不自觉地植入园林活动之中,以隐居园林的清朗风雅来抗衡出仕朝堂的污浊纷繁,园林也就成了隐逸文化的基本载体。在隐逸文化的熏陶下,人们在园林中追求人格、气节和理想,于是对自然的审美意识逐渐苏醒。同时,园林的艺术构成也得到了不断丰富,其精神内涵也得到了提高。

明代唐寅的《桃花庵歌》"桃花坞里桃花庵,桃花庵里桃花仙;桃花仙人种桃树,又摘桃花换酒钱。"至今仍令很多人心醉神驰。500年前唐寅生活在"桃花别业",展现了一种诗意栖居的悠然自得。唐寅、沈周、文徵明、祝允明等在此共创了吴门画派,开创了中国文人画的新境界。桃花坞孕育了唐寅文化,唐寅也是苏州桃花坞的一张文化名片。在苏州桃花坞地区现在还有桃花坞大街、桃花坞桥弄、唐寅坟巷、唐寅祠和双荷花池。

据史料记载,桃花坞一带最早是农桑之地,到宋熙宁年间,梅宣义在此筑台治园,柳堤花坞,风物一新,称"五亩园",又名"梅园"。宋绍圣年间,枢密章楶在五亩园南筑"桃花坞别墅",占地七百亩。章氏子弟在此基础上又广辟池沼,建成一座庄园式园林,人称"章园"。梅、章两家为世交,梅宣义子梅采南、章楶子章咏华,仿效曲水流觞典故,将两园池塘打通,建双鱼放生池,一端通梅园的"双荷花池",一端通章园的"千尺潭"。当时吴郡人多于此春游看花,一时鼎盛。直到宋末兵变,连累梅园、章园也废圮不堪。唐寅36岁时选中城北桃花坞,建了一座优雅清闲的家园。那时章庄简的别墅久经风雨沧桑,早成一片废墟,尽管元以后后人又屡次重建,但规模大不如前。不过唐寅看中这里景色宜人,更有一曲清溪蜿蜒流过,溪边几株野桃衰柳,一丘土坡,很有几分山野之趣。于是第二年,唐寅用卖画的积蓄买下了章氏的桃花坞别墅,再行修葺,改名"桃花庵"。唐寅还在四周种桃树数亩,自号"桃花庵主"。好友祝允明、文徵明、沈周等经常来饮酒作诗。"日般饮其中,客来便共饮,去不问,醉便颓寝。"(祝允明《唐子畏墓志铭》)唐寅从此在桃花坞度过了他18年的余生,在此创作了脍炙人口的诗歌和独树一帜的画作。

唐寅为何对桃花坞有如此深厚的依恋?他的人生经历和他的才情志向的纠结促使他寻找这样一个适合他的地方,他找到了,所以桃花坞是唐寅暂时逃离社会现实,实现自己人生理想的庇护所。园林成为士大夫们体验生命自由的一种文化载体,成为其追求超脱玄远的人格理想的重要途径。

三、拙政园"归田园居"隐逸文化生态举例

苏州园林的景点、景区设置,多出自诗文,其中以陶渊明居多。中国历代文人一直钦羡,仿效他意真、冲淡的志趣,学习他的飘然

隐逸,将自己隐身于属于自己的一方天地内。拙政园之东部名为"归田园居",乃模自《归园田居》一文的描绘,表明园主王心一对隐逸乐趣和闲适心情的追求。从这些景区的设立,可见园主人追求的境界是要摆脱外物的奴役,返璞归真,在虚幻中满足,在自然中平息。

王心一于崇祯四年(1631)曾购入此地并名其为"归田园居",著《归田园居记》,描写拙政园中取名、定景之故。例如书中有一段话描述拙政园里的奇石:"池南有峰特起,云缀树杪,名之曰缀云峰。池左两峰并峙,如掌如帆,谓之联璧峰。"此外还有一段话描述拙政园中的兰雪堂:"东西桂树为屏,其后则有山如幅,纵横皆种梅花。梅之外有竹,竹临僧舍,旦暮梵声,时从竹中来。"

拙政园东部的"归田园居"布局以平冈远山、松林草坪、竹坞曲水为主。配以山池亭榭,仍保持疏朗明快的风格,主要建筑有秫香馆、兰雪堂、芙蓉榭、天泉亭、缀云峰等。入口设在南端,经门廊、前院,过兰雪堂,即进入园内。东侧为面积旷阔的草坪,草坪西面堆土山,上有木构亭,四周萦绕流水,岸柳低垂,间以石矶、立峰,临水建有水榭、曲桥。西北土阜上密植黑松枫杨成林,林西为秫香馆。再西有一道依墙的复廊,上有漏窗透景,又以洞门数处与中区相通。

秫香馆原为秫香楼,位于天泉亭北山松岗之西,为拙政园东部最大的厅堂。秫者,稷、稻之精品的统称,宋人范成大《冬日田园杂留诗》有"尘居何似山居乐,秫米新来禁入城"之句。此处原来为"归田园居"之北界,墙外为北园,乃园主的家田,丰收季节,秋风送来一阵阵稻谷的清香,令人心醉。故于此建楼,以观赏农桑田园之景,秫香之名,亦由此得。王心一《归田园居记》载云:"折北为秫香楼,楼可四望,每当夏秋之交,家田种秫,皆在望中。"农田以北,则是苏州古城齐门一带的城墙,城上女墙雉堞亦历历在目,这是古代园林家极喜爱的"借景",计成《园冶》中所讲的"斜飞堞雉"指的便是此类风景。王心一《归田园居记》中也对此赞美不已,谓

"北则齐女门雉堞半挖中野,似辋川之孟城"。今日秫香馆四周景色开朗,南边隔水为山岛,是游人品茗休憩之好去处。兰雪堂是拙政园东部之主厅。20世纪60年代拙政园园门由中部移至东部后,此厅成为入园游赏的第一景,位置十分重要。堂名取自李白"独立天地间,清风洒兰雪"的诗意。据明王心一之《归田园居记》所载,当时兰雪堂面阔五楹,爽垲整洁,"东西桂树为屏,其后则有山如幅,纵横皆种梅花,梅之外有竹,竹邻僧舍,且暮梵声,时从竹来"。清初文学家沈德潜曾有《兰雪堂园记》专门记此景的美丽。20世纪50年代后期重建拙政园东部时,设计者细心查找"原归田园居"之资料,尽量按原来的格局恢复厅堂建筑和周围景色。芙蓉榭是拙政园东部一方形歇山顶临水风景建筑,位于主厅兰雪堂之北,大荷花池尽东头。芙蓉榭屋顶为卷棚歇山顶,四角飞翘,一半建在岸上,一半伸向水面,凌空架于水波上,伫立水边、秀美倩巧。此榭面临广池,池水清清,是夏日赏荷的好地方。荷池约略为矩形,东西长,南北窄,故西向的小榭前有很深远的水景。水中植荷,荷又名芙蓉,小榭之名也由此而来。当年王心一营筑"归田园居"时,这里为一派水乡景色:"池广四五亩,种有荷花,杂以荇藻,芬葩灼灼,翠带柅柅。修廊蜿蜒,驾沧浪而度,为芙蓉榭。"现游廊尚未恢复,然而小榭已成为东部很有特色的风景,特别是夏晚在此赏景,待皓月当空,清风、月影、荷香齐至,确能给观赏者带来美不胜收之感。小榭室内装修也甚为精美。中间置竹节圆台,周围为四只竹节圆鼓凳,梁下悬红木宫灯。榭临水的西面装点有雕刻精美之圆光罩,东面为落地罩门,南北两面为古朴之窗格,颇有苏州园林小筑的古雅书卷之气。缀云峰为"归田园居"的园中景点,一段太湖石,立于兰雪堂北绿树竹荫中,缀云峰的形态自下而上逐渐壮大,其巅尤伟,如云状,状如云朵,岿然兀立,因得此名。与之并立的还有一块太湖石,取名"联璧"。双峰并立像一个巨大的屏风,挡住来宾们的视线,这种"开门见山"的造园手法,被称作为"障景",起着引人入胜的作用。

隐逸文化经过了中国士大夫阶层千年来的不断取舍,已是一种文化意识沉淀。苏州园林多为住宅园林,又属于文人型园林,它所具有的文化内涵必然蕴涵隐逸性质。在梳理中国特有的隐逸文化后,反思苏州园林,其更多偏向于以唯美为旨的隐逸观。置景不求贵重繁华,而以朴实自然为主,如廊内铺砖不起苔,廊外乱石铺地不风化,弯处透光,设有小景,情趣处处,文人们躲进蜗居的小筑,休问外物琐事,品香茗,看清流碧潭、亭台楼阁之胜,享曲径通幽、奇石怪岩之趣——这就是苏州园林生活的基本写照。"悠悠上古,厥初生民。傲然自足,抱朴含真",陶渊明的诗也许最能暗合园主士大夫们因政治生活失意而产生的归隐心态。这些人多在官场仕途失意,渴望远离尘世,却又不愿或不能学陶渊明隐于山泽,"采菊东篱下,悠然见南山"。士大夫们居于城市却又要表达不媚流俗,不同流合污的志向,追求唯愿与山水鱼鸟相伴终老的理想,于是苏州园林就成了最好的载体。这一座座小小的园林,是主人精神的绿洲和安逸的生活空间,寄托了他们的荣辱、苦闷和追求,也使他们体味到了其中的安宁与永恒。

　　苏州园林追求的首先是一种化景物为情思的意境,其次才是花木竹石本身的形式。它把那些最能引起思想情感活动的自然因素摄取到园林中来,以心造境,赋予这些自然元素象征意义,最后反映高尚、深邃的意境,使观赏者感到亲切,又感到崇高。所以苏州古典园林有浓郁的"归去来兮"的隐逸文化,这种文化生态也丰富了园林的艺术内涵,提升了园林的美学品位,这样营造的第二自然既居尘,又出尘,隐世又不离世,并非如陶渊明那样真正隐居山林,躬耕自足,而是进退自如,山林魏阙两无著,应该是一种"园隐",所以隐逸也变味了,隐逸只作令人神往的理想存在,谁也不乐意它成为现实,但是园冶艺术,巧夺天工,可与大自然媲美,却能传承后代,甚至走向世界,例如拙政园、怡园,等等。

苏州地区水泽地名现象初探

顾国林

苏州地区位于太湖平原中心,境内河港湖荡遍布,水泽地名词(地名的通名)非常丰富。有人讲:"太湖地区是中国河流地名博物馆。"这话很不错! 这片区域内不仅河港、湖荡众多,不同类型有不同的叫法,而且不同历史时期也有不同称呼。文章整理苏州地区水泽地名用词18个(浜、泾、塘、港、溇、潭、江、漾、荡、浦、渎、溪、浡、泖、瀼、沥、洪、澳),解释它们的方言含义,辨讹5个(泽、渚、洲、泗、海),指出它们不是吴地真正的水泽通名。

一、概貌

整理苏州地区水泽地名用词,有两笔材料值得重视:一是村名,原吴县地区55%村名以河港湖荡命名,比如百尺泾、东箭渎、姚家浜、清水港等,村名中富含大量水泽地名信息,往往比河流类地名志里更丰富。二是历史文献《吴中水利全书》,这部明代著作记录吴地大小河港、湖荡、水利设施名字10 515个,已建成数据库,查询和统计都很方便。下文以《吴县志》5 137个村名所见水泽地名词数量为顺序,解释通名在方言中的含义,村名中未见者以《吴中水利全书》补全。

地名用字具有地方色彩,很多是土俗字,有些是当地人造的土形声字,字形和字典、韵书里的字碰巧一样,但含义毫无关系。比如吴地河流常用词"泾",在《说文》《广韵》里指渭水的支流"泾水",显然与今义无关。吴地的"泾"是一种借用,用一个已存在的字来表示方言里对河流的一种俗称,或者土造形声字碰巧和已有字同形。因此,地名用字不能以字面来揣摩,不能拘泥于字典,释义应当以土著居民(特别是农民、老人)的说法为准,宜从语言学而不是文字学的角度去解释。

文章所用材料主要涉及四部文献,下面作简单介绍(表1):

A书:《吴县志》,原吴县地理上围绕苏州城,该志记录原吴县5 137个自然村村名(非行政村名),其中55%以水泽命名。

B书:《吴中水利全书》,明代浙江东阳人张国维在吴地做官期间,把当时能收集到的吴地水利文献编入这本书。该书记录10 515个水泽类地名,通名琳琅满目,是太湖地区体现水泽地名用词最详尽的历史资料。

C书:《正德姑苏志》,历史上最早大量记录吴地村名的地方志,共记当时吴县、长洲县、昆山县、吴江县、常熟县、太仓州、嘉兴县、崇明县村名共926个。

D书:《郏亶水利书》,北宋太仓人郏亶写给政府的治水建议书,可以看到宋代河港用词面貌。全书记录苏沪地区河港277条次(大部分是较大的河港),当时浦占第一位,泾和塘也有不少。

表1:苏州地区水泽地名用词概貌

类型	A书	B书	C书	D书	今口语常用度	吴地方言义
浜	816	1 424	无	2	极常用	一端不通的小河
泾	181	2 767	39	72	常用	人工痕迹明显、较笔直的中小河
塘	148	1 184	32	31	常用	本指河堤,又指运河
港	131	1 516	11	1	极常用	河港泛称,无港口义
溇	105	334	5	无	一般	通水沟渠
潭	44	122	1	无	极常用	凹陷的坑、水池
江	42	85	3	3	常用	吴地历史性大河专称
漾	27	153	1	无	常用	一大片开阔的水面
荡	17	339	6	无	极常用	浅水、浅水湖
浦	11	558	18	168	常用	早期形成的中型主干河港
溇	6	322	9	5	少用	沟渠、运河

续表

类型	A书	B书	C书	D书	今口语常用度	吴地方言义
溪	5	130	3	无	少用	残迹性河港用词
浐	2	30	无	无	极少用	淹,旧时称湖荡
泖	无	22	无	无	极少用	古江东湖荡通名
瀼	无	4	1	无	不用	浅水沼泽湖
沥	无	69	无	无	区域性(如太仓)	河港水道通名
洪	无	86	无	无	区域性(如常熟)	河港水道通名
澳	无	12	5	无	不用	水池、蓄水设施

二、水泽地名词释义

1. 浜(断头河)

浜和滨是两个字,音义不同。居民把一头不通的小河叫浜,它是水系的末端。过去匪盗严重,农民不敢在大江、大湖边安家,一般把村巷建在浜的尽头。以浜为村一般还配有栅(苏州话音同"蜜蜂蜇人"的"蜇"),其主体通常是一根柏木,白天沉在水底,晚上用铁链拉起并架在河道上"封浜",这样盗匪船只就不能进入。通河需要设两道栅,浜只需设一道,有防御优势。原吴县村名中浜排名第一,符合湖荡水网居住文化。现代苏州话的浜也泛称普通小河道,对应普通话的"小河沟"。浜地名除了"某家浜"主流模式外,还和多种河港通名结合,形成某泾浜、某塘浜、某港浜、某溇浜等名称,浜一般置于词末,仍保持末端含义。浜是太湖地区特色通名,往外围逐渐减少。

2. 泾(中小河流)

泾是中小河港通名。苏州农村叫泾的河港数量庞大,仅次于港,在明代《吴中水利全书》里更多,记有2 767条,占当时数量第一位。很多泾是人工开挖的,可以从以下特点看出来:一、泾很多冠以双、四、五等数字,比如双泾沿、南双泾、双泾上、吴(五)泗泾、泗泾岸等,表明曾经的能产性很高,分布很密集;二、名为横泾的特别多,原吴县境内有19个村名叫横泾,横(泾)是跨越主干河道的意思,多为后起的河港;三、名为官泾的也很多,指政府出资开凿或疏浚的河港。唐代在苏州、常熟之间挖元和塘,其东西向支河多叫泾,是苏州北部河网的特征。今天,新河流已经很少用泾,泾成了固化的河港通名。从分布来看,泾集中于太湖平原圩区,和浜的流行范围大体一致。《郏亶水利书》记录吴地河港277条(多为较大河港)中,有72条河港名泾,约占26%,可见北宋泾已是重要的河港通名。

3. 塘(堤岸、运河)

塘在通用语里指池塘,而在苏州方言里则用于河道,指河堤、河港,传统上不作池塘义,池塘叫潭。今吴地沿河老街,其两岸很多叫"上塘、下塘",这里的塘,仍保持河堤义。塘作为河港用名,多是人工开凿或整治的河港,相当于今天的"运河"。早期苏州地区浅水沼泽遍布,开辟运河是为了获得陆道,达到拉纤、行船避浪等目的。久而久之,作为河堤义的塘,也就有了河港的意思。塘在汉代《越绝书·吴地记》里称陵,塘路称陵道,本义也是隆起的土条。塘重视水陆并行,作为交通工程开发,比如唐代挖"元和塘"是为了沟通苏州城和常熟,宋代挖"致和塘(俗称娄江)"是为了沟通苏州城和昆山,同时期修的"吴江塘路"是东太湖里一条几十千米长的大堤,类似今天金鸡湖的李公堤,目的是为了保障大运河过东太湖的航运安全,以便其从江南运走粮食。中古以来,"塘浦"经常并用,但两者不同,浦是水利工程,主要用于吴淞江流域行水排涝,开发年代早,交通功能不是首要考虑。在用字方面,塘和荡、堂音近,这三个都是地名词,用字经常互讹。

4. 港(河的泛称)

港在通用语里表示港口、码头,而在原先的苏州话中却没有此义,港用来泛称各类大小河港,对应通用语里的"河"。在苏州地区诸多河港用词中,港是最没有限制的,不论大小长短、曲直、是否断头、是否人工开挖都可以叫港。在农村地区,港是最活跃的河港用词,既大量用于河港名字,也常在语言里单用。苏州话里港和江只有声调的区别,由于吴语的连读变调作用,当港放在词语的后字时,往往变得和江同音,所以今地名里很多港字被写成了江。从全国分布来看,作河港义的港地名主要分布在原长江中下游。

5. 溇(沟、渠)

溇在今天的农村常用于小河名,通常比较原生态。更早的时候,溇是圩田中用于通水而开挖的小河沟,大体对应通语的"沟、渠"。据苏州地名研究者蔡侂调查,在原车坊镇(今苏州市工业园区斜塘街道车坊居民委员会)农村,溇尚能单用,农民知道溇是"田里开水(通水)的沟"。境内溇主要分布在原吴县东部的圩区,西部丘陵区很少有溇。溇相关的专名通常比较土俗,如:猪婆溇、蟑螂溇、黄泥溇、百脚溇、田鸡溇、棺材溇、鸭头溇、菖蒲溇、箬箕溇、盘蛇溇等。田中的蓄水池也称"溇潭",一般用于灌溉。原吴县村名里溇有的写"娄""楼",这是记录用字不当所致。《吴中水利全书》对溇的功能有一些阐述,结合今貌推测,溇的早期形象是这样的:它是圩内一套缓冲旱涝的水利系统,由一个蓄水池(溇潭)和一条连通圩外的沟渠(溇)组成,通过闸、坝、水窦(涵洞)等穿透圩岸,用来调节圩内外的水平衡。

6. 潭(坑、池)

方言里,潭指凹陷地,比如地上的坑、脸上的酒窝,都可叫"潭"或"潭潭"。在地貌上,潭无水时相当于通用语的"坑",有水时相当于通用语的"池"。农村挖潭用于蓄水灌溉,通常比较小,相当于通用语的"水塘"。天然湖荡也可以叫潭,车坊、郭巷交界处有"镬底潭",一望无际。潭和荡、漾的区别是,潭是就形状而言的,可以无水,但荡、漾是湖泽、水面,必须有水。《吴中水利全书》有25个水泽叫"龙潭",全国自然村有3 000多个地名叫"龙潭",可见是个很常见的地名词。潭地名广泛分布于黄河以南的地区,其中长江以南地区更多。

7. 江（历史河流专称）

在苏州地区，江是历史名词，是几条大河（吴淞江、娄江、胥江等）的专门叫法，《郏亶水利书》记吴中主干河港277条，只有1条叫江。吴地的普通河港一般不称江，这并不是因为河港规模不够，而是因为江是历史遗留，好比今天不再把宾馆叫"客栈"。在胜浦，江特指吴淞江，讲"江滩"一定是吴淞江滩。苏州地名中常有江字，它们绝大部分是港的别字，这两字只有声调的区别，这种误写从明清地方志就开始了。《吴中水利全书》比较规范，绝大多数写港（1 516条），只有极少数写江（85条），但今天的吴地河流名里，江、港使用较随意。

8. 漾（宽阔的水面）

漾在苏州方言里指"一大片开阔的水面"，不限于称湖荡，河港的开阔处也可以叫漾，写漾仅是对方言词的记音，它和《说文》《广韵》里表示陇西水名的漾没有关系。今苏州地名里也写洋，但洋是平声字，属于近音记法，用去声字漾是精准记音。过去，在较窄的河港上，船调头不易，窄河每隔一段距离需留有"阔漾"。村中河港的"阔漾"面阔水深，是夏天全村人聚集游泳的地方，通常比较热闹。在苏州地区，河港横穿的中小湖泊也叫漾，但一望无边的大湖通常有专称，一般不叫漾。如果湖里种满茭白、藕等作物，一般叫荡，如"茭白荡、菱荡"是标准说法，不能说"茭白漾、菱漾"。漾的方言核心义是"宽阔的水面"，如果水面种满植物，被占据了，一般也就不再叫漾了。

9. 浦（大中河流）

浦是吴地早期的主干河港，是古老的河港通名，东汉已成书的《越绝书》中记载了诸多浦和溇，吴地以浦为河港通名至少有2 000年历史了。《郏亶水利书》记录的277条较大河港中，叫浦的多达169条，占绝大多数。浦以吴淞江南北两岸最为密集，其主体是宋代以前开挖和疏浚的水利工程，今天它们大多作为吴淞江的支流存在。很多北宋记录的浦名字仍在使用，例如境内青邱浦、凤里浦、古浦等。有些浦名反映在今天的村名里,比如戴墟、凤里、大姚等,它们至少有千年历史了。

10. 渎(残迹性河流用词)

渎是古老的河港通名,在六朝以前的文献中很常见,后来在汉语中变成小众的地名词。吴语区保存的渎地名最多,散布于苏南、浙江,以太湖周边最常见,如今太湖西岸宜兴地区的"百渎"让人印象深刻。上海地区冈身以东新成陆区渎名骤然减少,唐宋海岸线以东几乎没有渎,这有助于探索渎的流行年代。吴地的渎,主要用于运河和人工沟渠的名字,在大多数地方,渎属于地名遗迹,口语里不再作为自由词使用,固化在河港名里。

11. 溪(退化的河流用词)

溪是南方地区(浙江、福建、广州、湖南、江西等地)常见的河港地名用词,但今天苏州地区溪的使用并不多,今村镇名仅存5个,其中越溪形成集镇,生活口语中也不再把河港称为溪,但从《吴中水利全书》记录的130条叫溪的河港来看,溪过去在吴地并不少见。在苏州地区,溪属于退化的地名用词。方言发音方面,苏州地名中的溪同"欺",合于《广韵》"苦奚切"记音,普通话里念同"希"属于"念半边"。

12. 荡(浅水湖)

荡指浅水,也有写成"凼",规模可大可小,小到下雨后形成的路面积水(水荡),大到一望无际的湖泊(白荡)。称荡一般都是浅水,如,草荡、茭白荡、藕荡,乡野无名小湖统称白荡,大湖一般有专名,不再叫荡。方言里荡和塘仅有声调之别,但意思完全不同,塘是河堤、河港,荡是湖泽。苏州方言里荡还可以表示"地方、所在",如胜浦话里的该搭荡(这里)、个搭荡(那里)、荡荡搭搭(到处),这是处所用法,和湖荡没有直接关系。地名里有"荡"而不带姓的村名大多取荡的第一个意思,指湖泽,如"白荡、大荡里",有"荡"而带姓的村名通常是取其第二个意思,指地方、所在,如"陈家荡、陆家荡"相当于"陈家处、陆家处"。

13. 浧、泖、瀼、沥、洪、澳

这6个地名用字常见于吴地地方志和水利书,在今苏州的中心地区已很少见到了,在周边的松江、嘉定、常熟、昆山、无锡、嘉兴等地区仍有使用。浧/崦:淹的异体字,旧时指湖荡,如金鸡湖过去记"金泾浧",据蔡佟调查,今天残留几个地名,有东渚的彭山浧、光福的东/西崦、西山的崦里等。泖:《吴中水利全水》记载带泖字的水泽22处,遍布苏沪地区,是古江东称湖荡的通名,旧时松江有"九峰三泖"(三泖今已淤积成平地)。瀼:沼泽湖,用作水泽通名多见于古昆山地区,《吴郡志》载:"至和塘旧名昆山塘,从古为湖瀼多风涛。"沥:河港水道通名,分布于太湖平原较外围的松江、上海、嘉定、太仓、常熟等沿海地区,约半数叫"横沥",横指横跨主干河道,《毛节卿太仓岇堰论》载:"古者既为纵浦以通于江,又为横沥以分其势。"洪:河港水道通名,今常熟地区较多,过去太湖平原均有分布。澳:水池,吴地文献多作为水利设施出现,今浙江地区仍使用。

三、误解的用词

有些地名用字属于同音误用或记音,并不是吴地真正的水泽用词,主要有五个:泽、渚、洲、泗、海。除了海,这些词苏州方言里不说,百姓嘴里不讲,不具备大量产生地名的条件。

泽:除了极少数历史地名(如震泽)以外,吴地地名里的泽,绝大部分是"宅"的误写,苏州话宅、泽白读同音,都音同"石",宅是苏沪地区大量使用的村名用词,如原吴县顾家宅、吴家宅、东宅里、俞宅前等。

渚:渚是常用地形词"嘴"的误写,苏州话渚、嘴同音。嘴表示凸出地形,在平原上表示伸入水中的陆地,如上海"陆家嘴"是伸入在黄浦江的陆地,在苏州西部山区嘴表示伸入平地的山岭余脉。这两种地形命名的原理是一样的,都是取嘴的象形。

洲:洲、州实为姓氏周的误写,周是苏州地区大姓,《吴县志》记有7个:南洲(2个)、北洲、南洲巷、南州、东南州、西南州,这是苏州地区较典型的"方位词+姓氏"村名,比如原吴县村名:东沈(浦庄)、南蒋(陆慕)、西张(胜浦)、北张(胥口)等。

泗:主要用于泗泾中,相城区有三个泗泾村名,分别是:泗泾村、泗泾岸、吴泗泾,吴地叫泗泾的地名很多,比如北泗泾(常熟)、浬泗泾(昆山)、李泗泾(太仓)、毛泗泾(无锡滨湖区)、吴泗泾(青浦)、汴泗泾(松江)、泗泾海(嘉定)、泗泾村(嘉兴平湖)。泗泾实为"四泾",即第四条泾,写为泗泾是为了追求字面和谐,蔡佞在《略说地名俗字的成因及规范》中对吴地地名用字添加"氵"旁的现象有详细分析。泾在历史上大量开凿,很多以数字命名,《吴中水利全书》记有双泾、三泾、王四泾、庄五泾、吴六泾、张七泾、张八泾、金九泾等,可见一斑。

海:海是苏州话方位用词,今把东面叫"东海",西面叫"西海",南面叫"南海",北面叫"北海",词义和语法作用相当于普通话"这里、这儿、这边"的"里、儿、边"。海仅是方言记音字,和"海洋"的海并无关系。语音上,用海字记音属于近音,该词去声,而海字是上声,并不完全同音。在一些分"蓝""来"的苏州农村方言里(如车坊),韵母也不同(该词,海[E]),更能证明不是海字。村名"东海上"即东面(那个村),"溇东海"即沟溇东面(那个村)。

这五个字(泽、渚、洲、泗、海)里,海属于土俗词记音,泗是四的美观写法(雅化),泽、渚、洲是用字讹误,它们本是宅、嘴、周(姓氏)。过去,村名的使用者大多是不识字的普通农民,没有发言权,地名是官方知识分子记录的,久而久之,这些讹误写法成为正式地名。

四、地名规范化

近代教育重视通用语,忽视乡土语言,知识分子对地名用字越来越不熟悉,加上官方对记录规范缺乏重视,地名用字问题突出,如"戗塘"写作"枪堂","大溇里"写作"大楼里","横泾"写作"横金"等(后者皆苏州今地名),别字泛滥,错讹可笑,扭曲了地名的本来面目。苏州地区水泽通名认知度高,但也存在一些用字问题,

下面提出一些,为地名规范提供一些参考:

(1) 溇讹写娄、楼。乡村地名里的娄、楼两字,绝大部分是溇的讹写。娄作地名,在吴地只用于娄江、娄门、娄县等极少数地方,这是上古留下的专名,不是通名。写成楼多数是附会,乡村地名除非能举出有力证据,否则娄、楼应作溇。

(2) 泾讹写金。有的记录者不知道泾是河,写成金,比如"横金"应恢复为"横泾"。姓氏放在最后一字的村名也是有的,但前字一般是东、南、西、北、上、下六字,如东张、西陆等,遇到这六个字后带金的村名,可以保留金,其他明显是河港的建议恢复为泾。

(3) 漾讹写洋。写漾字音准,写洋不合调,词义也容易给人误解。如能确定该地名得名自湖荡、水池,那么建议写漾,比如地名"夹洋里",是界湖的意思,可写漾。不能确定得名来源的可保留洋,它们多数是姓氏杨的讹写。

(4) 港讹写江。小地名中的江,除了那些在吴淞江、娄江边以"江边"为由命名的地名,绝大部分是港的讹写。吴地的普通河港是不能称江的,这些小地名在书写时用字比较自由,但规范的写法应作港。

(5) 塘、堂、荡都是苏州地名用字,意思不同。塘、堂完全同音,塘、堂和荡只有声调差异,三字历来讹用严重,地名规范化时很难理清,建议以地方志中较早的写法为准。塘的意思是堤岸、河港(后者为前者的引申义);荡的意思浅水湖、地方处所(这两层意思相互独立);堂的意思是房屋,但用在地名里时指的不是普通房屋,通常只用于庙堂、道堂、观音堂、三官堂、大坟堂、庵堂、尼姑堂等"神灵们住的"房屋。

(6) 关于新开河。近代新开河港多命名为"某河",外来色彩很浓厚,吴地传统并不把河流称"某河"。新事物的命名要考虑当地文化习惯,并同时照顾区域通用性和接受度。以此为原则,吴地新开大河宜叫浦、江,新开小河宜叫港、泾、浜,公园里挖的池塘宜叫潭,面积大的、水面开阔的可叫漾,避免叫池、塘,具体用字可根据各区习惯稍做调整。这样,即符合苏州传统地名命名习惯,又不失区域通用性。

参考文献

[1] 詹一先. 吴县志[M]. 上海:上海古籍出版社,1994.

[2] 张国维. 吴中水利全书[M]. 扬州:广陵书社,2006.

[3] 凤凰出版社. 正德姑苏志[M]. 南京:凤凰出版社,2014.

[4] 蔡佞. 苏州地名的特殊读音及成因分析[J]. 中国地名,2018(6):20-22.

[5] 中国农业科学院,南京农业大学,中国农业遗产研究,等. 太湖地区农业史稿[M]. 北京:农业出版社,1990.

[6] 王建革. 泾、浜发展与吴淞江流域的圩田水利(9-15世纪)[J]. 中国历史地理论丛,2009(2).

[7] 金友理. 太湖备考[M]. 薛正兴,校点. 南京:江苏古籍出版社,1998.

[8] 郑伟. 吴方言比较韵母研究[M]. 北京:商务印书馆,2013.

[9] 石汝杰,(日)喜田一郎. 明清吴语词典[M]. 上海:上海辞书出版社,2005.

[10] 翁寿元. 无锡、苏州、常熟方言本字和词语释义[M]. 苏州:苏州大学出版社,2014.

[11] 潘悟云. 汉语南方方言的特征及其人文背景[J]. 语言研究,2004(4):88-95.

吴中人文

项羽和刘英辨:项羽举义反秦的吴中是哪里

嵇 元

秦二世元年(前209)农历七月,秦朝廷征发闾左贫民屯戍渔阳,陈胜、吴广等900余名戍卒被征发前往渔阳(今北京密云)戍边,途经蕲县大泽乡(今宿州)为大雨所阻,不能如期到达目的地,将受严惩,秦法苛严,于是陈胜、吴广领导戍卒起义,连克大泽乡和蕲县,并建立张楚政权,公开反秦。

各地纷纷响应。这年九月,项氏叔侄率领吴中八千子弟,也举起反抗暴秦的大旗,从而揭开了中国历史上气壮山河的一页,这也是苏州历史上值得骄傲的光辉一页。

现在有人认为,项羽起义的地点,不是在苏州,而是在湖州(见文末附录)。他们认为,第一,苏州的史籍没有项羽在苏州的记载,第二,司马迁没有讲清楚吴中是哪里,吴中又是那么大,后来唐朝的颜真卿说吴即湖州,湖州又有许多项羽的传说和遗址,因此,项羽起义反秦是在湖州。

湖州还建立了项王公园,一尊项羽顶盔贯甲,骑马持矛雕像,威风凛凛,成为一处纪念性景区,湖州一些地方还有项王走马埒、饮马池、霸王潭等与项羽传说有关的地名。

项羽率八千吴中子弟起义,是2 300年前影响中国历史的一件大事,也是和苏州、湖州有关事涉历史真相的大事,既有不同说法,因此有必要进行一番梳理。

先看司马迁《史记·项羽本纪》关于项羽刺杀会稽太守殷通的记载:

秦二世元年七月,陈胜等起大泽中。其九月,会稽守殷通谓梁

(项梁)曰:"江西(相对会稽郡为江东而言的广大地区)皆反,此亦天亡秦之时也。吾闻先即制人,后则为人所制。吾欲发兵,使公及桓楚将。"是时桓楚亡在泽中。梁曰:"桓楚亡,人莫知其处,独籍(项梁侄子项籍,即项羽)知之耳。"梁乃出,诚籍持剑居外待。梁复入,与守坐,曰:"请召籍,使受命召桓楚。"守曰:"诺。"梁召籍入。须臾,梁眴籍曰:"可行矣!"于是籍遂拔剑斩守头。项梁持守头,佩其印绶。门下大惊,扰乱,籍所击杀数十百人。一府中皆慑(惊恐之状)伏,莫敢起。梁乃召故所知豪吏,谕以所为起大事,遂举吴中兵。使人收下县,得精兵八千人。梁部署吴中豪杰为校尉、候、司马。有一人不得用,自言于梁。梁曰:"前时某丧使公主某事,不能办,以此不任用公。"众乃皆伏。于是梁为会稽守,籍为裨将,徇下县。

这就是目前关于项氏叔侄吴中杀守起义最权威的记载,从这段史料可以看出这样几点:

一是会稽郡郡守殷通在太守府召项梁商议一起起义反秦,要找恒楚来负责军事,项梁建议召项羽进会稽郡府商议。可见郡守府戒备森严,郡守不下令召见,一般人还不能随便进来。但项梁想自己起兵,就提出了这个建议。得到同意后项羽进太守府,项梁向他使了一个眼色,于是项羽刺杀了殷通,项梁佩上了会稽郡守的印绶。

当时会稽郡还没有湖州这个行政建置,但有一个乌程县。从事情的发生来看,很明显这件事发生在会稽郡府而不是乌程县衙,而会稽郡所在地是在吴县就是今天的苏州城,不会在其他地方,这是毋庸置疑的。

二是杀死会稽郡郡守后,项梁夺取了郡守的印绶,也就是夺得了会稽郡的权力凭证,项梁有了郡郡守的权力才能"遂举吴中兵。使人收下县"。这里很清楚地表明,"吴中"和"下县"是两个概念,吴中指会稽郡的中心也就是郡治所在地吴县,下县是指会稽郡下属各县,包括乌程县。这两个地名的概念很清楚,凡有基本语文知识和逻辑常识的人应该不会混淆。

这两点都说明了杀死郡守的地点是郡府所在地"吴中"而不是乌程县,夺权后项梁以郡守身份通令全郡起义,要发布全郡起义的命令的,当然也只能在会稽郡府所在地吴中发布。

到了唐朝的大历七年,也就是公元772年的九月,64岁的颜真卿改任湖州刺史,次年初春,抵湖州上任,大历十二年八月才离开,为官五年,颇有德政。颜真卿是主张项氏起义的吴是湖州的,这一说法出于他所写的《项王碑阴述》,此书收在《颜鲁公集》卷十六:

西楚霸王,当秦之末,与叔梁避仇(阙一字,疑是"于"字)吴,盖今之湖州也。虽灭秦而宰制天下,魂魄犹思乐兹邦,至今庙食不绝。其神灵事迹,具竟陵子陆羽所载《图经》。大历七年,真卿蒙刺是州。十二载,奸臣伏法,恩命追真卿上都(缺两字),克期道路,竟陵是稔。予以故碑颠趾,尝因(缺三字),已而复(缺一字)。真卿乃命再加崇树(缺五字)纪之。时则仲夏方生明之日。

隋仁寿二年(602)始置新州治,因地滨太湖而名湖州。颜真卿在唐代宗大历十二年(777)接到新的任命要离开湖州时,撰书了《项王碑阴述》,之所以叫碑阴,说明是刻在碑的后面,正面另有正文。换句话说,颜真卿是在旧有的"项王碑"的后面,刻上了他所撰的此文。距他篆刻此文,湖州这个地名用了175年。在此之前,湖州为吴兴郡,始设于三国吴时,郡治在乌程县。秦时在那个地方设县,因有乌、程两家酿酒有名,取这两人姓为县名,属会稽郡,就是司马迁所说的会稽郡下面的下县之一。

乌程县和项羽有什么关系呢?《四库全书》史部十一收有《石柱记释》,《石柱记》据说是颜真卿所书,因为年代久远,已经不完整,清朝归安郑元庆(1660—约1730,字子余,一字芷畦,一作庆元,归安县在民国元年即1912年撤废,与乌程县合并为吴兴县,今湖州市市辖区)对这本书作了详细的注释,成为一部介绍湖州的地方史籍,《四库全书总目提要》评价这本书"其证据详明,考证精核,颇为赡博可取",认为考证是可信的。

据《石柱记释》卷一,《菰城文献》载:

按:子城即今府治,周一里,古乌程县治,吴兴郡旧城也。《统记》云,秦时为项羽故城。唐武德四年,赵邵王孝恭始于外筑罗城,周二十四里,而以子城为刺史廨署。……乌程县治,旧在子城内,晋义熙六年始移今处。唐太和二年县治生莲花,名莲花阁。……郡置于吴宝鼎,即县治为郡治,距晋义熙计一百五十余年,县治他徙何所,旧志不详。又郡治为项羽故城,晋宋齐梁间二千石至,皆畏羽为厉,祀之厅事,而避居他室。天监末萧琛守郡,始迁去之,仍为太守厅。事载在史册。今俗传府治为梁沈约故宅,称吴兴地主,不知始自何人,说鬼说梦也,因记县治附及之。

文中所说的《统记》,应该是左文质所纂的《吴兴统记》,时间约在北宋真宗景德初,此书晚于唐代颜真卿的《项王碑阴述》。《石柱记释》这段文字中关于《吴兴统记》的记述可以不论,但有个吴兴民俗信息值得重视:颜真卿作为湖州的地方官,根据当时的习俗,为防止项羽鬼魂为害,去重建项羽庙旧碑,并将他自己的文章记在碑阴。

这段史料也说明,乌程县治是在子城内,三国东吴设吴兴郡时,成为吴兴郡治,后来又作湖州府府治。按照此文所言,这个县治、郡治或府治的子城,是项羽故城。

然而,这个城只有周长 500 米,也就是这个城按近似正方形计,每个面仅有 125 米,面积 15 625 平方米,大约 26 亩,比面积 30 亩的苏州留园还小。显然虽称之为城,实际上只是一个堡垒性质的大院落。真正的湖州城也就是罗城,是在唐武德四年(621)即传说"十三棍僧救唐王"那一年才建的,距颜真卿写这篇文章也就 150 来年,与项羽无关。在秦末时乌程县子城这么小的地方,怎么可能成为当时会稽郡的郡治吴中?

这段史料又说明,当时湖州或以前吴兴郡的地方官,到那里去就职,都担心项羽的鬼魂会作祟,所以在大堂上立项羽的木主,并对他祭祀,而自己反倒"避居他室",不敢住在乌程县的府治里。到了南梁天监(502—519,梁武帝的第一个年号,苏州寒山寺是就始建于这一年号期间),才把项羽的木主从衙门大堂迁走,这才有了外面的项王庙。但后来这个湖州衙门又变成了梁朝沈约的故居了,称之为"吴兴地主"。无论是项羽为厉还是沈约故居,郑元庆只能感慨地写道:"不知始自何人,说鬼说梦也!"显然对这一民俗怀有贬义。

假如说项羽杀会稽郡太守是在乌程县,那么这里就出现了四个问题:

第一,会稽郡郡府是不是设在乌程县项羽所建的周长一里的子城里呢?

第二,一个外来避祸的青年,他建的这个小城池怎么会成为郡守府所在地呢?

第三,项羽来吴地之前,太守府所在地的城池、办公的郡治府邸是谁建的呢?

第四,众所周知,后来的会稽郡、吴郡郡治都设在吴县,郡治是什么时候从乌程迁到吴县的呢?

若有学者坚持项羽起兵在湖州的新观点,则必须解决这些问题。

清代无锡学者顾祖禹在《读史方舆纪要》卷九十一介绍湖州时说,"《郡志》:府治之子城,相传项王筑,成化九年修。罗城,潘原明筑,嘉靖中修。有门六,城周十三里有奇。"这也从另一个角度说明,项羽筑建的这个城,叫子城,后来大约到了明朝的时候,才扩大为城周十三里的湖州城。项羽建子城,在清朝学者看来也只是"相传"。

据朱关田《颜真卿年谱》[1]在大历十二年"五月初,重立项王庙碑,撰书《项王碑阴述》记其事"这一条上,这样写道:

按梁简文帝有《吴兴楚王神庙碑》,见诸欧阳询《艺文类聚》卷七九。严可均《全梁文》以为其"碑文当是东汉楚王英,而题作吴兴楚王则项王矣。误改无疑"。颜真卿所树旧碑,不知是否即此,俟考。《丛编》卷十四引《集古录目》:"《唐项王碑阴述》,唐颜真卿为湖州刺史,重建项羽庙旧碑,以大历七年五月刻,记在碑阴。"《金石录目》记在四月,为正书。《舆地纪胜》亦作七年。(按:颜真卿大历七年四月,尚为具员,时在上元,或自上元赴京途中,见上谱,不当有湖州之行。)欧阳诸氏不至于误读碑文者若此。其七年者,盖出他人立石之记,乃颜真卿所树之旧碑。碑主西楚霸王项羽,秦末与叔梁避仇于吴即今湖州。皎然原居项王神祠东之兴国寺,颜真卿加树巅碑,撰文志之,又云"其神灵事迹具见竟陵子陆羽所载《图经》",盖缘起于皎然、陆羽两人。

今人朱关田认为,因为颜真卿的好朋友皎然和尚住在项王庙东的兴国寺里,又因为陆羽上元初年(760)开始来湖州隐居撰写《茶经》,也是他的好朋友,所以才有撰文刻碑之举。但他的文章里,引用的"严可均《全梁文》以为其'碑文当是东汉楚王英,而题作吴兴楚王则项王矣。误改无疑'",透露了一个重要信息,有人认为这楚王不是项羽,是梁简文帝所撰《吴兴楚王神庙碑》中的东汉楚王刘英。这个新的线索,值得探寻。

《吴兴楚王神庙碑》的碑文至今尚能查到,其中说:"楚王既弘兹释教,止献车牛;既舍黄驹,安俟骍角……"是说这位楚王很信释教,也就是佛教。还说他中止献牛和黄驹为祭品,因此梁简文帝在后文说这位楚王"渐符不杀之教,方行大士之心"。不杀之教理解为佛教应该没有问题,还有"大士之心",也应该是指佛教里的菩萨教导吧?

这楚王显然不是项羽,就是光武帝与许美人所生的儿子之一刘英,这是有道理的。许美人无宠,所以她生的儿子刘英的封国也最贫小。"英少时好游侠,交通宾客,晚节更喜黄老,学为浮屠斋戒祭祀。"[2]这里还发生了一件事,汉明帝永平八年(66),诏令天下的死罪之人都可用缣赎罪。刘英派郎中令奉黄缣白纨三十匹到国相那里说"记在蕃辅,过恶很多,欢喜大恩,奉送缣帛,以赎愆罪。"

国相向上汇报。"诏报曰:'楚王诵黄老之微言,尚浮屠之仁祠,洁斋三月,与神为誓,何嫌何疑,当有悔吝? 其还赎,以助伊蒲塞桑门之盛馔。'"伊蒲塞又作优婆塞,汉明帝下旨将楚王所交的缣帛退还给他,关照他可以将其用来给佛教信士作一次盛馔。皇帝所说的"伊蒲塞",应该就是指刘英。从这事可以看出,刘英佛道兼信,但偏佛教多一点,明帝不仅知道他信佛而且还持支持的态度。

颜真卿就是在南梁简文帝为这位信佛的楚王所立的碑的碑阴刻他写的文章,而且将楚王改为项王,叫作《项王碑阴述》。因为颜真卿"确认过眼神",明明是楚王英的《楚王神庙碑》就被他老人家改成了项王羽了。楚王和项王一字之改,神是何人,就完全不一样了。

继续探讨下去。从这块《吴兴楚王神庙碑》可知,一是楚王,二是有神庙。

刘英后来因人诬告谋反而自杀,造成大狱,史称"楚(王)狱":"楚狱遂至累年,其辞语相连,自京师亲戚诸侯州郡豪杰及考案吏,阿附相陷,坐死徙者以千数。"后来大臣借自然灾害要求平反此案,于是"(明)帝幸彭城,见许太后及英妻子于内殿,悲泣,感动左右"。当然,皇帝、权贵的眼泪往往是政治性的,不必在乎,但后来朝廷进行了平反,恢复了楚王刘英的政治待遇,改葬彭城,赏家属不少钱,子孙荫封,他的子孙有到吴兴建庙也是很可能的。为什么这么推测?

因为,一、项羽时没有佛教,刘英信佛,而且是中国第一位有史可查的佛教徒,二、梁简文帝在碑文里说:"太守元景仲稽诸古典,于兹往烈,永传不朽,式树高碑。"树这碑的是吴兴太守元景仲,过去大臣要皇帝写碑文,要写奏章,写明缘由,皇帝也要近臣提供资料甚至初稿。皇帝的文章里说楚王生前不肯杀生,信释教,从文章所歌颂的人(神)来看,这楚王难道是项羽?

至于颜真卿后改这楚王庙的刘英为项羽,那是后话了。若是当地信众将楚王神庙里的神改为别的神,旁人无须臧否,但因此将项羽反秦起义的地点改在吴兴,那就不大妥当了。

那么,项羽有没有到过湖州(当年的乌程县)呢?我认为是到过的。古人也已经写得很清楚。司马迁是这样写的:"项梁杀人,与籍避仇于吴中",颜真卿是这样写的:"西楚霸王,当秦之末,与叔梁避仇(阙一字)吴,盖今之湖州也。"也就是说,避仇,是在湖州(乌程),当然也可能往来于乌程与吴中,但杀郡守起义,是在郡治吴县,这是无疑的。

避仇和起义,是两个概念,也是项氏叔侄来到吴地后两个阶段。至于说"《史记》所记载的项羽起兵'吴中',其确切地点当是湖州,而不是苏州。"(《中国太湖史》(上)第三章第一节)这是作者特意将"避仇"和"起兵"混为一谈,从而得出项羽起兵"当是湖州,而不是苏州"的结论。

顾祖禹《读史方舆纪要》卷九十一记载:

菰城府南二十五里。楚春申君黄歇立菰城,起楼连延十里。秦因之,置乌程县。

乌程县原先是楚国贵族春申郡黄歇所建的城,但这个城有连延十里的楼,叫作菰城,后来春申君在公元前238年被杀、楚国被灭,因为春申君的缘故,楚国对这个地方的影响还在,所以,楚国贵族的后人项氏叔侄来到这里避仇。

公元前209年,项氏叔侄在吴中起义,以项氏叔侄避仇乌程到吴中起义,猜想准备时间大约也要5年,之前这菰城十里的高楼,有25年无主,当时的建筑不会太牢固,没有人照管的楼已不存在的可能性大,因为没有楼,所以项羽要建一个堡垒,这个堡垒主要还是自住(项氏叔侄刚到乌程时,应该不会只有两人,还会有一些亲信跟随),同时也起到了军事要塞的作用。所以说,前期,项氏叔侄避仇吴中,主要在乌程待了一段时间,包括建了一个要塞性质的城堡,这期间项羽待的时间多一点,留下了走马埒、饮马池、系马石等遗迹。中期就来到郡治吴中,结交豪杰,接纳宾客,"阴以兵法部勒宾客及子弟",暗地里对吴郡青年进行军事训练,并考察干部,继续作反秦的准备工作,后期就是起义、组织部队,北上反秦。

项氏地下武装的训练基地设在乌程是有可能的,但从8 000人(也可考虑8 000人这个数字包括起义后招的兵,真正受过训练的地下武装部队只有2 000—4 000人)规模看,无论如何,这些人不会集中在乌程一县,因为这么多人的粮食等供应,以那个时代的生产水平论,是一个不小的负担。

这里还涉及怎样看待司马迁《史记·项羽本纪》。首先应该说,司马迁是一个值得信赖的史学家,史学家公认他的《史记》是一部信史,在没有过硬的材料之前,不宜推翻他的结论。颜真卿当然也是一位品德可信的官员和文人,但他的主要身份是一个书法家和官员,以一个书法家过了近千年后在没有特别可信的史料的情况下,是推翻不了一个权威史学家的历史记录的。

其次,司马迁生活的年代和项羽相差大约一百二三十年的时间,他在写作《史记》前曾亲自来到会稽郡,也就是今天的苏州实地采访,他所掌握的项羽在吴中即郡治(今苏州)起义的第一手材料应该无可怀疑。颜真卿即使过了近千年,也没有专门到苏州来采访过项羽起义之事,他在《项王碑阴述》里并没有任何证据来证明他的观点。所以从观点和证据的有力程度来看,颜真卿也是无法否定司马迁的历史记载的。

第三,据《四库全书》收载的《颜鲁公集》,这篇《项王碑阴述》中,原文是"□吴盖今之湖州也",这个缺字让人很费猜想,但绝对不可能跟吴中混成一个概念。我认为这个空字可能是"西",因为西吴是指湖州。吴与吴中两词概念不同,吴的范围甚广,吴可以包括原吴郡大范围、也可以指吴中。而吴中是小概念,这个词,历来专指苏州,不会指其他县。有人将"吴"与"吴中"混淆为同义词,"'吴中'或'吴',究竟是指苏州,抑或指湖州?不甚清楚。"故意说吴中和吴所指不清楚,是装傻,还是想证明吴中是湖州,从而达到否定项羽在吴中起义反秦这段史事?之所以将概念偷换来偷换去,其意图一目了然。

附：

司马迁在他的《史记》中曾说："项梁杀人，与籍避仇于吴中。吴中贤士大夫皆出项梁下。每吴中有大繇役及丧，项梁常为主办，阴以兵法部勒宾客及子弟，以是知其能。""遂举吴中兵，使人收下县，得精兵八千人。梁部署吴中豪杰为校尉、侯、司马。"司马光在《资治通鉴》中也说："下相人项梁起兵于吴。"可见项梁叔侄在吴发动抗暴秦斗争这是事实。但二司马均未具体说明"吴中"或"吴"到底在何处？因为"吴"包括的范围甚广，它涉及太湖周边地区。今天的苏州方面称东吴，湖州一带称西吴，所以"吴中"或"吴"，究竟是指苏州，抑或指湖州？不甚清楚。《括地志》记载："吴县，会稽郡治所，故吴都也。"据此，人们习惯都将二司马所记载的"吴中"，认定为"苏州"。遗憾的是，至今苏州没有一处有关项梁、项籍叔侄的遗迹乃至传说，当地的方志舆地典籍中亦难寻觅。相反，地处太湖南边的湖州、长兴等地，却留下不少有关项梁叔侄的遗迹，当地的历史文献中也有记载，弥足珍贵。关于项梁项籍起兵反秦于湖州，其中最有力的证据是唐湖州刺史、我国著名书法家颜真卿他在任湖州刺史五年中，亲自实地考察了当地的卞山等地有关项羽、项梁活动遗迹，且提出"西楚霸王，当秦之末，与叔避仇于吴中，盖今之湖州也。虽灭秦而宰制天下，其魂魄犹思乐兹邦，至今庙食不绝"。其定"吴中"即"湖州"，看来不会是妄语。一则颜氏经过湖州五年的实地调查所得；二则"至今庙食不绝"，有湖州人民对项羽的长期纪念这一客观事实为依据。与此同时，项梁叔侄在今天湖州确实还留下不少有关他们反秦活动的遗迹记载。据《石柱记》中记载，有走马堽、饮马池、系马木。颜真卿的《颜鲁公集》中还有其为修复项羽庙而撰的碑文。当地还存有"霸王磨剑石"，湖州的子城又称"项王城"，菱湖还有项王的系马桥，顾渚明月峡尚有"霸王潭"。以上众多的典籍和历史遗迹充分证明，《史记》所记载的项羽起兵"吴中"，其确切地点当是湖州，而不是苏州。(《中国太湖史》（上）第三章第一节，作者：宗菊如、周解，

清,中华书局,1995 年第 1 版,这一章的作者为刘克宗)

【参考文献】

[1] 朱关田. 颜真卿年谱[M]. 杭州:西泠印社出版社,2008.

[2] 范晔. 后汉书[M]. 王承略,任成良,译注. 济南:山东画板出版社,2013.

范仲淹《上资政晏侍郎书》读后感

沈建洪

宋真宗大中祥符八年(1015),197名新科进士及第,其中朱说(悦),踏上仕途即报请朝廷并获批准,归宗更名为范仲淹。

范仲淹一生忧国忧民,"居庙堂之高,则忧其民;处江湖之远,则忧其君"。

《宋史》本传记载:"每感激论天下事,奋不顾身,一时士大夫矫厉尚风节,自仲淹倡之。"天圣七年,范仲淹上疏,建言章献皇太后不可接受仁宗率百官朝拜;建议章献皇太后停止垂帘听政,还政于仁宗;停止建造寺庙、道观,限制树木砍伐,减免税收。而越过中书任命高官、赐赏厚禄,等等,均非太平之政,对于范仲淹的这些作为,"仁宗以为忠",是出于公心,并非私念。

不当良相,就做良医

范仲淹青少年时期开始刻苦读书,坚持终身。"积学于书,得道于心",他从书本知识和现实生活的联系对比中感悟民生,树立自己的志向。在少年时代有志于当良相,治理国家,让老百姓丰衣足食;不当良相也无妨,当良医,为百姓治病疗伤,解除病痛,是他的第二志愿。范仲淹自幼关于良相、良医的表达,有前后之序,无高下之别,更无贵贱之分。

其后,范仲淹进入仕途,在县级机构任职达12年(其间为母亲丁忧)。第一站任安徽广德司务参军,正七品;职司治狱,协管户籍、赋税。接下来调任集庆(今安徽省亳州市)推官,后改任幕职。天禧五年(1021)调任监泰州(今江苏省泰州市)西溪盐仓。天圣四年(1026)知兴化县。天圣五年守母丧。同年正月,晏殊先期出守南都。宋制,南都留守领导管理应天府学。

范仲淹做了十多年"芝麻绿豆官",瞻望良相,路途仍然遥远!

还有路吗？朝廷正气依靠谁？

就在此前,宋朝接连出现政治明星,来自江西抚州临川(今江西)的晏殊,比范仲淹小2岁。晏殊幼年聪颖,乡亲们用"神童"赞美他的才智。景德初,弱冠之年被赐同进士出身,少年入仕。真宗朝官至翰林学士。仁宗初,迁枢密副使。后因论事不合刘太后意,贬知宋州。宋州在春秋时期就是一个重要城市,是中原大地文化中心之一。宋州还因历史、地理的关系,有应天府、睢阳之名。

范仲淹的母校应天府府学就在这里。该府学有乡贤支持,为学生解决膳食、住宿问题,还有图书资料供学生借阅。应天府府学声名远播,各地学子纷至沓来,盛极一时。范仲淹受晏殊委托,掌管南都书院,井然有序,这样的成绩给晏殊带来机会,召拜御史中丞,迁参知政事。再度出知亳州、陈州,还朝为御史中丞、三司使(管理财政)。庆历间,拜宰相兼枢密使,位极人臣。晏殊又是北宋文坛上的著名词人,著有《珠玉词》《晏同叔先生集》。他生平爱好文学,乐意推荐人才,范仲淹正是他所推荐的杰出人才。

范仲淹每到一地,总想办学,为孩子们营造读书天地,使其在老师教育下度过长身体、长知识的黄金时段,成为有用之才。

范仲淹仕途第一站,广德那个地方,是安徽与江苏(宜兴)、浙江(长兴)接壤的地方,土地不薄,灾害不多;虽是鸡鸣三省之地,却是信息闭塞,交通原始。居民生产、生活方式老旧,因循度日。范仲淹把母亲接到广德奉养,以尽孝心。

由于范仲淹根据当地实际情况,勤于从民生着想,使深藏在丘陵林区的古镇广德有了生气。后世在郡学建范文正公祠堂,褒扬范公德政。地方史志记录诗人墨客吟诵范公善政的作品,使范仲淹这个人物更为立体形象。

范仲淹在泰州、兴化期间,得知盐业、稻作遭灾,与滕子京一道,冒着生命危险,试图修筑一条捍海堰。范仲淹和滕子京设想,捍海堰大致呈南北走向,沿海岸线伸展,长达一百五十里。防止海水倒灌进入稻田、盐田。百姓拥护,纷纷自带农具,参加宏大工程。

不料遭遇海上风暴,范仲淹和滕子京全力组织指挥,在茫茫风浪中带领民工撤退上岸,保住了40 000人生命,只因迷失方向死伤100多人。上级官员和老百姓对范仲淹给予高度评价。当地官民看重范仲淹和滕子京的贡献,把捍海堰叫作范公堤。范公堤修筑成功后,煮盐业稳定了;逃离盐业者陆续回归,重操旧业,前后共计2 600多户。

如今,捍海堰已经演变为公路,成为苏北地区南北物资流动的大动脉,但是,人们还是呼它为范公堤。

当晏殊任御史中丞时,按章程须向朝廷推荐一名馆职人选。他想到一个人,同时有心听听宰相意见。说到此事,宰相王曾说:"你不是认为范仲淹是个不可多得的人才吗?"一经宰相提醒,晏殊感到范仲淹更合适。

于是,晏殊亲自调查范仲淹从政以来的政绩,得到丰富的材料,亲笔撰写关于范仲淹的推荐信。

信圣人之书,师古人之行

晏殊笔下的范仲淹聪明而有才干,能克服各种困难;意志坚定,不达目的决不罢休;文辞典雅,精雕细琢,令人信服。顺利通过审核、考试,范仲淹当上了京官,被任命为馆阁校理。晏殊的推荐成功了。

天圣七年,仁宗宣布,当年冬至日,将率领文武百官向皇太后拜寿。这在封建社会是不合礼仪规范的,于是舆论哗然。在众臣议论纷纷时,秘阁校理范仲淹奏上一本,指出皇帝面南为君,接受别人朝拜,绝无朝拜他人之理。皇帝尽孝道,应在后宫行家人之礼。如果皇帝率官员朝拜皇太后,即使不至于立即发生骚乱,但将为外戚扩张势力、谋求专权,留下可做话柄的历史记录,不利于国家长治久安。

范仲淹的奏章很快到了仁宗皇帝手里,皇帝没有做出反应,官员们继续议论纷纷。推荐范仲淹担任馆职的晏殊感到恐惧。晏殊把范仲淹找去,严厉训斥他不该轻率行动。晏殊直率告诉范仲淹,事情闹大了,可能牵连到他这个推荐人。范仲淹想做解释,但晏殊官高威重,现场在他掌控之中,不容别人置喙,况且有知遇之恩,不便当面顶撞,范仲淹只得在委曲中退下。

仁宗仍按原计划率百官给皇太后拜寿,没有从谏如流的气度,范仲淹也没有受到处分。然而"皇帝面南为君,接受别人朝拜,绝无朝拜他人之理"这完全是封建糟粕的礼节。范仲淹在封建社会里,不可避免地自有他的时代局限性,但他敢于向皇帝犯颜直谏的精神是忠诚可鉴的。

为臣事君,忠诚可鉴

于是,范仲淹就写了一封《上资政晏侍郎书》,大意是,日前我被你召见询问:"是否上封章议论朝廷礼仪事宜?真有这件事吗?"我受阁下推荐,录用馆阁,再说为了公家的事务没有必要说假话,更不可欺骗阁下。因此,我当场郑重地站起来答复:"有这件事!"立即遭到阁下严厉的训斥:"你哪里是一个为国家分忧的人!许多人认为你不是出于忠心和正直,而是热衷于出名罢了。轻率议论朝政,等于为我这个推荐你的人制造麻烦。"当时我想有条有理地陈述我的看法,阁下又斥责我,令我不要强词夺理。我不敢冒犯您这位大臣的威严,只得告退,自我反思。

范仲淹继续写道:思考的结果,我对自己大为疑惑、吃惊。自从得到晏侍郎知遇、推荐,常常感到自己的"忠"不如金石坚固,"直"不如药石能够治病,"才"不为天下所奇,"名"不像泰山高大。然而,听了你训斥我的那一番话,不得不使我怀疑你在我心目中的形象。

我这个人,上天没有赋予智慧,不懂得人生的微妙。但是,我"信圣人之书,师古人之行。上诚于君,下诚于民",对国家大事的议论绝不是不自量力,这是因为我相信圣人讲过的话:"求天下之言共治天下!"

有人说,国家大事是大臣们的职责,不是小臣们的职责。我不同意这样的说法。大臣、小臣,无非是为朝廷建言诤谏。古代就曾立谤木、设谏鼓、请教樵夫和农夫，派出官员，搜集歌谣，问民间疾苦，广开言路，以便让九五之尊的皇帝了解百姓的生产、生活、情绪。

范仲淹强调，不论大臣、小臣，不分近臣、远臣，重要的是做"忠臣"。为臣事君，有批逆鳞的勇气，有情必报，言无不尽，"畏法而爱己"（欧阳修《范文正公神道碑铭》），才是"忠臣"本色！

不在其位，不谋其政辨

在《上资政晏侍郎书》中又提出"不在其位，不谋其政"，因为被孔子的学生编入《论语》，成为孔子的语录，含义似乎凝固不变了。其实，"不在其位，不谋其政"原本是说政府官员各司其职，互不侵犯职权。现在，我的职位每年俸禄白米两千石，对尚书的政务不加议论，而尚书也不议论三公的政务。我的奏疏如果不该递交给皇上，那么曹刿、鲁仲连、梅福（梅福曾担任汉代设于地方官学的管理者，官名可统称"文学官"，又可简称为"文学"。文学在两汉指经书或学经书的人。后梅福补授南昌"县尉"，不久回故乡寿春。虽闲居寿春，却热心于"朝政"，地位低微，却被写进《汉书》，那是因为他有感于皇帝外戚大将军王凤诛杀京兆尹王章，上书皇帝要广开言路，削夺外戚之权，等等）等的官职都远离帝王，远离权力核心，为什么却能为国操心，为朝廷出谋划策？那正是历史上体现忠诚的浓重一笔。蒙你推荐，我就职于馆阁，以议论施政得失，提供咨询为职守，为皇帝做事，怎么说我是远臣，不该上书言事呢？我的回答只能说，不论大臣、小臣，不分近臣、远臣，统统要做忠臣！做忠臣从忠于职守起步，不明白自己的职守，不兢兢业业于履行职守，不要说做忠臣，就连谈论忠臣的资格也没有。

范公明确宣布："富贵不能淫，威武不能屈，贫贱不能移。只要朝廷用我，我必定有更为尖锐激烈的谏言。不这样，我就对不起晏大人的推荐！"

范仲淹的《上资政晏侍郎书》写好后，没有及时寄送给晏殊。两年后晏殊才看到。晏殊内心受到震撼，诚恳地向范仲淹道歉。

范仲淹也以晏殊为师,又以诤友相待,终生不渝,堪称历史上的佳话。

寇准何故死在雷州

由《上资政晏侍郎书》联想到支持提拔范仲淹当京官的,还有当朝宰相王曾。此前不久,范仲淹给宰相府《上执政书》,王曾读着,读着,感到范仲淹确是个不可多得的人才!他一面读信,一面想起一件痛心事,那是原宰相寇准遭奸臣丁谓迫害致死的悲剧。寇准是北宋名相,早在范仲淹十五六岁的时候,寇准随宋真宗御驾亲征,抑制了契丹的侵略野心。为调和南北矛盾,寇准以元老身份,凭个人声望,调和折中,以德服众。就是这位元老级政治家,被丁谓从宰相位置上拉下来,职位降到雷州司务参军(职级相当于现今科级)。时值盛夏,丁谓下令立即解寇准出京,每天走路不得少于一百里,欲置之死地而后快。一代名相寇准,后来果然死于雷州司务参军贬所。王曾认为,丁谓如此嚣张,主要原因是朝廷骨鲠之臣太少。而范仲淹正是朝廷需要的骨鲠之臣。王曾只说对了一半:范仲淹是骨鲠之臣,是正气化身,但是,朝廷正气主要看皇帝,其次看宰相,看他们是不是代表浩然正气。皇帝和宰相正气凛然,范仲淹等直臣才能如鱼得水。

仁宗以为忠

范仲淹敢于直言上谏,可谓奋不顾身。继拜寿风波后,又上奏疏请章献皇太后撤销垂帘听政,还政于仁宗。这份奏疏留在中书,没有得到答复。不久,范仲淹就被派往河中府任通判,再调陈州(通判)。仁宗对范仲淹不薄,但宋朝弊政渐多,积贫积弱,大势已去。黄土高原树木采伐过度,黄河上游生态遭到破坏,建造庙宇、道观的不良风气愈演愈烈,农村青壮年劳动力不断流失,僧道队伍膨胀……

冗官、冗兵、冗费,从真宗景德年间到仁宗皇祐年间,大约40年,官员俸禄、兵员开支、各种费用、官员人数,大致增加一倍。

拜寿风波等让范仲淹看到宋朝的社会矛盾、宦海险恶,但他的思想、意志也从中得到锤炼。范仲淹经历一场又一场考验、考核，仁宗对他有了独到的观察，堪称是独具慧眼。

公元10世纪末到11世纪初，范仲淹又提出禁佛道大兴土木，禁止大肆砍伐树木，环境保护思想比欧洲超前六七个世纪。他雷厉风行、奋不顾身的作风一以贯之。他从《左传》关于伍子胥的记载中提炼出"锐则避之，困则扰之，夜则惊之，去则蹑之"十六字战术。此为其知开封府之后10年思考之结晶！又指出"恩幸多以内降除官，非太平之政。"外戚、大内利用权柄，超越中书任命重要官职或颁发赏赐，因缺皇帝朱批、相府红印，吴语一言以蔽之"墨敕黑"！"墨敕黑"，范仲淹认为乃不祥之兆！

范仲淹为将，号令严明，爱抚士兵，西线少数民族先称他为"小范老子"，"胸中自有雄兵百万"，继而称他为"龙图老子"……

在庆历新政实施中，范仲淹"以天下为己任，削砍悖滥，考覆官吏，日夜谋虑，兴致太平。"《答手诏条陈十事》是庆历新政的蓝本，凡是适合写成诏令的，都以诏书的形式，统一颁布全国实施。只有府兵制一条，因为宰相章得象等反对而作罢。

重建麟州；恢复老城寨、建设新城寨60座以上。提升陕甘攻守实力。

凡此种种，"仁宗以为忠"。

范仲淹以历史人文视角看边境问题，目光远大。他以民族团结与安边策略相结合来处理民族问题，使民族和谐，边陲安宁。

基于以上论述，仁宗赞同范仲淹的治国理政主张。仁宗与范仲淹个人之间也建立了非比寻常的君臣关系。据史载范仲淹有病之后，仁宗经常派使臣赐给药物，转达慰问。范仲淹去世，仁宗悲伤了很久，又派使臣到他家中去慰问，追赠兵部尚书，谥称"文正"。安葬后，仁宗亲笔为范仲淹题写墓碑篆额，称为"褒贤之碑"。

范仲淹的意志、抱负、言论、著作深深扎根于中华优秀传统文化土壤中，又极大地丰富、充实了中华传统文化。读范仲淹《上资政晏侍郎书》后,深深感觉范仲淹在优秀传统文化中永生!

【参考文献】

[1] 中共中央宣传部.习近平总书记系列重要讲话读本[M].北京:人民出版社,2016.

[3] 范仲淹.范文正公文集[M].北京:中华书局,1985.

[4] 方健.范仲淹评传[M].南京:南京大学出版社,2001.

[5] 李贽.史纲评要[M].张友臣,译注.北京:中华书局,2008.

[6] 苏州市政协文史资料委员会,苏州市博物馆,苏州市图书馆.范仲淹史料新编[M].沈阳:沈阳出版社1989.

[7] 王健.儒学三百题[M].上海:上海古籍出版社,2001.

新修《苏州大阜潘氏族谱》序

徐茂明

苏州大阜潘氏是清代标准的科举家族与文化世族,"吴中言科第人文之盛者,必以潘氏为称首",时人称之为吴门"冠族"。

大阜潘氏先世由中原荥阳迁入闽中三山,后世称此潘为"三山派"。唐末,潘名为歙州刺史,在当地劝农兴学,深得百姓爱戴,遂定居于歙县篁墩,是为歙县潘氏始祖,人称"逢时公"。元末明初,第十六世祖潘祐(德辅公)徙居大阜山南,该支遂称大阜潘氏。潘氏迁居大阜之后,瓜瓞绵绵,繁衍迅速,至清初顺治年间已经分蘖为二十余派了,成为名著歙县方志的望族。

明末清初,二十四世祖筠友公(潘仲兰)在江淮间经营盐业,始侨寓苏州阊门外南濠。康熙初年,第二十五世祖其蔚公(潘景文)正式定居苏州黄鹂坊桥巷,成为大阜潘氏迁苏后的始祖。其蔚公生有九子,形成苏州大阜潘氏一支九脉的基本格局。在这九个分支中,以长房敷九公(兆鼎)支人丁最旺,科第最盛,清代潘氏九个进士中有八个来自该支。二房舜邻公嗣于伯父潘景隆之后,其所生十子,一半迁回歙县,一半留在苏州,但功名不兴。三、五、八、九房均人丁不旺,数传至晚清,已基本无后。四、六、七房均家道中落,太平天国战争期间,人口损失最重,因此衰落不振。在苏州大阜潘氏九支中,真正长盛不衰的只有长房敷九公支。

大阜潘氏在苏州之所以能够晋升为名门望族,其成功的阶梯就是国家的科举制度。潘氏自二十四世祖开始,一直在科举征途上孜孜以求,经过四代人一百余年的努力终获成功,乾隆三十四年,二十九世潘奕隽中进士,遂"改入吴县籍",标志大阜潘氏正式融入苏州社会。其后第三十世以潘世恩为标志,将潘氏的科举功名推至顶峰。潘世恩状元及第,历事四朝,位极人臣,身后又奉特旨入祀贤良祠,谥号文恭。他的成功不仅是个人的成功,而且是整个家族的成功。他在朝中遍历诸曹,近侍天子,屡次主持乡试、会试,弟子门生遍天下。这种特殊的经历和地位使其恩泽惠及子孙数代。在他去世前的五年中,有三个孙子(祖荫、祖同、祖保)先后被钦赐举人,去世当年,祖同又被钦赐进士。大阜潘氏已经成为晚清苏州最显赫的豪门大族,李鸿章称之为"祖孙父子叔侄兄弟翰林之家"。

传统时代人们对于文化世族有着很高的社会期待,正如明清之际吴梅村所言:"世家大族,邦之桢干,里之仪型,其有嘉好燕乐,国人于此观礼焉,四方于此问俗焉。"从大阜潘氏移居苏州并在苏州发展壮大的历史可以看出,潘氏不仅在科举道路上孜孜以求并最终获得成功,同时也努力践行着文化世族的社会责任,充当着"邦之桢干、里之仪型"的社会角色。

作为"邦之桢干",在晚清社会变革与战乱中,大阜潘氏承担了重要的支柱角色。在太平天国战争期间,平素不问政事的潘曾沂主动致函江苏巡抚杨文定,商讨防堵之策;潘曾玮积极联络冯桂芬等地方士绅和与英国人谈判,促成上海中外会防局的成立;潘祖荫奏请朝廷派曾国藩的湘军救援江苏;潘馥则与钱鼎铭一同赴皖乞师,促使李鸿章率领淮军南下上海,从而扭转了清政府在江南的危局。在太平天国战争期间,潘祖荫还利用特殊的时局,联合苏州地方士绅与江苏督抚大员,促进了江南减赋的成功,这是一项既利民又利国的德政。

作为"里之仪型",大阜潘氏世代为善,为苏州地方弱势群体提供生活保障。潘曾沂中举后隐居不仕,以2 500亩土地创设丰豫义庄,专门用于乡里荒年平粜以及其他善举;他创立丰豫庄课耕会,在葑门外试验并推广区田法;他组织疏浚兴福塘河,收养弃婴,资助寒门子弟读书,赈济灾民,各种善举,不一而足,因此被时人称为"大善人"。此外,晚清苏州地方官府创办的丰备义仓,其经营管理则以潘氏为主,潘遵祁、潘祖谦先后担任董事,由于潘氏经营得法,丰备义仓成为全国义仓效仿的典范。

作为文化世族,大阜潘氏不仅在科举上取得令人瞩目的成就,在诗词、书画、金石鉴藏等领域也同样引领一时之风气,其代表人物有潘奕隽、潘曾沂、潘曾莹、潘遵璈、潘祖荫、潘钟瑞、潘承厚等。

大阜潘氏在苏州能够发展成为一个枝叶繁茂、秩序井然的大族,与潘氏强烈的宗族意识与完善的宗族组织密不可分。明末《大阜潘氏宗祠记》云:徽州"俗多尊祖敬宗,名家巨族,无不以宗祠为急务"。潘氏迁居苏州之后,继承并发扬了故里"尊祖敬宗"之传统。顺治八年大阜潘氏第一部族谱修成。乾隆年间,二十八世贡湖公在苏州创设潘氏私祠。道光十一年,贡湖公之曾孙遵祁、希甫兄弟创立潘氏松鳞义庄,"以专祭祀而恤宗族"。咸丰四年,潘遵祁主持纂修《大阜潘氏支谱》告成。其后,同治八年、光绪十四年、光绪三十四年、民国十六年先后续修。通过创建宗祠、编修族谱、祭祀祖先、义庄赈济等多种途径,大阜潘氏凝聚成一个以"尊祖敬宗"为向心力的血缘群体。

苏州潘氏虽然科名显赫,但在数百年的家族发展过程中,始终秉承着务本求实的传统,具体而言就是,科举为主,经商为辅,二者迭相为用,视情而定,不拘一格。同治年间潘氏松鳞义庄明确规定:"习业谋生足以自立,与读书应试无异,亦应推广成就。"这种务实的家风使得潘氏能够审时度势,与时俱进,及时调整家族的发展方向,在清末废除科举之后,潘氏族人积极转向现代科学,在数学、工学、医学等领域取得杰出成就,出现了以研究哥德巴赫猜想而著名的数学家潘承洞院士,潘氏由状元之家转型为院士之家。

民国以来,随着国家政体、教育体系与社会观念的根本性变革,传统的家族制度也在报刊舆论的批评中不断嬗变。1949年后,家族制度遭到史无前例的批判,家族组织与家族观念均受到极大破坏,直到改革开放以后,家族组织与家族活动才开始逐步得到恢复。大阜潘氏自民国十六年修谱之后,中断修谱长达六十五年,直到1992年才由潘裕博先生主持完成《大阜潘氏支谱》的续修。

新修《苏州大阜潘氏族谱》序

　　编修家谱不仅是尊祖敬宗、分辨世系的制度保障,同时也是我国史学传统的重要部分,家谱之于家族,如同方志之于郡县、正史之于国家,家谱对于各地区域史的研究有着其他文献所不可替代的作用。大阜潘氏作为苏州著名的文化世族,晚清、民国时期所修纂的家谱,不仅内容丰富,而且体例完善,是研究近代苏州地方历史的重要史料。20年前,我因撰写博士论文而关注大阜潘氏以及潘氏家谱等文献,因此而结识潘裕博先生,并经裕博先生介绍有幸拜访捐献大克鼎、大盂鼎等国宝的百岁老人潘达于先生,采访过潘家懋、潘家华(女)、潘家濂、潘家潜、潘家震、潘裕康、潘裕达等几位先生,获益颇多。近20年来,苏州潘氏不仅是我始终关注研究的对象,同时也是我日常交往的一部分。今年初春,裕博先生告知正在续修潘氏家谱,其内容主要补充1992年支谱之后新增潘氏族人世系以及相关族人的传记、回忆录等资料,这对于研究民国以来大阜潘氏家族史的演变无疑是非常珍贵的文献。承裕博先生雅爱,征序于我,敢不从命?谨将我所理解的苏州潘氏略述一二,以志敬意。是为序。

潘奕隽:苏州贵潘家族进士第一人

沈慧瑛

苏州贵潘家族科甲鼎盛,名震朝野,仅乾隆三十四年至乾隆六十年,短短的26年间,潘冕家族两代出了四名进士,其中一名状元、一名探花,这份成绩足以令世人仰慕不已。近期读到上海图书馆馆藏乾隆六十年(1795)四月二十日潘奕藻致长兄潘奕隽的一通书信,信中主要谈论潘奕隽之子潘世璜殿试情况,其中"为大兄补此恨也"之句,暗示了潘氏科举路上的艰辛与委屈。潘氏家族历经五代人的不懈努力,通过科举考试完成由商到仕、由寒门到高门的转变,这个过程长达百余年。

贵潘家族来自安徽歙县大阜村,二十四世祖潘仲兰"业浙盐往来吴皖",侨居南濠街,与苏州产生交集。潘仲兰次子潘景文(1639—1706,字其蔚),因"商籍故隶浙江",杭州府庠生,为继承父业来苏,初居南濠,后卜宅黄鹂坊桥研经堂,正式在苏州扎根落户,成为新苏州人,是为潘氏吴门始祖,数百年开枝散叶,人才辈出,俨然成为江南望族之一。潘景文生有九子,长子兆鼎,字敷九,30岁成为钱塘县岁贡生,两年后才安心"在苏业盐"。潘兆鼎的第四子潘暄为钱塘县贡生,屡试屡败,自"康熙辛卯(1711)至乾隆甲子(1744)十二应省试不售"。乾隆二十一年(1756),年已67岁的潘暄与孙子潘奕隽携手进考场,这已是第13次了。在那个年代祖孙、父子同进考场的情况很常见。入场前,潘暄先到武庙祈祷,求到一个上上签:"白马渡江虽日暮,虎头城里看巍峨。"此签似乎暗示潘暄会中举,然签虽好,运气却不怎么样,这次祖孙双双铩羽而归。6年后潘奕隽成为举人,潘暄才彻底放弃应考的念头。从此,他以诗酒会友为乐,并说:"自今以往家事付儿曹,读书付孙辈,吾两无与焉。"潘暄以自己的经验告诫潘奕隽等孙辈,"吾读书半生,终困一举。汝辈皆弱冠列贤书,宜潜心研诵。矮屋中老诸生文才有什倍于汝曹者,慎毋以此自满……功名不可强而图也,学问则可力而致也"。当潘暄得知潘奕隽高中进士的消息时,高兴之余,又教导他"益宜读书砥行,为有体有用之学,以上答高厚"。潘暄次子潘冕,字端元,号贡湖,国学生,由其繁衍的贡湖公支是苏州贵潘家族的主力军。潘氏亦商亦儒,本来家境不错,无奈潘暄、潘冕及潘奕隽三代人都一心只读圣贤书,疏于打理商务,以致家中经济状况直线下滑。为了维持家族生计,潘冕接受母亲戴氏的建议,放弃举业,专心经营生意,为父亲和三个儿子提供物质保障。潘冕把书包翻身的希望寄托在儿子们的身上,他在手订的放生集一册上题写:"誓放生灵三十万,求子某某翰林中书。"从潘景文到潘冕,屡上考场,最终也只是贡生,但他们锲而不舍,孜孜以求,及至潘奕隽、潘奕藻厚积薄发,一举成功,打开了通往庙堂的大门,奠定了潘氏姓"贵"的基础。

潘奕隽(1740—1830)是潘冕的长子,字守愚,号榕皋,又号水云漫士、三松居士,晚号三松老人,室名三松堂。潘奕隽16岁补博士弟子员,乾隆三十四年(1769)己丑科进士,授内阁中书,协办侍读,充方略馆总校官、四库全书分校官。乾隆三十八年七月,"扈跸木兰",这是一种恩宠的象征。乾隆五十一年五月,潘奕隽奉命典试贵州。两年后,潘奕隽升户部贵州司主事,正值壮年的他不久告假回苏,颐养天年。有意思的是,从潘景文到潘奕隽,在苏州已扎根五代,历时一百多年,但"户口本"上籍贯仍然写着浙江,直至潘奕隽得中进士后才改籍吴县。

潘奕隽的独子潘世璜(1765—1829),原名世章,字黼堂,号理斋,吴县廪膳生,乾隆己酉恩科乡试一举夺魁,时过六年,再传捷报,高中乾隆乙卯恩科一甲第三名进士,俗称探花,授翰林院编修。尽管两年前潘世恩状元及第,已给家族带来莫大的荣耀,但探花也令京城与苏州的潘家兴奋不已。潘奕隽先娶史氏,后续娶沈氏,又有两个侧室,然仅史氏育有一子一女,女儿夭折。人丁单薄,意味着没有更多的希望,因此潘世璜能够摘取探花,对潘奕隽来说真是天大的喜讯。潘奕藻在这通书信中写道:"榜后即发信驰贺,想已照入。甫侄又占大魁,真为极快活之事。现在京师已为佳话。回首己丑年,诚是为大兄补此恨也。……兄嫂得信后如何快活!大佐身子甚好,各事俱可放心。弟近已告假十余日,代为张罗,然较之癸丑已省一大半心力矣。"20年前,潘奕隽作为潘氏第一个进士给家族带来荣耀,本来按廷试成绩名列第十的他,因"引见迟误降为榜末"。那年共录取进士151名,其中二甲50,三甲98名,试想潘奕隽原在二甲前列,结果因"迟误"排名倒数第二,其心情可想而知了。而今潘世璜取得第三的佳绩,一雪当年父亲的"奇耻大辱"。何况这次潘世璜进士及第的含金量极高,除一甲三名外,二甲18名,三甲90名,共101名,录取人数较少。潘奕藻在信中透露消息:"今年进呈止八卷,两甲亦甚少,特传旨将总裁房考申饬,并另派人将落卷覆勘,有无屈抑,将来或再拔取数人,只未可定。"

潘奕藻告诉兄长,他已向朝廷请假十余天,代为张罗,招待宾客,并说比"癸丑已省一大半心力"。乾隆癸丑年潘世恩高中状元,也由潘奕藻帮忙操持,在京为官多年的他已积累了丰富的经验,两个侄儿的出息更令他脸上有光。潘奕藻为侄儿们高兴的同时,也冷静地对潘奕隽说,我家本为寒门,并非苏州彭家这样的望族。"弟当与侄辈谈及,惟益加谦抑,庶可免咎。想大兄也必首肯也。"

潘奕隽爱好书画,在一封致昆山画家王学浩的书信中,请对方为其作画,并提出具体画境,要求呈现"一人立于山坡,观高崖悬瀑"等画面。潘奕隽表示将来此画"悬诸小斋,光生蓬壁;藏诸箧笥,以为世宝"。潘奕隽著有《三松堂诗文集》三十卷,《自订年谱》一卷,《说文蠡笺》十四卷,《居易金箴》二卷。潘奕隽是潘氏三兄弟中活得最长的一个,以91岁高龄谢世,历经乾隆、嘉庆、道光三朝,耄耋之年"重遇鹿鸣"与恩荣宴,极尽荣耀。

潘奕隽,与同时的著名藏书家黄丕烈是知交,他们常在一起论书品画吟咏。潘奕隽著有《三松堂集》。至于他自己的藏书,编有《三松堂书目》,其中经黄丕烈校跋的,就有一百种以上。下一代是潘祖荫的"滂喜斋",潘祖同的"竹山堂"。潘祖荫是咸丰进士,官至工部尚书、军机大臣。他在政事之余喜爱收藏金石图书。他在苏州故居收藏了珍本135部,编入《滂喜斋书目》,其中宋元本58部,中有赵明诚与李清照的《金石录》、秦观的《淮海居士长短句》、杨守敬从日本带回的北宋刊本《广韵》。

潘博山、潘景郑昆仲除了继承祖父潘祖同"竹山堂"全部藏书40 000卷外,还四处寻觅"三松堂"失散的书,曾收回十之二三,其他如曹元忠的"笔经室"、莫棠的"铜进文房"、孙毓修的"小绿天"等旧家藏书,都为他们所得。这时藏书已有300 000万卷。为潘氏藏书之最。潘氏藏书从"三松堂"到"滂喜斋""竹山堂",在私家藏书史上,可说是达到了高峰。

俞樾致李超琼手札背后的才女曾彦

王海鲁

朴学大师、春在堂主人俞樾是晚清寄居苏州的有影响的学者，与当时的县令李超琼多有诗文唱和。虽年龄相差 25 岁，但李超琼对这份忘年之交"私衷深感"，因其弱岁即读俞樾会试文字，及入吴，又数获俞樾持杖亲自拜访，后又请俞为其父李光祜作传。

光绪三十年二月九日，俞樾上李超琼一札。数日后，又上一札。前后两札，均提到同一人物，她就是曾彦（季硕）。

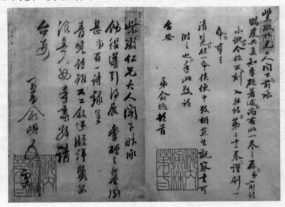

俞樾上李超琼札

俞樾二月九日上李超琼札识文：

紫璈仁兄大人阁下：昨承饬役导引，得展季硕之墓。感甚！弟有一诗录呈青览，诗虽不工，叙述颇详，冀不泯其人也。手肃，敬请台安。愚弟俞樾顿首。初九。

曾季硕是谁？俞樾札中记录的又是何事呢？这就要返回《李超琼日记》，来探寻李公与曾季硕的交往信息。

曾季硕，是四川汉州人张祥龄（子绂）的妻子。祥龄以拔贡身份选送成都尊经书院,即有诗名。后侨居苏州,与吴中名士结词社,又有词名,他的词学著作《词论》广为人知。李超琼与张祥龄既是同乡,又居一地,故时有唱和。李超琼在《闻子绂入翰林赋寄》诗中用"入洛清才迥绝尘,风流端合蜀词臣"的词句来形容张的多才多艺。曾季硕长得非常美,"姿颖既绝,而貌又明丽,每轩车过市,望者骈立,吒为神仙"。成年后嫁给张祥龄,"倾城名士,艳重一时"。

曾季硕,也是著名的"阳湖三左"(左锡璇、左锡嘉、左锡蕙三姐妹)之一的左锡嘉的女儿。而阳湖县,正是李超琼两任元和县中间一年与叶怀善对调署理的县。

季硕的才女之名更来自她的内在修养和诗赋才华。《华阳县志》谓其"幼承母训,读书引篆,弹丝剪彩,无不精妙绝伦"。她的五言作品,造诣也很高。著有《桐凤馆集》,被王闿运赞为"篇篇学古,无复俗华靡,而风骨益洁"。

在《李超琼日记》中,曾彦的内在修养和诗赋才华,也给李留下了美好的印象。

季硕赠李人物团扇一柄,并自篆《七夕泛舟》五言古诗一首于背。李称其为"可宝也";李母寿诞之际,季硕又自撰一颂,以篆书金纸为长幅,又隶书一金纸联云:"由一县化三吴,竹马争迎父母母;再廿年逢百岁,鸠杖围绕子孙孙。"又金纸绘"玉堂富贵"一小幅。又书画纨扇一柄。李称这些"皆极精工,至为难得"。李常访张子绂寓,每以"惠助""女学生"称呼季硕。一次观其所画《瀛洲图》,有俞樾题诗于上。李母也常找季硕清谈,常常"逾时乃返,颇有乐意"。

因李超琼和张子绂既是同乡,又是好友,故季硕病疟既深之际,李为其延苏州名医曹沧洲等人诊之。光绪十六年(1891)十月初五日,曾季硕病逝,年仅34岁。当天,李超琼早早起来,往为经纪丧仪。

曾彦才貌双全却郁郁早逝,可能与夫婿之不遇、奔波之劳累、无子之遗憾有关。据《李超琼日记》记载,光绪十八年(1893)二月六日,李超琼为张子绂北行会试送行。半个月之后的二十三日,张之姬人举一子。第二天才得到消息的李超琼也为张高兴,立即电达京都,并在日记中写道"子绂年近四十而无子,闻之必大喜也"。而四月初二日,张子绂"会试出闱,不候榜而归。自京师六日而至苏"。想必他也急切想见到儿子。四月十一日薄暮,李得知张子绂中会榜第五十六名。而李超琼在《闻子绂入翰林赋寄》也点出子绂"封策之日,即其生辰也"。

　　生子并中进士,且封策之日,即其生辰,真可谓双喜临门。似乎,张子绂的好运都是在妻子曾季硕去世之后。妻子去世后,张子绂给李超琼发函索求挽联。李氏日记中,并未记录这副挽联。而俞樾《春在堂楹联录存》挽季硕女史联云:"妇礼补三通,夫婿多情,筐箧零星寻旧稿;清才兼众妙,老人何幸,门墙立雪订来生。"俞在联后自注:"季硕姓曾氏,归张子绂祥龄,古之所谓女士也,能诗画篆隶,且优于德,著《妇礼通考》一书,未竟而卒。病中有句云:'伏生老去传经倦,愿做来生立雪人。'为余作也。"曾去世后,张还刻妻子遗著《虞共室诗集》,请俞樾作序。俞在序中盛赞曾彦诗词与书法出众,云:"质而不野,丽而有则,不求纤密之巧,自有宏肃之美;昔人称嵇志清峻,阮旨遥深,其兼之乎!字体娟好而仍含朴茂之意,兼工篆隶,尤喜丹青,女子中多才多艺如斯人者,见亦罕矣。"

　　李超琼与张子绂、曾彦夫妇的故事,还远不止于此。李次子李廷昂妇高宜人去世后,灵柩寄厝于苏州位育堂其东厅之西一室。而其右一间,寄季硕之榇。李安厝好儿媳灵柩后,来到右间,对棺感伤,日记中说道:"亡媳之灵有知,傥可得知乎?昂儿固尝师事子绂,季硕亦为改正五律诗也。"光绪二十九年四月十三,李超琼从江叔海信函得知张子绂殁于大荔任。而江函中欲将曾季硕之柩觅地葬之。李超琼以"曾氏兄弟方宦游得意,其骨肉遗蜕,似非朋友所能代主也"答之。

　　俞樾《春在堂诗编》卷21有使人展季硕女史之墓焚寄一诗。

其前序言说,"女史,蜀人,姓曾氏,名彦,张子绂祥龄之配。画、篆、隶皆工,且通群经大义,非寻常闺秀比也。从子绂来苏,与余儿妇辈皆相识。时子绂困公车,食贫相守,伉俪甚欢。子绂多姬妾,不忌也。俄以疾卒。卒后,子绂始成进士,入翰林,改官知县,选授陕西怀远县。挈二妾之官,生二子,调大荔县,宦途颇顺。去岁亦卒,闻即葬陕西,不返蜀矣。而女史之柩,尚在吴下,权寄殡房已十有余年。既不能归骨于蜀,又不能合窆于秦。岁月浸久,无人顾问,私窃虑之。适李紫璈大令超琼来知吴县,其乡人也,且与子绂有旧。余因与言之,卒赖大令之力,买地而葬焉。余怀为之一慰。女史所著《虔共室诗集》一卷,高古可诵。余为制序,子绂刊而行之。又著《妇礼通考》,尚未成书,其病中有句云:'伏生老去传经倦,拟作来生立雪人。'为余作也。余感其意,故遣使展其墓,并焚此诗。其墓地在吴县十三都四图律字圩,小地名曰'青石桥'。地主曰吴福生、曰吴仁山。"

从俞樾这篇诗的前序可以看出,除上面提到的江叔海外,俞樾也对曾柩寄厝殡房感到忧虑。对季硕灵柩如何能妥善安葬一事,如果说江、俞二人都是心内感到不安,那李超琼就是真正将此事付诸行动的人。

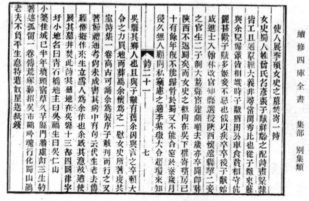

使人展季硕女史之墓焚寄一诗

比之数年前为李鸿裔至金牛坞相葬地,《李超琼日记》中并未提及为季硕相葬地细节,只有二月十一日当天,李超琼至横塘的记录:"登岸循桥之东市巷而出,迤逦约三里许,为十三都四图地名青石桥者,亡友张子绂大令之室曾季硕女士葬处也。临其穴,为之三揖,与焚褚焉,并令地主吴福生为植桃花数株于前,当以洋蚨一予之。及回署,适俞曲园先生因前日命人为季硕扫墓,新成一律,写以见示,亦可谓心印也。"这日的日记,详细记下了曾彦墓地地址和俞樾命人为曾扫墓并写诗见示的细节。再来看俞樾这首诗:

小筑佳城已半年,坟头宿草久芊绵。
门墙虚订三生约,著述孤留一卷传。
荒冢难招吴市鹤,吟魂行化蜀山鹃。
老夫不负平生意,特遣奴星送纸钱。

由诗可知,曾彦灵柩下葬已有半年之久了。以半年推算,那下葬当在光绪二十九年八九月间。这距离李超琼拒绝江叔海信函,过了才三四个月。说明,李超琼最长在四个月之内完成了曾彦墓地的择址问题。

俞樾上李超琼第二札识文:

紫璈仁兄大人阁下:前承赐《虤共集》,知季硕著述,尚有此一卷之存。弟前诗小讹,今改正,刻入拙诗第二十一卷。谨刷一纸,奉呈清览。余一纸俟便中致胡燕生观察书可附之也。手此,敬请台安。弟俞樾顿首。

俞樾此札中的胡燕生,即时任江苏江安粮储道胡延(砚孙),是四川成都人,与李超琼系同乡,又与高蔚然兄弟为戚谊。光绪三十年八月,胡来苏查办事件,客死沧浪亭行台内。李超琼闻后,为之彻夜不能安寝。"既明而往,执乃郎手一哭之。旋与乡人诸君为之料理后事。归后,又作致顾印伯、高蔚然各一函,即以砚孙之丧告之也。"胡著有《苾刍馆词》。清末著作家、藏书家陈作霖称其"素工倚声之学,长调超宋,小令轶唐,感事伤时,而出之以蕴藉,词中之杜子美也。"

俞樾纪念曾彦的这首诗,除了向李超琼和胡燕生请教外,还致函时任江苏巡抚恩寿。恩寿与之唱和一首,并将唱和诗见示于就养吴中的陕西延榆绥道胡俊章(效山)。见下札:

恩寿致胡俊章札识文:

敬和曲园遣使展蜀人季硕女史墓焚寄一诗,原韵录奉,效山仁兄大人指正:

片云归岫问何年,蜀栈秦关路邈绵。
精卫常留千古恨,惠班尚冀七篇传。
石桥青锁灵娥翠,锦里红啼望帝鹃。
但许虔共诗可诵,一言足值万缗钱。

无论达官显贵,抑或闻人名士,曾季硕究竟是怎样的一名女性,何以能获得晚清这么多名人的赏识和咏叹?我们再返回去,来读一下被李超琼之为"可宝也"的她写在赠李人物团扇上的那首《七夕泛舟》。

《七夕泛舟》是一首五言古诗,原名为《苏州七夕同子馥泛湖》,全诗如下:

客情眷佳节,理棹泛江阴。遥波澄夕霁,霞彩媚枫林。
城阙霭暮光,长烟引岖崟。芳甸散兰息,高树噪栖禽。
暾暾河汉辉,脉脉双星临。眷恋隔年思,嬿婉今夕心。
泠泠仙风过,时闻清吹音。曾楼设华宴,皎月堕芳斟。
明镫粲飞阁,列坐理瑶琴。纤纤素手弹,凄凄白头吟。
繁华当此夜,欢乐轻千金。如何穷达士,独抱忧思深。
即事感我怀,慨然念古今。悟彼山阿人,玄默诚可钦。

曾彦《虔共室诗集》中与丈夫张子绂唱和的诗作,多达几十首,内容多记临别的叮咛、离别的感伤、羁旅的牵挂和团圆的喜悦。而这首《七夕泛舟》,是夫妻二人少有的团圆唱和之作。季硕与夫君夫唱妇随,她始终信奉"人间怨离别,不忍独长圆"的信条,在《寄绂君京都》篇中以"流光浩荡春满天,与君新别愁方鲜。幽阴院宇无人到,低回出户心凄然"的诗句抒发思念丈夫的心情。《再寄绂君》诗写道:"别来三五春已深,樱桃红熟鸧鹒鸣。玉堂花气融融热,绿杨扫天天宇清。此时慊慊正思君,搴帷出户看浮云。长风吹云西北去,我愿乘之渡江滨。"思念之情,比前首更甚。一位名门闺秀,牵挂在外的丈夫而数次"出户"探听"消息",愁同春光一样长,心伴长风独飘荡。经历了众多的别离和欢聚,她似乎看淡一切,且看其《闲居呈子绂》其五诗:

五载吴中客,羁愁今已忘。渐能处尘世,不复叹炎凉。

对此碧天月,长倾白玉觞。门前车马急,念尔为谁忙。

李超琼仰慕张子绂曾彦夫妇的才华,在其客居苏州生活奇窘的时刻,多次伸出援助之手。生前唱和,死后营葬,营葬后又多次至曾墓拜谒,甚至中元节的时候,还遣仆人王祥送纸钱于季硕墓。而李超琼与俞樾的第一次见面,也是张子绂先期引荐。

曲园老人俞樾一生惜才爱才,对闺秀才媛亦颇多关注,不吝奖掖。他曾发出"人才实难,况在巾帼?苟得其人,又未尝不临风而三叹"的感慨。许多才女,都在他的提携下声名远播。而曾彦,就是这样一位闺中经世之才。时隔百年,重读俞樾这两通手札和《曾季硕女史虙共室遗集序》,曾彦的形象依然生动鲜活。

未容夸伎俩,唯恨枉聪明
——记过云楼第四代传人顾公柔

俞 菁

顾公柔(1900—1929),名则坚,以字行。他为晚清著名书画家、藏书家、过云楼第三代主人顾鹤逸(顾麟士)之子。娶妻张惠娟,生一子四女。因早年病逝,留存于世的作品今不多见,现存有他为父亲所辑录诗稿《鹤庐画赘》,其弟顾公硕为纪念他,将顾公柔生前临摹古人山水画作编成《柔哥遗墨》一册。

顾公柔与苏州美术会

顾公柔性格沉静、文采出众,颇得其父喜爱。他与苏州美术会的渊源源自与颜文樑的世交之谊及共同爱好。颜文樑的父亲颜纯生是一位画师,得到顾鹤逸的赏识经常出入于过云楼顾家(今怡园)。颜文樑也因此与顾家少爷顾公柔从小认识,受到家庭影响,两人也都自小喜爱绘画。顾公柔继承家学,擅长山水国画,同时对西洋画也颇感兴趣,而颜文樑对西洋画尤其热衷,多才多艺又志趣相投的两人因此走得很近。据说两人曾在喜庆堂会上合作节目,顾公柔表演魔术时,颜文樑在一旁用小号伴奏。

1918年,颜文樑联同杨左匋、顾公柔等友朋,发起了苏州美术会图画赛会,将吴地当代画家所画中国画、西洋画进行联展,这也属画坛首创。第一次画展于1919年元旦在苏州万寿宫(民间称旧皇宫)展出。此次参展的贤达名流有余觉、朱梁任、张一麐、吴昌硕、顾鹤逸等人,还有吴子深、陈涓隐、蒋吟秋这些在日后大放光彩的年轻书画家们,可以说是群英毕集。首次画展获得成功,苏州美术会便作为常设机构正式设立,定在每年元旦举行一次画赛会,顾公柔同颜文樑、胡粹中、朱士杰等人一起主持苏州美术会日常会务,刊印《美术半月刊》宣传和联络会员。在顾鹤逸的支持下,选定怡园作为美术会会址。顾鹤逸曾主吴中风雅数十年,在清光绪十五年(1889),成立怡园画社,聚拢了吴大澂、吴昌硕等一批江南最具影响力的书画界精英。

顾公柔负责组织画赛会的国画作品展出。由于过云楼顾氏家族本来擅画者就多,他广泛发动了家人一起参与。顾氏后人捐给苏州市档案馆五本顾公柔的日记(1920—1923),日记中曾记道:"初九日,美术会图画赛会,我家应征之画件,有严慈之小幅各一,雄哥硕弟各出巨幅,余仅寥寥数笔。彦平哥不日赴沪,倚装画就横册。季文侄嗜临余画,此番成一短幅,涉笔成趣,胜蓝多矣。家仆李升平日濡染左右,遂亦鼓兴效颦,虽不能出于一门,亦可自乐焉。超逸有致,然于赛会时借以点缀,观者将目我为一门风雅。"

他的日记有近四十处提到美术会和画赛会,由于日记内容部分缺失,无法得知整个过程全貌,但仍能窥见大致经过。美术会初在怡园,后来会员渐渐扩大,顾公柔开始寻觅新址,最后在铁瓶巷顾宅的对面选定了一处。他在1922年10月12日写道:"美术会新会所拟在铁瓶巷五号破屋建筑,叫孙木匠开账。"接下来几个月,新址动工、聘请木匠、印制会证、刊登广告、征集会员、寻觅画赛会场所、布置美术会会场,他都亲力亲为,颇费心思,这些在日记中都有记载。11月5日记:"美术会假青年会,开成立会。上午胡粹中来,谈话至近午,乃同至青年会,预备一切。饭于广南居。一时后来宾渐来,二时半开会,二工奏军乐,报告开会宗旨,张仲仁、杨怀玉、吉尔达相继演说,后为六部演讲,散会时颇晚矣。"1923年年初,苏州美术会铁瓶巷新会所落成,顾公柔被推选为美术会总干事。在他与美术会同仁的努力下,会员增至300多人,内部组织分为绘画,雕刻,音乐,诗歌,刺绣,演讲等六部。这一年的大年初一晚上,他也是在会所与美术会同人一起欢聚度过的。

同时期,他参与了苏州美校的早期筹建工作,作为校董之一参与了早期的筹建工作,为美校事务劳心劳力,还承担办学经费,在学校一度困顿的情况下出资恢复运转。颜文樑在苏州美校刊物《艺浪》十周年纪念刊中有一篇《十年回顾》,其中写道:"学校创办之初,一切均由创办人担负,故创办人即本校校董。当时负全校经济之责者,为顾君仲华、陈君伯虞、顾君公柔等。"美校开办时,颜文樑、胡粹中、朱士杰担任西画教师,顾公柔为国画教师,他们都是义务教学,不拿薪水,完全出于对中国美术事业的支持。

美校创建后不久,因学生渐增,原有校舍已不敷用,顾公柔又在铁瓶巷美术会中另辟宿舍。由于苏州美术会是中西画家的联合组织,铁瓶巷会址即为中西式两层楼房,两侧各有罗马式庭柱,以示中西合璧之意。后来,吴子深出资在沧浪亭建造苏州美术专科学校的教学楼,也采用了罗马式柱子,便是从苏州美术会会址得到的启发,也是为了纪念以顾公柔为代表的早期创办人。

然而顾公柔自小体弱多病,日记中多次提及因操办美会及美校事务而倍感劳累。在美会新址落成、美校步入正轨不久,他便急流勇退,淡出美术会及美校的活动。1923年5月17日,他写道:"于是,美会各事托之同人,备作脱身之计。"接下来两日,他向美术会移交账本,付清木匠费用,便各处言别。日记记到此月即止,余下数日,他出游上海、杭州,闲时作画寄情,已算是三年中难得提到的远足。

颜文樑在《十年回顾》中不无遗憾地写道:"顾君公柔,遽归道山。"虽然他早早地退出了历史舞台,但不可否认,顾公柔为民国早期苏州美术的发展做出了突出的贡献,可谓是奠基者之一。

顾公柔的悲悯情怀

顾公柔自小体弱多病,所以生活方面颇为自律,思想上也颇为悲天悯人,对人情冷暖和民间疾苦更能体会。在他的日记残稿中,时有对此方面内容的记载。

他虽足不出户,但关心时局,十分忧国忧民。如写:"我国前清专制甚矣,国人闻有严刑峻法,若临深履薄,武昌义旗新举,天下相率胥□,意为解倒悬者即其人焉。民国乃建已十年,武健严酷,仍复依旧,艰难备尝,期其解倒悬者,复投之以水火,使天下之人,敢怒而不敢言,人怒天怨,所在有之,遍国无一寸安乐土,何耶?"写出了清朝到民国政权更迭,而人民始终生活在水深火热中,所谓"兴,百姓苦;亡,百姓苦。"体现了一位心怀天下之热血青年的敢怒敢言。

他在日记中还时常提到赈灾之事,如1920年秋为北方灾民募捐,虽然苏城成立了义赈团,大家捐钱亦很踊跃,但并不能解决灾民流离失所背井离乡的根本问题,所以他感叹道:"甚矣,北方饥民之痛罹浩劫,其谁不知,如此集款往赈,虽曰义形于色,其如杯水车薪何。"由于灾害频仍,物价上涨,百姓生计更为艰难。"西北旱灾,浙省水灾,晋陵兵灾,苏省米灾,价之昂,影响于此。民国成立以来,无年不灾,噫,人民苦矣。"身为一个衣食无忧的富家子弟,却对底层百姓一直抱有深深的同情心,这点十分可贵。

他并无一般世家子弟的奢靡享乐之气,道德境界之高,超于常人。

《鹤庐画赘》与《柔哥遗墨》

顾公柔英年早逝,从残存日记稿中可以看出他才藻富赡,然而空有一身诗书才华,却未及留下自己的专著。顾公柔是个孝子,他在生病之际坚持抱恙给父亲顾鹤逸收集散落亲友各处的题画诗跋,如此收集了六七年,一一誊抄下来,将"诗""跋"分类为《画趣》《画识》两卷。直到临死前十来天,他专程去顾鹤逸住宅看望,面目憔悴地将手抄的两卷册子奉给父亲,想请顾鹤逸将诗文先后次序校正。父子两人相见欲泣,这一别后就是永诀。顾公柔头七之日,顾鹤逸路过他的书房,又看到那两卷凝聚着父子心血的册子,便援笔题写了"画赘"二字,又看到他病中留下的画册,更是伤心不已,引元稹哭女诗句"未容夸伎俩,唯恨枉聪明",题写于画册之上。儿子死后,父亲心痛恸绝,自己也病情加重,偶尔涂画两笔,但再无题识,第二年即去世。顾公柔与兄弟手足情深,他的哥哥公雄与弟弟公硕为竟其未了之心愿,帮他整理、续录了《鹤庐画赘》,以此纪念父子二人。

顾公硕还将公柔于1927年病中所作的十帧仿古水墨画结册刊印,题名《柔哥遗墨》。这些画分别模仿了"元四家"黄公望、王蒙、倪瓒、吴镇,及明清书画名家的作品。顾鹤逸在题记中写道:"三子则坚好弄,不任习静。丁卯九月旧疾复作,医谓非息心养气不为功。强令潜处一月,霍然病已。兹册仿古十帧,即成于药炉茶铛之间,盖独居斗室,犹藉涂抹抒其积习,诚可谓下愚不移已。十一月望日大雪节,西津老渔记。"这一则写于顾公柔生前,父亲似对儿子不安心养病颇有微词,所谓爱之深、责之切。1929年在公柔去后再题:"坚子病殁之七日,于其书几重见此册,益增凄其。昔人诗云:'未容夸伎俩,唯恨枉聪明',不啻为今日情事咏也。己巳正月二十六日,西津老人挥泪记。"这两则题记都收入《鹤庐画赘》中,写出了一位父亲的悲痛之情。是年吴湖帆亦为此画册题记:"公柔先生为鹤逸老先生公子,精六法,孜孜不倦,濒危尤写此册,气韵生动,足绍西津箕裘。方谓后继有人,乃旋即谢世。人世固无常,吾不为公柔悲。顾于窗明几净间,静对此册,又何以遣此悲怀哉!己巳夏日,吴倩记。"吴湖帆认为顾公柔克绍箕裘,能够继承父、祖之业,对他的早逝表示深深惋惜。

惜他英年早逝,否则在绘画上的造诣和美术界的知名度那就不可限量了。

零落成泥碾作尘,只有香如故

——追忆钱璎同志

顾 斌

2018年春节刚过,某天傍晚,一位朋友通过微信发来一张图片并问:"是凡总编的妈妈吗?"我瞬间便意识到,这段时间以来一直担心不已的事情终于发生了。怀着忐忑的心情打开图片(看到《苏州日报》刊登的讣告)时,眼泪竟止不住地流下来。钱老走了。从此以后,世间再无这位可亲、可敬的老人了!

作为一名小字辈,我和钱璎同志及其家庭有着颇为特殊的交集,而这一切皆缘起于昆曲。

20世纪80年代末,苏州大学中文系在苏州昆剧传习所的协助下,开办了全国唯一(也是高等教育史上唯一)的昆曲艺术本科班,旨在培养既能从事理论研究,又有艺术实践能力的昆曲艺术通才。当时的我,便是其中一员。懵懂少年,初识大雅,也有幸知遇了这几位"老同志":凡一、钱璎、顾笃璜、徐坤荣。

1989年初秋,富仁坊巷昆曲沁兰厅,钱璎、顾笃璜以及凡一、谢孝思、范廷枢等老前辈老领导,"传"字辈老艺人薛传钢、吕传洪,老曲家贝祖武、张辛稼、钱大赉、姚志曾、周瑞深、姚明梅等,与师生们会聚一堂,共同参加苏州大学昆曲班开学典礼。就在这里,我初次见到了钱璎同志,也知道了这几位"老同志"的身份(钱璎与顾笃璜是昆剧传习所负责人,她与徐坤荣还分别担任原文化部振兴昆剧指导委员会秘书长、副秘书长)。在往后的岁月里,也渐渐体会并越趋深刻地感受到"老同志"们对昆曲班以及这批青年学生的期待与关爱。

昆曲艺术破天荒被纳入高等教育,其中蕴涵了超乎寻常的重要意义。《艺术教育》《中国戏剧》《上海戏剧》《艺术百家》《人民日报》海外版、中国香港《大公报》、中国台湾《国文天地》、纽约《华人日报》等纷纷对苏州大学昆曲班的教学活动加以报道和评论,称之为"继70年前昆剧传习所之后中国戏曲史上值得记载的又一新篇章","标志着昆曲艺术纳入高等教育的新纪元,是中国教育史上的一个创建"。四年寒暑,花朝月夕,笛里吟边,昆曲班师生审音析律,俯仰抑扬,咸以传承昆曲为己任。从基础学习到教戏排演,从唱念舞美到粉墨登场,在社会各界的精心呵护下昆曲班渐入佳境,深得前辈和同行的赞许。其中,也包括对昆剧工作饱含深情倾注无数心血的钱璎同志。

无可奈何花落去,似曾相识燕归来。囿于当时种种客观原因,昆曲班学生毕业后竟无一人从事与昆曲相关的行业。而我则去了报社,当了一名记者。凡晓旺同志(凡一与钱璎的儿子、姑苏晚报原总编辑)是我的老领导,受其父母亲影响,他对苏州地方文化尤其是昆曲评弹颇有感情,在宣传报道方面从来都不遗余力给予支持。当时的我作为晚报文化记者,在他的引领下采写了大量关于昆曲的文字,大多记录苏州昆曲的演出动态、人物故事、发展变迁并给出一些观点和评论,为弘扬振兴昆曲艺术"鼓"与"呼"。那些年,很多时间是在剧场里度过的。访谈、看戏、写作,一度成了我特有的工作方式,而且相当认真与自觉,在一个时期成了苏州昆曲的见证者,也算是为昆曲做了点事、出了点力。

从事新闻工作期间,我对钱老的多次采访都和昆曲相关。记得第一次是在王芳获"梅花奖"之后,我随凡总编去家里,对钱老进行了访谈。后来,在剧团、文联、艺校、剧场等场合,我常常与钱老不期而遇,或在某个座谈会上聆听她的发言,或仅仅是碰面简单交谈几句。2000年和2001年,就"徐版"《卖兴》传承以及"传"字辈授艺往事,与钱老的两次访谈令我至今记忆犹新,并从此近距离地认识和深入了解为昆剧艺术传承和人才培养倾注毕生心血的钱璎同志。

昆剧是以人为载体的艺术,人在艺在,人绝艺亡。伴随着老艺术家的离去,许多剧目从此一去不复返,意味着昆剧舞台表演艺术的失传。所幸的是,正是在钱璎等一批有识之士的不懈努力下,老先生们陆陆续续把一批"无价之宝"传授给了下一代。钱璎当年与"传"字辈老艺人接触颇多,苏州昆剧传习所成立80周年纪念活动之际,我对钱老做了专访,撰写了《"传"字辈留下的又一"遗产"》(刊载于2001年11月6日《姑苏晚报》)。她深情回顾了当年那些感动人心的往事:

1987年6月"昆指委"在苏举办培训班期间进行教学录像,当时已年近八旬的净行名角沈传锟正患癌症住院手术。听说录戏的事后,老人一定要抱病录戏传授。考虑到他的身体状况,钱璎就提出采取仅仅录音的方式,但老先生再三坚持录像。最后实在拗不过他,只能同意让他录像。就这样,在解放军100医院的病房里,沈传锟老人身穿病号服,一口气录下了许多折子戏,表演相当认真投入,且不肯分段录,硬是一气呵成,令所有在场者感动不已。周传瑛老师病重期间仍抱病来苏教戏,为青年昆剧演员培训班传授传统剧目。钱璎一直记得周传瑛对她说过的话:"我年纪大了,能为青年演员垫垫脚也是好的。"钱璎认为,"传"字辈艺人不仅在艺术上有很深的造诣,更可贵的是他们对昆剧艺术有着高度的责任感。举办纪念活动,最主要的是要继承和弘扬"传"字辈艺人的敬业精神和奉献精神。对于昆剧艺术来说,这是最为宝贵的精神财富。

昆剧舞台上,历来就有"俞家唱""徐家做"的赞誉。"徐家做",指的就是昆坛名家徐凌云的表演艺术。《绣襦记·卖兴》一出,正是徐老的精品之作。当年他曾与沈传芷先生(分别饰演"来兴"和"郑元和")联袂演出该剧,通过真切朴实的表演,深入刻画了生动鲜明的艺术形象。几十年来,徐凌云演的"来兴"达到了最高境界,因而也被誉为"活来兴"。20世纪60年代初,江苏省苏昆剧团以主要力量继承昆剧和苏剧传统艺术,时任苏州市文化局主要领导的钱璎亲自到上海请来年已古稀的徐凌云先生,为"继"字辈青年演员传授他的拿手好戏《卖兴》。

一出戏,时隔55年三度排演,几代昆剧人,生生不息薪火相传。剧情以外的故事,说来也许更为动人。

1961年,江苏省苏昆剧团在无锡演出,钱璎陪同徐老游玩宜兴善卷洞,游毕再陪徐老到无锡,看望剧团演职员。钱璎对徐凌云说:徐老,辛苦你把《卖兴》教给我们年轻的"继"字辈吧。徐老说道:钱局长啊,你从苏州过来亲自陪我这个老的"白相善卷洞"(白相,苏州方言,"玩"的意思),原来是要让我给(你喜欢的)这些年轻人("继"字辈)教戏啊?哈哈哈哈!徐老开怀大笑……为了昆剧艺术的代代相传,同时也被钱璎的真诚所打动,随后徐凌云专门到苏州,亲自"拍曲""踏戏",将这出戏毫无保留地传授给了"继"字辈青年演员金继家、刘继尧、周继康等人。

1962年12月,苏浙沪昆曲观摩演出大会上,《卖兴》被专家评委一致推选参加闭幕式优秀节目展演。

2000年,首届昆剧艺术节在苏举办。为使名家杰作重现舞台,钱璎力主复排《卖兴》,展演古典名剧。"徐版"《卖兴》在时隔近40年之后,由"继"字辈原班人马重新演绎,成为昆剧艺术节一大亮点。此时的金继家、周继康已退休多年,最小的刘继尧也年近花甲了。我到北塔公园"知音轩"排演现场进行采访后,又去钱老那里做进一步了解,并撰写了《四十年后再显身手,原班人马名家杰作重现舞台》一文(刊载于2000年3月28日《姑苏晚报》)。

近期我又得知:为抢救传承古典名剧,2017年9月市文化部门实施"昆剧经典折子戏抢救工程",特别邀请章继涓、朱继勇、周继康、吴继静、柳继雁、尹继梅、张继霖、刘继尧等平均年龄在80左右的"继"字辈老演员出山,首期排演复原三出折子戏,将其再现舞台并传承于年轻演员、收入昆剧影像数据库。其中,就有《卖兴》一出。

《卖兴》《弥陀寺》《双思凡》等三出戏绝响已久,中华人民共和国成立后在苏州昆剧舞台上均极少亮相,有的甚至从未演出过。从被传承者到传承者,刘继尧已是第三次排演《卖兴》了。随着时光流逝,这三出戏的传承者已是迟暮之年。当年向老先生学这出戏的时候,三人都还是20岁左右的毛头小伙。如今,平均年龄已80岁左右,有的甚至已经离开了人世(1962年、2000年曾二度参与排演《卖兴》的金继家已于数年前病故)。

正如有识之士所指出:当下昆曲"浮华"背后的危殆是很多剧目细节退化、隐形消亡,必须引起高度警惕并在阻止隐性消亡方面认真细致地做好工作。"徐版"《卖兴》,60年间仅仅由"继"字辈演出过一次,而如今昆剧舞台上的《卖兴》,已失去了"徐版"的精华和表演之美。《卖兴》等剧目,是一代代昆剧艺人千锤百炼的艺术精品,目前仍保存在"继"字辈老艺术家身上。如果不及时传承下来就很有可能会失传,对昆剧艺术的传承保护无疑又将是重大的损失。

此次复排抢救《卖兴》,除了刘继尧、周继康、朱继勇、张继霖等"继"字辈老演员参加演出外,还特邀了沈传芷先生的关门弟子、"弘"字辈女小生陈滨加盟(在剧中刘继尧和陈滨分别扮演"来兴"和"郑元和")。当年与徐凌云先生联袂演出此剧的正是沈传芷,而先生传授的那些戏份对于陈滨来说早已是刻骨铭心了。

从2016年下半年起,95岁高龄的钱老身体就开始出现各种状况。2017年年初,我曾打电话到钱老家里向她表示牵挂问候。钱老告诉我,她身体状况不好,年纪太大了也实在没有什么办法,最后她婉拒了我要上门看望她的请求。我听了以后心里非常难受,也因此一直深感担忧。这通电话,最终也成了我和她之间的最后一次交谈。《卖兴》的二度复排(1962年、2000年)都是钱璎一手促成的,此次抢救传承已是55年来《卖兴》的三度复排。而《卖兴》等三出戏复排录制的时间,正是钱老生命中最后的那段时光。她是否参与了《卖兴》等剧目的抢救传承工作?钱老去世后,我专门向刘继尧与陈滨了解情况,终于知道了过程和原委:

抢救传承工作 2017 年下半年正式启动,由钱璎、顾笃璜担任艺术顾问。钱老亲自组织开展前期准备,指导拟订抢救传承计划。报告起草完成后,刘继尧去钱老家里请她过目。老人戴起老花镜,反复看了三次,连声说好!同时很认真地说:书童(来兴)的"僮"写成了"童",少了个单人旁。据刘继尧回忆,钱老当时身体情况尚可,还说到时候要去现场观看彩排。

抢救传承计划上报文化部门后,很快得到批复并获得相应的经费资助。获知消息后刘继尧马上去了钱老家里,却得知老人已经进了护理院。赶到护理院后,他立刻把这个消息告知了钱老。钱老对他说:"你看,组织上对继字辈是多么地重视!拨款批复的时间(10 月 24 日),恰好是党的十九大闭幕的日子,真是太有意义了。你们(继字辈)一定要齐心协力,克服一切困难把这三出戏抢救出来。将来录制完成做成碟片后,别忘了拿来放给我看。"钱老还说,《卖兴》这个戏她看过很多次,每次看都忍不住要哭。徐老把角色演得简直像"活转来了"(活过来了)一样,真实善良、乖巧懂事——"来兴"这个小人物被刻画得生动传神。钱老说:徐凌云等前辈艺术家身上,包涵和体现了昆曲作为遗产的真正价值和时代意义。

在刘继尧提供的这份"抢救传承计划"中,我看到了钱老专门为这三出戏添加的说明。关于《卖兴》,她是这么说的:

昆剧前辈徐凌云先生,1957 年在苏州新艺剧院表演《绣襦记·卖兴》。据张继青回忆,当时徐老已 70 多岁高龄,演绎 12 岁的孩童,一个倒地打滚,真把兴儿这个人物演活了,博得满堂掌声。

近期,两个昆剧院团在"昆博"演出《卖兴》,徐老亲授的一些精华已失落。当然,年轻人没有看过徐老的传神表演,不能怪他们。

所以,更觉得有责任把前辈传授给我们的经典昆剧折子戏教给年轻一代,让已经成为世界文化遗产的昆曲薪火相传。

············

2017 年 12 月 27 日,抢救录影工作顺利完成,典范精品重获"新生"(就在《双思凡》抢救成功的第二天,"继"字辈老演员章继涓不幸辞世,永远告别了她热爱的昆剧舞台)。专家评价,对《卖兴》等精品传统剧目的抢救,凝聚了数代昆剧人的心血,为传承与研究昆剧表演艺术提供了宝贵的资料,对于昆曲遗产薪火相传具有十分重要的意义。

令刘继尧和陈滨尤其动情并感到无比悲伤的是:《卖兴》55年三度排演,起最关键作用的正是钱璎。这位令人敬重、深受爱戴的老人,为了她毕生为之奋斗的事业,陪伴着她终生为之牵挂的昆曲,耗尽了全部心血直到生命的终点!所有参与抢救传承工作的人都说:同钱老最后一起工作的那段时光,令人无限感伤终生难忘。钱老是在抢救录影工作完成之后不久去世的。我想,她生前如果知道这个好消息,也一定会含笑九泉的。

钱璎同志早在战争年代就投身革命,是苏州文艺界德高望重的老领导,殚精竭虑、鞠躬尽瘁,为苏州文艺事业付出了毕生心血。在我这个晚辈的眼里,这是一位有着传奇般色彩的女性,她的一生伴随着历史的风云变幻和时代的发展变迁,她的文艺工作生涯就是半个多世纪以来苏州文化和戏剧史的缩影。老人有着超乎寻常的坚强性格,并且对生死看得很超脱。1999年11月,凡一同志突发心脏病遽然辞世。追悼会上,钱老坚毅沉着的神情至今还定格在我的脑海中。2013年2月,花甲之年的凡晓旺总编因病过早辞世。时隔不久,我登门看望钱老。家里陈设依旧,只有凡总编生前的爱犬陪伴着孤独的老人。触景生情的我再也控制不住自己,当着钱老的面放声大哭起来。待我情绪平静之后,老人叹了口气,轻声说道:人总是要走的,我自己能够想得开的。

近年来我常去看望钱老,尤其是凡总编去世之后的这几年。坐在客厅陈旧的沙发上和老人聊天,讲关于昆曲以及从前的一些人和事。老人像对自己的孙辈一样对待我,这也是我常常登门拜访她的原因。钱老念念不忘苏大昆曲班,每每谈起总是满怀深情地回忆起那些往事。当年昆曲班举行业务考核、汇报演出等活动时,钱老多次与顾笃璜等人一起前来观摩指导并对昆曲班寄予厚望。虽然为昆曲班的"无疾而终"深感遗憾,但她也为昆曲终究在当年这批学生心中播下了种子而感到无比欣慰。她常常鼓励我写一点关于昆曲、昆曲班的文章,说"尽管没有直接从事昆曲工作,但能够在外围为昆曲做点事、出点力也是好的"。有时我写了文章也会拿去请钱老过目,老人总是很高兴。我在《24年前的"特殊一课"》一文中,回顾了张充和、傅汉思伉俪到访苏州大学昆曲班的往事。钱老阅后颇为赞许,并专门向胡芝风作了推荐(此文刊载于《中国演员》杂志2015年第4期)。

钱老也曾委托我为苏州戏剧工作者写点文字。2016年3月,褚铭剧作选《我们都有一个梦》正式出版。钱老专门打电话给我,把我叫到家里交谈,希望借此书出版之机由我来写一篇文章,并通过叙述为我提供了写作思路和基本框架。在写作的过程中,我清晰地看到了苏州戏剧发展的脉络:以钱老为代表的老一辈文艺工作者,满怀赤忱始终关注和推动戏曲艺术健康发展,传统戏曲如何走出困境摆脱危机,剧目建设和舞台演出取得令人瞩目的成就。初稿呈阅后,钱老又在电话里跟我十分具体地逐一说了修改意见。老人思路严谨、认真周全,令我很受教益。文章按照钱老意见修改完成后,以《绽放在舞台上的梦想》为题刊载于2016年5月20日《苏州日报》。

培养"继"字辈、保存昆曲之举,是中华人民共和国成立初老一代文化人不可磨灭的历史贡献。钱老和其他老同志一道,用毕生精力培养出"继"字辈乃至"承"字辈、"弘"字辈演员,她的和蔼可亲与循循善诱在几代演员中都有口皆碑。此外,她还格外关心青年一代的成长,尤其对苏昆"小兰花"一辈倍加呵护无比关爱。从入学伊始直到"小荷才露尖尖角",不断成长走向成熟,为了"小兰花"的培养,钱老倾注了无数心血。记得当年"小兰花"(艺校昆曲班)在校学习期间,每逢业务考核、汇报展演等活动,我前去采访几乎都能碰到钱璎、顾笃璜二老。他们总是在现场观摩指导,指出教学中存在的问题并提出相应的解决方案。钱老去世后,郝诚(原艺校副校长、分管昆曲班教学)向我深情回忆了往事：当年钱老对艺校昆曲班十分关心,常常会到学校关怀学生们的学习和生活情况。当她看到学生夜自修没有电视看而学校当时经费紧张无法购买时,钱老想方设法通过"关工委"为昆曲班每个教室配上了一台电视机,同学们夜自修时终于可以收看名家表演的很多节目了。郝诚说：这只是很小的一则事例,类似的事情还有很多很多。这些学生有今日风采舞台成就,应当感谢像钱老这样热情关怀他们的前辈老师们。

她与苏州戏剧相伴相守60多年,十分重视艺术人才的培养和成长。昆曲、苏剧、评弹领域,"艺指委""关工委"、中小学校,到处都有她忙碌的身影。她秉持戏曲艺术"从娃娃抓起"的理念,通过传统文化对青少年开展素质教育。"艺指委""关工委"从1995年起坚持不懈组织开展"传统文化进校园"活动,在市区以及昆山石牌、千灯各中小学普及传统戏曲(昆剧、京剧、评弹)和民间工艺,同时挖掘具有天赋和潜质的新苗,为戏曲事业培育接班人。她甚至不顾九旬高龄,还亲自到大儒中心小学以及昆山的一些学校看望昆曲幼苗。

钱璎同志早在1983年就已离休,却一如既往地为苏州的文化事业工作直到生命的终点。她年事已高时却仍然投入忘我的工作状态中。她每日读书看报,整理编写资料文集,笔耕不辍,不辞辛劳,为传统戏曲文化留下了极为珍贵的艺术财富。在她的不懈努力和积极推动下,《昆剧穿戴》《昆剧检场与道具》《昆剧锣鼓》等昆剧舞台资料得以整理出版。在组织"继"字辈、"承"字辈同志挖掘整理昆剧、苏剧传统经典剧目的同时,她又主编出版了一整套昆剧、苏剧艺术集萃资料。她与顾笃璜编著的《盛世流芳——"继"字辈从艺60周年庆贺演出纪念文集》,汇集了相关新闻报道艺术评论、海内外观众的强烈反响、"继"字辈个人学艺心得与艺术创作体会,并从现代审美需求的角度对传统艺术如何适应时代发展提出了思考。

钱老随"继"字辈走过了大半辈子,她和蔼可亲,善于协调,与

"继"字辈亲密无间,感情无比深厚。正如她在《幽兰飘香人欲醉——记苏、昆剧"继"字辈演员》一文(刊载于《苏州杂志》2002年第1期)中所说,"继"字辈演员没有辜负"继"的重任,他们从学艺到能上台演出,直到走出苏州走向世界,这漫长的路程中,他们不能忘记也不会忘记:那众多的严师、名师是如何的关心、培养,他们亲自"拍曲""踏戏"还和青年演员同台"演出",使他们在昆剧舞台上站住了,站定了,站得传神,站得风度翩翩,站出了苏州一代昆剧演员的风采!从这段饱含深情的话语中,我清晰地读出了老人对于"继"字辈的成长经历以及当年那些往事的生动记忆。

她曾任《中国戏曲志·江苏卷》《中国戏曲音乐集成·江苏卷》编委,主编《苏州戏曲志》《昆曲"继"字辈》《昆曲"承"字辈》《小兰花一路走来》;主编《苏州滑稽戏老艺人回忆录》;参与主编《苏州滑稽戏传统剧目选》《苏州滑稽戏优秀剧作选》《苏州滑稽戏资料》五集;主持编印文联"艺指委"20周年、30周年纪念文集。《艺文书简:致钱璎》一书收录了她保存的一些信件,都是20世纪八九十年代北京、上海、南京文艺界人士给她的书信,其中有很多涉及"昆指委"的工作。

她的心里总是满满地装着昆曲,在和钱老聊天时曾听她说起:"说来可笑,我只要在报纸上看到一个'昆'字,就会条件反射似的马上拿起看个究竟,总感觉一定是有和昆曲相关的事情,没想到原来上面写的只是'昆山'或'昆虫'而已。"说到这里,我们两人都像孩子般开心地笑了起来。每次去钱老家里,她都会赠送一些书籍资料给我,并希望我在学习使用中能有所借鉴、有所启迪。如今,我把她这些书籍整理归并在一起并常常拿出来翻阅。睹物思人,感伤无尽。

20多年来,钱老一直保存着有关昆曲班办学的部分原始文件、信函和文章。2016年,钱老将这些珍贵资料一并交给我复印保存(这也是我最后一次与她见面)。其中,有以苏州大学中文系、苏州昆剧传习所名义向企业寻求赞助的公函;徐坤荣同志生前交给她的"赞助昆剧班经费的企事业单位名单及赞助金额";文化厅、文化部有关负责人给钱璎、徐坤荣的信件(关于昆曲班筹措办学经费问题的回复);钱璎、顾笃璜、徐坤荣联合署名的"苏州大学昆剧艺术班情况汇报"(向社会各界筹措昆曲班办学经费),以及昆曲班办班方案、专业情况简介,等等。钱老在她撰写的《坎坷为昆剧——怀念徐坤荣同志》(刊载于《苏州杂志》2007年第5期)一文中,也饱含深情地回忆了徐坤荣同志当年为昆曲班办学所做出的努力和贡献。此外,台湾学者洪惟助编著的《昆曲辞典》中收录的对徐坤荣的访谈,很大篇幅也涉及昆曲班办学经费筹措的难题。以前在读书的时候我就时常听说,凡一、钱璎、顾笃璜、徐坤荣等人因为昆曲班办学经费不足而四处"化缘"。直到此时,看到这些资料才真真切切地感受到:在当年的现实条件下,为了办好昆曲班以及培养这批学生是多么的艰辛与不易。这些"老同志"不断奔走呼号,为之付出了大量的心血。

钱璎同志虽然走了,但她为我们留下了宝贵的精神财富。她一生所做出的贡献和高尚的人格品质,永远值得我们学习和敬仰。

不由想起陆游的那首《卜算子·咏梅》:驿外断桥边,寂寞开无主。已是黄昏独自愁,更著风和雨。无意苦争春,一任群芳妒。零落成泥碾作尘,只有香如故。

附:人物简介

钱璎(1923—2018),安徽芜湖人,著名剧作家、文学理论家阿英之女。1941年从上海到苏北抗日根据地从事宣传文化工作,1949年后曾任苏州市委宣传部副部长兼市文化局副局长、市工艺美术公司党委副书记、市文化局党委书记兼市文联副主席,长期在苏州从事宣传文化工作并领导昆剧、评弹事业,离休后担任振兴昆剧指导委员会秘书长、苏州市文联艺术指导委员会顾问,曾获文化部"长期潜心昆曲艺术事业、成就显著的昆曲艺术工作者"表彰。

邓云乡与苏州

祝兆平

大约1981年早春时节的一个阳光灿烂的日子,我作为一个刚从大学走向社会的年轻的电台记者,和中文系学长王宗拭兄一起随王西野老先生陪同一批在全国很有影响的学者和艺术家去光福和东山观光,印象中除了邓云乡先生、何满子、钱仲联、桂秉权诸老外,还有著名京剧表演艺术家赵燕侠等。一路上,无论是在车中,还是下车行走时,印象最深刻的是邓云乡先生,他一路上滔滔不绝,儒雅而风趣,说起风土人情,典故人物,谈古论今,无不生动而有趣,作为一个年轻大学生,我暗自惊奇,一个人的学问可以如此渊博,该要读多少的书啊!

后来在邓云乡先生的《诗词自话》一书中找到一首王西野先生的诗作,和邓云乡的《奉和邓尉探梅诗》。王诗前有一段小序"辛酉二月初十,寒病乍疗,风日晴美,满子、仲华夫妇偕云乡、绳武,自上海来访,因邀仲联丈、承丙、秉权等诸子探梅邓尉。翌日满子等至松鹤楼赏饭,云乡索诗,赋此以记游事。"不知是否说的此行。

我从此知道邓云乡是个大学问家。景仰得很。

后来,大约20世纪90年代初期王西野先生还专门为我写了条子和地址,让我到上海徐家汇附近邓老的家中去登门拜访了一次,不仅面聆老先生的教诲,回苏州后还蒙老先生惠赐书法作品一幅。内容是他自己写的一首诗,我曾经轴裱后在书房里挂过一段时间。

后来几年,我还一直惦着要去上海拜访他老人家,不料在王西野老先生仙逝一年多后,年龄比王老小了十多岁的邓云乡先生也遽然离世,完全令我始料未及,遂成永憾。

从此,我只能在书中再晤邓老先生如面聆教诲矣!

而如今,我想来说说邓云乡与苏州的故事。

邓云乡是山西人,但从小就随父母迁居北京(当时叫北平),1947年毕业于北京大学中文系。1949年后,先在燃料工业部工作,50年代初,先后在苏州中央电力工业部电力学校和南京电力学校执教了一段时间,1956年调入上海动力学校(上海电力学院前身)任教直到90年代初退休。

从经历看,邓云乡在苏州工作的时间并不长,大约两年左右,但从他对苏州文化的重视和他长期与苏州的人事交往,以及他与苏州的故事在他众多的著作中占了非常大的比例可以看出,除了他长期生活的北京外,苏州也是他一生中非常看重的地方。

十多年前,河北教育出版社出版了十几本一套平装本的《邓云乡集》,每本书的封面上贴有一张木版雕刻印刷的藏书票,朴素而雅致,因为年轻时与邓老先生有过一些交往,我十分仰慕这位功底深厚,知识渊博的学者和作家,当时就买了几本,今年书局又重新出版了布面精装的《邓云乡集》,米黄稍淡的封面上除了一幅装饰盆景画外,还配有丁聪画的邓老肖像和文字简介的腰套,其装帧素雅而文气,煞是喜欢,于是配齐了全部,并作为我近日重点拜读之书。

邓云乡先生作为作家、民俗学家和红学家,其学问之大只要看看书名就可领略:《红楼识小录》《红楼风俗谭》《红楼梦导读》《燕京乡土记》《北京四合院》《草木虫鱼》《文化古城旧事》《鲁迅与北京风土》《清代八股文》《云乡话食》等。从其大部分文章之文化背景和内容结构来看,主要还是以北京,而且是旧北京为主。但我也在《云乡琐记》《云乡丛稿》《云乡漫录》《红楼梦忆》《诗词自话》等书中看到了大量关于苏州的信息,加上自己与邓老的一点交往和回忆构成了我今天的文字,也许可以补介绍之隙漏。

我读过这些书以后,认为邓云乡和苏州的内容大约可以分为四大部分:一是他在苏州生活工作时的经历和感受;一是他对苏州传统文化的重视和为苏州文化古建筑保护所做的贡献和努力;一是他在80年代担任电视连续剧《红楼梦》民俗顾问时,在苏州为拍《红楼梦》所经历的许多故事;一是他和苏州老一代文化人的友谊和交往。

一、邓云乡在苏州生活工作时的经历和感受

在《旧梦姑苏四十年》一文中他这样写道:"四十一年前的十月底,我由上海到了苏州,下车取了行李出站,人不多,站外停的只有极少的三轮车,其他都是黄包车,而且都很旧,有的还是死轮胎的,即车轮铁圈外,包一圈厚厚的有花纹的橡皮,不用充气。这种轮胎的黄包车,北京叫洋车,在北京早在民国初年就没有了,而苏州还很多。这可能因为苏州旧时都是石子路的关系……"接下来,他说到了他教书的学校,是新学前的中央燃料工业部建筑工程学校,做了不到两个星期,又调到金门外的电力学校(过去是苏高工,是很有名的。)

他描述他生活的苏高工的住处:"这是一幢很精美的假三层小洋楼,一个小花园,进去贴南墙一条引路,有一座小山石,再过去就是那座小楼,上台阶宽大走廊,进门右手正楼梯,上楼四个房间。右首并排两大间,西面是一排落地窗,窗外大阳台,阳台外一排高大的梧桐,高出楼顶,正好挡西晒太阳,南面斜望,从人家屋顶空隙处,可以看见一角运河,来去帆影。"

因为没有注明写作年代,看内容像是写于90年代初中期,写的内容是50年代初的事。时间必定在1956年前,至少说明邓云乡曾在苏州工作生活过一个时期,在《拙政园》一文中,他曾写道:"我在苏州住过两年。"先后在新学前的建筑工程学校和金门外的苏高工教了一段时间的书。

他在书中还写到唱开篇的一位年轻女演员,梳着两条长辫子,唱得十分好听,记得叫王鹰,并说,以姑娘而起名鹰者,亦很少见,故易记住。估计就是后来那位苏州著名的评弹艺术家。也讲到写侦探小说《霍桑探案》的程小青先生,不知在哪个学校教书,开研

讨会时经常见到,高高个子,大约50左右,十分平易近人。开会时发现邓云乡常常注意他的脸,不由相视而笑。

他原来不懂苏州话,可不久学会了听评弹,在石路雅乐书场、龙门书场、阊门里面的中南书场、黄鹂坊桥一座古老宅子中一个不知名的书场,后来北局恢复的光裕书场等许多书场都曾留下过他的身影,由听评弹又学会了苏州话。

在《大儒巷潘家》一文中,他写到了去平江路大儒巷潘家做客的故事。因为他在北平一所著名的私立志成中学有一位苏州潘家的同学好朋友,叫潘咏台,所以他到苏州工作之前,咏台的父亲潘杜若先生给他的胞兄、也是潘咏台的生父畹九先生为他写了介绍信,请他去大儒巷潘家做客,结果,他不仅领略了潘家大宅的风貌,品味江南深院楼居"庭院深深深几许""一院苔痕新雨后"的意境,而且,还因为过几天,老年伯专门请他去吃了顿饭,喝了点黄酒,叙谈得非常开心,充分感受到了苏州大儒巷"富潘"芬字辈老人的仪型。读这样的故事,于我这样在苏州生活了60年的晚辈也已如听讲"天宝遗韵"了。

他在书中也写到在苏州工作生活时,一周差不多要去观前街、北局、太监弄两三次,吃观振兴四角一碗的"双过桥",上松鹤楼吃蟹粉豆腐、粉蒸肉等美味。"通常二三同事,叫三四个菜,喝酒的朋友,加半斤加饭酒,酒足饭饱,不超过二元钱。"

还写到,去观前街,由金门慢慢沿景德路走过来,经过人民路时,附近的旧书店、书摊,是他最好的去处,并很快就跟书店主人熟悉起来,曾经买到一套完整的沦陷时期苏青编的《天地》,仅以每本一角之价全部买下。如果现在还在,大约价在千万倍以上了。

最有趣的是他在一篇文章中讲自己在苏州第一次过冬,不停地下雨,又冻又湿,房中又不生火,晚间不习惯穿大衣坐在房中,真是苦不堪言,一筹莫展,只好每天去铁路饭店附近一家浴室去泡澡堂子,先脱光洗个澡,然后大家裹上大毛巾,躺在榻上,泡上一壶茶天南地北地乱聊一顿,等浴室打烊时,再着衣回去睡觉,还幽默地说:"冻得我无所遁逃于天地之间,不得不如此也。"

半夜灯下读至此,我不禁拊掌莞尔一笑。

邓云乡在《耦园思绪——我与苏州的断想》一文中以深情的笔墨写道:"作为一个异乡人,即使在30多年前的50年代初,我第一次来到这有'天堂'之称的名城,也丝毫没有做客之感,而是像回到久已憧憬的故乡一样。因为十来岁时,在古老的北京作小学生时,同座的就是苏州大儒巷名门潘家的子弟,也是初到北京,说话带着浓厚的吴音,总是深情娓娓地向我讲述他的故乡。放学时,同路回家,先到他北京的家,后到我家。大家在当时的文化古城都是客居,他说着家乡的话,我听着也似乎分外亲切,对这闻名已久的'天堂',也充满朦胧的憧憬和爱了。而当时谁又想到,若干年后,我真的会到他的家乡,多少年来,始终是他家乡的常客,而这个真正的苏州人,却再未回到他的家乡。这又是谁注定的缘分呢?有缘分就有友谊,有友谊就有情意。我与苏州、苏州与我,有多少旧事可思,有多少情意可说呢?缘分深、友谊多、情意厚……"

二、邓云乡和苏州历史文化及曲园

邓云乡的书中,关于苏州历史文化的文章有许多,比如在《云乡丛稿》中有《苏州"贵潘"四题》《俞曲园日记》《常熟才子杨云史》等;《云乡漫录》中有《苏州状元谱》《中国民居清话》《字轴与苏裱》等;《红楼梦忆》中关于苏州的文章就更多了,如《姑苏岁暮》《十里街 葫芦庙》《开机典礼》《记得祝愿词》《重到苏州》《香雪海落花流水》《艺圃传情》《万景山庄》《耦园落花》等十多篇;而在《云乡琐记》一书中除《旧梦姑苏四十年》《吴越山水人物》《大儒巷潘家》《拙政园》《历史 文化 园林》《苏州刺绣研究所与徐绍青兄》等篇章外,单是关于的曲园的文章就有三篇:《今日曲园》《明日曲园》《曲园修复小记》,另外还有一篇《曲园老人到上海》,可见邓老与曲园关系和感情非同一般了。

大约20世纪70年代末六月"夏景初长"的一天,邓云乡在苏州像过去无数次一样地从阊门沿景德路由西往东朝观前街方向逛去,走到半路,陪同他一起逛马路的苏州老朋友叶承丙指着一条小巷说,这里进去一拐弯到马医科(巷)就是当年俞曲园先生的故宅"曲园",问他要不要去看看,他当即动了访古之心,欣然前往。

他早就知道,在70多年前,清末民初,苏州的许多名园中,有四座小而精致的园子同负一时雅望,那就是顾子山的"怡园"、李眉生的"蘧园"、沈秉成的"耦园"以及马医简直的"曲园"。其中曲园最小,而名气最大。不单纯是因建筑精美,更重要的是"园"以"人"名。因为俞曲园老先生的学术名望太大了,不只国内仰望,在国际上也很有名,所以,一时曲园最负盛名。

他们从景德路斑竹巷进去,往南不远,左手一转弯路北第一家就是曲园和春在堂旧址。

就说进去看看吧。当时西面的春在堂、乐知堂部分,被一个供销社之类的单位占着,好像也没有人办公,只有一位看门的人,征得人家同意,进去看了看,什么也没有,乐知堂的房架已歪斜,十分破旧。出来又从东面小门进去,一条长弄,转到后面,都是住的人家,原来曲园西北角的十多间长廊,呈曲尺形,这时都装了门窗,住了人家。《曲园记》中的一亭一池,因修人防工程已拆毁填没,并在上面盖了一座三层简易的居民楼,住进了十来户人家。原有的春在堂匾据传在一个粮店里垫了米包。

他参观后,难免有些感慨,就写了《今日曲园》一文,发表在香港《大公报》上,将剪报寄给了他的老师俞平伯。不想老夫子给了他一封长信:"读之如身历其境,不胜感慨……南向有玻璃窗者,盖昔年之春在堂,其后即曲园。"指出了他文中说不清楚及错误的地方,讲得十分细致,如说远处那棵大银杏树,还有院子里那块大的像汉砖一样的东西,是瓦制琴桌,等等。

自此以后,修复曲园的工作便开始了。

读了这几篇关于曲园的文章,我便知道了,邓云乡先生绝不仅仅就是去破败的曲园看看,写了一篇文章说说便完了,而是从此和苏州园林文化的学者专家王西野先生及中国园林专家陈从周先生两位好朋友一起,与苏州市的领导多有沟通,开始了关心曲园修复工程的进展,并一直与关心此事的北京老人叶圣陶和俞平伯师书信往来,报告曲园修复的进程信息,而这二位老人也多次手书给他,询问修复情况,关心修复细节,读来令人感动。

我专门为此查找了叶圣陶和俞平伯、邓云乡的书信,发现在短短的几年中竟有多封信函谈到了苏州曲园的修复话题。

叶老给邓公的信:

1. 一九八一年十二月:"其文殆是主张修复几所园林,而曲园在内。平翁尝来书告知,曲园列入第一批,从周兄将于下月赴苏州参加园林会议。今日观来示所云,似曲园之修复大有希望矣。若能作成决定,则经营设计,还须请从周兄多费心思,指导施工者,务使不流于俗。我知从周兄乐于为此也。"

2. 一九八三年一月:"台从极关心曲园修复事,今请略言之。大概有不少人不知道俞曲园为如何人,故造成了几间厅堂,要问派什么用场。去秋我向苏州市委表示意见,主要意思为'曲园不能无园,如何恢复小园可请从周教授斟酌之'。……故从周如拟写信,除曲园须有园一点外,尚须言曲园先生何以值得纪念,修复非为别用,唯为纪念曲园先生。"

叶圣陶给俞平伯的信中,提到曲园之话的就更多:

1. 一九八一年十二月七日"在江苏分组发言中,弟关于曲园一段话止在《简报》中记上一句:'最后,他还建议把苏州市的名胜古迹曲园修复旧观。'末了四字记得还得要。"

2. 一九八二年二月四日:"前日得从周书,又言曲园修复有望。其学生邹君近任苏州园林局副局长,定议与施工皆有方便。苏州列为旅游城市,曲园自宜早日修复也。"

3. 五月九日:"昨接赐书,至为心慰。苏州先修复春在堂,分几步走,良为善谋。"

4. 六月十日:"兄云曲园修复时拟悬一新年區,命弟书之。弟今如是奉答,容试为之。"

5. 七月七日:"前接示知所嘱书者为'乐知堂'三字,以二目不舒,延而未复……曲园修复,明年五六月苟能开放,希能随兄同往一观。"

6. 八月二十日:"曲园修复旧观,我二人苟尚健好,一定联袂到苏。如此约定,必蒙赞同。"

7. 九月十一日:"邓(云乡)书五纸,看不甚清,略知其意。曲园修复后有一学术机构经管之,此意甚好,惜想不出苏州有何适当之机构。"

8. 九月二十六日:"今且言前数日致书苏州事。至诚之友董晶达为苏州市委宣传部部长,相当熟,弟因作一书令至诚寄予。全为个人意见,谓曲园须有园,地面虽窄,可请从周教授参考旧时布局斟酌之,必能幽雅宜人。请董君将此意见转告苏州市党政诸同志,并希审其是否有当。"

两位老人在短短一二年间竟如此多次提及曲园修复之事,可见叶俞两老对曲园之事的看重程度。特别是叶老对修复曲园所提出的核心要点"曲园须有园",亦俞平伯多次向邓云乡所提及交代的。

看到这里,我们一定可以想见,一个小小的曲园修复工程,其中融入了这几位文化老人的多少心血和希望。

可惜的是,曲园修复后,叶、俞两位从苏州走出去的世纪老人,竟无缘再回到少年时留下了他们多少欢乐和故事的故居,重温一回童年旧梦了。"曲园虽重修,先生已长逝矣!"邓云乡只能在《痛悼平伯老师》中留下这样感慨的语句。而如今连年纪比二老年轻了许多的邓云乡先生也在 20 世纪 90 年代末仅以 70 多岁之龄邈归道山,至今思来,痛惜不已。

三、邓云乡为拍电视连续剧《红楼梦》，在苏州的许多个日日夜夜

20世纪80年代，《红楼梦》从越剧到电视连续剧到电影掀起的一波波高潮可以说是我国那个十年中的一件文化盛事。我当年作为一个广播电视报的记者，不仅在全国许多报纸杂志上，发表了许多采写的关于影视《红楼梦》的文章，而且还与一些学者、红学家、作家和影视演员艺术家结下了长期交往的友谊。记得在电视连续剧《红楼梦》拍摄后期，有一次作为副总监制的著名红学家胡文彬先生率周岭、史延芹等一批编导创演人员到苏州来时，因我的报告，当时的市委宣传部部长范廷枢专门驱车至乐乡饭店看望他们，还留下了一张由我拍摄的合影。而编剧之一的周岭先生签名赠我的两册由中国电影出版社出版的电视连续剧《红楼梦》文学剧本和胡文彬先生编著赠我的《红楼梦子弟书》，至今仍在我书橱中珍藏，其中也珍藏了美好的记忆和深厚的友谊。

但当我在前些年读到邓云乡先生写的《红楼梦忆》时，先是连连惊呼，这简直是一部关于电视连续剧《红楼梦》拍摄的百科全书，接下来我又禁不住连连扼腕叹息，深恨自己当年没有主动一点到邓老那里去多多讨教，他可是当时名高一时的电视连续剧《红楼梦》的民俗顾问啊，至今终成永远的憾事！

可以说我看了《红楼梦忆》一书，才算真正懂得了电视连续剧《红楼梦》拍成之艰辛和其中的酸甜苦辣。因写《邓云乡与苏州》，所以我这里就只摘录书中有关《红楼梦》与苏州的部分篇章题目：《姑苏岁暮》《十里街 葫芦庙》《开机典礼》《记得祝愿词》《开讲江南风俗》《重到苏州》《香雪海落花流水》《艺圃传情》《万景山庄》《耦园落花》等。只要看这些篇章的题目就可想而知苏州对于当时电视连续剧《红楼梦》的拍摄是多么的重要。

读《开机典礼》一文，知道电视连续剧《红楼梦》的开机典礼就是在苏州甪直进行的。看文章不难发现这个开机典礼没有任何虚张声势的东西，开场除开拍了"十里街""葫芦庙""甄士隐家门前"

几场外景，还拍了一场"贾雨村升了县太爷，'乌纱猩袍'坐着大轿上任的戏"，还记下了演贾雨村的演员刘宗佑人高马大，分量很重，而抬轿子的是甪直中学的学生，拍摄时因导演不满意，拍了许多遍，把抬轿的学生累得够呛。弄得写文章的邓老先生过了很长时间，还感过意不去。

文章还记录了虽然拍这场戏并不很重要，但作为整个《红楼梦》连续剧的开机典礼，总监制戴临风、央视电视剧制作中心主任阮若琳、副总监制胡文彬、编剧刘耕路等几位，都由北京赶来参加了。而且在拍摄现场，地方领导和《大众电视》等许多报刊记者也都到了，周围还有许多看热闹的群众，场面十分热闹。

文章最后一段写道：甪直最后大场面，直拍到午夜三点多钟才结束。完成了《红楼梦》电视剧最早序集的拍摄任务，实际等于"练兵"。而这时，宝、黛、钗是谁还不知道呢。

苏州的园林，举世闻名，旅游旺季要想在园林中拍摄是十分困难的。著名的园子如拙政园、狮子林、留园、虎丘等处，游客都数以万计，而且名园镜头太熟，一看画面就知道是某园某处也不妥，多亏了他在苏州的老朋友，诗人、画家、园林理论家王西野先生，建议他们到一处当时不大为人知晓的小园子"艺圃"去拍，这里也是苏州园林局新修复的一处别具风格的小花园——明代吴门画派大画家文徵明的曾孙文震亨的故居，在一条安静的深巷中，那狭窄的石板弄堂，汽车也开不进去，结果，"蜂腰桥小红遇贾芸""小红遗帕""坠儿与贾芸谈话"等镜头都在这里拍成。

而在古城东部一个小小的游人少至的花园"耦园"，曾经是那个清末任上海道台的沈秉成的私宅，花园在平江路东面，靠近旧时城墙的一条水巷。在那里，拍摄了"黛玉葬花"中满地残红落英，黛玉拾起一朵，莫名惆怅，伤感春逝的一组镜头。

在《白发"红缘"》一文中，邓公写道：由1984年2月开始，在苏州甪直拍序集的镜头，到1986年9月底全部完成，实足用了两年零八个月的时间（除去演员训练班等准备工作、案头工作时间外),共拍万把个镜头,严寒酷暑、起早摸黑……其辛勤劳累,真可以说是笔难尽述。导演王扶林两三年来,大家异口同声地说他头发白多了。"莫等闲白了少年头,空悲切!"但这不是"等闲"白了,而是为"红楼"而白。为了祖国这份伟大文学遗产——《红楼梦》的普及而白,是白得值得。这岂止是在说导演王扶林、红学会秘书长胡文彬等编导创演人员,也在无意中透露出他自己的忙碌辛苦及内心感受吧。其实,如果算上早期的筹备工作,在1982年时就已经启动了电视连续剧《红楼梦》的改编和筹备拍摄的工程了。为了拍摄电视连续剧《红楼梦》,他在数年中曾无数次往返于苏州的各拍摄景点间。

而三年半前,经胡文彬介绍王扶林和邓云乡初次见面时,王扶林还是一个头发乌黑、风度翩翩的哥们。

从那些邓云乡的文章中写到的为了拍摄《红楼梦》而忙碌的,方方面面的事务细节,如景点的选择安排、现场的民俗设计、道具的摆设布置,可以感受到其中无不浸透着云乡先生渊博的文史学识,以及心血和智慧。

关于苏州对于电视连续剧《红楼梦》的贡献,他在《"红楼"电视与苏州》和《姑苏岁暮》两文中深情记下了其中的几个细节:1984年春节前数日,他受剧组之托,匆匆赶到苏州,要布置一条二百多年前的小街——《红楼梦》中写的"这阊门外有个十里街"。大概是象征"七里山塘"的山塘街吧。街上都应该有些什么店铺、什么摊贩呢?是苏州老友、诗人、画家王西野赶到他下榻的姑苏饭店房间中,在灯下两人一起合计开出了一张计划单子:卖桃花坞年画的,卖虎丘泥人的,支着绣床卖苏绣的,卖糖粥的"骆驼担",还有卖花、卖鸟、测字、算命,等等,罗列了几十种,但离开拍只有半个月了,那些稀奇古怪的东西去哪里弄呢?

恰巧第二天是星期天,又是农历腊月二十七,家家忙着准备年菜。那天又下大雪,邓老只好包个车,挨个把几个专家客人从家里拉出来会商。因为都是熟悉的朋友,大家一听说拍电视连续剧《红楼梦》都非常兴奋,纷纷表示愿意尽力帮忙。刺绣研究所主任、著名画家、刺绣专家徐绍青,把所中珍藏的乾隆年间木版桃花坞年画和康熙、乾隆年间的绣品、帐沿、衣裙、荷包等都拿了出来,并由研究所中年轻的女工作人员曹颖家担任临时演员,届时摆摊表演。苏州博物馆的领导也大力支持,拿出馆藏清代前期的虎丘泥人——俗名"落架"来参加摆摊,并由馆中一位会捏泥人的老先生充当临时演员。

这些内容后来都拍进了剧中,成了中国电视剧历史中的一部分,而为这些镜头作出了辛勤贡献的老人王西野、徐绍青,包括记录下了这些历史细节的亲历者邓云乡先生如今却都已成了故人,思之潸然!

四、邓云乡与老一代苏州文化人的友谊和交往

邓云乡40年代在北大读书时,苏州人俞平伯就是他的老师,他听了平伯师开的"杜诗研究"和"清真词"等课,后又经登门请益,与平伯师时有诗词唱和,与另一位苏州的前辈叶圣陶老人也多有诗词信函往来。可以说,自从他十来岁在旧北京上小学时,与苏州潘家后人同桌结下深厚友情开始,到他后来不仅在苏州工作生活了一段时期,而且从此成为苏州的常客,并与苏州画家、诗人、园林专家的王西野,著名画家、刺绣专家徐绍青等结下深厚友情,还留下了《苏州"贵潘"四题》《苏州刺绣研究拨徐绍青兄》《大儒巷潘家》《苏州状元谱》等文章,他的一生与苏州和苏州人都结下了不解之缘。

而我这里想要记述的是他与王西野先生如手足般的交情。

仅《红楼梦忆》一书,《姑苏岁暮》与《"红楼"电视与苏州》两文中,就有这样的记述:"多亏了苏州老友、画家、诗人王西野兄帮助,使我能在苏州广结'红缘',完成了剧组的任务。""老友王西野兄帮助我在姑苏饭店灯下开了个单子:⋯⋯"这只不过是他们交往情景中的沧海一粟而已。

诗词应该是一个人最真实的感情寄托了。而当我翻开邓云乡的《诗词自话》,读罢序言看目录时,粗略一过,即发现在收入集中的近三百首诗词中,写给西野翁或与其相互唱和的诗词至少在二十首以上,再读其诗词之作,发现无论在数量上,还是在情意上,几无出其右者,尽管其集中诗词所涉及的面比较广泛。这里略录几首诗词题目,如《秋日吴门访西野归后又寄诗》《吴门挂单竹枝词》《吴门之春吟草》《念奴娇(戊午冬日于西野翁座上欢晤谢老刚主夫子)》《金缕曲(戊午暮春乞西野先生绘紫藤)》《金缕曲(己未岁阑奉请古野翁、满子、仲华、田遨、策安、诏公诸先生枉驾寒斋食蟹并奉卮酒为寿)》《玉楼春(应野翁约赴苏州出席方书久画展开幕)》《奉寄西野兄》《答西野兄》《寄西野兄八秩华诞》等即可感受到他们之间交往的密切程度。

"黄花野趣悟诗禅,忠厚存心便是贤。泼墨芭蕉留梦里,胭脂梅竹小楼边。家藏书史浑忘老,室有芝兰不羡仙。万语难穷忧患感,期颐德泽自绵绵。"这是王西野八十寿辰时,邓云乡为这位长他十多岁的老朋友、老兄长撰的一首贺诗。王西野先生早年毕业于苏州美专国画系,上海光华大学文学学士。长期从事教育事业,曾任同济大学,上海杨浦教育学院教授。对中国古典文学、美术史、古建筑及园林艺术均造诣颇深,兼擅书画,而以诗名。故在当代教育界、学术界与叶圣陶、谢国桢、沈从文、顾廷龙、苏渊雷、钱仲联、陈从周等交好;在书画界与白蕉、陆俨少、王企华、徐绍青最为友善。晚年定居苏州,被聘为苏州市文联艺术指导委员、苏州园林局顾问,对苏州的文化事业,尤其是对苏州园林、名胜古迹的修复、整治,堪为劳绩处处,贡献良多。《说园》为陈从周的传世之作,但陈从周多次说,他的"《说园》既成,西翁呕心沥血,文字四分之三为西翁之笔,但西翁坚不肯落名也,为成全我矣"。这事体现了西野这位三四十年代在上海十里洋场见足了大世面的文化老人,淡泊名利、助人为乐的高洁品性和人格。思笔者自 70 年代末尚在大学读书时就多次得到老先生的当面教诲,循循而谆谆,并不以吾辈幼稚浅薄而稍露不屑之色,慈爱之颜,至今如在眼前。

苏州还有一位邓云乡的好友就是徐绍青。《诗词自话》书后记之一《苏州诗词友谊》和《云乡琐记》书中《苏州刺绣研究所与徐绍青兄》两文都写到他每月要到苏州去一两次,去了就住在王西野狮子林对过坝上巷三楼的家。后文讲到与徐绍青的交往:第一次去刺绣研究所,是在春末夏初之际,隔壁王鏊祠堂、环绣山庄还是一片工地,时在1980年还是1981年记不清了。好友王西野已退休回到苏州狮子林,我正在为香港报纸写专栏,每工作数日,就想外出逛逛,因此每月总要去一两趟苏州,去了就住在西野兄家。没有事就和他一起出去寻友问古,各处闲逛,岂止是"潇洒走一回",简直不知走了多少回。俯仰之间,已成陈迹,但回忆起来,其甜蜜温馨是说不完的。而其间有一个极强的向心力——核心就是对传统文化的眷恋和怡然融入。去刺绣研究所,认识当时的所长徐绍青,一谈便倾盖如故,以后又多次去所中看望,以及其他诸多来往,都基于这一共同点,这也是一种缘分。

文章中又讲了许多他与徐绍青的交往和徐绍青对他的诸多帮助,特别是在拍摄电视连续剧《红楼梦》时给予他许多重要帮助的细节,但他们的认识和交往始终离不开王西野的引介,而他们在漫长的岁月中能够结成如此真挚和深厚的友情都基于对文化传统的深深眷恋。

我写此文寄托对前辈传统文化老人的深深感恩和怀念之情。

江南文化

论江南地缘结构的历史变迁

余同元

历史地理学家周振鹤先生曾发表《释江南》一文,对"江南"历史地理沿革进行系统论述,认为历史上江南一直是个不断变化、富有伸缩性的地域概念,既是一个自然地理区域,也是一个社会政治区域。明清学者对"江南"一词的运用较随意,如钱大昕《十驾斋养新录》以"江东"为江南范围,但清初设立江南省,不仅包括部分江南地区,还包括了大片江淮地区。后来关于"江南"的历史文化区域研究,采用的范围五花八门,小者仅以吴地苏州、松江、杭州、嘉兴、湖州五府为叙事范围,大者包括明代南直隶、浙江布政使司、江西布政使司和清代的江苏、浙江、江西三省。归纳明清江南范围主要有五府六府"江南"、七府八府"江南"和三江"江南"三说。

五府六府"江南"说,多以太湖下游"五府""六府"为江南的核心区域。明清以来,不少学者以太湖东南部的苏州、松江、杭州、嘉兴、湖州五府或加常州府作为江南范围。樊树志先生《明清江南市镇探微》,以苏、松、杭、嘉、湖五府为主。陈学文先生《明清太湖流域的商品经济与市场网络》(浙江人民出版社,2000年)认为"狭义的江南地区"范围,以苏、松、常、杭、嘉、湖六府最为合理。日本森正夫将苏州、松江、常州、嘉兴、湖州五府作为探讨江南的主题,将这一区域称为"江南三角洲"。川胜守所述"江南"则包括苏州、松江、嘉兴、湖州、杭州、镇江六府。

七府八府江南说,主要以社会经济作为界定江南区域范围的标准,可称为"财富江南"。洪焕椿、罗崙先生主编的《长江三角洲地区社会经济史研究》以明清苏、松、常、镇、杭、嘉、湖七府为主。

刘石吉先生《明清时代江南市镇研究》以江宁、镇江、常州、苏州、松江、杭州、嘉兴、湖州为江南。徐新吾先生《江南土布史》以松江府为中心,旁及常州、苏州、嘉兴、杭州、宁波各府的部分地区。范金民教授《江南丝绸史研究》及《明清江南商业的发展》中的江南地域范围基本是长江三角洲,北界长江,南临杭州湾,东濒大海,太湖镶嵌其中,包括今天的南京、镇江、常州、无锡、苏州、上海、嘉兴、湖州和杭州,面积达4万多平方千米。李伯重教授《简论"江南地区"的界定》(《中国社会经济史研究》1991年第1期)一文,也主要着眼于江南经济区域的划界,认为江南的合理范围应当包括今天的苏南浙北,即明清时期的苏州、松江、常州、镇江、江宁、杭州、嘉兴、湖州八府及后来由苏州府划出的太仓直隶州;这八府一州之地不但在内部生态条件上具有统一性,同属于太湖水系,经济方面的相互联系也十分紧密,而且其外围有天然屏障,与邻近地区形成了明显分隔。

我们认为历史地理的地缘结构变迁决定了江南空间范围的变化,虽然"明清江南"可判为大(文化江南)、中(经济江南)、小(核心江南)三型,但实质上都是江南地缘结构演变之一体多相。地缘是由地理位置联系而形成的系列关系,地缘关系是指以地理位置为纽带而形成的、一定地理范围内共同生活、活动、交往而产生的区域社会关系。地缘结构是建立在地缘关系要素之上的,既具有时代共性又具有地域个性的多维区域空间的功能有机体。区域地缘学重点研究各地区或各集团之间政治、经济、文化上的相互关系与格局,包涵地缘生态、地缘经济、地缘政治、地缘文化等基本要素。江南地缘结构变化是建立在地缘关系要素变化之上的,体现为既具时代共性又具地域个性的多维区域空间有机体的结构变迁。作为我国东南核心的江南,本来是历代文人学者不断理想化的,时空界限变动不定的历史文化区域,但至明代中后期,随着西方殖民势力兴起并渡海来华,东南与西北的战略格局发生根本变化,江南区域的地缘结构也相应发生较大变化。东南由"后院"变成"前庭",江南地缘要素开始近代转型,形成近代江南的内涵和外延,是今天划分不同时期江南历史地理范围的基本依据。下面试分析三江江南的地缘生态结构、地缘政治结构、地缘经济结构和地缘文化结构的历史变化情况,由此可以重新认识江南历史地理范围划分标准。

一、江南地缘生态结构变化

作为空间结构中海陆复合的时空压缩体,"江南"在生态方面自古就有"三江五湖"之称。其中,皖南与浙江有"古南江"(今新安江到钱塘江)相连;皖南与苏南不仅有"古北江"(今长江下游扬子江)和"古中江"(古胥溪运河,今芜太运河及吴淞江)水系贯通,而且在明代同属南直隶、清初同属江南行省,均属古代"三江"和近代"江南"区域范围之内。相比全国其他区域自然条件,"三江"江南最大的特征是因水而成,其自然生态结构首先体现为长江下游河湖密布的水网体系,又称"三江五湖之利"。

"五湖"指太湖及其周边众多湖泊,或太湖流域几大进出水系。

"三江"一语出自《尚书》和《周礼》等历史典籍。《尚书·禹贡》曰:"淮海惟扬州,彭蠡既猪,阳鸟攸居,三江既入,震泽底定。"《周礼·职方》曰:"东南曰扬州,其山镇曰会稽,其泽薮曰具区,其川三江,其浸五湖。"这里"三江"方位,历代学者均各执一说,其中"北江、中江、南江"三江说最有代表性,该说源自班固《汉书·地理志》,经《水经注》等补充完善,简称"汉志三江"。

《汉书·地理志》毗陵县下曰"北江在北东入海"(今扬子江);丹阳郡芜湖县下曰"中江出西南,东至阳羡入海"(今"芜申运河",最早为"胥溪运河");会稽郡吴县下曰"南江在南东入海"(今新安江与钱塘江)。可见古三江特指此古北江、古中江、古南江,现在的苏南、皖南、浙江和上海地区,皆属古三江流域和明清江南地区,故统称"三江江南"。"汉志三江"流域即明清江南区域,因水构成皖南、苏南、浙江水网体系,使长江下游水系成为一个流动着的循环系统,形成自然人化与人化自然的同质区域。

关于古北江,自彭蠡向东北至今镇江、扬州一带入海,实为长江下游干流,今称扬子江者是也。大约在6 000年前,长江在扬州、镇江之间形成一个喇叭形河口入海,长江向北向东的出海口均遭海水阻挡,长江下游沿岸相继形成了太湖、巢湖、彭蠡泽等大型湖泊。到汉代,在广陵南郊江中形成沙洲,长江至此分为两道,沙洲之南为大江主航道,之北为支流,这个支流即曲江。

关于古中江,《禹贡·导江》说"东为中江入海"。《汉书·地理志》丹阳郡芜湖县下注:"在丹阳芜湖县南,东至会稽阳羨县(今江苏宜兴)入于海。……禹贡所谓中江,北江自彭蠡出者也。"在谭其骧先生主编的《中国历史地图集》上,"中江"标注于芜湖至太湖之间,由青弋江、水阳江、固城湖、荆溪等天然水道和胥溪等水道组成。距今大约5 000年前,海面下降,海水后退,长江口向前伸展,中江发育形成,连接长江和太湖。中江上游的青弋、水阳两江及长江安徽段汛期水位在8—12米之间,相对于太湖流域3米左右的水位,有5—9米的落差。青弋江流域与太湖流域之间并无高山相隔,两流域之间的分水岭处有一沟通太湖和古丹阳湖的胥溪运河(据说由伍子胥主持修建),其关键河段在江苏高淳东坝和下坝之间的分水岭上,长约5千米。从高淳流向溧阳的胥溪河,自春秋时期至唐朝一直全程通航,并筑有坝和堰埭控制水位。唐末由于社会动荡,水利工程失修,胥溪航运不畅。明太祖朱元璋定都南京,于洪武二十五年重开胥溪河,建造石闸以节制水流。嘉靖三十五年倭寇入侵,商旅皆由东坝经过,又自坝东十里的下游原分水堰处增筑一坝,名曰"下坝",东坝则称"上坝"。从此胥溪被截为三段,东坝以西称"上河",下坝以东称"下河",两坝之间称"中河"。因上、下两坝将胥溪运河分成阶梯状,所以坝与坝之间必须分节通航。

关于古南江,郦道元《水经注》承接《汉书·地理志》说法做了进一步说明:"沔水与江合流,又东过彭蠡泽,至石城县分为二。其一过毗陵县北为北江，其一为南江，东至会稽余姚县东入于海。"《水经注·沔水》曰："南江又东，径宣城之临城县南，又东合泾水，南江又东与桐水合，又东经安吴县，号曰安吴溪。又东，旋溪水注之。水出陵阳山下，径陵阳县西，为旋溪水。分江水自石城（今贵池）东出后，经过临城县南（今青阳县），就到达安吴县，又东经安吴县，号安吴溪（现泾县安吴镇）。"对于《汉书·地理志》和《水经注》所言"分江水"和"南江"，《大清一统志》认为；"言之凿凿，必非无据，今其道虽湮，未可轻訾。"

已故安徽师范大学教授、历史地理学家陈怀荃先生在20世纪80年代初就分别在《历史地理》和《中国历史地理论丛》等杂志发表《〈汉志〉分江水考释》《〈禹贡〉江水辨析》等论文，指出："《禹贡》三江实际包括的地理范围，从九江以下，除今皖南沿江平原和太湖流域之外，还有皖南山区和浙江流域。江水的名称，也就由此扩展到钱塘、会稽一带，并逐步成为'东南诸川'的通称。"

有人统计，太湖流域行政区划分属江苏、浙江、安徽、上海三省一市，其中江苏约19 399平方千米，占52.6%；浙江约12 093平方千米，占32.8%；上海约5 178平方千米，占14%；安徽约225平方千米，占0.6%。其中皖南与浙江有新安江、钱塘江一脉相连自不用说，皖南与苏南地区不仅在自然地理上属"三江"流域这一整体区域，而且在行政区划上也很晚才分治，因为两地在明代同属南直隶，在清初同属江南行省，皆属古代"三江"流域和近代"江南"区域。康熙年间江苏、安徽分省后才有"皖南"与"苏南"之称。"皖南"即清代皖南道所属地，皖南道原名安徽道，雍正十一年（1733）置，驻安庆府（安庆市），领安庆府、徽州府、宁国府、池州府、太平府、广德州；雍正十二年移驻芜湖县；咸丰五年（1855）移驻宁国府；咸丰十年（1860）移驻祁门县；同治四年（1865）移驻芜湖县；光绪三十四年（1908）更名皖南道。

日本学者斯波义信在《宋代江南经济史研究》中，认为宋代江南五大水系并存，即中江水系与天目山水系、吴淞江水系、钱塘江水系和杭州湾南岸北流的一组水系互动。其实这五个水系就是历史上的汉志"三江"江南水系。该书认为:"长江曾在芜湖附近分为两条支流,向南分流的是中江,东流的江水一旦注入太湖,这一太湖水又通过吴淞江的导引而注入海。"中国学者姚汉源先生在《中国水利发展史》中也认为:"自太湖向西,大约经今芜湖附近,还有一条胥溪运河。《汉书·地理志》的'中江'似即这一水道。"

二、江南地缘政治结构变化

从地缘政治结构上看,到明清时期,江南战略地位发生了很大变化,影响了江南地缘政治战略的大幅度调整。所谓政治就是上层建筑领域中各种权力主体维护自身利益的特定行为以及由此结成的特定关系。地缘政治探讨个人或团体,基于空间分布等地理因素,怎样实施政治经营的方法和手段等问题。它要求从整体空间背景上来观察区域格局及各地区各民族各集团之间的相互关系,以地理因素为基础,对经济、社会、军事、政治等方面进行分析和分区管理。作为地缘政治结构的江南地理范围,比地缘经济江南要大得多。

郑若曾《江南经略》曰:"南畿胜势在长江,留都守御,舟师为急。扬有盐台,富商走集,民颇丰洽,俗亦浮靡。濒湖农田,涂垫为患。安庆当长江委流,东约全楚,为江表门户。徽州山多田少,民逐末利,风俗用偷。池在山麓,江浒寇盗窜伏。镇江凿山通漕,江潮下上,谷土岁易,利归豪右。苏、松、常三郡,市浮于农,文胜于质,加之田赋不均,税徭日困。沿海兵戍,本以备倭。而滨海滨江之民,擅鱼盐之利,间作弗靖,出没江湖,肆行剽劫。"

由此可见,地缘政治结构上的江南在明代包括整个长江下游的三江流域,沿三江水道设置系列军事重镇,扼守军事要点,构成国家东南战略枢纽。邹逸麟先生《谈历史上"江南"地域概念的政治含义》论江南地区历代政治地位变迁,分"中原王朝心目中的异域地区""南北对峙:江南为另一政治中心""高度中央集权体制下的江南"三大阶段论述,并重点讨论了明清时期"高度中央集权体制下的江南"及其国际枢纽地位的形成。英国地理学家麦金德提出了世界"地理中心（枢纽）"概念，也就是"世界岛"理论，即谁统治了东欧平原，谁就控制了心脏地带；谁统治了心脏地带，谁就控制了世界岛；谁统治了世界岛，谁就统治了全世界。如果将明清中国比作一个"孤岛"，那这个岛内的"心脏"无疑就是"三江"江南，即上文所谓的"中国的心房"，它的空间形态虽在南方，但它的政治、经济、文化要素早已开始国际化和全球化，并通过空间的、层级的互动与北方的宫廷联为一体。

乾隆《江南通志》认为，如果以南京为江南之首脑，苏州、松江、常州、镇江、嘉兴、湖州、杭州、严州八府则是江南之"腹心"，安庆、池州、徽州、太平、宁国、广德等皖南府州为江南之"脊背"，浙东绍、宁、温、台、处、金瞿七府则为江南之"尻脊外蔽"。所以说："江南于天文占斗、牛、女、奎、娄、房、心，分野在星纪降娄、大火之次。其地广轮数千里，左临大海，旁界五省。……江之南首重金陵，而安池太平峙其上游，镇常苏松广其辅翼。西北则平原旷邈，以群山为几案，东南则百川汇流，以沧海为池沼。漕河自南讫北，蜿蜒其中，转输飞挽，樯帆相望，东南形胜，于兹为最矣。"

明嘉靖年间，明政府全面整治海防。编绘了《筹海图编》的郑若曾又编绘《长江防御图》与《太湖防御图》。他在《江南经略》中绘制46幅《江防图》和29幅《湖防图》，这些地图是明代江南江河湖泊战备图的代表。其中所绘《江防图》的范围主要为长江下游，西起今江西瑞昌县，沿江而下，东到长江口的金山卫，这个范围也是倭寇进犯可能到达的地方。图上重点描述江防设施、哨所驻地、各营防区范围及其界线、倭寇出没路线等。嘉靖中期至万历中期，在海防发展的基础上还出现了很多海防理论著作，如《筹海图编》《筹海重编》《虔台倭纂》《皇明海防纂要》等。自海防地位日益提升，中国地缘战略发生整体转型，过去作为"后院"的"东南诸川"，现在一变而成中国"前庭门户"。

公元16世纪初，欧洲殖民势力东来。葡萄牙人、西班牙人、荷兰人相继来到中国。1522年葡萄牙人米儿丁·甫思多灭儿带兵到广东沿海,企图用武力打开通商大门。1549年明军在浙江巡抚朱纨、副使柯乔、都司卢镗等人率领下围攻侵占福建诏安马溪的葡萄牙海盗,使之受到重创。1549年荷兰殖民者侵略澎湖失败。1553年,葡萄牙占据澳门,其后,西班牙、荷兰和英国的殖民势力相继来华。1622年,荷印总督率军犯澳门被击败,北上一度占据澎湖,1624年被明军击退,后荷军占领台湾。19世纪中后期,清朝东南海疆、西北边疆同时危机,引发了清廷内部半年之久的海防与塞防轻重缓急之争。综观明清西北边防与东南海防关系史,发生了多重的变化。核心是"前庭"与"后院"位置颠倒,即明清时期东南沿海由后院变为前庭和门户;其次是陆权与海权关系变化,郑和下西洋、皇明筹海、海权时代的开启;三是国家守成与开拓关系变化,表现为"洋防"变"岸防",战略防守代替了战略出击,明代"防入"变为清代"防出",最后出现晚清"塞防"与"海防"之争。

中国之一统,多指南、北方之统一。自元朝以后,大一统的王朝大多定都于北方之北京,而以南方之南京为陪都,形成一个南北向的政治、经济、文化轴心带,这是经济中心南移导致政治中心和文化中心变换之大势。宋元以降,中国经济中心南移了,政治中心却不能随之南迁,统一王朝由西向东,由长安、洛阳、开封向北京逐渐移动,出现过以北京为主、南京为辅的两京制度却未出现以北京为辅、南京为主的两京局面。这就是统一王朝时期政治中心与经济中心分离的现象。

北宋末,赵构重建宋室社稷,李纲建议:"自古中兴之主,起于西北,则足以据中原而有东南;起于东南,则不能复中原而有西北。"(《宋史纪事本末》卷六十《李纲辅政》)后来,张浚为川陕宣抚处置使,汪若海对张浚说:"天下者,常山蛇势也,秦、蜀为首,东南为尾,中原为脊。今以东南为首,安能起天下之脊哉!将图恢复,必在川、陕。"(《宋史纪事本末》卷六十八《张浚经略关陕》)中国历史上的三次大一统,有两次是以关中为基础实现的。秦汉和隋唐都是以关中为基础统一天下,又以关中为基础统治天下。

"地气之盛衰,久则必变。唐开元、天宝间,地气自西北转东北之大变局也。秦中自古为帝王州,周、秦、西汉递都之;苻秦、姚秦、西魏、后周,相间割据;隋文帝迁都于龙首山下,距故城仅二十余里,仍秦地也,自是混一天下,成大一统。唐因之,至开元、天宝而长安之盛极矣。盛极必衰,理固然也。是时地气将自西北趋东,此正地气自西趋东北之真消息,特以气虽东北趋而尚未尽结,故仅有幽、蓟,而不能统一中原。而气之东北趋者,则有洛阳、汴梁为之迤通潜引,如堪舆家所谓过峡者。至一二百年而东北之气积而益固,于是金元遂有天下之半,元明遂有天下之全。至我朝不唯有天下之全,且又扩西北塞外数万里,皆控制于东北,此王气全集于东北之明证也。而抑知转移关键,乃在开元、天宝时哉?"(赵翼《廿二史札记》卷二十,《长安地气》)

至明清时期,不仅经济中心和文化中心皆移至江南,而且更为重要的是,随着海上侵略势力到来和东南海防的日益重要,国家战略重心也向东南转移。对此,黄宗羲《明夷待访录·建都》篇提出了著名的"建都之问",认为明清时期战略形势发生了巨大的变化,国家首都应该建于南京而不是北京,这样才能使中国的政治中心与经济、文化中心统一起来。

或问:北都之亡忽焉,其故何也? 曰:亡之道不一,而建都失算,所以不可救也。

……有明都燕不过二百年,而英宗狩于土木,武宗围于阳和,景泰初京城受围,嘉靖二十八年受围,四十三年边人阑入,崇祯间京城岁岁戒严,上下精神敝于寇至,日以失天下为事,而礼乐政教犹足观乎? 江南之民竭于输挽,大府之金靡于河道,皆都燕之为害也。

黄宗羲的观点是否正确? 揆诸明清史实,"门庭"与"仓库"已然转型换位,建都的战略反思尤为必要。

第一,政治中心与经济中心分离还是统一? 若分离则问为什么分离?

第二,政治中心是否随经济中心迁移? 或者人臣能否替代天子守边?

第三,所谓"时不同"有哪些主要表现? "明清江南"地域特征何在?

第四,金陵能否重新成为首都之佳选? 或者江南能否成为真正的政治中心?

第五,如何避免再度"贫极江南、富夸塞北"? 如何处理中国前庭与后院之关系?

元代以江南为主要经济掠夺对象,导致《草木子·克谨篇》所说的"贫极江南,富夸塞北",或"贫极江南,足实塞北,富极腹里"的极端不均现象。公元13世纪后半叶,进入汉地和南部国的蒙古人口,最多不会超过80万,而当时居住在宋、金旧土的汉族人口大约有7 000多万(不包括云南和吐蕃之地的人口数)。京都"百司庶府之繁,卫士编民之众,无不仰给于江南"(《元史·食货志》),在中书省和九个行省中,江南三省(江浙、江西、湖广)每年所征税粮近650万石,占全国所征税粮总数的二分之一强,而江浙一省就征近450万石,占全国总数的三分之一强。元末农民义军以"贫极江南,富夸塞北"作为宣传口号,表达了南人对于统治者掠夺的愤恨之情。至元二十年,大小起义二百余次,至元二十六年就增加到四百多次,南方各地几乎都有起义发生。

黄宗羲《建都篇》又曰:

或曰:有王者起,将复何都? 曰:金陵。或曰:古之言形胜者,以关中为上,金陵不与焉,何也? 曰:时不同也。

秦、汉之时,关中风气会聚,田野开辟,人物殷盛,吴、楚方脱蛮夷之号,风气朴略,故金陵不能与之争胜。今关中人物不及吴会久矣,而东南粟帛灌输天下。天下之有吴,犹富室之有仓库匮箧也。今夫千金之子,其仓库匮箧必身亲守之,而门庭则以委之仆妾。舍金陵而勿都,是委仆妾以仓库匮箧。昔日之都燕,则身守夫门庭矣。

历史时期建立于东南的政权,有春秋时期的吴、越,三国时的孙吴、东晋、南朝的宁、齐、梁、陈,五代十国时的南唐、吴越、南宋,元末明初的周(张士诚)和清太平天国等。但皆是祚薄命短,更加说明政治中心与经济中心分离的普遍性。明代学者李乐、张萱均有论说。"国朝定鼎金陵,本兴王之地,然江南形势终不能控制西北。""南京之形势跨江南北,以为甸服。岷峨以西,五岭以北,川流以万数,皆会于江绕钟山而之海;岍岐之南,太华恒岳之间,川流亦以万数,皆会于河,入于淮,朝宗畿甸而之海。无事则坐享扬越之粟而无转输之劳,有事则席卷全吴之甲而为张皇之本,故正统间有建议南迁者。殊不知以天下大势观之,终不若燕京之胜,而今日都之诚是也。"

从地缘政治的角度看,边防、塞防的根本问题是确保陆权,海防的根本问题是发展海权,一旦边防危机与海防危机同时爆发,国家战略资源的有限性便使其不能二者兼顾,必须正确处理确保陆权与发展海权的战略关系。无论是从中国《孙子兵法》还是西方陆权、海权理论看,地缘政治关系始终是战略地理学中至关重要的核心因素。明清江南地缘结构与范围的变迁,充分反映了当时地缘政治变化的历史背景和时代机遇。

三、江南地缘经济结构变化

从地缘经济上看,整个明清时期,由于"海禁"政策时作时息,江南早期工业化市场的国际化进程受到较大影响。但自明中期"银禁""海禁""边禁"等"三禁开放"后,江南便不同于以往,社会经济开始正式步入全球化与市场化轨道。地缘经济或称"区域经济""地区经济",反映不同地区内经济发展的客观规律及其内涵与外延的相互关系,是一定区域内经济发展的内部因素与外部条件相互作用而产生的生产综合体。"七府""八府"江南及其周边地区,可以作为地缘经济上的核心江南范围,但不能完全涵盖"三江"江南商品经济和市场经济要素及其分布密切结合的整个区域经济特质。长江下游"三江"水系是一个流动着的循环系统,形成整体"三江"江南区域,明清江南就是这个广义的长江下游三江流域的历史地理范围。自明代中后期开始,中国社会近代转型的进程便启动了。这个转型的社会经济基础在江南核心区域最先形成,表现为明清江南社会经济结构的率先松动与缓慢转型。在此基础上,江南工商业进一步发展,率先步入早期工业化社会。

所以说随着社会经济的时代变迁,划定江南的标准也发生变化。正如简雄教授在《商帮的江南》一文中指出的,"是江南的地域环境为商帮搭建了平台,而商帮更造就了繁华的江南。"与此同时,"文化人的介入终于使传统的本末观出现危机,并造就了晚明以降士商相杂的社会现象。"说明在明清高度中央集权的体制下江南是一个"士商相杂"的异质区域,其区域范围在八府一州之外,至少还应该包括徽州、扬州和浙东的宁绍地区。

20世纪30年代冀朝鼎先生在《中国历史上基本的经济区和水利事业的发展》一书中指出,由于海禁开放和世界贸易,中国东南沿海地区受到西方工业主义的影响而发生了巨大变化。随着铁路修建、工商业发展,作为列强经济与政治行动基地的东南商埠,就成了强有力的经济与政治重心,甚至每一港口都控制着一个主要区域。新区域的地理轮廓与老区域一致,主要以地形条件为标志,但经济基础、区划含义以及区域范围则与老区域大不相同同。我们认为,这一变化早自明代中期已露端倪。随着商品流通的不断扩大,明清江南白银需求迅速增加,外国输入的白银主要来自日本、美洲和墨西哥。西方商人需要中国价廉物美的丝绸、陶瓷、棉布、各种手工业品和茶叶——这些商品主要来自江南,于是他们将美洲白银航运到亚洲,通过马尼拉等东南亚贸易中心和澳门、广州等中国东南沿海港口交换中国江南的货物,使白银大量流入江南地区。江南市场与国际市场的联系因此空前紧密,形成了以江南为中心的东亚市场圈。龙登高教授因此把江南视为"中国的心房"和"东亚的心房"。

特别是在从闭关到国际开放的过程中,"枢纽江南"的形成,江南率先步入国际市场轨道。

江南对外贸易港口众多,凡港口开放处便设置市舶机构加以管理。宋代江南便设有江阴军(今江阴)、平江府(今苏州)、上海镇、青龙镇(今青浦)、华亭县(今嘉兴)、澉浦(今海盐)、宁波等多处市舶。元代太仓刘家港码头可容万斛之舟,番商云集,号称:"六国码头",至正二年在太仓设庆元市舶司,太仓港称"天下第一码头"(《太仓州震阳县志》)。张寅《太仓州志》曰:"凡海船之贸易往来者,必经刘家河泊州之张泾关,待潮而发,经昆山抵郡城之娄门。"明洪武元年,太仓黄渡市舶司设立,郑和下西洋出海之港。"九夷百番进贡方物,道途相属,方舟大船,次第来泊,太仓复旧之宏观。"利玛窦说:"一年到头,苏州商人同国内其他贸易中心的商人进行大宗贸易,这样交换的结果,人们在这里几乎没有买不到的东西。"

四、江南地缘文化结构变迁

地缘文化是指局部地理环境引起的社会、文化差异与因缘关系。文化与经济的扩展遵循地缘政治扩张的路径,它们是支持一个国家影响力的根本力量。这些文化和经济力量首先在国内聚集,然后向外发展。"文化江南"的立论前提虽是地缘文化结构的抽象空间,但其空间结构及其区域文化内在规律和模型则有具体点、线、面可以支撑。区域空间结构理论不是寻求单个经济活动和经济现象的最佳区位,而是揭示多个客体在空间中的相互作用和相互关系。它将区域内的各事物看成是具有一定功能的有机体,并且从时间变化上来加以考察,故可视为动态的总体区位理论。五代宋元时期,苏、松、常、杭、嘉、湖地区就渐成一个有着内在经济联系和共同地缘特点的区域整体。所谓江南胜景,鱼米之乡,佳丽之地,三秋桂子,十里荷花,遍地绮罗,盈耳丝竹,千百年来使人神驰梦想。粉墙黛瓦、砖雕门楼、幽深小巷、亭廊楼台、小桥、流水、人家、驳斑的墙院、墨绿色的青苔、烟雨缠绵、风情难解,无不深深镌刻成永恒。天道与人文在这里奇迹般交汇成明媚灵秀的山水长卷,构成地缘文化江南的人文基础。

首先,"江南文化"是古代吴文化、楚文化和越文化的重叠与融合。地缘文化学首先探讨区域文化内涵及其发展规律。江南区域文化包涵古代吴、楚、越三大文化内涵。三楚、三吴与吴越文化彼此重叠,相互融合成一体,形成"楚辞""越韵"唱"吴歌"的历史旋律。一方面江南文化内部分为吴文化、越文化和徽文化几个分支,另一方面"皖韵徽风""越韵浙风""吴韵苏风"又共同构成了"江南文化"与"文化江南"的历史底蕴。

其次,文化地理学从地理角度研究文化,着重研究文化传统是怎样影响人们生活空间的。由于人们在社会生活中的感受与理解不同,加上环境、物质要素、生产方式和社会形态等方面的区域差异,文化要素必然会表现出种种不同阶层、区域的类型和个性,这就是文化多样性与统一性特征。表现在文学艺术及科学技术方面,江南大区域内不同区域间文化彼此竞争与融合,形成流派纷呈的局面。特别是江南各地学术发展,新安理学、吴中实学、桐城文学、浙东史学、皖吴经学以及太谷学派、泰州学派等流派百家争鸣,形成"楚辞""越韵"唱"吴歌"的历史旋律,是江南区域文化的主要景观。所以文化江南的时空界限,往往不限于近代江南的地理范围,而早已成为风景秀美、气候温暖、安定富庶、文教兴盛的代名词,甚至衍生出"塞上江南"和"塞外江南"的说法。

再次,如果说语言是文化的核心要素,那么吴方言可以说是文化江南的核心标志,以此来确定文化江南的地理范围,将会获得越来越多的学术认同。若以"吴语区"(吴方言区)作为文化江南的范围,又有狭义吴语区和广义吴语区之别。狭义的吴语区通常以苏州话为代表,苏州话因声音委婉动听,有"吴侬软语"的美称,主要通行于苏州地区。广义的吴语区主要指中国江苏南部、上海、浙江大部分地区、江西东北部、安徽南部、和福建西北角,以及与这些地区相关的吴语移民区。

事实说明,"江南文化"与"文化江南"是长期的地域文化融合和地缘结构变化的结果。楚文化、吴文化与越文化相互融合,彼此之间相互依赖、相互影响,各种复杂的互动关系,构成了"江南文化"地缘结构的变化内容。近代江南文化无疑是古代三吴、三楚和百越文化的重叠与结晶。

"江南名郡数苏杭",特别是苏州,无论以什么标准界定"江南",它都处于历久不易的中心、重心和核心地位。"阊门四望郁苍苍,始觉州雄土俗强";"十万夫家供课税,五千子弟守封疆"。在唐代后期城市人口普遍下降的情况下,苏州人口不降反升,大历年间成为江南唯一"雄州"。《唐会要》卷七十说"江南诸州,苏最为大;兵数不少,税额至多。"明代天顺年间大学士徐有贞说苏州号"天下三甲",即郡甲天下之郡,才甲天下之才,学甲天下之学。至少明代中后期,在江南百工技艺及时尚产业中,"苏"字品牌已取代传统的"吴"字品牌而与"京"字牌产品相媲美。"苏造""苏工""苏作""苏做""苏样""苏式""苏意""苏派""苏铸""苏绣""苏画""苏裱""苏宴""苏钟""苏灯""苏三白"等带"苏"字头品牌;与已有的"吴戈""吴甲""吴剑""吴钩""吴器""吴装""吴冠""吴锦""吴绫""吴娟""吴笺""吴扇""吴帻""吴风"等带"吴"字头品牌竞相流行,工艺技术和质量标准引领时代潮流。正如张翰《松窗梦语》所云:"自昔吴俗习奢华,乐奇异,人情皆观赴焉。吴制服而华,以为非是弗文也;吴制器而美,以为非是弗珍也。四方重吴服,而吴益工于服;四方贵吴器,而吴益工于器。"

总而言之,从地缘结构变化看江南空间范围划分,不仅反映了"三江"江南率先开启近代社会经济的转型,而且也反映了中国经济重心南移以来,由于政治重心与经济、文化重心的分离,江南作为国家经济基石的地位发挥分权制约的枢纽作用的历史事实,充分说明地理因素是影响区域发展的最基本和最持久的因素。"明清江南"与"《禹贡》扬州""《汉志》三江""魏晋江东"和"唐宋江左"等一脉相承,长江三角洲、太湖流域成为江、河、湖、海彼此互动着的循环系统,所谓皖江漫漫,越水滔滔,吴波漾漾,正是长期以来皖南、苏南、浙江水网体系融为一体的生态景观,江南区域社会经济文化皆因此而兴盛,元气满满,生机勃勃。

到上海去:近代苏州文化世族的新变

徐茂明

文化世族是江南家族的特殊群体,也是江南家族的重要特色。明清以来,江南地区作为全国的文化中心,其科举、经学、文学、艺术、戏剧、医学等领域的杰出人才大多呈现出家族特色,往往一个家族引领了某一文化领域的发展方向,代表了该领域的文化水准,如科举世家苏州莫厘王氏、潘氏、彭氏、皋庑吴氏、洞泾吴氏,经学世家苏州惠氏、常州庄氏、艺术世家文氏,文学戏曲世家吴江沈氏、叶氏,等等。此外,还有一些商贾世家,如东山席氏、苏州贝氏、吴趋汪氏,也是始终与科举、文化交融在一起的,同样属于文化世族。在传统时代,文化世族大多以"邦之桢干、里之仪型"相期许,对地方社会的稳定发展发挥了重要作用。近代以来,随着政治与社会的急剧变化,江南传统的经济文化中心由苏州转移至上海,苏州的文化世族也与时俱进,在与上海的密切互动过程中发生了新的变化。

一、世系与乡望:文化世族的两条标准

江南作为宋明以来中国的经济文化重心,其家族组织也颇具特色,其中最大的特色就是家族的文化追求与文化建设,从而形成世代绵延的文化世族,成为江南家族群体中特殊的亚群体。所谓文化世族,其自然属性指家族人口繁衍的规模与世系,社会属性则是家族在社会文化领域的成就与声望。

从自然属性来看,宗族或家族的本义就是按照男性血缘世系形成的族人聚居群体。这种血缘群体,就是传统社会里最基本的生活共同体。宗族绵延的世系长短和人口繁衍的规模成为判断望族的基本条件。潘光旦《明清两代嘉兴的望族》一书统计了91个嘉兴望族,平均每个家族的血系绵延8.3世,约210—220年。苏州

地区的洞泾吴氏绵延17世,皋庑吴氏18世,吴中贝氏15世,唯亭顾氏16世,大阜潘氏11世,平均绵延15.4世。当然这些家族只是苏州著名的文化世族,因而其世系绵延平均值尚不足以代表全部。但总体而言,根深方能叶茂,文化世族首先必须具有相当的历史与规模,这样才能形成深厚的文化积淀。

从社会属性而言,文化世族自然是以文化为显著标志,而不是以官爵或财富为表征,文化世族本身的含义就是以文化延续其家族,其着眼点在于家族的文化特质,并强调能使之世代传承保持下去。正如陈寅恪论及中古士族时所说:"所谓士族者,其初并不专用其先代之高官厚禄为唯一之表征,而实以家学及礼法等标异于其他诸姓。"宋明以来,虽然传统的门阀士族已经消亡,但科举社会中成长起来的大儒仍然积极倡导家族的建设,并赋予家族更多的社会责任与文化使命。明清之际太仓吴伟业认为:"世家大族,邦之桢干,里之仪型,其有嘉好燕乐,国人于此观礼焉,四方于此问俗焉。"明代苏州著名的文氏家族(代表人物文徵明),"累叶风流儒雅,为士林所推";王氏家族(代表人物王鏊)不仅如诗人沈德潜所说,以"能文世其家",而且"以忠厚相承",积善乡里,被世人称为"忠厚王家"。清代苏州彭氏家族"子弟恪守庭训,不逾规矩",理学家江藩认为,"江南世禄之家,当以彭氏为矜式"。大阜潘氏也是科举与业贾并重,文化与施善齐名,成为地方士绅之表率。

总而言之,对科举时代文化世族的甄别,主要立足于家族的文化特性,即以儒学传承与文化积累为标准。文化世族并非狭隘地限定在科第奕世、艺文卓著的家族,只要家风儒素、尚文重教、积善乡里、德孚一方,而且世系绵延久远,都可以列为文化世族,包括一心向学的儒商世家或儒医世家。真正的文化世族是有着社会责任担当的,而不是单纯专注于一家一姓的繁衍与壮大。

二、到上海去:文化世族的近代动向

近代苏州文化世族在上海的活动,大致可以分为前后两个阶段。

第一阶段是19世纪中叶,特别是1860年太平天国东征苏常,迫使大量的江南士绅富商逃亡至上海租界,史称"庚申之难"。这场战乱给苏州世家大族造成致命的打击,但客观上也给上海带了意外的财富,促进了上海租界的繁荣。"海上文人"姚公鹤认为,这场战乱对上海繁荣的作用超过了上海开埠之后西洋商人的影响,是"上海市面兴盛之第一步"。

苏州大族绅商虽然托庇于上海租界,获得安身之地,但深受儒家"华夷之辨"观念浸透的文人儒生,在文化观念上并不能接受"夷场"(租界)的生活方式。来自苏州乡村的儒生王韬当时已经在上海租界谋生十多年,但对于西方文化仍是不遗余力地批判,认为:"中外异治,民俗异宜,强弱易势,刚柔异性,溃彝夏之大防,为民心之蟊贼,其害有不可胜言者矣。"相比之下,苏州文化世族中的少数有识之士,在租界与西方人接触之后,眼界大开,对于中西文明有较为清醒的认识,如苏州大绅冯桂芬提出"以中国之伦常名教为原本,辅以诸国富强之术"。这一在当时来讲较超前的见解,在冯桂芬生前只得到极少数人的认可,直到戊戌维新时期,光绪帝才谕令将冯桂芬的《校邠庐抗议》刊印一千册,颁发给朝野要员,命令他们仔细阅读,其影响也不断扩大,所以《湘学报》说它"言人所难言,为三十年变法之萌芽"。

与冯桂芬同时避居沪上的苏州世族潘氏,不仅与冯桂芬一起策划了中西会防、江南减赋等重大事件,同时也在与西方人、西学的接触过程中,得历史之先声,敏锐地把握了历史的脉动。潘氏长房的潘霨(1816—1894,号伟如),在咸丰、同治年间,先后多次参与与英、法、美、俄、日等国家的交涉谈判,眼界与见识都获得极大提升。光绪三年他拜访学贯中西的曾纪泽,得知曾氏已经"习外洋文字五年矣"。曾纪泽劝他说:"《英华萃林韵府》一书不可不令子弟早肄,他日备朝廷之使。一事不知,儒者之耻,未可与拘墟者同年语也!"曾纪泽这番推心置腹的话深深地触动了潘霨。光绪九年潘霨任江西巡抚时,还曾试图邀请刚从香港回到上海的洋务导师王韬主持幕务。可见他对西学的认识远远超过了国内一般的官僚,当满朝大臣们还在喋喋不休地争论科举制度的存废问题时,潘霨已经在悄然调整其教育方向。后来,他的儿子潘志俊先后担任出使大臣随员、北洋随办洋务、署直隶交涉使,进一步加深了对西学的理解。其孙潘承福,成为最早留学欧洲、学习工商业知识的苏州人之一。由于潘氏祖先的远见,他们都成为得风气之先者,较早地完成了教育方向的转变。

第二阶段为19世纪末到民国初期。19世纪60年代至90年代,上海已经确立了国际贸易中心的地位,进而成为全国的金融中心、运输中心、工业中心、文化中心。上海的租界规模与市政建设也迅速发展,开埠初期只有800多亩(英租界),到1900年仅公共租界就扩张到32 110亩,租界内崇楼杰阁,连甍接栋,街衢宽阔,市面整洁,即使西方人也不吝赞美,称上海"是西方文明最精美的复本"。到20世纪30年代,上海被称为"东方的巴黎"。

上海的崛起,吸引了周边地区的大量人口,在迁往上海的移民中以江苏人最多,而江苏人中又以苏州人居多。据学者统计,1885—1920年上海公共租界中江苏籍的移民由4万增长到30万,其中大部分都是苏州人。苏州的世家子弟也离开世代居住的家乡,进入到国际化的大城市上海。在这个最具现代性的大都市,苏州文化世族的族人,不仅获得了谋生的机会,同时也拓宽了视野,成就了自己的事业,当然也潜移默化地改变了自身的观念。

著名报人包天笑(1876—1973)就是受到上海新派文化启蒙而改变一生的苏州人,而沟通上海与苏州的文化桥梁,就是新兴的报刊传媒。正如包天笑的舅祖所说:"读书是要有资本的",因此能够在文化观念上得时代风气之先的,首先是那些具有一定经济实力的世家子弟。在当时只有他们这样的家庭才会订阅来自上海的报刊。据包天笑回忆,清末"苏州风气未开,全城看上海《申报》的,恐怕还不到一百家,这一百份报,都是由信局从'脚划船'上带来的,因此隔日便可以看报了"。也正是通过报纸,身在苏州的包天笑了解到甲午战争,懵懂之中听闻声、光、化、电之学,并跟着发表"中国要自强,必须研究科学"的言论。尤其是梁启超在上海创办的《时务报》,"好像是开了一个大炮,惊醒了许多人迷梦",《时务报》不但讨论政治、经济,同时也倡导女学、劝妇女放足、研究科学、筹办实业,设立医院,等等,因此,除了少数几位老先生外,年轻人"全不免喜新厌故了"。

除了报刊之外,连接苏州与上海的第二座桥梁就是光绪末年开通的沪宁铁路,苏沪之间当天可以往返,极大地促进了苏沪之间的人员流动,大量有文化、有身份的苏州人来到上海,甚至苏州评弹也开始由苏州传到上海。据1930年出版的《说书杂志》记载,"及后京沪路告成,苏沪之交通,日益便利,说书者之就食于湖滨也,亦日多也。唯当时之来沪者,大多负有极富之学识,与乎极著之声望者,否则不敢轻于离苏也"。

有着深厚文化底蕴的苏州世家子弟,他们在上海寻求新变、调适自身的过程中,始终没有疏离家族的血缘网络与文化传统,他们往返于苏州和上海之间,并在新的都市空间建立起地缘性的同乡组织,以增强其在大都市的生存竞争力。血缘性家族的势力借助于地缘性的同乡组织,获得了空间上的扩张。同样,这些往返于苏沪之间的苏州人,也源源不断地将新的生活观念传输给家乡的族人,带动了苏州文化世族的变化,到20世纪40年代,苏州的日常生活也已经"像上海"了。

三、从价值理性到工具理性:文化世族的精神蜕变

从晚清到民国,苏州文化世族与上海接触、排斥上海文化与认识上海文化的过程,也是其与时俱进,不断嬗变,走向近代化的过程。文化世族的近代化嬗变,主要表现在家族组织与家族观念,教育理念和择业标准、家族精英与地方社会、家学的融汇蜕变等。所有这些变化,归根结底,还是近代以来中西文化之争中,儒家文化及与其配套的科举制度逐步丧失其核心正统地位,而西学以及与其相关之近代教育制度逐渐兴起,成为新的人才培育体系带来的。

从晚清洋务运动,到清末新政,以及民初的新文化运动,贯穿其中的一条主线就是对物质主义的实用之学的推崇,源自西方启蒙主义和科学技术、以追求效率与功利为特征的工具理性,逐步取代传统儒家文化中以社会伦理为核心的价值理性。这种文化核心精神的转变,在文化世族身上表现如下。

首先,家族组织的松懈与个体意识的突显。早在清末新政不久,人们就依据西方的进化论和政治理论,强调中国家族制度的封建性、专制性,激烈地要求打倒家族制度。到五四新文化运动时期,这种批判达到高峰。出身于文化世家的苏州人顾颉刚也发表《对于家庭的感想》,认为中国旧家庭制度之所以长期以来得不到改革,是由于"名分主义""习俗主义""运命主义"影响的结果。在强大媒体舆论压力之下,文化世族的家族组织以及支撑家族组织的儒家伦理观念全面松懈。如苏州著名的贝氏家族,民国以后家谱中对贞节烈妇的记载明显减少,1935年贝氏承训义庄设立时,撤销节孝贞烈祠,女性祭祀不再以节孝为标准。面对民初以来家族伦理之破坏,苏州文化世族出身的王季烈,则是忧心忡忡,说:"近两年来,则父子兄弟夫妇之伦亦将继君臣而废弃,余料从今以后尔诈我虞、此攘我夺、人类之自戕残杀、弱肉强食方兴未艾也。"

其次,教育理念从务虚到务实的转向。清末废除科举之后,学部在解释学校教育宗旨时说:"方今环球各国,实利竞尚,尤以实业为要政,必人人有可农可工可商之才,斯下倚民生,上裨国计,此尤富强之要图,而教育中最有实益者也。"这一方针对文化世族的教育理念产生了决定性影响,从苏州大阜潘氏的专业选择看,"工程技术"属于首选,长房与四房选择"工程"专业的人数约占总数的36%,其次才是"数理化",约占总数的12%。东山王鏊家族的后代,也都转向数学、物理、化学、工程等领域,从状元家族蜕变为著名的院士之家。科举制度虽然也是获取功名寻求阶层晋升的阶梯,包含着工具理性的成分,古代各种《劝学文》激励士子读书的诱饵就是"书中自有黄金屋",但科举制度培养人才的终极目标还是儒家的"修身齐家治国平天下",实现人生"三不朽"的价值,属于价值理性。而后科举时代的现代教育体系,更加重视的则是"竞尚物质"、满足生存就业需求的工具理性,二者有着根本性的差异。

其三,文化世族与乡里社会的疏离。江南文化世族虽然不像南方山区宗族那样与乡村社会紧密结合在一起,形成血缘与地缘重合的乡族社会,但传统时代的江南文化世族也是以"矜式乡里"为宗旨,苏州文化世族更是发挥了"邦之桢干、里之仪型"的功能。然而,1905年废科举之后,新式高等学堂和现代职业的就业机会大都集中于上海这样的大城市,正如包天笑所说,科举废除,读书人在苏州无出路,也往上海跑了。世族子弟单向度地流向大城市,加剧了明清以来江南地主和大族城居化的趋势,造成文化世族与地方社会的进一步疏离。

其四,文化世族家学的传承与创新。传统时代的苏州文化世族,除了应举考试而必须掌握的儒家经学之外,大多在文史艺术等领域各有专长,许多家族如吴江叶氏的诗学、沈氏的戏剧,苏州惠氏的经学、文氏的书画、潘氏的诗文、皋庑吴氏的金石书法,等等,都是各自领域的领军者,往往形成某种流派。近代以来,随着西学的传入,特别是清末新政以后,立足传统而融汇西学的"新学",开始成为许多思想家和有见识的学者所积极追求的方向,这种求新求变的思潮后来几乎扩大到社会生活的各个方面。在这种广泛的文化求新的思潮中,苏州文化世族在继承家学传统的同时,积极吸纳新观念,从而开创出新的局面。皋庑吴氏的吴湖帆就是因为到上海之后融汇中西绘画技法,才奠定其海派画坛盟主的地位。唯亭顾氏家族的顾颉刚也是在继承顾氏朴学求实、与时俱进的家风基础上,融汇西方进化论,由经学入史学,开创了近代史学史上著名的疑古派。

丁祖荫与清末民初常熟地方社会的重塑

于 杨 汪颖奇

近代以降,随着欧风美雨的不断侵袭,传统伦理价值体系受到挑战,以丁祖荫为代表的常熟士绅群体竭尽全力,积极创建新式学堂、关注女性教育,重构政治秩序,推进社会建设,在近代常熟社会的转型过程中发挥了重要作用。

丁祖荫(1871—1930),原名祖德,号初我、初园居士,又号一行,出生于常熟县一个普通的士绅家族。其祖父丁云瑞,道光己亥科举人,一生未入仕途,主要活跃在常熟地方社会,是一名典型的乡绅,"勇于任事,为乡里谋公益,虽劳怨不辞"。太平天国战争时期,他筹备军饷,组织团练,死于战场,丁氏家族因此陷入困顿。丁祖荫的伯父无子,由丁祖荫承嗣,但在其年幼时,生父与嗣父却相继离世,他由母亲及祖母抚养成人,生活颇为艰难。

丁祖荫生活的年代恰逢中国三千年未有之大变局,因此,济世救民成为士人群体的首要责任。丁祖荫虽然在光绪年间考中秀才,但并没有一心追求科举功名,而是致力于经世致用。他早年就读于江南著名学府——南菁书院,该书院由著名儒家学者、江苏学政黄体芳于光绪八年(1882)在其驻地江阴创办,取朱熹《子游祠堂记》中"南方之学,得其菁华"之意命名。黄体芳设立书院的目的,在于纠正旧式书院偏重科举制艺的弊病,发挥自由讲学的传统,从而提振士风,培养有用人才。因此,南菁书院汇集了当时许多著名学者担任主讲,如缪荃孙、王先谦、张文虎、黄以周、丁立钧等,其中以黄以周对南菁书院的影响最大。黄以周是清末浙东的经学大师,倡导汉宋兼采、通经致用的学风,主张自由讲学论道,鼓励学生独立研讨,无论是汉学还是宋学,弟子都可以依照兴趣学习研讨,不立门户之见。他掌教南菁讲席达15年之久,其治学思想深刻影响了学生们的学术取向和人生态度,使得他们会通新旧,与时俱进。丁祖荫兼容并蓄的经世思想,可以说正是奠基于南菁书院。

一、倡导新学与清末常熟地方教育话语权的更迭

传统时代,江南教育的发达与士绅的推动密不可分,他们兴办书院、捐修学校、资助学子,形成了尚文崇教的地域特色与文化传统,这种传统在清末民初的社会变革中依然延续不断。

清末,兴建学堂是国家培养人才、振兴国家的重要国策,全国形成了兴办新学的热潮。在常熟开展新式教育的进程中,以丁祖荫为代表的士绅投入了极大热情,并成为推动常熟新式教育的主要动力。纵观丁氏一生,他对常熟教育的影响可以分为前后两段:第一阶段为光绪二十三年(1897)到辛亥革命,其教育活动主要是:首开新学、总揽学务、注重女子教育;第二阶段为辛亥革命后,丁祖荫担任常熟民政长到其退隐苏州为止,主要是运用行政手段推进新式教育的普及。

近代常熟最早的新式学堂是外国传教士创办的教会学校。光绪四年(1878),天主教于常熟城区颜港天主堂创设教会学校,成为近代常熟新式学校之始。光绪十一年(1885),天主教会又在鹿苑镇滩里村天主教堂办学。近代常熟由中国人最早开办的新学当属丁祖荫等士绅创办的中西学社。光绪二十三年(1897),丁祖荫联合常熟著名士绅曾朴、张鸿、潘任、季亮时等在常熟城东创立中西学社,该学社主张"废科举、办学堂,培养人才,改良社会,挽救国家危亡。"中西学社的出现,使得常熟地方社会风气出现了新气象。

光绪二十四年(1898),中西学社集资创设中西蒙学堂(今塔前小学前身)于社庐,丁祖荫、曾朴、张鸿等发起人自任教授两年多,随后中西学社与中西蒙养学堂合并为中西学堂,丁祖荫、曾朴任堂长,学社成员依旧义务任教。光绪二十八年(1902),中西学堂更名为常昭公立高等小学堂,后因石梅改办高等小学,为表示区

别,该校则以"东校"二字示人。宣统三年(1911)辛亥举义后,该校变更旧制,建筑校舍,各方面设施日趋完备。丁祖荫在该校新学教育上花费了大量心血,以1906年为例,丁祖荫在日记中提到"公校""民校",即公立高等小学堂和民立第一小学,有90余次,其中同一天连赴公校、民校的记载亦有多次。

除了创办新式学校之外,丁祖荫等人还积极建立各种学务组织,宣传推广新式教育。

1902年4月,黄宗仰和蔡元培等人在上海筹办中国教育会。同年秋,丁祖荫、曾朴、朱积煕等人组织"敩学同盟会",其宗旨为"组织学界同盟以立国民同盟之基础",参加者皆邑中之富家和开明士绅。1903年,会员就发展到47人,其中7人后来成为江苏教育总会第一年入会的会员。同年,中国教育会常熟支部成立,丁祖荫与徐念慈、殷次伊、曾朴、蒋凤梧等为主要成员,丁祖荫任主持人。

1905年7月,丁祖荫、蒋凤梧等人邀请私塾改良社发起人沈亮荣来常熟讲学,并借此成立"常昭私塾改良社分会"。

1905年10月,张謇在上海成立江苏学会,即江苏学务总会。同月,由丁祖荫、曾朴等6人发起,在塔前公立学堂内成立"常昭学会",以丁祖荫为会长,殷树森为副会长,共有会员270余人。1907年,常昭劝学所成立,丁氏被推选为总董。

以丁祖荫为核心的常熟士绅通过组建各类学务组织,凝聚人力与人心,有效地领导新式教育的发展,推动常熟教育转型,借助这类学务组织,与时俱进的常熟学务精英也获得了更多的地方话语权。面对地方学务体系的变化,地方士绅内部由于家族、年龄、地位和知识结构差异而形成了不同的利益群体,各方围绕着学务机构的权力分配而展开激烈的争夺。

在丁祖荫、曾朴、徐兆玮等人的推动之下,1898—1904年间,常熟城乡内外先后成立塔前公立小学校、城西小学校、梅里蒙学、梅里公学、桂村蒙学、浯溪中西学堂、私立竞化女校、智林初等小学堂,在常熟逐渐形成一个以丁祖荫、曾朴、张鸿、徐念慈、刘琴生、徐兆玮等少壮派士绅为中心的地方教育界,他们积极传播新学思想,开办新式学校,组织学务团体,逐渐成为地方开展新学的主力。而以庞鸿文、邵松年、俞钟颖、俞钟銮等人为首的城中耆旧派士绅不甘其在常熟地方社会中的既得影响力受损,他们也开始兴办学校,力图继续掌控地方教育权力,维护其社会地位。更有一些顽固守旧势力,排斥乃至仇视新学,他们"兴讼构陷、殴辱师生、捣毁学堂"。光绪三十四年(1908)及宣统元年(1909),仅劝学所文牍记载的"仇学事件"就有数十起。丁祖荫曾严词批评说:"我江苏学界黑暗,我常熟学界尤黑暗!我江苏社会腐败,我常熟社会尤腐败!常熟以开办县学堂闻者三年,未延一教习,未招一学生,未置一书籍仪器。至坐拥米捐四成游文书院万金之经济曾不谋一地方公益事,而放一线光明之塔后公立小学校,经济无千缗,种种改良之事业,集于数经理之身。为小学校前途危,为我常熟学界恸!"矛头直指晚清常熟城最著名的游文书院,时任堂长的即常熟城中耆旧士绅庞鸿文和邵松年。

新事物代替旧事物的过程不会是一帆风顺,不过,虽然有各种各样的困难,但在以丁祖荫为代表的开明士绅的带动下,清末常熟新式学堂教育发展迅速。自光绪二十三年(1897)开始,到宣统三年(1911)辛亥鼎革为止,短短十余年间,全县小学堂增至71所,在籍学生4 400余人,计二等小学堂8所,高等小学堂2所,初等小学堂61所,其中女子学堂6所。在这71所小学堂中,由丁祖荫发起创办或主持的学校达到6所之多;在6所女子学堂中,又以丁祖荫创办的竞化女学名列前茅。丁祖荫也迅速成为地方社会中领风气之先的人物。1909年,江苏省设谘议局,丁祖荫当选为议员。可以说,丁氏在常熟社会中的影响力,正是形成于其对新学的积极倡导。

丁祖荫推广新学还有一个显著特点,就是最先关注女学。光绪三十年(1904)九月,以丁祖荫为代表的常熟教育会成员组织竞化两等女学,学堂地址初借冲天庙前徐宅,后来又迁移到曾园内。最初报名的学生有10余人,全部免费受教,教员由教育会成员担任,办学经费由教育会成员负责筹措。竞化两等女学的筹办得到当时常熟著名的"孜孜创新的教育家"徐念慈的鼎力相助。徐念慈以为:"吾虞女界暗蔽甚他邑,而奢靡之风气尤过之。""女子教育不改革,必无以图将来普及教育之效果。"与丁祖荫开办女学的初衷不谋而合。徐念慈担任女校任教务主任,其夫人朱苏虞掌管学校庶务,皆不取报酬,徐念慈还亲自制定《常熟竞化女校开学歌》,激励诸生勤奋学习、开通风气,改革社会、解放女权。该校是常熟"女子教育的嚆矢"。后来学校不断扩充,校舍屡次迁移,最终定在石梅西校的原址上。民国以后,竞化女学与其他女校合并改建为常熟县立女校。虽然推广女子学校的阻力比推广新式学校遇到的阻力更大,但在丁祖荫等人的带动下,在常熟这一严格恪守男女大防的纲常名教之地,女学及女子教育得到不断发展。他对女性发展的关注,并不限于女子学校的创办,也体现在他创办女子报刊,呼吁塑造新女性的努力之中。

二、创办《女子世界》,塑造新女性

帝制时代的中国特别强调男女之间的尊卑等级关系,要求女性坚守妇道,从一而终,认为:"男女之分,天地阴阳之义。""以阴从阳,地道无成,有家之常事。""妇之于其夫,犹臣之于其君。"自南宋理学兴盛以来,封建政府和地方绅士不断颁赐牌坊,旌表节烈,以倡导贞节烈妇的行为标准,而对不守妇道的女性则从法律和道德方面等多方面给予惩罚,从而达到维护男权社会道德体系的评价机制。常熟是孔门七十二贤言偃的故里,属于江南儒学发祥之地。明清以来的常熟地方志中保留着大量对义烈、苦节、贤母、才媛等贞节女性的记载。如:"其在父母所,善事其亲,友爱于兄弟。来归夫家,孝于姑嫜,宜厥姊姒,中外雍睦,人无间言。"其丈夫善于经商,与友人纵情山水,咏歌酌酒,她贤惠持家,使得夫君没有内顾之忧。丈夫病故后,她自称未亡人,坚守贞节,抚养孤幼,等到儿子考中科举之时,她却去世了。在传统时代,女性一生都要孝事父母翁姑、和顺兄弟,襄理内务,辅助夫君,丈夫去世也要守节,抚育后代。

  清末在西方男女平权说思想影响下,女权运动勃兴。时人倡言:"今世之慷慨侠烈号称维新之士,孰不张目戟手而言曰伸张女权也,伸张女权也!"1904年,丁祖荫与同仁在上海创办《女子世界》杂志,宣扬"国民者,国家之分子;女子者,国民之公母也。"他称女子是"文明之母",20世纪为"女子的世界"。《女子世界》以"倡女权、兴女学"为宗旨,塑造独立自主的新女性形象。实现女权思想的教育主张有:以兴女学启蒙思想、以新体育解放身体、以实业教育助女性独立、以革命教育铸新魂。丁祖荫以"初我"为笔名,在《女子世界》上发表的大量鼓吹女权的文章,通过这些文章可以发现,丁氏对与女性新形象构建的观点主要体现在以下几个方面:

  首先,提倡女性权利,反对封建纲常;鼓励女性振作,追求男女平等。要提倡女权,必先批判男权社会对女性之压制与迫害,揭露封建礼教对女性的摧残与毒害。丁祖荫在《女子世界》第4期"社说"专栏中发表《女子家庭革命说》,希望通过一种温和的家庭革命来争取女性的地位和价值。宣扬女性"国民母"的社会地位,强调女性对社会和国家的实际贡献,使封建时代,女性作为男性附庸的社会价值观受到极大挑战,为女子振作和追求女权提供理论前提。另一方面,他也意识到,近代女性争取平等的努力,不仅要从外部入手,更要从女性自身开始,呼吁女性提高智识、自尊自重、自知自立。正如《常熟竞化女校开学歌》中所唱:"我辈姊姊妹妹,入校勤课功;愿及时发愤,先将普通科学攻;男女原平等,自由之神像铸铜;组织新社会,女权恢复是英雄;改革旧社会,解脱奴隶有几重。"丁祖荫等还通过《女子世界》介绍古今中外许多女性豪杰的事迹,为女性振作树立了榜样。"披吾国三千年之历史,冯嫽、木兰、梁夫人、秦良玉之勇武,轰天烈地;……缇萦、聂姊、庞娥、红线之游侠,高义云天;……班昭、左芬、卫恒、若兰之文学美术,照耀古今。"此外,丁祖荫还将目光聚焦到欧美各国及日本之杰出女性身上,激励近代女性勇敢地参与各类公共事务,为国家的发展尽一份力。

其次,反对缠足陋俗,解放女性身体;提倡自由婚姻,改革封建习俗。为了从根本上解放女性,丁祖荫所主办的《女子世界》从社会风俗的各个方面,尤其是缠足与婚姻习俗等方面展开批判。随着封建社会秩序的逐步解体,近代中国社会开始认识到缠足对妇女的残酷摧残,开始通过各种途径宣传反对缠足、解放女性身体的主张,从而构成了近代中国著名的反缠足运动。丁祖荫是近代较早认识到缠足危害的知识分子之一,也就成为反缠足运动的有力干将。《女子世界》大力宣传缠足所造成的各种危害,如对女性身体的戕害等,如刘孟杨说:"凡是缠足的妇女,多有得杂病的,活不到多大年岁就死了。那活到老的,也都是早早的腿上有了病,不能行动,竟在炕上坐着,整个儿的是一个活死人。""如今学堂大兴,家家子弟们全都上学堂读书,几年之后,心里全都开通了,他们全都知道这缠足不是一件好事,那没定亲的,一定不愿意聘定缠足之女为妻……以后缠足的女子不容易得好婿。"他们以生理进化论为依据积极介绍不缠足的各种好处,鼓励年轻的女性不裹脚,同时还介绍放脚的方法,以期给一些缠过脚的女性以实际指导,减轻放足过程中的痛苦。

封建时代女性婚姻强调父母之命、媒妁之言,毫无自主权可言。女性争取婚姻自主权的运动自然也成为女权运动的重要组成部分。丁祖荫十分支持女性争取自主自由婚姻的行动。他在《女子世界》第4期上发表的译稿《结婚问题研究》率先讨论女性婚姻问题。该文主要以欧美日本各国为研究对象,利用大量数据详细研究了各国结婚率、男女结婚年龄、职业、出产率和离婚率等。随后引发了大量关于自由婚姻的讨论,可见丁祖荫在引导舆论方向,倡导女性婚姻自由方面的贡献。不仅如此,他还利用《女子世界》

不断关注社会旧婚俗的改革和新婚俗的建构。

最后,传新知,兴实业,促进女性自立。普及近代科学知识,提高女子知识是促进女性反对封建礼教、争取自由平等的基础,在近代内忧外患的形势之下,尽快解放女性、提高女性智识,是社会进步的迫切要求,兴女学、办报刊成为向女性传播知识最主要的方法。除了积极兴办女学之外,通过报刊传播近代知识这一便捷手段亦为丁祖荫等人所重视。丁祖荫重视对女性的职业教育,关注女性实业的发展状况,在《女子世界》中刊发了大量实业方面的报道和相关知识。此外,丁氏亦通过对时政热点的介绍鼓励女性关心国家大事。

丁祖荫对近代妇女新形象的构建基于他对常熟社会中传统女性的深刻认识,他对于近代妇女新形象的设想,是有知识、有文化、不缠足、有技能、能参政,具有独立人格,坚持婚恋自由,有能力独享自由权力,且能够担负国"民母"的责任。在近代社会的转型期中,虽然受时代所限,其观点在今天看来难免存在一定局限性,但他在清末塑造独立自主的新女性形象,促进女性从闺阁到学堂、从家庭到社会、从男子附庸角色到女性独立自主形象的转变,推动近代女子教育的现代化进程等方面的贡献,依然值得肯定。

三、辛亥鼎革与丁祖荫对常熟地方危机的应对

1911年武昌起义后不久,沿江区域率先响应,江苏很快光复。九月十八日常熟光复时,丁祖荫因其继祖妣陆太夫人去世守丧,避居沪上。常熟革命党人庞檗子等迫使当时的常熟县令翁志吾去职,无人主持县政。九月二十二日,常熟民政局电请丁祖荫返常主持县务,他接电后并未立即启程,而是专程访问了曾孟朴、徐印士、李平书等人商议常熟情况,随后于次日乘坐早班车至苏州,与宗子戴、曾孟朴等一道拜谒江苏都督程德全,陈述常昭兵事。二十四日早晨,丁祖荫才乘坐苏州到常熟的早轮返回常熟,中午即到民政局开会,随即正式出任常熟第一任民政长,其好友徐兆玮为民政副长。民国元年,县民政署改称县知事公署,民政长改称县知事,丁

祖荫任常熟县知事,次年五月调任吴江县知事。

辛亥鼎革之际,常熟地方机构混乱,财政枯竭,时人感叹说:

> 光复伊始,率而更张,机关林立,如丝之棼,事必待款,人争避地,兼以商业凋敝,金融不流,公家无十日之储,债台负百级之累,仓皇仰屋,应付无方,其难二也。义旗初举,秩序骚然,仓促成军,分权共治;地方县税之额,不足供一军衣食之需;而况兵民缪结,军警猜疑,处一室而操戈;即同舟之刺击,绸缪未雨,如临深渊,其难三也。

因为拖欠军饷,地方驻防士兵几至哗变,县财政长严春生与刘琴生等四处借钱。防兵与军警矛盾不断激化,以至"防兵捣毁警局",民政长不能正常办公,警务长蒋漱泉最终引咎辞职。因此,政府财政空虚,地方秩序混乱,成为丁祖荫首先要面对的两大问题。

丁祖荫上任后,首先筹组常熟第一届县政府。十月初二,新政权稍具规模,丁祖荫以县自治会为基础,组织全县各乡董以及各市乡自治会成员召开会议,是为县议事会雏形。民政署以旧昭文县衙为治所,审判厅设在翁府前旧常熟县治所在,防务局设在县自治会。丁祖荫就职以后,针对防兵与巡警的冲突事件,立即逮捕肇事差役,其余人等编为警士,平息了纷争,从而稳定了政权秩序。除此之外,他积极加强县域防务、保卫常熟县公共安全。一方面鼓励各市乡自主建立团防,"不到一个月,先后近二十个乡成立团防,纷纷请领枪械弹药",一方面加紧购备枪械,为城乡警团之用。通过这些措施,不断充实城区与各市乡的防务力量,为稳定社会秩序,结束动荡局面起到了一定作用。

1911年夏秋间,常熟发生百年罕见的特大暴雨,多地被淹,受灾群众达数十万人,大量农田绝收,受灾群众流离失所,其中很多人涌入县治报荒。灾民的正常报荒,因为昏聩官僚的处置不当演变成严重的闹荒,最后酿成打砸抢烧等暴力事件。恰在此时,武昌起义的爆发将飘摇不定的常熟社会卷入更为失序混乱的状态之中,"人心疑惧,莠民乱党,因缘舞奸,因懦生玩"。面对流言、地方暴乱,丁祖荫则恩威并施,一方面徐图根治,积极安抚人心,另一方面,通过武力镇压"千人会"暴力抗租。

"千人会"是因辛亥灾荒而形成的由下层百姓广泛参与的秘密组织,灾民以传统会党的方式联合起来,进行抗租抢粮等活动。"千人会"的活动遍布常熟及其附近诸县,以无锡、江阴为主要活动区域。1911年10月后,常熟的千人会活动逐渐频繁,声势渐壮。常熟"千人会"的首领为周天宝等人,成员主要是以贫苦农民和小手工业者为代表的下层民众。"千人会"最初的目的,仅仅是为了抗租以争取活路,但暴力抗租严重影响当地社会治安,危及地主富绅的利益和江苏各级新政权的稳定,因此,镇压暴力抗租成为常熟新政权维持社会秩序的首要任务。丁祖荫在出任常熟民政长后,除张贴安民告示、电请邻县派兵助剿外,严令常熟防务局加派警士,稽查守御,与无锡、江阴互相配合,最终于1912年1月14日处决"千人会"首领周天宝,镇压了"千人会"抗租运动。

民国建立之后,地方的行政区划与基层组织随之改革,丁祖荫积极配合国家制度的变革,在常熟建立新的社会控制与社会保障体系,以构建安定有序的社会环境。明代,常熟县为9乡45个都;清雍正四年(1726)常熟析置昭文县,旧有九乡由两县分辖;清代中叶,两县旧有乡名已置不用,改划为场,以场统都,以都统图。宣统二年(1910)推行地方自治,依照两县都、图区域及城乡集镇分布情况,划分为35个市、乡。辛亥革命后,常熟、昭文两县合并为常熟县,区划依旧为35个市、乡。县域面积的增大,导致县政权对基层社会的控制因行政体系紊乱而效率低下。民国元年,被选为民政长的丁祖荫重新规范各市、乡的名称以及具体的地理范围,并推动各乡成立自治公所。他将全县统一划分为5市29乡,后南丰市再次划分为归感、归政二乡,全县共分为35市、乡,至民国十六年(1927)后改区长制时始又变更。

随着政权建设的逐渐稳定,丁祖荫逐步着手地方日常生活秩序的恢复与重建。以工代赈、构建贫民习艺所是其主要工作。辛亥年大灾以后,贫民流离失所,丁氏积极筹划,"县署代募公债银七千五百圆专办低区九乡筑圩以工代赈"。后来,他又花大力气整修疏浚白茆塘,同样意在推行以工代赈。此外,他还积极筹备贫民习艺所,加强社会保障建设。

  光复以来,人民生计日蹙,无职业之氓始而嘻游,继而比匪,终至流而为盗贼。岂生性使然哉,只失业之害迫出使耳。故今日市乡行政教之外,莫急于养,……先设一贫民习艺所,就简单工艺养成生活上之技能,办有成效,再就各市乡(择要)推广,以谋普及。总期生计日裕一日,流民日少一日,盗贼之风或可徒此稍戢。

  贫民习艺所的建立,不仅使百姓生活一天比一天好,最为重要的是使社会因此而稍安。当时,丁祖荫还在全县积极推广农事实验场与教练所,均取得相当成绩。

  常熟还遭遇过多次自然灾害,天灾对地方社会造成了很大的冲击和破坏,丁祖荫与常熟士绅都积极参与了赈灾、遏乱的活动。如民国九年(1920)夏秋间常熟沿江遭受风、潮袭击,棉稻等损失惨重,而同时常熟西南乡遭受螟害,水稻亦歉收。在此情况下,常熟羊尖镇发生较为严重的抢米风潮,以丁祖荫为首的常熟士绅与常熟县署以及江苏各级政府纷纷加强对米市的监管,既管控米价亦严格限制米粮外运。民国十五年(1926)常熟再次发生严重的粮食危机,米价高涨、市场混乱、商人罢市,极大冲击了地方社会的秩序。丁祖荫等士绅协助地方官员制定了平抑物价、赈济民众的措施,为恢复常熟社会的秩序做出了巨大努力。

  鸦片与赌博是当时对常熟社会日常生活秩序的两大危害,丁祖荫积极采取措施,禁烟禁赌。以禁烟为例,据丁氏日记可知,辛亥年,丁氏曾16次参加禁烟所常会,讨论全县禁烟事宜。辛亥鼎革之后,身为常熟首位民政长的丁祖荫,对鸦片日益泛滥的情事更是积极采取措施应对。他颁布《厉行禁烟案》,要求全县所有市乡均须限期设立禁烟所,在县城则设立强迫戒烟所,并实行购药凭照,对于带头不遵守禁烟案的行政人员严惩不贷。他还以歌谣的方式发布禁烟布告文,劝告百姓,"一旦涤除旧染,即为清白良民。倘再执迷不悟,是甘向缁刑庭。知事为民除害,决不枉法徇情。须知谆谆劝告,并非一纸空文。言出法随其后,尔等其各敬听"。以简洁的语言向百姓阐明了"坦白从宽,抗拒从严"的态度。

在丁祖荫的努力下,"期年政成,大府称之曰能",因天灾、鼎革、兵燹而日渐崩溃的常熟社会秩序得以稍安。

结语

传统时代地方士绅是国家礼制、伦理纲常在地方上的倡导者、捍卫者,亦是地方社会秩序的缔造者、协调者。清末新政废除科举,推行新式学堂,此举断绝了儒生的传统仕进道路,士绅阶层随之蜕变。丁祖荫作为常熟的少壮派士绅,与时俱进,积极倡导新学,并在新式学务组织的建设中占得先机,掌握了地方教育的话语权;此外,丁祖荫还创办《女子世界》,倡导女权,在舆论上引领社会向前发展。通过教育和媒介,以丁祖荫为核心的少壮派士绅已经成为常熟地方社会中新兴的士绅实权派。由此积累的社会声望与权势,使得丁祖荫在辛亥革命之后顺利地当选常熟首任民政长,并主导了民国初期地方秩序的重建,真正成为地方有权势的人物。然而,清末以来政局与社会的剧烈变化,往往超出个人的预期与应变能力,因此地方社会中的精英和权贵也在不断地新旧更迭。1927年,随着新式国家政权的建立,国民党开始对常熟地方社会进行全面渗透。此后,丁祖荫辞官去乡,逐渐淡出了地方权力格局。

20世纪20年代的盛泽报人与地方风俗改造

金思思　刘　鹏

五四运动,作为由城市知识精英发起的一场思想启蒙运动,在向江南乡村推进的过程中,市镇作为城乡结合点,发挥了重要的中介作用。20世纪20年代初,吴江盛泽镇的一批有识之士,深受五四运动的影响,深信只有彻底革新国民的生活观念和思想观念,彻底改造地方社会,才能带给盛泽新生。为此他们创办地方小报,组建地方阅报社,组织教育团体,开展平民教育运动,组织集会,发表演讲,倡言民主与科学,盛泽世风,为之一变。

一、盛泽报人的活动与宗旨

《吴江报》销数最广,信息灵通,可比《新闻报》。《盛泽报》招牌甚老,业营发达,可比《申报》。《盛泾报》异军突起,抗衡大国,可比《新申报》。《舜湖公报》议论警策,头角崭露,可比《中华新报》。《大分湖》文采翩翩,风华自赏,可比《神州日报》。《震属市乡公报》别有怀抱,与众不同,可比《时事新报》。《新盛泽报》正言谠论,不畏强御,可比《商报》。《新黎里报》三民主义,私淑中山,可比《民国日报》。

这则短文是《新黎里》报所刊登的关于吴江盛泽地方报纸的情况,细细数来,此时在盛泽地区发行的小报竟有8种之多,包括《吴江报》《盛泽报》《盛泾报》《舜湖公报》《大分湖》《震属市乡公报》《新盛泽报》和《新黎里报》。同时,在这则短文的作者眼中,盛泽报纸不仅可与在上海发行的各大知名报纸相提并论,它们或消息灵通,时效性强,或经营得当,销路广泛,或于公共议题别有见解,不畏惧恶劣的政治环境,或文采斐然,文笔晓畅通达,时人亦称赞盛泽报界的努力,"小小的一个盛泽区,报纸如此的发达,这算在吴江县里,首屈一指的了"。这些小报各具特色,堪称民国时期地方小报界一道亮丽多彩的风景线。

考察盛泽地区的报纸与报人,首先须注意盛泽与邻近大城市之间的联系。由于盛泽与上海、苏州距离较近,联系相对紧密,较早就受新文化、新事物和新思想的浸染,可谓"得风气之先"。上海、苏州的报纸不到两日便可到达盛泽地区,沈云的《盛湖竹枝词》便记有"数声汽笛碧波澄,估客往还兴倍增。一纸新闻争快睹,不愁隔宿易生憎。"有的报纸能够当天从上海发到盛泽,而装载报纸的汽船刚一到盛泽,附近百姓就纷纷抢购,报纸顿时销售一空,可见百姓对报纸的热烈欢迎。同时,随着五四新文化运动在上海轰轰烈烈地展开,各种倡言科学理性和民主政治的报纸、刊物得以出版,邻近地区的知识分子得以通过各种渠道了解和阅读宣传新思想的印刷品,并在认同、消化、吸收新思想之后,转而在当地利用小报、社团、集会的形式予以"二次传播",颇能引发当地百姓的反响。

20世纪20年代,盛泽的知识分子参与改良政治、变革社会的热情相当高涨,他们敏锐地注意到盛泽地方百姓对于报纸的接纳程度较高,认为"改良社风,启发民智,地方报最为切要"。于是以徐因时、徐蘧轩、徐蔚南为代表的地方知识分子,联合汪光祖、张应巢等人创办地方白话报,以期改变地方社会。

徐因时,名渊渊,生卒年不详。早年就读于吴江县第三高等小学,致力于地方教育事业,曾担任盛泽第三、第五国民学校教员、盛泽绸业私立小学教员;创办文艺进步团体渊渊学社,参加盛泽平民教育促进会和盛泽孙文主义学会;后加入国民党,先后担任盛泽区区长、国民党盛泽区党部执行委员、县特别委员会特别委员、宣传部部长等职。在他任渊渊学社社长期间,创办了盛泽地区最早的期刊《天籁》,后于1923年联合盛泽地方知识分子创办《盛泽》。同时,他在《盛泾》《新盛泽》《新黎里》《群育月刊》等地方报刊上广泛发表文章,积极宣传孙中山的三民主义,提倡实行平民教育,推行社会改革,发展地方实业,"其一言一行,群众中颇有影响"。

徐蔚南,原名毓麟,笔名半梅、泽人,1900年生,早年在盛湖公学读书,受教于盛泽名儒孙星华,后负笈上海震旦学院,培养了扎实的外文基础;17岁时考取官费留学生,至日本庆应大学读书。徐蔚南目睹中国与日本之间的差距,痛感中国贫穷落后的社会现实,因而受五四运动的感召,毅然回国,先后担任绍兴省立第五中学教员、复旦实验中学国文教员、浙江大学和复旦大学教授,开设国文课程;加入新南社,参加上海青年进步学会,创办文学团体——黎明社;创办《前进》《黎明》,并担任主要撰稿人。他在读报时,凡觉得有思想相近、气味相投者,便致函报社的编辑,并奉上自己的文稿相互切磋讨论,因此与徐因时等人结为好友。1923年因官方查封《新黎里》,压制地方舆论,徐蔚南为发表地方公议、推行社会改造,遂响应吴江县县党部刊发"新"字号报纸的呼吁,与其兄徐蓬轩创办《新盛泽》,影响力逐渐扩大。

徐蓬轩,名兆麟,1892年生,少年时期恰逢清朝由衰到亡的最后阶段,见证了"数千年未有之变局",因而孜孜不倦地探寻中国富强的道路。他早年就读于盛湖公学,后前往上海龙门师范读书,在此期间,他广泛阅读了《民立报》《民吁报》等革命报刊,深受民主革命思潮的影响,并在辛亥革命前一年剪去发辫,誓言推翻晚清帝制;在革命党进入上海后,"他背着五响快枪,插上刺刀,威风凛凛地在上海巡逻。火烧上海道台衙门和守备衙门之夜,他臂缠白手巾,欣然前往江南制造局观看战利品,内心沸腾着革命的激情"。辛亥革命成功后,他前往日本考察西方发达富强之道,得以接触到新思想和新事物,并于同在日本的从弟徐蔚南沟通政情,其坦言"革新饶舌问心田,游戏文章不值钱","胸中块垒成痴语,眼底江山付泪涟"。回国之后,他舍家宅为报社,自筹经费,自任主编,创办《新盛泽》。

汪光祖,又名汪大千,笔名呆虫;其少年失学,后自学成为医生,在盛泽牛痘馆担任医科主任,亲自为民众接种牛痘,向平民推广科学的防疫防灾之方法;他加入新南社、救国十字团,担任盛泽平民教育促进会会长、盛泽外交后援会执行委员和中华民国拒毒会盛泽分会副委员长；作为国民党党员，担任国民党吴江县盛泽区党部执行委员。他在《盛泽》《盛泾》《新盛泽》等报纸上发表文章，宣传科学、健康、文明的生活方式，并在盛泽东庙组织演讲，宣传革命的进步思想，群众参加十分踊跃。晚上到街头向民众演讲，早晨到茶馆进行演讲，使得镇上出现了街谈巷议，民情沸腾的热烈场面。

张应巢，名德驷，别号泰然，1882年生。他所出身的盛泽张氏世代书香，后士而兼商，以贩绸为业，创办了家喻户晓的张乾泰绸庄和张益源绸庄。张应巢自幼随叔父研习经史，于1904年前往东京弘文书院留学，返回上海后在龙门师范学校接受师资培训，毕业后担任盛泽教育馆馆长、盛泽区教育会会长、盛泽区教育委员和盛泽市议会议员等职。1924年，张应巢在盛泽首次发行铅印报刊《舜湖公报》，并作为编辑主任撰写了大量有关推行平民教育的文章；1928年，他建立了平民教育团体——盛泽群育馆，出版《群育月刊》和《群众画报》，强调教育是变革社会之本，并亲自组织识字运动，普及平民教育。他毕生关注教育事业，"服务桑梓，兴办教育，名传千里"。

从盛泽知识分子的成长经历和办报经过看，他们虽然身份各异，但仍有共同之处，并隐隐有结成"报人网络"的趋势。首先，他们在启蒙阶段都受到传统儒家思想的滋养，于传统中国文史之学颇有根底；在青年时代，或出国留学，接受西方新式教育，或出国考察，研究西方发达国家的发展经验，因此他们皆是学贯中西，并洞悉中西差距之人。其次，早年传统儒学的熏陶，使他们大多具有传统士大夫的精神与气节，在时代变化面前有着肩负社会责任的意识；现实的文化启蒙浪潮亦促使他们积极传播新的文化和文明观念，致力于社会改造事业。再次，他们借助各自创办的报刊，求同存异，桴鼓相应，不仅结下了深厚的友谊，同时以报刊传媒的舆论力量促进社会改造。

《盛泽》申明其宗旨在于:"(一)灵通本地的消息和使人了解真实的情况;(二)代表一地方的舆论;(三)本地各界有发表言论的机关;(四)实行自治的先驱。"《新盛泽》发刊词也宣称致力于:"(一)建设一种不偏不党、正确健全的批评;(二)扫除一切阻碍新事业发展的障碍;(三)提倡新思潮;(四)提倡士气。"他们展望地方社会的未来,强调要"建设一个活泼的、有血气的、光明的新盛泽,不要那老朽的,带尸气的,暗淡的旧盛泽"。《盛泾》报在《发刊宣言》中坦言:

我们办这《盛泾》报:第一是要大家知道社会和人生的关系。我们要生存现在世界上,须要把社会的固有好处,怎样发挥光大;社会的坏处,怎样消灭、改革。但是要光大社会固有的美德,革除社会不良的积习,不是少数人可以做得到的事情,一定要大家起来,顺应世界潮流,逐渐的兴革,才好!本报愿为言论指导,供各界采取实行。第二是促进文化,使大家注重平民教育。对于平民教育的挂图识字,影灯教授……极力提倡,使得社会上,多一人识字明理,就增进社会一份幸福。这样慢慢进行起来,使得教育渐渐普及,凡是人们应该知道的新闻和学识,都可以知道了!岂不是人们和社会,都有利益吗?

在盛泽报人眼中,地方报纸的重要作用在于主导地方舆论,革除社会不良旧习,提倡新思潮,最终建立一个活泼光明的"新盛泽"。

二、文化启蒙,推行识字扫盲教育

盛泽地区向来商业繁荣,普通民众出于经济上的考虑,往往将主要的时间和精力用于生计,以致有"生男但祝善经商,识字无多亦无妨"的世风。地方知识分子敏锐地意识到,没有充分的平民教育,不能保障平民具有实用的知识,那么将无法改变盛泽地区"老朽、暗淡"的社会面貌,无法解决各类社会问题。

基于此,盛泽的知识分子试图先从思想上改变盛泽社会的传统观念,宣传教育对于个人、社会乃至国家的重要意义。一个人若受过良好的教育,则可以养成正确的价值判断标准,具备分辨善恶的基本能力,既不会为非作歹,危害社会,也能够得到社会上他人的尊重,而如果"常识缺乏,一举一动,常成社会秩序的扰乱者,被旁人视之为牛为马,呼之为蠢物,真是可怜极了"。常识的养成必须靠教育的引导,脱贫致富的知识也需要教育。为了能够说服在盛泽从事商业的普通青年学习文字等实用技能,知识分子特意从商业知识的价值入手,强调"多一分智识技能,便是将来多得一份好处。若是因循不进,怕将来要站不住呢",显然只有具备商业上必不可少的"智识技能",才能够在竞争激烈的现代商业社会中立足。

其次,对于社会而言,"要问一个社会的兴败只要看那市民的知识程度就可以了!况且一个社会的兴败与国家的关系,正像一个细胞与人体,非常密切"只有个体接受教育,具备基本的知识和技能,社会才得以充分发展。在现代社会当中,"未有教育不发达,而社会能振兴"的,而想要改变社会的整体面貌,则必须"启迪民智"。因此,盛泽知识分子决意以识字扫盲为推广平民教育的基础,改变地方识字率偏低的现实。

如何推广识字扫盲教育,识字教育所需要的基础设施如何满足,如何向目不识丁的百姓宣传识字的重要性,这对于知识分子而言,的确是头等难题。要知普通百姓识字量小,能够通读报刊,领会文章意思的能力也有限,更别提在农忙时分,能够有时间学习认字。同时,根据汪光祖的统计,盛泽的学龄儿童虽人数众多,但满足同等数量的学校却十分有限:

不识字的人,恐怕有十分之七八。盛泽一百八十三圩,户口是有五万,学龄儿童至少有万余。但是识字的机关,却仅有小学校十五处,请问能够容纳多少学生?所以盛泽人有八九不识字。但看庄上的领户,他们是号称先生的,一般都目为上流社会的,但是西瓜大的字,能识得一担的和能够看清楚戏目的,恐怕不到十分之七八呢?他们且如此;无怪耕田的劳农,织绸的劳工,只知道白纸上的黑字,一字勿识,识做门闩呢。

1923年,徐因时、汪光祖、徐蔚南联合地方的热心人士陆续召开平民教育促进会,决议率先筹备识字促进会。他们商量决定以《新盛泽》为舆论宣传的主阵地,一方面创设《读者专栏》,将一些读者反映不识字和粗浅识字之痛苦的文稿,以当事人口述的形式记录下来,并准备在识字促进会和平民教育学校当众宣读,使读者乃至听者能切身体会不识字的痛苦,意识到识字之必要性。这类文稿往往巧妙地将个人生活的境遇同不识字联系在一起,强调口述者苦于种种条件的限制而无法识字念书,无法改变自己"穷困一生,四处求人"的困境,同时所刊文稿中亦较多使用拟声词和感叹词,这样能生动还原口述者的声音,不断表达对不识字的"痛恨"之情,试摘录其中一则:

想起我不识字的苦,泪纷纷,只为我从小孤苦伶仃,没有爹娘送我上学去,到了现在做一个不识字的人呀。第一叹来叹家中,空藏几橱书,蛀虫吃得干干净,我却没福气,不曾看得一页书。劝世人呀,识字顶要紧。第二叹来叹新闻,报纸处处有,许多新闻真好听,我却不识字,一件新闻都没有闻。劝世人呀,识字顶要紧。第三叹来叹友朋,要想写信要求人,人家没有空,写信写不成。劝世人呀,识字顶要紧。第四叹来叹收账,一篇账目缠不清,生意蚀了本,查账难请人。劝世人呀,识字顶要紧。第五叹来叹五更,一场做梦不曾醒,醒来想想真难过,年纪已经大,不识字呀,真真难为情。劝世人呀,识字顶要紧。

另一方面则是通过利用五更调和传统无锡景调的曲声格式,编排"识字运动歌"和"平民教育歌",将其印于地方报纸和传单上,四处散发,以加强宣传效果。这类民间歌谣编排难度相对较低,其韵律格式往往与百姓农忙时传唱的歌谣十分相近,传唱效果颇佳,如:

识字好!识字好!识得字多无价宝。愿识字,赶年少,可怜多少苦同胞,无知无识呆到老。请问识字好不好?

中华好国民呀,大家要灵清,不识个字人实在数不清呀。生活么,程度日加增,各种那个事业么,就勿容易成。

我来劝平民呀,识字最要紧,不识个字人勿能够算人呀,想想么,苦处说不尽,露天那个教字么,快快前来听。

教法有意兴呀,先把图来认,影灯个识字第一要留心呀,人人么,识字最要紧,识字那个运动么,实在有精神。

在充分宣传的基础上,平民教育促进会与识字促进会决议先办三部:(1)商读函授部。计分两种,函授商读必要知识,以留声机教授国语。(2)识字运动部。计分五种办法:日间挂图识字,夜间影灯教学,工作场所钉挂识字牌,墙上粘贴文字,散布日用必要的小册子。(3)通俗演讲部。计有名人演讲、露天演讲、团体演讲三种。平民教育促进会日夜按段轮流教授,以资普及,且所有课程都是免费的。

商读函授部于1923年9月发展成盛泽商读学校,由汪光祖主办,对平民实行函授,教授国语和英语,"为推行国语教育,学校置备国语留声机1台,确立标准发音,又购置京剧唱片数面,以辨国音、京音之相异点。该校免收学费,并义务至各单位团体播放留声机,还准备播放英语唱片"。通俗演讲部则积极开办露天演讲,在师资上特别聘请省、市、区各级教育会的职员前来宣讲;在主题上选取与百姓生活密切相关的教育、公共卫生和农业常识等内容,便于百姓即学即用,如"由洪和玲说明演讲之原因,后有汪光祖之不识字的苦,吕君豪之彩票与储蓄,姚俊先及吴宝善之夏令卫生"等;在演讲用词上较注重百姓的文化程度,"语多透彻,词又浅显,且能反复引证,听者莫不动容"。

识字运动部的同仁也不甘落后,他们在挂图识字的教学过程中,特别制定了"看画、识字、读课文、讲课文、总习"的五步教学法。这一教学方案不仅考虑到学生认字水平差异较大的现实,帮助教员摸清每位成员的识字情况,有针对性地开展教学,同时,以教师讲解为主、学生应答和实时练习为辅,则能够帮助普通民众领会每个字的字形、读音和意思。识字运动部的教师还利用傍晚的农闲时刻进行影灯教学,在教学场地绸业公所前,"街上听者不下百余人,原定东庙、源源里等处,亦已先后讲过。来场听者,颇有人满为患之感"。时任识字运动部主任的汪光祖还向上海青年会租借二十余张节俭运动画片,"在绸业公所前开映,汪君逐一详细宣讲,听者数百人,无不动容称善"。影灯教学和放映动画片等教学手段图文并茂,并搭配有授课教师的专业介绍,加之是在农闲时候的傍晚播放,往往能够吸引听者前往观看学习,得到当地百姓的欢迎,教学效果斐然。

以识字运动为主体的平民教育运动,是盛泽知识分子开展社会改造的重要尝试。20世纪20年代的中国仍处于北洋政府的统治之下,地方知识分子虽有中西学问的根底,于推广平民教育颇有见解,但由于其倾向社会改造,在政治上认同革命道路,因此被当局限制于教育领域,同时受制于师资、经费和学生基础水平等条件,识字运动的效果不容高估。但地方知识分子借助"报人网络",引导公议与舆论,推动社会变革;同时,他们全程参与平民教育运动,审慎选择宣传方案,统筹安排教学力量,多方筹措教学用具,根据学情采取多种教学方法,不遗余力地推动地方教育的发展。

三、移风易俗,改革地方旧习陋俗

盛泽是明清时期江南丝织巨镇,镇上丝业、绸业林立,地方商业公所经济力量雄厚,由传统行业祖师崇拜演绎出来的民间迎神赛会活动非常兴盛,其中尤以十年一次的"双杨会"为甚。但在地方知识分子的眼中,"双杨会"虽然是重要的传统民俗,但其奢侈铺张、庞杂烦琐,不符合节俭、文明的生活观念,属于批判的对象,1924年的"双杨会"便引发了地方知识界强烈的不满。被视为"陋俗之复兴"的"双杨会",逐渐偃旗息鼓,最终停办。

除了"双杨会"之外,盛泽知识分子关注的另一个重点便是当地的传统婚俗。盛泽的传统婚俗礼节十分烦琐,先后要进行"纳吉""问名""文定""允谢""道盘""回盘"等多道程序;成婚当天的仪式更是隆重,且花费巨大,一般只有大户人家才能够举办体面的婚礼,"为父母者,往往于订婚或举行婚礼时,双方费用动辄以数千金",贫苦的百姓多无力承担此项开支,"奈何一般中产阶级以下之人,以徒贪一时之虚荣。虽债台高筑而不顾,破产而不怨,十年之蓄,耗于一旦,尚嫌不足"。结婚成亲,非但没有为双方带来喜悦,反倒让双方家庭的积蓄消耗殆尽,以致说媒骗嫁、买卖婚姻等陋习亦在当地流行。

在盛泽知识分子看来,"做父母的,都希望他们的女儿嫁给有家产的女婿,男儿则配个有钱的媳妇。所以对于女婿媳妇的行为、性情,等等,没有讨论,先要讲金钱。有时为着索聘而闹起事情来","那穷奢极侈、保守习俗的人们,对于婚礼上的最喜铺排场面,往往为了死争面子,虽是冒了负债、倾产的危险,也是要干的,这不是受着虚荣心的害处么"!旧式婚姻如此奢靡,专尚虚荣,理应学习西方的文明婚姻,崇尚文明、朴实、节俭的婚俗礼节。他们认为,结婚是"一种男女间结合手续的表示,给大家知道他们俩将正式成为夫妇",建议新婚家庭"对于结婚的仪式,要从简单,不要繁复,要节省金钱,不要装阔滥用,就是请客,不是一定要用筵席,开个茶话会,也可以过去"。推崇文明婚姻,有助于消除攀比尚奢的民风,不仅能使双方家庭免于沉重的财费用度,而且能使婚姻双方以感情为基础组成家庭。

旧式婚姻"往往有父母不问男女之品性若何,学问若何,体格若何,谬然相配。故有怨偶生焉,有怨偶斯有离婚之事生矣"。因此,地方知识分子反对由父母一手包办的旧式婚姻,主张恋爱自愿、结婚自主、离婚自由。他们认为,婚姻双方的情感基础、个人素质、品性和道德修养的相配是新式婚姻应考虑的首要条件,以此为基础的自由婚恋才能促成美满的婚姻。他们建议:

一、订婚要难,就是对于订婚前当事者须格外的审慎,要经过长时期的考虑和推测,要有下列的几种相同点,始能订约。(一)

体格的相当;(二)性情的适合;(三)恋爱的成熟;(四)智力的平等;(五)征求父母的同意(这条是为辅助当事人判断力的不足,因为父母的经验和阅历,总是比较深一点)。

二、结婚要易。就是对于结婚的仪式,要简单,不要繁复。从上面的补救方法,总括起来,一方面可以减少怨偶离婚等事情,另一方面可以节省开支,免除负债的苦楚。

可见,当时的盛泽知识分子已普遍意识到旧式婚姻对婚姻双方的伤害,透过报刊发表言论,宣扬文明、和谐的婚姻关系,推崇自由、平等和以夫妻情感为基石的现代婚恋观念,推行节俭的婚姻礼仪,注重婚姻关系的质量。同时,有意识地革除封建社会的陋习旧俗,引导民众学习西方健康、节俭、科学的现代生活方式和文明观念,实现开民智、启民德、化民俗的目的。

结语

20世纪20年代的地方知识分子,其身份和角色往往因其所处的位置、时代风潮的涌动、所面临的社会现实而发生变化,并常常在当地百姓和城市精英之间巧妙地充当思想传播的中介。吴江盛泽镇的报人群体及其所推行的地方风俗改造便证明了这一点。对地方知识分子而言,启蒙阶段传统儒学的熏陶,使他们具有传统士大夫的精神与气节;少年时代新式教育的培养和海外留学的经历,使他们洞悉中西社会的现实差距;青年时代文化启蒙思潮的洗礼,打开了地方报人思想上的"天花板",使其坚信革除社会陋习,才能彻底改造地方社会;近邻上海发达的报刊网络,更使他们意识到掌握舆论武器的重要性。为此,他们纷纷创办白话报纸,通过提倡新思潮,传播新式文明观,进而影响地方百姓的思想观念,变革地方社会。

地方知识分子在充当新文化、新思想的中介过程中亦极具主动性和选择性。在推行识字教育的过程中,地方知识分子在宣扬教育意义的同时,充分注意到地方教育基础设施落后的现实,通过全程参与平民教育运动,多方筹措教学用品,灵活采取教法,推动地方教育的发展。在改革旧习陋俗的过程中,地方知识分子极力赞同五四运动所强调的文明、节约的现代生活方式,因而主张停办奢靡的传统庙会和旧式婚礼,推行节俭、健康的现代生活方式和自由、平等的现代婚姻关系,使地方风气为之一变。由此可见,五四时期,通都大邑中所传播的思想观念不仅是地方知识分子批判地方时弊的理论武器和概念工具,同时也是其进行阐释的思想资源;而在提出具体方案的层面,地方知识分子更加关注地方社会的实际问题,注重实践和变革所取得的效果。此时的地方知识分子借助地方报,得以主导地方舆论,延续了明清以来士绅阶层对地方文化资源的垄断,换言之,他们正是新思想和新文化在地方的传播者和实践者。

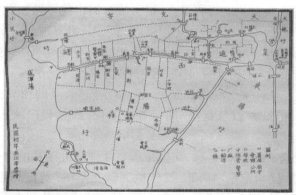

民国初年李麐手绘盛泽地图,由凌龙华先生(苏州吴江区政协文化文史委)提供,谨以此致谢!

资料集萃

大运河上的苏州古桥

念 叶

京杭大运河是世界上最古老的运河之一,开凿至今已有2 500多年历史。明代杨循吉《吴邑志》中写道:"《春秋传》称'吴城邗沟,通江淮',盖吴王夫差北伐齐时所开,出师由此河以通江北也。"据说,这是大运河江南段的雏形,早在春秋时期已经形成。京杭大运河也是世界上工程最大、里程最长的古代运河。在第38届世界遗产大会上,中国的大运河被宣布列入《世界遗产名录》。

古城苏州,则是镶嵌在大运河沿线的一颗璀璨明珠,这座城市也有2 500多年历史了。苏州被称为水天堂,水域占总面积42.5%。大运河苏州段贯穿了作为大运河主航道的山塘河、上塘河、胥江、护城河以及盘门、阊门等水城门,与苏州内城水系连为一体。

水是苏州的生命之脉,而桥是水乡泽国不可或缺的重要元素。白居易曾以"绿浪东西南北水,红栏三百九十桥"的诗句形容苏州的水与桥。苏州现有城区运河故道、现京杭运河苏州至吴江段水道等15处运河水工遗存,其中上津桥、下津桥、吴门桥、灭渡桥、宝带桥,以及吴江的安民桥、运河古纤道、三里桥、安德桥等被列入第六批全国重点文物保护单位京杭大运河(江苏段)中,而且宝带桥作为苏州7个遗产点之一还被列入中国大运河申报世界文化遗产首批申遗名录。

明代陈循《重建宝带桥记略》中称:"苏州府城之南半舍,古运河之西,有桥曰宝带。运河自汉武帝时开,以通闽越贡赋,首尾亘震泽东垠百余里。"被称为"中国四大古桥"之一的宝带桥位于苏州古城东南隅,横跨澹台湖及大运河交汇处,是大运河沿线现存最长的一座多孔古石桥,始建于唐代元和年间(816—819)。隋唐时候的大运河被称为"漕运河",苏州为唐代"十大雄州"之一,是贡税重地,运河澹台湖一带是苏杭水上交通必经之路,为保证漕运顺畅、加快漕粮赋税北上,亟须广驳纤道。据载,唐代苏州刺史王仲舒带头捐出自己腰佩玉石宝带来发动集资,并亲自主持建造桥梁及纤道,为纪念此事取名宝带桥。一说此桥因形似宝带而得名。宝带桥史上经历过六次重修,今桥沿袭明代正统年间重建的形制与规模,桥长317米,面宽4.1米,共有53孔,桥孔之多为国内古桥之首。桥体联拱低平,更为稳固,桥面高低起伏,富于变化。桥拱中央三个大孔,船只由此通过。桥身平坦宽阔,便于挽舟拉纤和行人过往。桥堍两端还有石狮、石塔、石亭。整座桥气势雄伟,似苍龙浮水,如长虹卧波,与宽阔的运河水面相得益彰。明代诗人王宠诗云:"春水桃花色,星桥宝带名。鲸吞三岛动,虹卧五湖平。"为保护古迹,20世纪80年代,运河改道工程将河道北移近百米,挖出600米长的新运河,宝带桥不再承担水上交通功能。90年代,在宝带桥西侧建了一座与它平行的斜港大桥,后因过往车辆繁多,长期超负荷承载,为保安全拆除。2016年,又建成一座新的斜港大桥,形如箜篌的双层斜港大桥与宝带桥在大运河上交相辉映、隔河相望。

大运河在隋唐时期主要以运送漕粮为目的,流经苏州时从枫桥沿上津河,过渡僧桥向南,穿过南星桥、万年桥,环绕城墙向东南流去。至明清时期,苏州手工业发展迅速,商贾云集,大运河苏州段来往商船、官船、客船络绎不绝、千帆纷至。水上交通日益繁忙,时有船只堵塞或碰撞沉没的事件发生。大运河苏州段因此改道,将大运河引流向南,借胥江入内城河段,经盘门、觅渡桥至尹山桥,与吴江运河段相连。盘门与宝带桥、山塘历史文化街区(含虎丘云岩寺塔)、平江历史街区(含全晋会馆)、吴江古纤道都是中国大运河首批申遗名录的遗产点。

盘门位于苏州古城西南隅,是国内唯一一座至今保存完好的水陆城门,始建于春秋时期,重建于元末。盘门景区由盘门城楼、瑞光塔和吴门桥组成。吴门桥在盘门城楼南侧,横跨运河水之上,为出入盘门的必经通道。它始建于北宋时期,原名新桥,南宋绍定年间(约1230)重建一座三孔桥,改名为吴门桥。现桥系清同治十一年(1872),在明代况钟所建的单孔桥基础上重修的。桥身长超过66米,拱高近10米,拱券跨径16米,驼峰高耸,是江苏省现存最高的单孔石拱桥。吴门桥外形古朴典雅,颇具江南水乡特色,桥体用金山石砌成,并杂有少量宋代旧桥所遗的武康石,两端接以整块铺设的长条石步阶,桥栏凿成凹凸状,桥额阴刻"吴门桥"三字。桥下原有纤道,现已拆除。吴门桥北堍东侧还连着一座水关桥,是条石板梁单孔古桥,始建于元代,清同治十一年(1872)重建。两桥相接处,河道纵横,水流漾洄。站在桥上看风景,但见运河水徐徐东流,河岸两边风光旖旎。乾隆五十八年(1793),英国政府外交使团马戛尔尼一行沿大运河途经苏州,对吴门桥印象尤为深刻,还专门为此桥作了一幅画。

吴门桥下的河道曾承担着重要运输任务,桥体难免被船只碰撞。1976年,一条水泥船在吴门桥桥洞下沉没,因水流湍急,船只众多,竟引起后面船舶接连碰撞,船队堵塞长达2千米,运河断航七天七夜,在当时是引起全国关注的大事件。1986年,经国务院批准,大运河苏州段整治工程被列为国家"七五"重点建设项目。整治工程涉及河道长9.3千米,西起横塘大庆桥,穿过横塘市河,经新郭、龙桥,至宝带桥。这次整治解决了大运河苏州段的水运压力,增强了运河的运输能力。但因改道入城,运河水量和流速被减弱,一定程度上影响了城内河道的自净能力。还有一个影响是,胥门、阊门一带因水运带来的商贸繁荣不复从前。

苏州历有"金阊门、银胥门"之说。画家徐扬的宫廷画长卷《姑苏繁华图》里就突出描绘了这两处的景致。明人郑若曾在《枫桥险要说》中说:"天下财货莫盛于苏州,苏州财货莫盛于阊门……"自隋唐以来,阊门外的枫桥就是江南漕运的枢纽站。漕粮在枫桥汇集,船队编组后,浩浩荡荡沿大运河北上。大运河从枫桥向东流转,汇于阊门,十里河岸都是商铺酒肆。唐伯虎的《阊门即事》形象地写道:"世间乐土是吴中,中有阊门更擅雄。翠袖三千楼上下,黄金百万水西东。五更市卖何曾绝,四远方言总不同。若使画师描作画,画师应道画难工。"运河改道后,沿胥江又形成了繁华的枣市街商市,南北舟楫云集于此,成为米粮丝绸各种物产的集散港。胥门的万年桥也发挥了重要的枢纽作用。有诗云:"湛湛胥江贾舶聚,万年桥上万人行。"所以枫桥与万年桥,也是大运河上不得不提及的两座古桥。

唐代学者陆广微于僖宗乾符三年(876)所撰的《吴地记》中记载:"吴门三百九十桥,枫桥其最著者。"枫桥位于苏州西郊寒山寺旁,跨越在运河之上,是一座月牙形的单拱石桥。南距寒山寺、江村桥仅百米之遥,东邻铁岭关,与寒山寺塔相望。此桥原名封桥,因这里旧时设有粮卡,每到晚上就封锁河道,禁止别船通行,由此得名。自唐代诗人张继在天宝十五年(756)所作《枫桥夜泊》成为千古绝唱,枫桥声名远扬,遂改为今名。"月落乌啼霜满天,江枫渔火对愁眠。姑苏城外寒山寺,夜半钟声到客船。"诗中的"江枫"指的便是江村桥与枫桥。它们的始建年代已难考定,只知清康熙四十五年(1706)由里人程文焕募捐重建两桥。乾隆三十五年(1771)枫桥重修,咸丰十年(1860),毁于清兵攻打太平军时的一场兵燹。同治六年(1867)由仁济堂安仁局董事经办再次重建两桥。枫桥长近40米,宽近6米,跨度10米,为花岗石单孔石桥,桥栏间用城砖封砌,中嵌"枫桥"二字,两侧桥柱镌刻着劝人为善的诗句。桥的东坡落于铁铃关内。苏州民谚中有"枫桥塘上听米价""探听枫桥价,买物不上当"等说辞。可见枫桥在百姓生活中曾经的重要地位。

位于苏州城西胥门外运河上的万年桥,则命运多舛。明洪武年间(1368—1398)苏州知府卢熊编撰的《苏州府志》,就提及胥江上有座万年桥。明代宰相王鏊在弘治十七年(1504)重修完成的《姑苏志》中也多次提到万年桥。据说此桥十分宏伟,桥栏雕刻精美,琢以各种珍禽怪兽和奇花异草,仅石狮就有百余只。到了明代嘉靖三十五年(1556),宰相严嵩为应家乡江西分宜百姓将清源古渡浮桥改建石桥的诉求,亲赴江浙考察桥型采购石料,到了苏州见到此桥赞不口绝。当时的苏州官府为了奉承严嵩,便拆除此桥,将石料献给严嵩。于是严嵩在分宜也建了座万年桥,还撰写了篇《分宜县万年桥记》。而苏州胥门自此以后则二百余年无桥,其间虽多次有人发动建桥,都因故被风水之说附会而拆除。由于每日往来渡津者数以万计,渡船时有风涛之虞,商民多次请愿修桥。直到清乾隆五年(1740),由苏州知府汪德馨主持集资重建了一座"万年桥",为三孔型石桥,桥堍立一石牌坊,题额"三吴第一桥"。此后该桥在嘉庆、咸丰、同治年间都曾做过大修。1937年苏州沦陷以后,日军为方便自己的车辆进出胥门,便将万年桥拆去石阶改为斜坡,还拆除了"三吴第一桥"的牌坊及桥两侧民居。1944年,一辆日军货车驶过桥面,不堪重负的万年桥轰然坍塌。中华人民共和国成立以后,万年桥改建为钢筋水泥桥,宽近7米,长43米,中孔跨度14.5米。70年代在万年桥北侧新建一座94米长的五孔钢筋混凝土桥,取名红旗桥,即现在的姑胥桥,从此这座桥取代了万年桥成为胥江上主要通道。2004年万年桥再次重建,又改为三孔石拱桥。虽几经波折,"万年"之名,仍寄托了人们渴望"长长久久"的美好寓意。

流贯苏州古城的运河上还有一些古桥,如觅渡桥、渡僧桥、上津桥、下津桥等古桥,多为明清再建的单孔石拱桥,是古代运河的重要渡口。葑门外大运河上的觅渡桥,始建于元代大德二年(1298)。相传古代此处水势湍急,渡船拥堵,每到风雨晨夕,船家乘机要挟勒索,僧人敬修受此苦楚,便发动里人募捐建桥,桥初名"灭渡",民国《吴县志》称其"志平横暴也",即扫除强横凶暴现象之意。苏州话中"灭""觅"同音,后来便改为今名觅渡桥。位于阊门外大运河上的渡僧桥,其传说跟觅渡桥相似,亦云此处原靠摆渡来往,一和尚因受船家之气,于此募集建桥。此桥起源更早,据说三国东吴时期就建造了,现桥为明代再建、清代重修。苏州这样的古桥遗事很多,如同悠悠运河之水,沉积着古老的吴地文化。

古桥如同遗珠散落长河,虽然它们只是大运河千年历史文化中的一个侧影,但也是运河文化遗产的重要组成部分,承载着运河两岸多少过往的历史,记录着岁月的繁华盛景和沧桑变化。它们是守住了历史记忆、记载了乡愁的活档案。

大运河与阊门

张长霖

站在苏州阊门外的吊桥上,眼前是五水辐辏的壮观景象,护城河南来,为旧日大运河的主航道;护城河穿过吊桥向北折东,这是去苏州北部属县的交通要道;吊桥北,东去有阊门水关,进入城中中市河;西去两支,一去山塘河,去山塘虎丘风流地;另一支经渡僧桥去枫桥,这就是古大运河西去的主航道了。这里,苏州老百姓很形象地称之为"五龙会阊"。

"五龙会阊",体现了大运河与苏州最繁华的阊门水乳交融的关系。

一、大运河在阊门地区的走向

在现代苏州人的印象中,大运河似乎与阊门相距甚远,这与大运河的几次改道有关。最早的大运河从觅渡桥注入苏州护城河,与城南段合并,经吴门桥进入护城河城西段,经万年桥、阊门吊桥西折进入主航道达枫桥镇,然后出苏州市区段继续西进北上。这就是大运河在苏州市区段的原始走向。但是由于受制于护城河段的航道条件,大运河在苏州城区段几次改道,每次改道就远离了阊门一分。

大运河的第一次改道是在民国末期,由于阊门地区南新桥段水浅,又因为渡僧桥段航道狭小,形成瓶颈,于是运河改道胥江,也就是从老胥门西折入胥江,到横塘镇郊之驿亭,北折达枫桥镇,进入古航道。这次改道,直接造成位于胥江口的怀胥桥在中华人民共和国成立初期被拆除,以解决胥江口水深流急容易翻船的问题。怀胥桥俗称大日晖桥,在《姑苏繁华图》位置显著。

大运河第二次改道发生在 20 世纪七八十年代,运河改道穿过宝带桥,借道澹台湖,经新开航道北上,直至横塘镇郊,接第一次改道的航道,达枫桥镇。这次改道,让大运河航道远离中心市区,当然也远离阊门了。后来为了保护千年古桥宝带桥,又在宝带桥北侧另辟通道,使河道绕过了宝带桥。

这几次改道可能与大运河上的轮船吨位越来越大有关,也可能与保护文物有关。毕竟运河通航苏州已使我们损失了怀胥桥、横塘亭子桥、尹山桥等诸多历史名桥,不能再损失觅渡桥、吴门桥、万年桥了。同时,大运河远也离了阊门。但是,历史上的阊门确确实实是大运河最重要的交通枢纽之一。

二、阊门的码头

要说阊门是大运河最重要的交通枢纽之一,最重要的证明就是阊门集中了苏州的重要码头。现在可以见到的有南濠街的万人码头和位于万人码头对岸的南码头和北码头。

我们不妨还原一下阊门外运河两岸码头的情况。从历史记载看,阊门外最重要的码头是位于南濠街的万人码头。

万人码头民间又称"犯人码头",苏州话音"万"与"犯"音相同,说是递解犯人的码头,盖音谬也。"万人"无非说其繁盛。"递解犯人"偶或有之,但应该不是它的主要功能。万人码头位于当时繁华的商业大街南濠街上,应该是当时阊门外最主要的码头,而位于运河对岸的南码头和北码头则是万人码头的辅助码头,毕竟那附近是比较冷落的沿河小街。

阊门旧有瓮城,现在的阊门口到吊桥头这一段旧称月城大街,所谓"月城"就是瓮城。吊桥东堍南侧沿河是南码头,沿河南延。吊桥东堍北侧是北码头,沿河北延。南码头旧日是一条石板街,沿河一侧无房屋,另一侧面河有房舍。现无存,成为沿河绿地。北码头现在是一条民国风情街、餐饮街。但是走向略有不同,原先的街口直接就在吊桥的东堍北侧。现在的北码头街口在原先的瓮城内,且不沿运河,所以说是改向了。由于吊桥比较高,所以当年这两条沿河小街在吊桥堍都有一段坡道,还是比较陡的坡道。无论从运输货物还是从事商贸活动,条件均不如万人码头,所以北码头可以看成由于万人码头太拥挤而就近分流的码头。

阊门外还有丹阳码头等码头,这里就不细说了。

万人码头及其分流码头都位于大运河之苏州护城河段与大运河的上塘河段的转弯口附近,外来的货物在这里上岸转运苏州城乡,苏州的货物在这里上船经大运河发运各地。这里就是一个物资集散地。

这些码头告诉我们,阊门外就是大运河上一个重要的物资集散地,是一个重要的水运中心。

三、阊门的桥与津

大运河从阊门到枫桥镇这一段,我们今天习惯称之为上塘河。这段河道把大运河最重要的物资集散地阊门和最重要的编组地枫桥镇连接起来。许多历史资料都说枫桥镇是南方漕运的集中点,在此编组再西进北上。

枫桥镇与阊门互相依存,阊门因枫桥的兴盛而更加繁荣,而枫桥则因背靠阊门而底气十足。而连接这两个节点的正是大运河的阊门段,也就是俗称上塘河的这一段。大运河繁荣了沿河的街道,历史上阊门至枫桥是一条十里长的繁华商业街,叫作上塘街。阊门外的上塘街起讫点在什么地方?走访故老和查阅资料,历史上的阊门外上塘街东起阊门吊桥,西至枫桥镇,是一条很长的商业大街,也是阊门外最主要最繁华的商业大街。现在的路名比较乱,吊桥到渡僧桥堍为阊胥路的一部分,渡僧桥堍到上津桥堍为上塘街,上塘街到枫桥镇口为枫桥路,枫桥镇口到铁铃关为枫桥大街。

这条上塘街,不但是商业街,还是古时候苏州与外部世界交流的最主要的陆路通道。过铁铃关向西,跨过枫桥,就是一条官塘大道,向西可达浒墅关镇的十里长亭,在现在的浒墅关镇范围内。我们幼时从铁铃关到十里长亭还走得通,现在肯定不通了。新运河挖断了官塘。沿这条官塘一路向西,顺着大运河,可以到达无锡、常州乃至更远的地方。正因为如此,铁铃关就成了苏州西面的门户,上塘街就成了进苏州的主要通道。历史上铁铃关上塘街多次兵火连天也就不奇怪了。我想,后来在上塘街沿线驻军,成为苏州主要的兵营区,也是有历史原因的。

但是,这条商业大街命运多舛,朱元璋打苏州城,放了一把大火,把十里长的上塘街几乎烧尽。好不容易经几百年才恢复元气,清乾隆皇帝巡幸江南,到寒山寺进香,走的就是上塘街。原先还计划在上塘街的潮州会馆召见各地商人,可见当时的繁华。但是太平军打苏州,激战于铁铃关,折名将数员。上塘街付诸一炬,或曰太平军泄愤烧毁,或曰清军"坚壁清野"烧毁,总之一条上塘街烧成白地。从此,上塘街再也没有恢复元气。再后来,石路开街,阊门外商业中心转移。再后来,大马路开通,铁路成为苏州与外部交流的主要交通方式。上塘街就再也没有复苏的可能了。

正因为这条街的繁荣,自然需要有桥梁沟通南北两岸。这段运河上有上津桥和下津桥,枫桥镇再往西还有西津桥。至于渡僧桥则是后来建的,民国年间开拓大马路才有了配套的广济桥,"文革"期间才有了永津桥,改革开放之后才有了来凤桥。那么为什么这段运河上的老桥都以"津"命名呢?

何谓"津"?"津"的本义就是渡口。也就是说这些桥所在地原先都是渡口,后来因需要建了桥梁。为了方便航行,这些桥梁都是拱圈很高的石拱桥。

上津桥始建年代已经不可考,明末重建。1984年再次重修。桥身西南侧金刚墙上刻有"丙寅年河道会重建"和"上津桥□北□公埠",由此推测桥曾于清同治五年(1866)重修。现为半圆拱单孔石桥,南北走向。中宽3.7米,全长42.45米,净跨12.2米,矢高5.9米。赭色花岗石拱券分节并列砌置。南北踏步共60级。青砖桥栏,间以石望栏,上覆石条。1982年10月22日,上津桥被市政府公布为"苏州市文物保护单位"。

下津桥又名通津桥,明成化十八年(1482)始建,清代重修。1984年又修,现为半圆拱单孔石桥。其西北部望柱刻有"光绪三十二年(1906年)秋立"几个字,可见在光绪年间也做过整修。下津桥中宽4.8米,全长36.7米,净跨12.2米,矢高6米。花岗石桥台,南北踏步共59级,北32级,南27级,条石栏板。拱券用青石并列砌置,桥身其余部分都为花岗石。是典型的清代花岗岩石拱桥。

除了这些后来改建成拱桥的渡口以外,还有很多渡口,如现在的永津桥,我们儿时还是渡口。地方史记载,渡僧桥原先也是渡口。这样的情况当时很普遍,如同在大运河上的觅渡桥,原先也是渡口。

大运河阊门段的这些桥和津,记载了这段运河当年的辉煌。

四、阊门的关

大运河阊门段和河南侧的上塘街是苏州的兵家必争之地。这段沿河官塘上顺理成章有着诸多的城防设施,也就是"关"。苏州阊门外沿着大运河的官塘上有三关,金阊关为最近城边的一关,西去数里有枫桥铁铃关,扼守水口,易守难攻。铁铃关再西去数里,有浒墅关,为进苏州第一关,经此三关,方能到阊门吊桥。面对高垒深池,冷兵器时代,这样的防御体系让人叹为观止。

吊桥,本不应该是某一座桥的名称,而应该是某一类桥的类别。冷兵器时代,高垒深池,配以戒备森严的吊桥,就是严密的城防系统。按理说所有的城门外都应该有吊桥。但是具体到苏州就不是这样。苏州各城门,或因不是地处交通要道,就建了高高的石拱桥为防御工事,如胥门的万年桥、盘门的吴门桥;或因为护城河太宽,只设渡口,没有吊桥,如相门。独有阊门,地处要冲,护城河又不够宽,必须设置吊桥。

阊门吊桥设置在瓮城以外的护城河上,也就是大运河上。小说《水浒传》里演绎了双鞭呼延灼阊门吊桥抗金的悲壮故事:年老力衰的呼延灼不敌盛年的金兀术,败退吊桥。不料吊桥年久失修,桥板断裂,马失前蹄。于是壮烈殉国。呼延灼,在南宋高宗时代的宫廷画家龚开的《三十六人图赞》中有其人,或为历史上的真实人物。金兵血战苏州城,历史上也真有其事。但是呼延灼阊门吊桥殉国,就不可查考了,或为小说家言。不过,这至少告诉我们,阊门吊桥在冷兵器时代于军事上的重要性。

金阊关已无存,仅存关前的普安桥。普安桥是跨阿黛桥浜的石拱桥,始建于明弘治十四年(1501),清嘉庆十九年(1814)重修。桥拱净跨4.5米,矢高3.6米。这座桥很奇特,桥面上有整整一座关帝庙。普安桥桥洞由南、北两组拱券并列组合,成隧洞状。桥面中部宽达21.2米,并于北侧上部建南向关帝庙一座,今关帝庙旧建筑幸存。桥南10米处原设有跨河戏台一座,与庙门相对。桥畔即为阊门的外关金阊关。庙尚存,惜戏台和关楼已无可寻觅。1982年10月22日,普安桥被市政府列为第二批苏州市文物保护单位。

铁铃关,正式的名称是"枫桥敌楼",始建于明嘉靖三十六年(1557)。据方志记载,自公元1554年起,倭寇烧劫阊门、枫桥一带,一年后,又从浒墅关窜犯枫桥。苏州军民英勇奋战,终于全歼倭寇。为了保卫苏州城,加强枫桥至阊门一带的防卫,建起了枫桥敌楼——铁铃关。当年与枫桥敌楼同时建造的关楼还有葑门关楼和木渎关楼两处,但至今都已不存。因此铁铃关成为苏州唯一保存较好的抗倭关楼遗迹。

自有铁铃关,争夺苏州的激战多发生在铁铃关,最著名的就是清咸丰十年太平军李秀成部攻打苏州时的激战。

五、大运河繁荣了阊门

大运河阊门段和傍河的上塘街,是旧日苏州最繁华的地段。虽说这条街已经毁于战火,但至今尚有踪迹可寻。如上塘街的潮州会馆和汀州会馆,白莲桥浜旧日的佛教文化高地雁宕村,名刹西园寺和寒山寺,都是这条大街旧日繁华的见证。

潮州会馆在上塘河沿岸,北向面河。现在是百年老校苏州市五中的房产,有一气派的水磨方砖大门墙。现在的潮州会馆仅存门厅一进,门厅上面是雕梁画栋的古戏台,极为精美。我把潮州会馆古戏台称为苏州第一古戏台首先是因为它的古老。潮州会馆古戏台始建于清康熙四十七年（1708），清乾隆十六年（1751）修整一新，以备皇帝南巡时接驾。但是因为临时变故，乾隆帝过门不入，潮州会馆错过了御驾亲临的荣宠。现在的潮州会馆古戏台基本上就是乾隆十六年大修后的原状。而在全国声名鹊起的苏州戏曲博物馆古戏台是全晋会馆从山塘街迁来时建造的，这是清朝末期的事情。两者相比，潮州会馆古戏台早了200多年。其次是潮州会馆古戏台更珍贵，因为它完整地保存了古代演艺场的文化内涵，这是研究中国戏曲史的学人必须要考察的活化石。这座古戏台的舞台最精华处在顶上的藻井，这藻井是古时演戏的扩音设备。潮州会馆古戏台的藻井不但雕饰精美，而且彩绘。这彩绘的色彩历经300年而如新，叫人叹为观止。整修时施工的工程师说，千万不要再上色彩，这是奇珍异宝。就文物本身的原真性和稀缺性，以及其本身的文化含量，潮州会馆古戏台堪称稀世精品。现在潮州会馆古戏台被列为苏州市文保单位，其级别大大提升了。读者可以自己实地去看看，自己得出结论。

义慈巷16号，有控保建筑梨园小筑。梨园小筑，就是苏州的梨园公所，又称"老郎庙"，供奉梨园祖师爷老郎菩萨。

汀州会馆原址在阊门外上塘街285号，与潮州会馆并排。该会馆是康熙五十七年（1718）福建上杭（古称汀州）纸业旅苏众商集资创建的，光绪年间（1875—1908）重建。坐南朝北，有存仪门、大殿及两廊。大殿面阔五间17米，进深七檩13米，硬山顶。扁作梁，前有船棚轩，外檐列桁间斗拱，额枋刻双龙戏珠。后来，汀州会馆大门、戏台被毁，仅存两进三开间殿宇，被用作物资局仓库。2003年因房地产开发，汀州会馆从上塘街整体移建至山塘街，2005年在山塘街改建为苏州商会博物馆开放。

这些会馆公所告诉我们，大运河边上塘街的商业化程度是如何高。

江南名刹西园寺和寒山寺为苏州人熟知，这里不赘言。大运河在接近下津桥处有南来支流白莲桥浜，这里旧有雁宕村，是历史上的佛教文化高地。这里先后出现了十几座佛寺,繁荣了几百年。最出名的是元代名刹幻住庵,元大德(1297—1307)年间,郡人陆德润施地,为一代禅宗宗师高僧明本(1263—1323)所建,因明本号幻住而命名。明本禅师,初名栖云,俗姓孙,号中峰,一号幻住,法号智觉,西天目山住持,钱塘(今杭州)人。元仁宗曾赐号"广慧禅师",并赐谥"普应国师"。憩止处曰幻住山房。明本诗文俱佳,书法自成一体,著有《幻住庵清规》传世,全一卷,收于卍续藏第一百一十一册。对后世很有影响。幻住庵应该是旧日苏州一流名寺,元末毁。明洪武初(约1368)僧照增重建。天启(1621—1627)僧道岐复建。民国时仅剩临河破屋数间。

佛寺是需要供养的,大运河阊门段集中了这么多佛寺,正说明了这里的繁华。

伍子胥造吴大城,阊门就是苏州的正门,这与其他地方往往以南门为正门不一样,因为苏州西面有吴国的最大对手楚国,故阊门又称"破楚门"。自大运河开通以来,阊门作为苏州正门的地位更加凸显,阊门的经济繁荣进入一个全新的阶段。大运河孕育了繁华的阊门,大运河与阊门已经融为一体。"金阊门"之称,多因大运河而得。

大运河承载着深厚历史文化的四座古石桥

王家伦

历经千年的京杭大运河进入苏州区域后,经枫桥、胥江和横塘,转而向东,流经苏州时在古城墙外绕一圈,形成一个大大的"口"字。就在这"口"字的右下角,大运河径直向南,通向浙江杭州。就在这一段运河上,架着多座横跨东西或南北的桥梁。在这篇文章中,我们将介绍其中最值得一提的四座古石桥。

一、名动三吴桥第一

在这个"口"字西面一竖略偏下处,有一条横跨东西的胥门万年桥,桥正对着胥门。万年桥下是水运码头,商贾云集,船只往来。过去苏州人出行以水上交通为主,前往木渎、洞庭东山、洞庭西山乃至上海、杭州等地,一般都在万年桥下的船码头乘船。

按2006年编写的《沧浪区志》,万年桥建于清乾隆五年(1740)。清乾隆年间,宫廷画师、苏州人徐扬画的《盛世滋生图》上就有万年桥。然而,洪武年间(1368—1398),苏州知府卢熊在他编撰的《洪武苏州府志》一书中也提及苏州胥江上有座"万年桥";明代宰相王鏊在成书于大明正德年间(1506—1521)的《姑苏志》中也多次提到"万年桥"。苏州百姓都认为,明朝嘉靖年间,权倾朝野的奸相严嵩来到苏州,站在万年桥上,连连发出称赞被陪同严嵩的苏州地方官看在眼里。送走严嵩没多久,想借机拍马屁的地方官就招来一批技艺高超的石工,对每一块石材进行编号,按号拆卸,全部运往严嵩的家乡江西分宜重建。苏州民间,至今还流传着香山匠人阿巧师傅嘉靖初建万年桥,不久又因严嵩的原因而被迫拆除万年桥,到江西再建的故事。

也有人专程到江西实地考证,发现分宜万年桥已经坍塌废弃,从严家祠堂找出严嵩亲自撰写的《分宜县万年桥记》碑:"先是予往来吴中,阅桥而美,于是征匠买石于吴州,运山伐石,载以巨舰,溯江而入湖。"此记证实分宜万年桥只是从苏州"征匠买石"而已。笔者并不认为严嵩在《分宜县万年桥记》说了假话,但是,严家帮如赵文华那样的拍马小人何止千万!拆了桥将石头送去,却说是买的,如此既落下银两,又讨好了权相,还顾全了权相的面子,"一举而三役济",何乐而不为!好端端的桥被拆到了江西,那姑苏的百姓呢?往来人员日以万计,渡河必须绕道,或者假以舟楫,如逢风狂雨猛,更是苦不堪言。面对如此残酷的现实,官府却谎称城西郊狮子山狰狞多恶,幸有河水阻隔,如造桥将坏了风水,致使大桥在200年间迟迟未能重建。清乾隆年间,在江苏巡抚徐士林、苏州知府汪德馨的鼎力支持下,终于在乾隆五年(1740)建成一座梁式新桥。桥堍有石牌坊,正面书额"万年桥",背面书额"三吴第一桥"。《徐士林万年桥记略》:"桥长三十二丈五尺,广二丈四尺,高三丈四尺有四寸。"此桥,就是《盛世滋生图》中的万年桥。由于桃花坞木刻年画《姑苏万年桥》的流传,万年桥更是闻名遐迩。

此后,万年桥屡毁屡建,如今是一座雄伟秀丽的三孔石质桥。

桥南面有两联,外侧副联为乾隆年间重建万年桥的苏州知府汪德馨所题:"佳气氤氲迎汉渚,恩波浩荡达江湖。"联如桥般气势豪迈,虽有对皇帝歌功颂德之嫌,却是写出了万年桥对两岸百姓的恩惠。内侧主联为:"佳景如诗,望郭外青峰、岸边碧树;玉环涵影,伴楼头明月、江上胥涛。"意为站在万年桥上,远眺,西南诸山隐隐约约(如今被鳞次栉比的高楼挡住了);近看,两岸碧树围绕,四季如春;桥身就如玉环,在水中荡漾着倩影,伴随着夜空的明月和江上的波涛。晓畅明了的话语,却表达出回味无穷的诗意,无丝毫的"隔阂",与桥一起载入姑苏的史册。

北面也有两副桥联,外侧副联也为汪德馨所题:"画鹢排空秋水净,苍龙卧稳夜潮平。""画鹢",泛指船只;"苍龙",喻指桥身。想象一下这幅图景,秋高气爽,明净的河水跟随潮起潮落,美丽的船只在长龙般的桥下驰过,美哉壮哉!显然,此联的意境远胜于同一人写的南面之联。内侧一联为："物华四序，流入艺苑成双绝；名动三吴，陟登胥关第一桥。"就上联而言，"物华"，景物；"四序"，四季；艺苑，文学艺术界。说的是桥周四季的景物，和吟诗作赋的文人，相辅相成，相映成趣。就下联而言，"三吴"，即吴郡、吴兴郡、会稽郡三郡，由于这三郡都是从同一个吴郡（原称会稽郡）中分出，因此三郡地区被合称为"三吴"，如今可看作苏州一带；"胥关"，胥门城楼。此联平仄合拍，气势磅礴。

二、慈悲灭渡利通行

靠近"口"字的右下角有一座东西向的灭渡桥，成为苏州东南部的要道。而灭渡桥下，就是向南通往杭州的运河主干道。

过去，灭渡桥所在地称赤门湾，这里水流湍急，船运繁忙。古代无桥时，唯一沟通东西方向的交通工具就是渡船。赤门湾一带民风不古，船家为了抬高渡资，常借口"天色已暗，看不清河面"，而拒不开船。清同治《苏州府志》曰："舟人横暴，侵凌旅客。风晨雨昏，或颠越取货。"

元大德初，昆山敬修和尚急需渡河办事，一口气直奔赤门湾。此时，天色渐暗，幸而河面上停泊着一艘船。敬修匆匆走到船边，与船家谈好价钱，船家冷着脸撑篙摇橹。不料，船行到河中心时，船家忽然停驶，向敬修加倍要钱。敬修愣了一下，随即把手伸向僧衣口袋。然而敬修囊中羞涩，所带无多。船家放下了橹篙，拒绝前行船。敬修郑重解释道：有急事，必须以最快的速度到达对岸，并再三许诺，说回程时一定加倍偿还渡资。然而，船家一言不发，掉过船头一路摇回岸边。

就这样，敬修和尚又被船家送回了岸边，眼望湍急的河水，敬修和尚咬咬牙，只能选择徒步绕道。后来，敬修和尚往来赤门湾又多次遭到欺辱。敬修对着眼前涛涛的运河水，立下誓言：我一定要在此地造一座桥，让过往行人永远不再受气！

敬修回到家后，马上与里人陈玠、张光福发起募捐，建造石桥。桥的建造前后共花了一年半时间，雇用一万六千多名工人。桥竣工于大德四年（1300），为单孔半圆石拱桥。

桥造好了，起名字时颇费了一番踌躇，敬修左思右想无果，但他的眼前总是浮现出船家冷着脸，脚一掂一掂地在船板上打着拍子，嘴里说："没钱就在家睡觉，还坐船呢！"这时，不知谁提议说不如就叫"灭渡"吧——赤门湾从此消灭了渡船！民国《吴县志》上说此桥是"志平横暴也"。吴语当中，"灭"与"觅"同音，时间一长，"灭渡桥"被人讹传成了"觅渡桥"，是为寻找渡口之意。创建此桥的原来意思也渐渐被人淡忘。

灭渡桥采用单孔设计，以适应水流湍急、船只体积大、往返频繁的特点。在桥的拱顶与面石间不加填层，并尽量延伸桥身坡长，使大桥平缓易行，堪称江南古桥梁中的杰作。

20世纪70年代，苏州市政府考虑到灭渡桥已经承受不起往来交通的重负，在古桥南侧约六十米处另建起一座人字形新桥，取名"觅渡桥"，以便通行。

三、千年宝带通南北

如果在苏州评选最长的桥，那这桥非宝带桥莫属；如果在苏州评选影响最大的桥，还是非宝带桥莫属；如果在苏州评选星级最高的桥，更非宝带桥莫属。宝带桥是苏州桥中的"大哥大"，宝带桥是苏州桥中的明星。

南北向的京杭大运河到了苏州城南离灭渡桥七八里处，与西边的澹台湖零距离接触，也就是说，大运河这条直线与澹台湖这个圆"相切"。然而，这个"切点"却使得南北四五百米纤道不通。到唐代，漕运已空前繁忙，有人提出在这个"切点"上"填土作堤"，"以为换舟之路"；可如此也就切断了太湖经吴淞江入海的通路，更何况泥筑的堤坝很可能被汹涌湍急的湖水冲垮。唐元和年间（806—820），苏州刺史王仲舒为保证漕运的顺畅，下令整治纤道，建长桥于澹台湖上。

为解决资金问题，王仲舒带头捐出自己心爱的一条玉质宝带，当地士绅百姓深为感动，纷纷解囊捐赠，兴工建桥。桥自元和十一年（816）动工，历时四年而建成。浩大的工程，往往结合着美丽的民间传说，苏州民间还流传着八仙吐枣核帮助宝带桥打桩的故事。桥造好后，两岸百姓欣喜若狂，而受益最大的是船工纤夫。

为纪念刺史捐带建桥的义举，人们将此桥命名为"宝带桥"。从此，这条"宝带"就与姑苏一千多年来的存亡兴衰紧密地联系在了一起。

元薛兰英《苏台竹枝曲》"翡翠双飞不待呼，鸳鸯并宿几曾孤。生憎宝带桥头水，半入吴江半太湖。"实际上，宝带桥是没法隔断水流的，53个桥孔，将运河和太湖紧密地联系在一起。这是竹枝词的手法，模仿恋人间撒娇的口吻。

在与宝带桥隔一条运河的东侧的斜港大桥上向西眺望宝带桥，阳光下，碧波荡漾，整座宝带桥狭长一线，多孔倒映水中，虚实交映，犹如"苍龙浮水"，又似"鳌背连云"；真如飘浮在澹台湖水面上的一条宝带。宝带桥当中有三个孔特别高大，能通"巨舰"，形成了一个向上凸起的"三角"，两旁各孔上的桥面基本平直。但53个孔的布局却颇有意思，从最高的中孔算起，北面仅有14孔，南面却有38孔，令人费解。回头东望，恍然大悟，原来当中三个大孔基本对着东面那条通向独墅湖的斜港河，现在的斜港大桥即架于其上。如此，既便利了行动不甚灵活的"巨舰"的来往，又呈现出一种不对称的美。

桥南，是一对守护着宝带桥的一人半高的石狮，由青石雕成。东面的那只为雄，右前爪按着一只绣球；西边的那只为雌，左前爪抱着一头幼狮。石狮刀法粗犷，明显带有北方的野性，总觉得它们应该立于漠北草原——应该是元代遗韵。

桥面主体由花岗石砌就，间有少数青石与三两块武康石。奇怪的是，桥面靠两侧的每块石条上都凿有圆孔，可见当年曾安装过栏杆。记得曾见过一张宝带桥的老照片，桥面上竖着一根根低矮的木桩。

经过桥面上那个凸起的"三角"，就到了北端桥面，北端桥面与南端大致无异,但其武康石略多于南端,应是宋元遗留。

1962年,国家邮政总局出版发行了一套"中国四大名桥"的邮票(特50),其中三座分别是河北赵县赵州桥、四川灌县珠浦桥、广西三江程阳桥,另一座就是苏州宝带桥。从此,宝带桥增加了一大批爱好者——遍布全国各地甚至海外的集邮爱好者。笔者当年,就因了这张邮票而专程赴宝带桥一览雄姿。

四、今古相连碧水清

京杭大运河向南到了吴江区松陵段,河面变阔,河中心有一个南北狭长的近10公顷的小岛。也就是说,这里的运河变成了东西两条水道,主航道在岛东。岛西的水道,波澜不惊,两岸花木扶疏,垂柳依依,成了人们休闲的好去处。

岛西的水道上,架着一座三里桥,三里桥是联系运河西侧吴江古城区和小岛的唯一通道。桥西,就是车水马龙的227省道;省道西,就是日新月异的吴江中心地段。

三里桥东西走向,据清乾隆、光绪年间刻印的《吴江县志》《吴江县续志》记载,桥始建于元泰定元年(1324),分别于明天顺元年(1457)、清嘉庆二年(1797)两度重建。清光绪十一年(1885),江苏省水利总局与吴江、震泽两县官民再度重建,现在所见的三里桥就是当年重建之物。

桥为花岗石结构,四条长系石,花岗石侧石栏杆,不设望柱。总长54.5米,顶宽4.65米,两堍宽5.08米,矢高8.15米,跨径14.5米,其高度在吴江古石桥中位居首席。桥拱以纵联分节并列法砌就,东桥台拱脚三面各留宽约1米的纤道,拉纤者可直接从桥下通过。1978年,纤道石被往来船只撞落,如今只能用混凝土修补,留下永久的遗憾。

桥两侧明柱上有字,上首能辨出"光绪十有一年岁次乙酉仲夏之月"等字迹,下首为"苏省水利总局督同江震官民重建",显然是最后一次重建的记录。1986年7月,桥被列为当时的吴江县的文物保护单位。如今,文物保护标志碑竖立在桥西堍。

三里桥东堍的运河中小岛,就是"吴江市三里桥生态园",是古运河绿轴上的一块公共绿地。跨过三里桥,那份感觉确如从喧嚣的城市走向生态的田园。走进园内,迎面是一片大圆草坪,一棵棵绿树挺立,枝叶繁茂;草坪北侧是一个碧水池,水池四周假山错落,花木扶疏;东侧是运河主航道,河中舟船往来,河岸柳色青青。运河主航道的东面,就是吴江开发区。

生态园内最为瞩目的要数顾野王纪念馆,吴江人称之为顾公庙。顾野王(519—581),南朝梁陈间官员,文字训诂学家,史学家。出身吴地名门望族。顾野王的代表作为《玉篇》,是我国一部影响巨大的按部首分门别类收录汉字的字典,体例仿《说文解字》,部首有增删。每字下先注反切,再引群书训诂,解说颇详。关于顾野王,苏州民间留下了甚多传说与谚语,最著名的是"宁可赤脚奔,莫踏顾公坟"。在如今苏州市职业大学校园内的顾野王墓上有乔松,状如华盖。大石横卧冢上,长两丈左右,前高后低,可列数十人。其余石如印信,如石几,又如列屏。据说屏下有金鸡,每逢阴雨天则呼之即出,游人追则隐于石中。还据说墓上古松树取之可以疗疾。乡里人相互转告:"宁可赤脚奔,莫踏顾公坟。"可见对顾野王的尊重。

据明清间方志记载,顾公庙所在地为吴江北门外。宋、明、清各代屡有修建。"文革"开始后,顾公庙被夷为平地。让人庆幸的是,顾野王纪念馆于2006年正式开始建设,经前后一年多时间,于2007年下半年竣工。重建的顾公庙位于三里桥生态园内,四周花木掩映,水光潋滟。门面甚为气派,但遗憾的是,山门紧闭,我们从侧面的小门进去,正殿内空空如也,难见顾野王这位历史人物和民间传说人物的双重形象,为三里桥生态园的建设留下遗憾的一笔。

滔滔运河,连缀了南北,更是贯穿了古今文化。运河上的座座桥梁,跨越了河流,架通了南北,架通了东西,更为重要的是,架通了古今,成了今人探寻传统文化的桥梁。

苏州治"运"官吏的优良品性及形成原因

戈春源

苏州水乡,河道纵横,绿野平畴,农业发达,常获丰收,有"苏湖熟,天下足"的谚语,成为"人间天堂"。这固然是劳动人民辛勤劳动的结果,但也与历代统治者重视农业的命脉——水利工程建设有关。官吏治理大运河及其支流的过程,体现了他们某些优良的品性,绝大多数被列名于沧浪亭五百名贤祠中,永作纪念。

一、忠于职守 鞠躬尽瘁

在苏州任事或出生于苏州的一些水利官员,能体恤民瘼,牢记职责,致力于水利与赈灾事业。古代地方官员兼管水利,白居易是其中重要的一位。白居易(772—846)在唐宝历元年(825)任苏州刺史,见阊门至虎丘的道路迂回曲折,特别是半塘以西更是沼潭相连,为民生计,他倡议并主持开挖了一条由市区通向虎丘的河流,长1 800多米,并沿河修筑了一条长堤山塘。由是方便了水陆交通,两岸农田得以灌溉,又可防水涝之患,山塘也逐渐成为闹市。正是"自开山寺路,水陆往来频"[1]。《吴郡图经续记》上也说,这条河道的开辟可"免于病涉,亦可障流潦"[2]171。人民为纪念他的功绩,称之为"白公堤"。

苏州本地人范仲淹(989—1052)景祐元年(1034)知苏州,是时苏州遭遇水灾,灾民众多,"其室十万,疾苦纷沓"。他抱着先忧后乐的理念,急民众所急,深入现场,用以工代赈的方法,也就是把救济的粮款作民工的报酬,调动了民工劳动的积极性。他发动灾民,疏浚"白茆、福山、黄泗、许浦及茜泾、下张、七丫,以疏导诸邑之水"。不久朝廷要调范仲淹到鄞州就职,由于他对工作的认真负责,苏民要求,等水利工程结束再走,获朝廷的允许。范仲淹在苏州还开辟了不少塘浦圩田,发展农业生产。

陈鹏年(1663—1715),康熙三十年(1691)进士,历任州县地方官员,康熙四十七年(1708)担任苏州知府。这时正逢苏州"岁饥",疫疠发作,他不怕传染,深入民间,"周历村墟,询民疾苦,请赈贷,全活甚众"[3]10094。康熙六十年(1721)勘察山东、河南运河。当时黄河在河南武陟县马营口溃堤泛滥后,又有多处因受冲击而决口。陈鹏年主张开凿引河,煞住悍怒水势,奏入称旨。雍正元年(1723)实授河道总督。时黄河多处溃口,"以次合龙",只马营口尚未填塞,而陈鹏年病卒于河堤之上。陈鹏年十分敬业,工作从不凭空指挥,而是"止宿河壖,寝食俱废[3]10095",抱疾坚持,终于不起。

长洲(今苏州)人嵇曾筠(1670—1738)与其子嵇璜(1711—1794)两人,都是务实的水利官员。雍正元年(1723)黄河在河南中牟县七里店决口,河水肆横,嵇曾筠以兵部侍郎的名义前去堵塞、治理。他不怕艰苦,视察灾情,"亲自坐小船考察山川形势河道走向",作出正确的判断,在秦家厂开凿引河,引黄河急流全走中间洪道,使秦家一带"安如磐石"[4]雍正八年(1730),曾筠任管理南河总督,刚上任时山水暴发,大水流进骆马湖,漫溢运河与黄河,使一湖二水连成一片,水患十分严重,他不畏危险,亲自奔往前方,命令开坝泄水,使山水分流入海。

嵇璜是雍正八年(1730)进士,从小跟随父亲视察山川形势,熟悉水利事务。乾隆十八年(1753),黄淮两水并涨,侵入运河,时任户部侍郎的嵇璜,疏请浚疏铜山(今属徐州)至淮阴的运河河道,用平底方船挖泥,修补堤闸。嵇璜奉旨前往督修,取得成效。乾隆二十三年任"南河副总",时运河发生水灾,嵇璜学习范仲淹"以工代赈",发动灾民,在运河苏中段建筑多座闸门,疏通多条"下河",开通入海通道。嵇璜治"运",必亲临工地,身先士卒,不怕危险。有天晚上闻报,虞城河堤出现险情,河水冲堤猛烈,堤即将垮塌。他立即与属吏骑马驰往。"天甫亮,雨雹交下,下埽岌岌欲崩;从者失色,劝璜故退。璜立堤上叱曰:'埽去我与俱去'"[5],后经众人努力,加上雨雹停息,终于保住大堤。嵇璜忠于自己的职责,敢于为民牺牲自己,精神可嘉,流传千古。

忠诚水利事业,表现在工作的主动性、积极性。清朝,管苏州织造的高斌在乾隆年间,暂管两江总督,十六年(1753)三月,由于盱南,阳武等地河水漫溢,所筑堤岸多处没有合龙,皇帝命令高斌前去视察处理。在正式命令下达之前高斌已经奔赴工地,协助河官办事。在他努力之下,终于完工。遇事不推,勇于任事,显出吏道本色。这与那些遇事推诿,不思进取,得过且过的庸官不可同日而语。

二、勇于实践　理论创新

苏州治运官员,勇于参加实践,并在理论上敢于创新。范仲淹甫至苏州就深入抗灾斗争。他亲赴一线,实地考察,询问民情,总结经验。发现苏州的水灾,主要是因沿江岗身较高,太湖水难泄所致,因而新开白茆等多条河道通向长江,最后使洪水流入大海。但光开泄洪水道还不够,仍有被涨潮流沙堵塞的可能,因此,一定要设置闸门,才能启闭引排自如,防止流沙的淤堵。他说:"常时扃之,御其来潮,沙不能塞也。……旱岁亦扃之,驻水溉田,可救熯涸之灾。潦水则启之,疏积水之患。"[2]80并根据历史经验认为要解决苏州受涝问题,还必须修筑围(圩)田,圩中高处建立村庄,中间开辟成广大农田,低处开挖河渠。圩设闸门,"旱则开闸,引江水之利;涝则闭闸,拒江水之害"。在这思想的指导下,苏州修筑了不少塘浦圩田,并推向江南地区。范仲淹"修围、浚渠、置闸"三者并举以治水的理论,妥善地解决了蓄水与排水,挡潮与排涝,治田与治水的多种矛盾,为历代水利官员所遵奉。范仲淹在救灾中,还发明了"以工代赈"的方法,也为后代水利官员所用,它改变了灾民消极待赈的思想,调动了灾民的主动性,行之有效。

郏亶(1038—1103),苏州昆山太仓(时太仓属昆山)人,嘉祐二年(1057)进士,是昆山登科第一人,称该县破天荒。他出身于农家,从小就参加农业与水利实践,一直重视家乡的水利建设。在广东安抚司机宜文字任上,熙宁三年(1070),上书条陈苏州农田水利的利害得失，批评以前的治水未按地形之高低排水、筑堤无卫农田、诸浦不能泄水等"六失"，提出"应辨地形高低之殊，求古人蓄泄之迹"等"六得"。又进而总结出《农田利害大概》七条，这些经验，应是从实践中来。熙宁五年（1072）任司农丞，负责苏州水利。但刚任一年，由于保守势力与地方豪强的反对而去职。他便退于家乡大泗濂试行自己理论指导下的所拟方案，吸取教训，开筑圩岸、沟浍、场圃，取得成功，获得丰收。他上书并绘图，递交政府，郏亶复任司农丞，升江东转运判官。郏亶著有《吴门水利书》，他的水利理论较细致全面。其子郏侨能传其学，主张在太湖与江南运河的上、中游设堰埭，使来水入江，又辟吴江的南石塘，"多置桥梁以决太湖，会于青龙、华亭而入海"[2]80。开浚吴淞江，并筑石塘堤岸；杭州迁长河堰使宣杭之水入于浙江，东南之水不入太湖、运河为害。郏侨的"分水"理论，在当时较为先进，有一定的可行性。

元朝人任仁发，年 18 中乡举，任都水监，负责江浙水利事务。他勇于实践，在长期致力于水利工作的基础上，作《水利问答录》，指出"治水之法有三：浚河港必深阔，筑围岸必高厚，处闸窦必多广。设遇水旱，就三者而乘除之，自然不能为害。傥人力不尽，而一切归数于天，宁有丰年耶？"[6]其论述较为详赡，强调在抗灾中应发挥人的主观能动性，具有积极意义。

陈弘谋（1696—1771），雍正元年（1723）进士，乾隆五年（1740）任江苏按察使（清时江苏省会在苏州），乾隆二十三年（1767）任江苏巡抚，至乾隆二十六年调湖南，在苏前后近九年。陈弘谋长期在地方任职，注意实地考察，每到一地，一定深入基层，了解该地的人情风俗。对水利事业尤其关注，凡履地方新职，必定绘制当地村庄、河道的地图，悬挂于衙署壁上，反复审视，不断揣摩，从而采取相应的水利措施。他在治理江苏运河时，根据历代经验，开挖河流淤积的浮泥，督促民众治理沟洫，导水进江入海；建设闸门，开渠作圩，多造涵洞，来对付旱涝灾害。他善于向群众学习，称那些熟悉水情的"河兵"是自己的老师。在任天津道时，乘小船沿运河考察,咨询当地群众,从中总结出一种"放淤法",在水涨时,河水夹沙而行,引导它从堤左进入;沙沉下后,再从堤右放水而出;如是者数次,被淤之土增高添厚,使运河沿途的"沧、景诸州悉成沃壤"[7]。苏州治"运"官员,在理论上有所创新,这与他们勇于实践,虚心向民众学习,善于总结经验分不开的。当然,也跟他们熟读史书,善于汲取历史经验教训有关。

三、清廉俭约　大公无私

清廉俭约,可以说是苏州治"运"名臣的共同特点。众所周知,治水的官职是个肥缺,它掌管着大量经费与人力资源,又容易上下其手,因而历朝历代在"河工"上贪污遭撤职法办者大有人在。而苏州治"运"名臣却能以清廉自持,大公无私,甚至化私为公而名传史册。

唐朝的王仲舒,元和年间,当苏州刺史,他为了改善苏州与吴江的交通,防止太湖水的冲击,捐出自己的玉带,在运河与澹台湖口,建成名为"宝带桥"的长桥。

范仲淹一向关心家乡苏州的人民,有次回乡就捐绢3 000匹,发给"亲戚及闾里知旧,自大及小,散之皆尽"[8]。范仲淹在苏知州任上,捐出自己的私地兴办苏州州学。范仲淹先是购得南园之地,想造宅自居,阴阳家以为这是风水宝地,得到此地必定相继出公卿。而范仲淹却说占有该地"吾家有其贵,孰若天下之士咸教育于此,贵将无已焉!"[2]171便毫不犹豫地捐献出来,显示了他"先忧后乐""兼济天下"的胸怀。范仲淹的子孙跟他一样关心苏州州学的发展,为苏州科举的全盛打下了基础。

张伯行(1651—1725)河南仪封人,康熙二十四年(1685)进士,历任地方官吏,最后任礼部尚书;在江苏任按察使、巡抚有8年之久。他一生清廉,化私为公,号称"第一清官"。康熙三十八年(1699)六月,天降大雨,仪封北乡旧堤崩溃,水势汹涌,将造大灾。丁忧在家的张伯行慷慨地捐出自己的私钱,赶快招募民工,用土袋堵塞缺口,"堤遂完固"。以后,他跟随河道总督,督修黄河大堤

200余里及马家浜、东坝,显有成效。康熙四十一年(1702)任山东济宁道。济宁是运河重要城市,是运河从江苏通向山东的关口。他上任伊始,正值灾荒,百姓中已显饿莩。由于担心层层上报延误时机,立即从自己家中运来钱米、棉衣,"出家财拯救,众赖以济"[9]500伯行亲自到汶上、阳谷两县进行赈济,自作主张,发国库的粮食二万二千六百石有奇来救灾,山东布政司责问他"专擅",他回答说,奉国命救济,不能称"专擅"。又反过来问,"上视民如伤,仓谷重乎,人命重乎"?驳得布政司哑口无言,此事才了结。张伯行一生慈仁廉洁,"乡人有假贷未偿者,悉请遗命焚卷,欢声动远迩"[9]500。他到各地任职多建书院,捐献图书。他"历官数载,常俸外未尝受一钱,所用粟米丝布皆自取给家,公余悉为养士恤民之费"[3]10095。

陈鹏年,工作勤实,事必躬亲,深入一线进行指挥,最后积劳成疾,没于公所,年仅50。他一生清廉,死后家无积储,家有八十老母,亟须赡养,而"室如悬磬"。

纵观历代苏州水利官员,他们的一些优秀品性,值得后世传承与发扬。这些品性的形成有其深刻的原因。主要这些官员,出身于知识家庭,通经达道,受优秀传统文化的熏陶,锤炼本性,施行仁政,能做到修己利民,造福社会。一些著名水利官员,同时也是文学之士。白居易以白话诗见长,反映民间疾苦,传达人们心声。范仲淹边塞词的雄浑与散文的叙景述志,一直脍炙人口,其经学研究成果也具有很高水平。宋时开浚松江、盘龙湾、沪渎的叶清臣,也有诗词传世,是苏州文学世家叶氏之祖。昆山郏亶、郏侨父子,亦以经学、文学见长。明归有光,熟悉水利技术,著有《水利论》前后篇,他深于儒学,善作散文。明进士耿橘,万历间任常熟知县,疏浚横沥等塘浦,建筑圩岸,成绩卓著。他热心儒学,恢复子游书院,著《虞山书院志》。传统的文化修养,养成了他们办事认真、操守清廉的作风。

其次,优秀的治"运"官员大多能勇于参加实践,住宿河岸,废寝忘食,敢作敢为,甚至不惜牺牲自己。正如清顺治时河道总督朱之锡所言,"河工非到足到、眼到不能",他认为治河者应耐风雨之劳,察防护之堤,求协群之力。苏州的水利官员,观察细致,善于总结经验,吸取老农、"河兵"与各种熟悉水利者的意见,他们看到了劳动人民的艰苦生活,勤劳作风与创造精神。因而在理论上多有创新、发展。

最后,古代水利工作多由地方主官直接负责,这就可以调集当地资金、人力、等各种资源,加速进度,保证工程质量。经济发展攸关民生,从来都是政府工作的重点,由不得半点马虎。这使官吏要面对复杂局面,全面提高工作能力和综合素质。这对他们的品性锻炼,也不无帮助。

【参考文献】

[1] 范成大.吴郡志:卷16 虎丘[M].南京:江苏古籍出版社,1999.
[2] 苏州市政协文史资料委员会苏州市博物馆,苏州市图书馆.范仲淹史料新编[M].沈阳:沈阳出版社,1989:171.
[3] 赵尔巽.清史稿·陈鹏年传[M].北京:中华书局,1998.
[4] 钱仪吉.碑传集·嵇曾筠[M].北京:中华书局,1993:2186.
[5] 赵尔巽.清史稿·嵇璜传[M].北京:中华书局,1998:10 062.
[6] 顾炎武.顾炎武全集:第12卷[M].上海:上海古籍出版社,427.
[7] 赵尔巽.清史稿·陈弘谋传[M].北京:中华书局,1998:10 561.
[8] 龚明之.中吴纪闻·范文正公还乡[M].上海:上海古籍出版社,1986:60.
[9] 钱仪吉.碑传集:卷十七[M].北京:中华书局,1993:498.

帘帘清风

——试析苏州古宅的清廉主题

何大明

苏州古宅(包括已成为古典园林的古宅),凝聚了浓郁的民族记忆和乡愁印象,是一部部珍贵的立体"教科书"。这些美轮美奂的古建"教科书"不但给我们留下了丰厚的文化遗产,同时也给后人传承了可观的非物质文化遗产。历代园主和宅主,在老宅中保存了许多寓意深远的匾额、楹联、字牌等"品题读物"。它们采用木刻、砖雕和石雕等制作技法,保存在厅堂的门楣、梁柱和外墙等处。其思想内涵,不但表达了传统的吉祥文化内容,还表达了蕴含人生哲理的"廉洁"主题。这种别具一格的"廉洁文化",是从古籍中汲取精华、加以提炼后形成的传承清廉家风的治家格言和名句名联。其内容丰富多彩,形式别具一格。它们对于我们当前开展的"廉洁奉公"教育、"反腐倡廉"教育,无疑具有深远的历史意义和现实意义。其启迪作用可谓发人深省。

匾额上的"廉洁"主题

匾额俗称"匾牌",是一种题写堂名或标志语的长方形木牌。其实,其形制最初横者为匾,竖者为额。如今不分横竖,一律称为"匾"或"匾额"。匾额选用的材料,一般有竹板、泡桐木、银杏木,考究的使用楠木或红木。书写字体争奇斗艳,有篆书、草书、行草、行书、楷书等。为了造成对比鲜明的视觉效果,通常匾身为本色或白色,字体为黑色。镂空字白而底黑的匾额称为"虚白匾"。匾额的题刻内容,大多撷取古代脍炙人口的诗文佳作,立意深邃,情调高雅,表达了宅主的审美理想和情趣。悬挂在住宅厅堂屏门上方的匾额,题写的多为堂名(堂号),以三字为多,称为"堂号匾"。宅主往往聘请当时的名家书写匾额并落款。题写后,由制匾高手制作成匾额,悬挂于厅堂。字体采用堆砂或嵌石绿等方法制成。此外,还有悬挂在厅堂门楣上,以及庭园亭台楼阁内的匾额。一些镶嵌在厅堂墙体的书条石,有些类似匾额也有"警示"功能。

"师俭堂"堂号匾

苏州吴江区震泽古镇,有一座建于清代同治年间的古宅,堂号名"师俭堂"。宅主徐汝福虽然官至礼部郎中,却是一位可敬的清官。其轻财重义、乐做善事的事迹,为里人津津乐道。老宅敞厅内高悬两块上下相依的木匾,一块题"师俭堂",另一块题"钦若师俭"。所谓"师俭",就是崇尚清廉节俭,典出《史记·萧相国本纪》:"(萧)何置田宅必居穷处,为家不治垣屋。曰:'后世贤,师吾俭;不贤,毋为势家所夺。'"师俭堂之名还有另一层含义,就是"效法张俭"。张俭是东汉廉吏,以高风亮节闻名于世。此外,苏州城内还有几座古宅的堂名,均题额"师俭堂"。

"四知堂"堂号匾

苏州人民路慕园北侧,曾经有一座建于民国时期的杨宅,鲜为人知,笔者青少年时代在此居住多年。大厅内曾悬挂一块厚重的匾额,名"四知堂"。宅主的一位先祖,是后汉廉吏杨震。据《后汉书·杨震传赞》记载:后汉年间有一个叫王密的人,为了个人升官发财,深夜怀藏黄金来到杨府,行贿于杨震,曰:"暮夜无知者。"震曰:"天知神知我知子知,何谓无知?"杨震后人传承清廉家训,立"四知堂"以鉴。对于"反腐倡廉",这块匾就是一篇生动的实物教材。可惜在"文革""破四旧"的浩劫中,该匾被查抄后不知去向。这座老宅,也因为后来拓宽人民路而被拆除。

"清能早达"匾额

苏州网师园的轿厅内,悬挂一块"清能早达"的匾额。"清能早达"的意思是:为官清廉正直,才能成为一名受到百姓拥护的"清能吏",事业有成,早建功名。"清能"一词,典出《后汉书·贾琮传》。贾琮为官清正廉洁,朝廷为整治官场腐败,弘扬清廉正气,

"更选清能吏,乃以琮为冀州刺史"。"早达"的"达",典出孟子名言"达者兼善天下"。园主悬挂该匾"吾日三省吾身",以此表达自己矢志不渝的清廉志向。

"景行维贤"石刻

苏州古典园林沧浪亭内,有一座"五百名贤祠"。清代道光七年(1827),廉吏陶澍(著名的水利专家)和梁章钜一起,自掏腰包捐资建造了这座五百名贤祠,以清廉名贤为世人学习的楷模。祠内以石刻的形式,镌刻苏州历代名贤画像594幅。每幅画像下面,均有四句概括性赞语。其中的"署头石刻",题额"景行维贤"。内容取自《诗经·车辖》:"高山仰止,景行行止。""景行维贤"含义是:行为光明正大,作风清正廉洁者,是后人仰慕的贤德之人。异曲同工,沧浪亭内的"仰止亭",其出典也同样如此。如今,五百名贤祠已成为一处"反腐倡廉"的教育基地。

楹联上的"廉洁"主题

楹联,悬挂于厅堂左右两侧柱上的对联。厅堂的庭柱称为楹柱,故称为"楹联"。楹联的材质多用竹板或木板。因为楹柱通常为圆柱,为了使楹联悬挂后与楹柱表面吻合,往往将楹联板表面烘烤成曲面,故楹联又俗称"抱柱联"。一副完整的楹联,分为上联和下联。两者字数相等并且对偶,音韵符合规定的平仄要求。楹联的联句,或从古代诗文名句中汲取精华,或从现实生活中提炼神韵,两者相互渗透融合,显得典雅、含蓄,立意深邃、情调高雅。楹联形式多样,既有律句联,又有散句联。在艺术表现手法上,采用象声、叠字、嵌字、拆字、回文等形式,具有工整、对仗、整齐、平仄相间的形式美和抑扬顿挫的韵律美。安装时,上联悬挂在右侧柱上,下联悬挂在左侧柱上。下联附有落款,有书写者姓名、撰联者姓名和书写日期等要素。楹联板的字体和制作方式,大致与匾额相同。

东山明善堂楹联

苏州吴中区东山镇,有一座列入全国重点文物保护单位的古建筑,名"明善堂"。该宅为清代顺治年间进士张延基的故居。为官清廉的张延基任职20多年,乐做善事为民办实事,政绩卓著,深受百姓爱戴。他因积劳成疾而英年早逝,死后竟然无钱安葬。其故居大厅内,有一副名扬千古的楹联:"积金积玉不如积书教子;宽田宽地不如宽厚待人。"这副楹联,通俗易懂发人深省,就是宅主两袖清风的真实写照。

留园的两副楹联

苏州古典园林留园,曾经悬挂过两副耐人寻味的楹联。一副楹联在西楼景点,为吴中名士许乃钊所题。联曰:"入世须才更须节;传家积德还积书。"另一副楹联在"又一村"景点。联曰:"甘守清贫,力行克己;厌观流俗,奋勉修身。"意思是:乐于清贫生活,身体力行,克制私欲;厌恶世俗,勤奋努力修身养性。两副对楹联异曲同工,表达了园主甘于清廉的思想境界。

东山春在楼楹联

苏州吴中区东山镇的春在楼,是全国重点文物保护单位。宅主当年请于右任书写了一副"养廉"楹联。该楹联现在悬挂在老宅的厚德堂内。联曰:"敬以持己,恕以及物;勤以补拙,俭以养廉。"于右任在民国时期当过高官,对官场腐败深痛恶极,故书写这副"养廉"楹联告诫宅主。其直截了当的鲜明主题,实属罕见难能可贵。

千灯立三堂楹联

昆山千灯镇上,有一座始建于明末清初的余宅,名"立三堂"。因为老宅沿街开设典当,故称为"余家当铺"。余家后人余小霞是一位诗人,与清代当时的名流梁章钜交好。梁章钜历任高官,对官场腐败深有了解。因此,他应好友小霞之邀书写了一副别具一格的"劝勉"楹联。联曰:"劝子勿为官所腐;知君欲以诗相磨。"楹联高悬在立三堂的大堂内。

门楼字牌的"廉洁"主题

砖雕门楼有的砌在外墙上,有的则砌在院墙上。它们不但具有防火防盗的多种实用功能,还具备相当的装饰作用,是体现苏州砖雕技艺的主要载体。砖雕门楼的通常制式为:大门上部砌筑成牌楼式样,顶端覆盖小青瓦,飞檐翘角突出于两侧墙面,飞檐两侧设垂莲柱或花篮柱。檐顶形制,简单的为"一间三楼",呈品字形;复杂的为"一间五楼",有枋和斗栱等装饰。门楼的雕刻技法丰富多彩,有深浮雕、圆雕、透雕等。题材多以人物为主,如神话传说、戏曲故事和民间习俗。门楼两侧的八字形砖细门框内,配置两扇对开木门,门上配置一对铜质铺首。门楼飞檐下,从上至下主要分为上枋、中枋和下枋共三层扁长方形雕刻砖面。上枋和下枋砖面上,均雕刻精美的图案。中枋又可细分为三部分。中间是字牌,两侧方框为兜肚。兜肚内常雕刻珍禽、瑞草、嘉花。清代的图案多为人物掌故。比如,文武状元、进京出京、状元游街、衣锦还乡、麒麟送子等。字牌的内容,往往从古籍中提炼,概括为四字警世语,成为传承家风的格言。字牌的左侧,往往镌刻款额年号等。有的门楼,正反两面均有上枋、中枋和下枋雕刻砖面,称为"双面砖雕门楼"。

艺圃砖雕门楼字牌

苏州古典园林艺圃内,有两座体现园主清廉家风的砖雕门楼。一座为单面砖雕门楼,屋脊形制为雌毛脊。中枋题"刚健中正",字体为楷书。字牌内容体现了园主落落大方、光明磊落的清廉家风。另一座为双面砖雕门楼,屋脊形制为哺鸡脊。其中的一面,中枋题"执义秉德",字体为隶书。执义,坚持做合理之事。秉德,保持美德。《诗经·曹风》:"淑人君子,其仪一兮。"汉代郑玄笺:"仪,义也。善人君子其执义当如一也。"汉代班固《汉书·贾捐之传》:"守道坚固,执义不回,临大节而不可夺。"字牌内容为治家格言,是三代园主清廉家风的真实写照。

其他砖雕门楼字牌

苏州古城内不少老宅砖雕门楼的字牌内容,都涉及"清正廉洁"这一家风主题。有时,还出现了"一牌多用"的有趣现象。比如,"慎修思永"字牌,不但被马大箓巷季宅使用,还被盛家带苏宅、钮家巷某宅使用。体现清廉家风带有"俭"字的字牌,特别受到青睐。比如,官太尉桥双塔影园,有一座"克勤克俭"砖雕门楼。内容典出《尚书·大禹谟》:"克勤于邦,克俭于家。"其他带有"俭"字的字牌,为数不少。比如,"师俭贤后""恭俭庄敬""俭德传家""俭以养德""慎乃俭德"。

　　苏州老宅和园林中带有"廉洁"主题的"品题"读物,除了反映在匾额、楹联和砖雕门楼的字牌中外,在厅堂的书条石,以及庭院立峰石刻等处,也有所体现。这一笔丰厚的文化遗产和非物质文化遗产,弥足珍贵,值得我们后人深入挖掘和梳理,使之代代相传。

为什么说"上有天堂,下有苏杭"

张振雄

"上有天堂,下有苏杭",是流传千年的谚语。意谓:天上有人人向往的天堂,苏、杭两地就是人间天堂。此语很早就妇孺皆知,传遍全国。苏杭地处江南,两地的美丽、繁荣与富庶固然让世人欣羡,然江南地域辽阔、城市众多,古人为何独称苏、杭两地为天堂?若要追踪此语来龙去脉,得从隋代开始。

隋代,"江南川泽沃衍,有海陆之饶,珍异所聚,故商贾并凑。"(《隋书·地理志》)时江南较安定,人口增长多,经济发展快,被称为"佳丽地"。

唐代,江南更为繁华富庶,不仅仍称"佳丽地",任华《怀素上人草书歌》中"人谓尔从江南来,我谓尔从天上来"。将江南直接比作"天上"。唐代杭州是上州,区域范围大致和明清杭州府一般大;而苏州是江南唯一雄州(唐制州分"辅、雄、望、紧、上、中、下"七等),范围大致包括明清时苏州、嘉兴和松江三府。京杭大运河通航后,苏州经济迅猛发展,物阜民丰,商业繁荣,很快成为江南商业中心之一。白居易诗云:"甲郡标天下,环封极海滨。版图十万户,兵籍五千人。""人稠过扬府,坊闹半长安。"杜荀鹤诗云:"夜市卖菱藕,春船载绮罗。"这些诗句描写的苏州之繁荣,不仅扬州无法与之相比,即使杭州也是比之不及的。当然,白居易很欣赏苏州"远近高低寺间出,东西南北桥相望,水道脉分棹鳞次,里闾棋布城册方"。更向往"吴酒一杯春竹叶,吴娃双舞醉芙蓉"的精致典雅和委婉。唐中叶以后,太湖流域成为经济发达地区,苏、杭两州成为江南名郡。白居易《和殷尧藩侍御忆江南》写道:"江南名郡数苏杭,写在殷家三十章。君是旅人犹苦忆,我为刺史更难忘。境牵吟咏真诗国,兴入笙歌好醉乡。为念旧游终一去,扁舟直拟到沧浪。"他称颂苏杭:"杭土丽且康,苏民富而庶。"在先后任过杭、苏两州刺史的白居易推崇下,苏、杭两地自然更有资格成为江南的代表。

宋代,人口的大规模南迁和增长,科技进步、水利发展和圩田建设,促进了太湖平原农业生产快速发展,当时广为流传的"苏湖熟,天下足"谚语,说明苏州、湖州一带已成为全国粮仓。粮食产量提高了,就腾出部分土地种植经济效益更高的茶、桑、棉等作物,苏州逐渐成为蚕桑业中心,成为丝织品生产最为发达的地区之一。农副业的长足发展,又促进了手工业和商业的繁荣。北宋朱长文《吴郡图经续记》记载:"自钱俶纳土至于今元丰七年,百有七年矣。当此百年之间,井邑之富,过于唐世,邾郭填溢,楼阁相望,飞杠如虹,栉比棋布,近郊陧巷,悉甃以甓。冠盖之多,人物之盛,为东南冠。"当时苏州富裕程度已超过唐代,"为东南冠"。南宋范成大《吴郡志》记载,"谚曰:'天上天堂,地下苏杭。'又曰:'苏湖熟,天下足。'湖固不逮苏,杭为会府,谚犹先苏后杭。"他还指出:"在唐时,苏之繁雄,固为浙右第一矣。"说明至少南宋初,已流行"天上天堂,地下苏杭"这句谚语了。

元代,虽经战争与易代之变,苏州经济社会和百姓生活仍富甲天下。意大利威尼斯的马可·波罗到苏州后说:"苏州城漂亮得惊人。"当时苏州丝织业有了进一步发展,政府设立"织染局",作为专门的织染机构。元前期散曲家奥敦周卿在《蟾宫曲·咏西湖》中吟诵:"西湖烟水茫茫,百顷风潭,十里荷香。宜雨宜晴,宜西施淡抹浓妆。尾尾相衔画舫,尽欢声无日不笙簧。春暖花香,岁稔时康。真乃上有天堂,下有苏杭。"最后一句就是现在流传的民谚了。可见最迟在元初,"上有天堂,下有苏杭"就已经流传开了。

明初,"苏松(松江府)税赋半天下"。万历中期,苏州府缴纳田粮209万石,占全国7.5%。清代,苏州向中央政府缴纳的粮、税占全国10%。经济社会的迅猛发展,使苏州成为全国经济中心和文化中心。沈寓说:"东南财赋,姑苏最重;东南水利,姑苏最要;东南人士,姑苏最盛。"还夸苏州商贸兴旺情况:"山海所产之珍奇,外国所通之货贝,四方往来。千万里之商贾,骈肩辐辏。"《明清苏州工商业碑刻集》记述苏州商业贸易范围之广:"苏州为东南一大都会,商贾辐辏,百货骈阗,上自帝京,远连交、广,以及海外诸洋,梯航毕至。"苏州商业活动"南达浙闽、北接齐豫,渡江而西,走皖鄂,逾彭蠡,引楚蜀、岭南"。当时,苏州为全国最大稻米和木材市场,苏州与松江同为全国最大棉布市场,苏州还与杭州、江宁(南京)并列为全国三大丝织品中心。因大面积种植茶、桑等经济作物,江南地区粮食作物种植面积大减,加上人口大幅度增长,"苏湖熟,天下足"格局被"湖广熟,天下足"替代。明末,江南开始从湖广地区输入米粮,黄希宪《抚吴檄略》指出:"吴所产之米,原不足供本地之用,若江广之米,不特浙属借以济运,即苏属亦望为续命之膏。"湖广地区粮食经水运聚集苏州枫桥,或作漕粮输京,或分散流入江南各地乃至福建等省。清代,江南地区更是严重缺粮。清乾隆十六年(1751),江苏巡抚庄有恭奏:"大都湖广之米辏集于苏郡之枫桥,而枫桥之米,间由上海、乍浦以往福建。"苏州位居江南地区经济中心地位,水陆交通便捷,人口密集,因而成为全国最大粮食集散地之一。苏州商贸中心在阊门外至枫桥镇一带,明唐伯虎《阊门即事》描述其繁华情景:"世间乐土是吴中,中有阊门更擅雄。翠袖三千楼上下,黄金百万水西东。五更市卖何曾绝,四远方言总不同。若使画师描作画,画师应道画难工。"清直隶总督孙嘉淦《南游记》也有相应描述:"阊门内外,居货山积,行人水流,列肆招牌,灿若云锦,语其繁华,都门不逮。"阊门一带确实如《红楼梦》所说"最是红尘中一二等富贵风流之地"。清浙江巡抚纳兰常安在《宦游笔记·江南三》中描述阊门外南濠的市场繁荣:"南廒在苏城阊门外,为水陆冲要之区,凡南北舟车,外洋商贩,莫不毕集于此。居民稠密,街弄逼隘,客货一到,行人几不能掉臂。近人以苏、杭并称为繁华之郡,而不知杭人不善营运,又僻在东隅。凡自四远贩运以至者,抵杭停泊,必卸而运苏,开封出售,转发于杭。即如嘉、湖产丝,而绸缎纱绫,于苏大备,价颇不昂。若赴所出之地购之,价反增重,货且不美。"徐扬《盛世滋生图》反映苏州城市风貌和工商盛景,画面上人流熙熙攘攘,摩肩接踵,计有12 000多人;河上运粮船、货船穿梭往来,有400来艘;街道上店坊林立,市招繁多,能辨认出的有230余家,涉及丝绸、棉布、蜡烛、烟草、染作、杂货、医药、珠宝、洋货、典当、饭馆、会馆等50多个行业。

明王鏊《姑苏志》记载,明代苏州府有73个集镇,远多于同期松江府44个。刘石吉《明清时代江南市镇研究》统计,鸦片战争以前,江南有千户以上居民集镇38个,苏州府占其半。苏州府不仅集镇数量为全国各府最多,而且集镇手工业专业化程度和商业繁盛,也都位居全国各府之首。清嘉庆二十五年(1820),苏州人口590.9万,位居全国第三,仅次于武昌府和广州府;人口密度每平方千米1 447人,居全国各府之首,松江府人口密度每平方千米627人。时属松江府的上海县,经济日趋发达,迅速崛起,被誉为"小苏州"。鸦片战争后,上海被辟为通商口岸,社会经济迅猛发展,所在的松江府有259个集镇,超过苏州府的206个。因太平天国战争带来的破坏,苏州人口急剧减少,社会凋敝,京杭运河的河运优势又逐渐被上海的海运、铁路所超越。上海遂取代苏州成为江南乃至全国的新经济中心。

苏州地处长江三角洲太湖平原东部,西濒太湖,北枕长江,东近大海。东南与上海接壤,西北和无锡毗邻,南接浙江嘉兴与湖州两市。全市面积约8 488平方千米,其中平原54.9%,水域42.5%,丘陵2.6%。全境分为长江沿江平原、太湖水网平原和丘陵三大地形单元。有河道2万余条,总长1 457千米;有太湖、阳澄湖等湖泊323个,共421万亩(28万公顷)。苏州少活动性断裂,自古以来从未记录到超过5.1级的地震。苏州属北亚热带季风气候,四季分明,温暖湿润,雨量丰沛,日照充足,无霜期长,相对江南其他地区,台风和干旱危害也较轻。20世纪90年代完成环太湖大堤、望虞河、太浦河和杭嘉湖南排等太湖水利"十项骨干工程"

后,历史上长期威胁苏州的洪涝灾害也基本消除。长江、江南运河和大中湖泊有灌溉、航运之利,长江近河口段内河港全部位于江南一侧,苏州段江面全长有147千米。2015年,苏州有长江码头泊位290个,其中万吨级以上码头泊位130个;全年完成货物吞吐量5.4亿吨,其中集装箱吞吐量510万标准箱,外贸货物1.41亿吨。苏州河湖水域有丰富的水产资源,其中鱼类就有107种。境域土壤肥沃,种类丰富,主要种植稻麦、油菜,出产蚕桑和柑橘、杨梅等亚热带林果。著名特产有碧螺春茶叶、长江刀鱼、太湖银鱼和阳澄湖大闸蟹等。苏州有30余种矿产,其中最著名的有阳山高岭土、金山花岗岩和胥口石英砂岩等非金属矿。全市有80多个矿床矿点,其中大型以上矿床7个、中型矿床10个。苏州水资源总量26.56亿立方米,还可通过沿江水利工程调引长江水补充需求。

襟江带湖的地理位置、毗邻上海的优越区位、山环水绕的环境、得天独厚的自然资源和深厚淳朴的人文优势,使苏州众多有利于经济发展的因素转变为繁荣经济的客观现实。八九十年代,苏州再次崛起。凭借社队工业的雄厚基础、几十年的经济积累、丰富的土地资源和农副产品,苏州大力发展乡镇企业,推动农村工业化,百万农村劳动力向工业转移。1986年,苏州乡镇企业工业产值占全市工业总产值50%以上。1995年,苏州市所辖6个县级市全部跨入"全国乡镇企业百名先进县市"行列,其中张家港位居百强之首。同时,苏州充分利用沿海经济开放区有利条件,加快发展外向型经济。至2005年,有107个世界500强企业落户苏州;全市累计实际利用外资51.16亿美元,在全国城市中位列第二。2005年,全市工业总产值1.21万亿元,成为继上海之后全国第二个工业产值超1万亿元城市;全市地区生产总值列全国第五位,人均GDP列全国第四。所辖5个县级市全部进入中国"百强县"行列,其中昆山位列"百强县"之首,张家港、常熟和太仓三市也进入前十名。2015年,苏州全市地区生产总值1.45万亿元,规模以上工业总产值3.05万亿元,居全国重点城市第二位;公共财政预算收入1 560.8亿元,进出口总额3 053.5亿美元,保持全国重点城市第四位。2015年,苏州人均地区生产总值2.2万美元,位居全国重点城市第三位。苏州所辖4个县级市,都进入全国中小城市综合实力"百强县"前十名,其中昆山市再次位居"百强县"之首,张家港和常熟两市分列第三、第四名,太仓市位居第七名。

经济发达和尚文重教的传统,孕育了独具魅力的吴文化。苏州是全国首批24个历史文化名城之一。古城区基本保持着千年以来"水陆并行、河街相邻"的双棋盘格局和"三纵三横一环"的河道水系。民居临水而筑,前巷后河,形成"小桥、流水、人家"的独特水城风貌。2015年,全市有文物保护单位778处,其中国家级的有59处、省级的有112处。"苏州园林甲天下",城区保存完好的古典园林有60余处,其中拙政园和留园属于中国四大名园,它们同网师园、环秀山庄、沧浪亭、狮子林、艺圃、耦园、退思园等园林,分别于1997年12月和2000年11月被联合国教科文组织列入《世界遗产名录》。国家级风景名胜区——太湖风景区的虎丘、灵岩山、天平山、虞山、石湖等大部分景点,景区在苏州境内,昆山周庄、吴江同里、吴中角直等充满江南水乡风情的千年古镇,正在申报世界文化遗产。苏州自古书院教育发达,加上先贤名士们的楷模效应,千百年来产生了以孙武、范仲淹、沈括、范成大、蒯祥、毕沅、顾炎武、章太炎等为代表的政治家、思想家、军事家、科学家和艺术家。古代,苏州以"状元之乡"闻名全国,共产生50名状元、1 500多名进士。明清两朝,全国共产生204名状元,其中苏州府有34名,成为中国产生状元最多的州府。当代更是在多个领域涌现了一大批杰出人物,2015年有苏州籍两院院士111位,数量位列全国地级市之首,其中有王淦昌、吴健雄、贝聿铭、李政道、朱棣文等享誉海内外的院士。

苏州,确实是名不虚传的人间天堂。

后 记

苏州市传统文化研究会自1992年开始,在中共苏州市委宣传部原部长凡一会长主持下,公开出版了第一本《传统文化研究》。他说:"传统文化研究会的主旨是出好一本书。"从此,一以贯之,始终坚持正能量,每年出一辑,从不脱期。此系列书刊曾获得全国社科联颁发的社科奖。回忆当年《传统文化研究》出至第八辑,出版经费无处筹措,恰逢陈德铭任苏州市市长,就由中共苏州市委宣传部原部长、传统文化研究会顾问范廷枢撰写报告,向市人民政府申请《传统文化研究》的出版费用。陈市长浏览了书稿的主要文章后,协调解决了出版的费用,并为其撰写了《序言》。从此《传统文化研究》在苏州市社科联的领导下有序地出版,每到新一年的开始,作者与读者都热切企盼着新一期书籍发行。至第二十本后因为财政政策有新规定,筹措出版费用时又出现困难,但由于会长和同道们不忘初心,牢记使命,又艰难地相继出版了6本,到了本书,已是一朵晚开的花。研究会特在此表示深深的歉意!

本书由苏州市传统文化研究会与昆山市顾炎武研究会共同编著。我们知道研究传统文化不能抱残守缺,必须把准新时代的脉搏,倾听新时代的声音。所以仍从中国传统智库中选择优秀传统文化融入时代文化中。上编"天下观新论"与下编"核心价值论"两者具有传承与发展的逻辑联系。

上编"天下观新论",与下编"吴中人文"中的范仲淹"忧乐观"都凸显其爱国爱民的思想内涵。这是吴中优秀传统文化的两面大旗。"实学诗学时代性"部分阐述了顾炎武学术思想和理论观点的精髓及最大亮点,反映了中国古代进步思想家的治学理念及其对社会的责任担当,体现了中国传统文化的优秀内容和时代精华。

"顾炎武实学思想是对中国古代实事求是思想的继承和发展,具有深刻的家国人文情怀,展示了理论联系实际,着力于解决社会现实问题的良好学风。"这是方世南先生在《顾炎武实学思想的新时代重大价值》一文中的精辟理念。《长将一寸身,衔木到终古——学人顾炎武诗的"烈士"之情怀》,由此题可以一窥亭林先生的家国情怀,烈士之心。作者认为亭林先生是一位学人,以明道救世为旨,但他并不鄙夷诗学,而主张"诗言志""诗主情性"。亭林先生在明亡三年后,以《山海经》中精卫填海的神话故事作诗《精卫》:"长将一寸身,衔木到终古。我愿平东海,身沉心不改。"这是亭林先生的遗民之情、烈士之心。读来能不令人震撼?"亭林精神的挥发"收录了后人由于受到亭林先生的道德与学术精神的熏陶,从多角度弘扬发挥其思想的文章。

下编"核心价值论"以《优秀传统文化与社会主义核心价值观辩证关系略论》一文为开端,在《曾子孝道思想三境界及其现实意义》一文中,作者认为:曾子是两千年前的历史人物,他的孝道思想三境界就是强调子女必须担当孝敬父母的"职责与义务",有其现实意义。"奉法者强则国强,奉法者弱则国弱",这是《简论〈韩非子〉与韩非》一文的主论。新时代法学理念对其多有传承发展。至于"生态综议"三篇文章是从三个不同的角度来写自然生态之美。从陶渊明《归去来兮辞》等诗文中,作者金学智先生深入探索了古代农耕文明的生态美,令人神往。他认为在追忆、解读这篇名作之前,有必要进一步理解西方美学,认为:"历史的视野同时包含在现时视野之中,'理解总是视野的交融过程'。"《苏州地区水泽地名现象初探》一文,叙写了以太湖平原为中心的苏州地区,数不胜数的港、荡、湖、泾、浜等水泽地名,并做了一些考证,这正体现了苏州地区的水泽生态。"吴中人文"部分《俞樾致李超琼手札背后的才女曾彦》一文中,李超琼在诗词界力推才女曾彦作品。当曾彦和丈夫先后英年早逝,李超琼又为身在异乡客地的她料理身后丧葬。凡此种种,侧面反映李公堤在苏州人民的心目中的分量是厚重的。优秀的昆剧艺术传统文化在昆山、苏州乃至全国广为流传，甚至唱响海外。这与钱璎先生尽其毕生精力苦心钻研，大力支持，分不开的。在"江南文化"部分，从徐茂明先生的《到上海去：近代苏州文化世族的新变》一文中可以看到清末民初时期，苏州人士在上海大显身手，同时又将大都市的优秀新文化引入自己的家乡。苏州以小桥流水著称，"资料集萃"部分，《大运河上的苏州古桥》《大运河与阊门》《大运河承载着深厚历史文化的四座古石桥》三篇文章，从不同角度反映了大运河与小桥流水之美相得益彰，使苏州物茂、民富。作者王家伦先生在文中写道："大运河架通了南北，架通了东西，架通了古今，成为今人探寻传统文化的桥梁。"传神地描绘了气象万千的运河风光。

凡是一本符合历史、时代要求的书，都有她的"魂"与"形"。《传统文化研究》的"魂"正是研究会始终坚持的"正能量"和民族魂，但我们坚持得还不够得力，仍必须矢志不渝地努力。

编委会
2020 年 2 月